Torsten Nicolaisen (Hrsg.)
Selbstkompetenz entwickeln

Edition Sozial

Torsten Nicolaisen (Hrsg.)

Selbstkompetenz entwickeln

Zur Förderung mentaler Gesundheit
von Lehrpersonen

Das Werk einschließlich aller seiner Teile ist urheberrechtlich geschützt. Jede Verwertung ist ohne Zustimmung des Verlags unzulässig. Das gilt insbesondere für Vervielfältigungen, Übersetzungen, Mikroverfilmungen und die Einspeicherung und Verarbeitung in elektronische Systeme.

Dieses Buch ist erhältlich als:
ISBN 978-3-7799-7736-0 Print
ISBN 978-3-7799-7737-7 E-Book (PDF)
ISBN 978-3-7799-8554-9 E-Book (ePub)

1. Auflage 2024

© 2024 Beltz Juventa
in der Verlagsgruppe Beltz · Weinheim Basel
Werderstraße 10, 69469 Weinheim
Alle Rechte vorbehalten

Herstellung: Hanna Sachs
Satz: xerif, le-tex
Druck und Bindung: Beltz Grafische Betriebe, Bad Langensalza
Beltz Grafische Betriebe ist ein Unternehmen mit finanziellem Klimabeitrag
(ID 15985–2104-100)
Printed in Germany

Weitere Informationen zu unseren Autor:innen und Titeln finden Sie unter: www.beltz.de

Inhalt

Einleitung — 7

1. Selbstkompetenz: Annäherungen an den Begriff
   Torsten Nicolaisen — 19

2. Quellen für die Entwicklung von Selbstkompetenz
   Torsten Nicolaisen — 69

3. Praxismanual zur Selbstkompetenz
   Torsten Nicolaisen — 104

4. Selbstkompetenz durch erfolgreiche Stressbewältigung
   Lara Hahn — 193

5. Selbstkompetenz in der Ausbildung von Lehrpersonen
   Maren Stolte — 203

6. Das persönliche Entwicklungsfeld bestimmen – eine zweifache Annäherung an Kompetenzen
   Volkmar Husfeld — 219

7. Selbstkompetenz aus der Sicht von Schulleitung
   Matthias Vogel-Engeli und Timo Off — 252

Autor:innenverzeichnis — 283

Einleitung

Die Schule ist ein Ort, an dem Schülerinnen und Schüler etwas lernen sollen. Dabei geht es vorrangig um die Aneignung von Wissen und das Entwickeln von Kompetenzen. Verständlicherweise steht die Leistung der Lernenden dabei im Vordergrund.

Ein Aspekt, der weniger Beachtung findet, ist die Art und Weise *wie* gelernt wird und was die Schülerinnen und Schüler dabei beschäftigt. Nicht selten ergeben sich hier Schwierigkeiten auf der motivational-emotionalen Ebene und andere Schieflagen. Damit sind wiederum die Lehrpersonen konfrontiert. Und ein weiterer Aspekt, der in diesem Zusammenhang vielleicht noch weniger Beachtung findet als das emotionale Befinden der Lernenden, ist die Selbstkompetenz der Lehrperson: Das meint u. a. die Art und Weise wie individuell mit herausfordernden oder sogar belastenden Situationen umgegangen wird.

Was also bedeutet Selbstkompetenz? Der vorliegende Band sucht auf diese Frage zu antworten und nimmt dabei unterschiedliche Perspektiven ein.

Der Begriff „Selbst" umfasst solche Aspekte wie das Selbst-sein, den persönlichen Erfahrungsschatz oder die Einzigartigkeit der eigenen Person. Sie können den Lehrerinnen und Lehrern für ihre schulischen Tätigkeiten eine gute Kraftquelle sein.

Der Begriff „Kompetenz" hingegen ist eher funktional zu verstehen, denn hier geht es um erlernbare Fähigkeiten, mit denen etwas erreicht werden soll. Die Lehrperson muss ihren schulischen Aufgaben nachkommen und entsprechende Leistung bringen.

Bereits hier zeichnet sich ab, dass die Entwicklung von Selbstkompetenz wahrscheinlich in einem Spannungsfeld stattfindet: zwischen dem Selbst-sein und dem funktionalen Erfüllen beruflicher Anforderungen. Somit bedeutet Selbstkompetenz, dass eine Person einen guten Umgang mit sich selbst entwickelt: sowohl mit den eigenen Kräften und Grenzen als auch mit ihrer beruflichen Rolle und den Herausforderungen im schulischen Alltag.

Doch wie lässt sich jener „gute Umgang" weiter konkretisieren? Wie genau ist der Begriff „selbst" zu verstehen? Wie steht das in Zusammenhang mit der mentalen Gesundheit von Lehrpersonen? Mögliche Antworten auf diese Fragen sind sicherlich nicht trivial, sondern vielschichtig. Die Beiträge in diesem Buch möchten entsprechende Perspektiven aufzeigen: sowohl in theoretischer als auch in pragmatischer Hinsicht.

Zur Ausgangslage

Wie kam es zu diesem Buch? Die Idee zu diesem Band entstand noch vor der Corona Pandemie im Jahr 2019. Die Vorstellung, Selbstkompetenz als Möglichkeit zur Förderung mentaler Gesundheit von Lehrpersonen zu betrachten, entstammt teilweise einer Auseinandersetzung mit dem theoretischen Begriff und noch viel stärker der praktischen Arbeit mit Lehrpersonen. Deren persönliche Erfahrungen standen dabei im Vordergrund. Doch diese Erfahrungen finden nicht in einem Vakuum statt, sondern vor konkreten Hintergründen und in umfassenderen Zusammenhängen. Diese geben gewissermaßen die Bühne für die individuellen Erfahrungen.

Bezugspunkt 1: Individuelle Erfahrungen von Lehrpersonen

Der Herausgeber dieses Bandes hat seit 2010 mit einer Vielzahl an Lehrpersonen zu unterschiedlichen Anlässen arbeiten dürfen (u. a. in der Rolle als universitär zertifizierter Trainer für pädagogisches Coaching, als Ausbilder für Lerncoaching sowie als systemischer Schulentwickler). Zwar ging es in den Veranstaltungen vordergründig um die Begleitung von Schülerinnen und Schüler oder um Projekte zur Schulentwicklung; doch wurde vonseiten der teilnehmenden Lehrpersonen und Schulleitungen – bei all ihrem Engagement – auffallend häufig ihre Belastung thematisiert. Das Nennen dieses Belastungsaspekts hat in den Jahren nach der Pandemie zugenommen, beispielsweise im Zusammenhang mit der Kommunikationsflut, welche sich u. a. durch das Kommunizieren in der schulinternen Cloud ergibt, oder mit den Herausforderungen, die durch ChatGPT entstehen.

Solche Anlässe sowie die daraus resultierenden Überforderungen wurden in Einzelcoachings, kollegialen Fallberatungen, Workshops oder Seminaren vielfach genannt. Insbesondere die Aus- und Fortbildungen zum Lerncoaching brachten zutage, inwieweit Lehrpersonen an der beziehungsstiftenden Coaching-Arbeit nicht nur äußerst interessiert, sondern diesbezüglich auch sehr engagiert sind. Gleichzeitig zeigte sich hier auch der Druck, der auf den Lehrpersonen lastet. Das genauere Betrachten dieses Erlebens von „Druck" ergab, dass er anscheinend aus einer Mixtur von persönlichen Ansprüchen und schulischen Anforderungen entsteht. Hier wirken Innen und Außen zusammen.

In den gemeinsamen Reflexionen wurde weiterhin deutlich, dass auf die Lehrpersonen neue Aufgaben und ebenso neue Fragestellungen zukommen. Oftmals nannten die Lehrpersonen die zunehmenden psychischen und verhaltensbezogenen Auffälligkeiten bei Schülerinnen und Schülern.

Im Deutschen Schulbarometer (Robert Bosch Stiftung 2022) finden sich Zahlen, die seit Pandemiebeginn einen deutlichen Anstieg von Konzentrations- und

Motivationsproblemen bei den Schülerinnen und Schülern in der Höhe von 80 Prozent aufzeigen.

In der Trendstudie „Jugend in Deutschland" (Schnetzer/Hurrelmann 2022) wurden im März 2022 diverse Jugendliche und junge Erwachsene im Alter von 14 bis 29 Jahren zu ihrem Befinden befragt. Beim Benennen ihrer häufigsten psychischen Belastungen wurde Stress von 45 Prozent der Befragten an erster Stelle genannt. An zweiter Stelle findet sich die Antriebslosigkeit, genannt von 35 Prozent, an dritter Stelle: Erschöpfung, gefolgt von Langeweile und Depression/Niedergeschlagenheit.

Es ließen sich weitere Studien und Befunde aufzählen. Hier zeichnet sich ab, dass Lehrpersonen im Rahmen ihrer schulischen Tätigkeiten vermehrt mit den genannten Phänomenen zu tun haben werden. Es wäre schön, wenn dafür ganze Kohorten von Sozialpädagoginnen, Beratungslehrern und Schulpsychologen bereitstehen würden – doch das ist nicht der Fall.

Das emotional-motivationale Erleben der Schülerinnen und Schüler wird in Schule eine stärkeres Gewicht bekommen: „Mehrere aktuelle gesellschaftliche Herausforderungen (z. B. Inklusion, Coronapandemie) werden dazu beitragen, dass Lehrerinnen und Lehrer zukünftig in ihren Klassen mit einer größeren Bandbreite psychischer Probleme bei Schülerinnen und Schülern konfrontiert sein werden." (Bilz 2022, S. 11) Anscheinend handelt es sich aufseiten der Lehrpersonen nicht nur um „gefühlte" Probleme, denn für die Herausforderungen liegen empirische Belege vor. Die Schülerschaft und ihr Lernen verändern sich. So entstehen neue Anforderungen und pädagogische Aufgaben. Bereits seit einiger Zeit finden sich Diskussionen darüber, inwieweit sich die traditionelle Rolle von Lehrpersonen verändert. Bisweilen wird das in die Formel vom Wissensvermittler zum Lerncoach gebracht (Nicolaisen 2017). Diese Veränderung nimmt Fahrt auf. Es wäre hilfreich, wenn Lehrpersonen dafür gut im Lot wären.

Bezugspunkt 2: Belastung und Beanspruchung im Lehrerberuf

Neben den persönlichen Erfahrungen aus der Professionalisierungsarbeit mit Lehrpersonen liegen Daten vor, welche die Belastung von Lehrerinnen und Lehrer in den Blick nehmen. Bereits seit 20 Jahren ist die Gesundheit von Lehrpersonen Gegenstand wissenschaftlicher Forschung. In diesem Zusammenhang wird oftmals die Potsdamer Lehrerstudie (Schaarschmidt/Kieschke 2013) zitiert, denn sie liefert detaillierte Erkenntnisse. Mit ihrem Instrumentarium wurden persönliche Muster von Lehrpersonen in ihrem arbeitsbezogenem Erleben und Verhalten (AVEM) diagnostiziert. Darin zeigt sich, dass die persönlichen Einstellungen einen entscheidenden Anteil daran haben, ob und in welchem Grad eine Person Stress und Belastung erlebt.

Das „Deutsche Schulbarometer" ist von der Robert Bosch Stiftung initiiert. 2022 wurde eine bundesweite repräsentative Stichprobe von 1.017 Lehrpersonen an allgemein- und berufsbildenden Schulen durchgeführt. Darin finden sich u. a. folgende Zahlen: 92 Prozent der Lehrpersonen haben den Eindruck, dass ihr Kollegium sehr hoch oder hoch belastet ist; 46 Prozent beschreiben sich als mental erschöpft; 45 Prozent nennen eine innere Unruhe, die als belastend erlebt wird (Robert Bosch Stiftung 2022, S. 24).

Rothland (2013) trägt diverse Forschungsergebnisse zur Belastung und Beanspruchung im Lehrberuf zusammen. Neben den Ergebnissen sind darin auch gesundheitsförderliche Faktoren genannt, so z. B. ein gutes Miteinander und die gegenseitige Unterstützung im Kollegium. Kollegiale Beziehungen wirken „[...] als Entlastungs- und Schutzfaktor [...] mit direkter und indirekter Wirkung auf das Wohlbefinden" (Rothland 2013, S. 246).

Eine Belastung ergibt sich aus Zusammenwirken innerer und äußerer Faktoren. Dabei spielt das subjektive Erleben eine entscheidende Rolle: Was die eine Lehrperson als „sportliche" Herausforderung erlebt, empfindet eine andere Lehrperson als Überforderung (– siehe dazu den Artikel von Lara Hahn in diesem Band, Kapitel 4). Das hängt u. a. von den persönlichen inneren Bewertungen, Gefühlen und Einstellungen ab (Kaluza 2018). Bisweilen kann sich die Belastung zuspitzen und die psychische Gesundheit beeinträchtigen. Aus ärztlicher Sicht weisen Scheuch und weitere Medizinerinnen darauf hin, dass sich die Belastung im Lehrerberuf nicht selten in psychischen Erkrankungen zeigt (Scheuch et al. 2015).

Die Ängste von Lehrpersonen galten lange Zeit als Tabuthema und rücken allmählich in den Fokus der Aufmerksamkeit. Das gilt nicht nur für die Zeit im Referendariat, in der es nur menschlich ist, wenn zukünftige Lehrpersonen an sich zweifeln und darüber Ängste verspüren (Bachmann et al. 2022). Grundsätzlich können u. a. „[...] die hohen Erwartungen an Lehrpersonen, die hohe Interaktionsdichte und die hohe Arbeitsbelastung als potenziell angststimulierende Faktoren" (Hascher 2022, S. 11) betrachtet werden. Wobei der alleinige Austausch im Kollegenkreis bereits unterstützend und befreiend wirken kann – obgleich er eher unüblich ist.

Neben der Forschung und den Studien zum Thema liegen elaborierte Trainingsprogramme vor, wie z. B. das Präventionsprogramm AGIL „Arbeit und Gesundheit im Lehrerberuf", welches mögliche Strategien zur Stressbewältigung vorschlägt (Lehr et al. 2013). In diesen Trainings stellt die Fähigkeit zur Selbstregulation einen wesentlichen Aspekt dar. Darüber hinaus kann die Selbstregulationsfähigkeit nicht nur als Element zur Stressbewältigung betrachtet werden, sondern generell als Teil der Professionskompetenz von Lehrpersonen (Rothland 2013).

Bezugspunkt 3: Gesellschaftliche Ebene

Die schulische Arbeit ist in gesellschaftliche Strömungen eingebettet und zwangsläufig davon beeinflusst. Das Tempo im gesellschaftlichen Leben hat sich im Laufe der letzten Jahrzehnte verändert. Mit Blick auf die individuelle Lebensgestaltung lässt sich für weite Teile der mittelständischen Gesellschaft behaupten, dass die Taktung wie auch das Ausmaß täglicher Anforderungen gestiegen sind. Das gilt nicht nur für berufliche, sondern auch für private Kontexte. Damit haben der verspürte Leistungsdruck (Reckwitz 2019) und das Stressempfinden zugenommen. Vielfach geht es um ein „Ich muss noch …" – das eigene Nicht-Können erfährt dabei wenig Beachtung, geschweige denn Akzeptanz.

So manche Person verrennt sich zusätzlich zu den beruflichen Anforderungen in persönlichen Ansprüchen und einem dicht gefüllten Terminkalender. Was dabei herauskommt, ist weniger ein erfülltes und sinnvoll erlebtes Leben, vielmehr entsteht das Gefühl, den selbst gesetzten Zielen nicht gerecht werden zu können. Mit den eigenen Bedürfnissen ist man bisweilen weniger gut im Kontakt. Der Titel „Under pressure" des gemeinsamen Songs von Queen und David Bowie ist im gewissen Sinne zum Motto der modernen Leistungsgesellschafft geworden. Das macht auch vor den Schulpforten nicht halt.

Während einige Personen einen guten Umgang mit den Belastungen am Arbeitsplatz finden, geraten andere in ein Erleben von Druck und Stress. Das hat nicht nur mit der Einzelperson zu tun, sondern steht im Zusammenhang mit gesellschaftlichen Phänomenen.

Belastungen im Arbeitskontext zeigen sich nicht nur in der Schule. Von 1999 bis 2019 hat sich die Anzahl der Krankheitstage aufgrund von psychischen Problemen der Mitarbeitenden in Unternehmen verdreifacht (DAK-Psychoreport 2024). Laut den Daten der Bundespsychotherapeutenkammer in Deutschland hat der Anteil psychischer Erkrankungen, welche in die Arbeitsunfähigkeit führen, in den Jahren 2000 bis 2010 um 75 Prozent zugenommen (BPtK 2012). Solche Zahlen lassen sich nicht nur als Menetekel lesen. Sie könnten auch als Hinweis gedeutet werden, dass die Beziehung zum Arbeitsleben, wie sie sich in westlich geprägten Kulturen während der letzten Jahrzehnte etabliert hat, einer Veränderung bedarf bzw. sich bereits in einem Wandel befindet (Neckel/Wagner 2013).

In der Arbeitssoziologie finden sich Bezeichnungen wie z. B. die „Subjektivierung von Arbeit" (Voss/Weiss 2013, S. 31). Solche Begriffe wollen darauf hinweisen, dass Berufstätige heutzutage mehr denn je aufgefordert sind, sich selbst zu managen und den Alltag auf Effektivität hin zu trimmen.

Die Frage danach, zu welchem Zeitpunkt genügend Leistung erbracht worden ist, schwelt in den eigenen Gedanken und lässt auch so manche Lehrperson nicht zur Ruhe kommen: „Habe ich genug getan?". Da unklar bleibt, wann es genug ist, leistet man vorsichtshalber mehr. Auf solche Art und Weise verlagern sich die Kontrollmechanismen von Außen in das Subjekt hinein. Dieser Strukturwandel in der Arbeitswelt geht einher mit der „[...] fast zeitgleich im Gesundheitssystem registrierten deutlichen Zunahme von Erschöpfungs- und Depressionssyndromen" (Voss/Weiss 2013, S. 36). Doch werden diese Symptome nicht unbedingt als das beschrieben, was sie sind: Das Wort „Burn-out" klingt besser als „Erschöpfungsdepression". Es wurde bzw. wird inflationär gebraucht. Paradoxerweise dient es bisweilen sogar der Selbsterhöhung: In einigen Kreisen gehört es zum guten Ton, bis zur Erschöpfung zu arbeiten.

Mentale Gesundheit: Zwischen Leistungswillen und Selbstakzeptanz

Die genannten Phänomene von Belastungs- und Stresserleben lassen sich nicht leugnen. Gleichzeitig soll im Blick behalten werden, dass bei aller Beanspruchung eine Vielzahl von Menschen den täglichen Balanceakt mit unterschiedlichsten Aufgaben gut bewältigt bekommt. In vielen Fällen trägt das Motiv, etwas leisten zu wollen, zu einem erfüllten Leben bei. Das gilt auch für den Lehrerberuf. So liefert z. B. das „Deutsche Schulbarometer" konkrete Hinweise darauf, dass bei allen Herausforderungen im schulischen Alltag die Arbeitszufriedenheit der Lehrpersonen überwiegt (Schulbarometer 2022, S. 24).

Vielen Lehrpersonen und pädagogisch Tätigen gelingt es, in weiten Teilen ihr Arbeitsleben mit Freude und Engagement zu gestalten. Sie unterliegen weitestgehend den gleichen Bedingungen wie jene Kolleginnen und Kollegen, die unter den Gegebenheiten in ein Stresserleben gelangen. Die Belastung scheint mit den arbeitsbezogenen Erlebensmustern zusammenhängen, wie sie im AVEM-Modell der Potsdamer Lehrerstudie formuliert sind. Der entscheidende Faktor, ob und inwieweit eine Person Stress als Belastung erlebt, findet sich auf der sogenannten „mentalen Ebene".

Den Begriff kennt man vielleicht aus dem Kontext des mentalen Trainings. Damit ist eine Arbeit auf der Ebene der eigenen Gedanken, Sichtweisen, Einstellungen und innerer Bilder gemeint. Je nach Ausprägung wirken sie sich gesundheitsförderlich oder -beeinträchtigend aus. Das Bewusstmachen und gegebenenfalls Verändern dieser Persönlichkeitsaspekte dient der mentalen Gesundheit. Entsprechende Leitfragen könnten lauten: Was bewegt mich in meinem Leben? Kenne ich meine Werte? Bin ich mir meiner Grenzen bewusst?

So wäre der Blick auf die persönlichen Beweggründe zu empfehlen. Wenn eine Lehrperson mit Freude ihrer schulischen Arbeit nachgeht, wäre interessant zu schauen, was ihre Motive sind und welche Ebenen ihrer Persönlichkeit dabei mit im Spiel sind. (Der Beitrag von Volkmar Husfeld in diesem Band beschäftigt sich eingehend mit der Motivfrage, siehe Kapitel 6.)

Das wirft Fragen auf: Was liegt dem Leistungswillen zugrunde und inwieweit versteht sich die Lehrperson selbst darin? Fühlt sie sich im guten Sinne von etwas Wertvollem angezogen oder doch eher getrieben? Wieviel Wollen und wieviel Müssen liegt in der Entscheidung, ein hohes Maß an Leistung zu bringen? Inwieweit ist die Person in der Lage, die eigenen Grenzen zu akzeptieren?

Solche Fragestellungen führen in das Feld von Selbstkompetenz. Denn Selbstkompetenz beschäftigt sich auch mit den Beweggründen des eigenen Handelns und den entsprechenden Auswirkungen.

Das Spannungsfeld von „Selbst" und „Kompetenz"

Im Begriff Selbstkompetenz sind zwei Komponenten enthalten, die zueinander in einem Spannungsfeld stehen.

Zum einen geht es darum, Lehrpersonen Handlungsimpulse zu vermitteln, mittels derer sie einen besseren Umgang mit Belastungen und mit dem eigenen Stresserleben entwickeln können. Hier steht das Erlernen von Kompetenz im Zentrum. Es lässt sich operationalisieren und methodisch aufbereiten.

Zum anderen geht es darum, das Selbstsein der Person in den Blick zu nehmen. Hier öffnet sich eine Tiefendimension, die der Person in ihrem (Berufs-)Leben gerecht werden will. Das geht weit über das Erlernen eines Methodenkoffers hinaus. Vielmehr wird die Person mit ihren persönlichen Entwicklungsthemen gesehen, die sich aus konkreten Situationen ergeben. Hiermit verbindet sich die grundlegende Frage, was zu einer erfüllten Existenz im Berufsleben der Lehrperson beitragen kann.

Das Entwickeln von Selbstkompetenz bewegt sich zwischen diesen beiden Polen: Funktionalität und Selbst-sein. Aus funktionsanalytischer Sicht stellt das Regulieren der eigenen Emotionen sowie von Stress einen zentralen Aspekt von Selbstkompetenz dar; doch diese Handlungsebene erhält mehr Kraft, wenn sie mit dem Selbstsein der Lehrperson verbunden ist. Diese Ebene bringt ein anderes Fundament, denn sie bezieht existenzielle Sinnfragen mit ein. Der Blick auf persönliche Werte sowie auf jenes, was persönlich als sinnhaft erlebt wird, führt zu einem tieferen Selbstverständnis.

Die Entwicklung von Selbstkompetenz ist ein höchst persönliches Unterfangen und ein nicht-planbarer Prozess. Sie entsteht im unmittelbaren Vollzug des eigenen Lebens. Ihrem Wesen nach ist sie unverfügbar, d. h. sie lässt sich keinesfalls „auf Knopfdruck" herstellen. Wollte man sie komplett operationalisieren und damit verfügbar machen, steht das der Entwicklung eines kompetenten Umgangs mit sich selbst im Weg.

Damit ist Selbstkompetenz als Gratwanderung zwischen Operationalisierbarkeit und Unverfügbarkeit zu sehen. Aus diesen Gründen will sich der vorliegende Band dem Begriff Selbstkompetenz auf einer grundsätzlichen Weise annähern. Das kann mitunter etwas philosophisch werden, doch es hat praktische Konsequenzen.

Kurzbeschreibung der einzelnen Kapitel

Der vorliegende Band will grundlegende Gedanken zur Selbstkompetenz formulieren sowie konkrete Praxishinweise zur Entwicklung von Selbstkompetenz geben. Kapitel 1 und 2 geben gewissermaßen die theoretische Basis für das Praxismanual in Kapitel 3. Die nachfolgenden Kapitel vertiefen einzelne Aspekte (Stressbewältigung, Kompetenzentwicklung) oder zeigen konkrete Anwendungsfelder auf (Ausbildung von Lehrerinnen und Lehrern, Schulleitungshandeln).

Das Kapitel 1.1 nähert sich dem Begriff des Selbst und beleuchtet ihn aus unterschiedlichen Perspektiven. Denn dieser ist vielgestaltig. Je nach der „Brille", die man zu seiner Betrachtung aufsetzt, zeigt sich eine andere Facette. Die Vielgestaltigkeit des „Selbst" kann als Anregung genommen werden, wenn es um die Entwicklung eines kompetenten Umgangs mit dem eigenen Selbst geht. Als Abschluss zum Kapitel 1.1 soll eine definitorische Annäherung an den Begriff Selbstkompetenz versucht sein.

Nachdem im Kapitel 1.1 das Selbst genauer betrachtet wurde, widmet sich Kapitel 1.2 dem Begriff der Kompetenz. Es gibt eine kurze Orientierung zum Verständnis des Kompetenzbegriffs. Weiterhin wird der Bezug zwischen Selbstkompetenz und Professionskompetenzen von Lehrpersonen hergestellt und die Frage diskutiert, inwieweit all dies mit der Haltung der Lehrperson verbunden ist.

Kapitel 1.3 verbindet die Selbstkompetenz der Lehrperson mit jener der Lernenden. Wenn es der Lehrperson gelingt, Selbstkompetenz zu entwickeln, dient das nicht nur der Regulation von eigenen Emotionen und des persönlichen Stresserlebens, sondern es regt auch die Selbstkompetenz aufseiten der Schüler und Schülerinnen an. In diesem Zusammenhang wird auch auf den Begriff der Resonanz eingegangen.

Das Kapitel 1.4 beschäftigt sich mit Emotionen, die als Hinweise für die eigene Entwicklung verstanden werden können. Der konstruktive Umgang mit den eigenen Gefühlen ist als wesentliches Element von Selbstkompetenz zu sehen. Doch emotionale Reaktionen sind mehr als etwas, das zu regulieren wäre. Denn sie sagen etwas darüber aus, wie ich mich in einer konkreten Situation befinde und was mir dabei im Weg steht, frei in der Situation zu agieren. Damit geben Emotionen Hinweise zur persönlichen Entwicklung.

In Kapitel 1.5 findet sich ein Aspekt von Selbstkompetenz beschrieben, der gemeinhin weniger beachtet wird. Für das vorliegende Konzept spielt er eine zentrale Rolle: die Selbstsorge. Sie erweitert den Horizont von Selbstkompetenz und macht deutlich, dass es nicht nur um einige Anregungen zur Stressbewältigung geht, sondern vielmehr um Aspekte des guten Lebens. Anstatt Selbstkompetenz auf das rein Funktionale zu reduzieren, soll sie in einen größeren Kontext gestellt sein. Denn wir leben in einer krisengeschüttelten Gesellschaft und bisweilen könnte man meinen, dass die Welt zunehmend aus den Fugen gerät. Da kann es mehr als hilfreich sein, einen Ankerpunkt zu haben. Dieser findet sich im eigenen Selbst-sein. Das Entwickeln eines guten Umgangs mit sich selbst kann hier einen wichtigen Beitrag leisten. Hier leuchtet der Aspekt von Selbstsorge auf, der in der Tiefendimension von Selbstkompetenz enthalten ist und in alter philosophischer Tradition steht.

Das nachfolgende Kapitel 2 vertieft einige der Aspekte aus dem vorhergehenden Kapitel, nun allerdings mit einem Blick auf eine mögliche Praxis von Selbstkompetenz. Dabei werden Ansätze aus den Feldern von Beratung und Handlungspsychologie herangezogen. Sie dienen als Quellen und eröffnen konkrete Anwendungsfelder. Insbesondere im Praxismanual (Kapitel 3) finden sich Bezüge und Anleihen aus diesen Quellen. So gibt das zweite Kapitel kurze Einführungen zur Salutogenese (Kapitel 2.1), Existenzanalyse (Kapitel 2.2), Soziologischen Rollentheorie (Kapitel 2.3), Handlungs- und Persönlichkeitspsychologie (Kapitel 2.4) und zum Hypnosystemischen Ansatz (Kapitel 2.5).

Aufbauend auf den beiden vorhergehenden Kapiteln widmet sich dann Kapitel 3 der Praxis. Denn der vorliegende Band will alltagstaugliche Anregungen zur Entwicklung von Selbstkompetenz geben. Dazu braucht es methodischer Schritte und konkreter Vorgehensweisen. Sie finden sich im Praxismanual systematisiert und umfangreich dargestellt. Doch zugleich soll Selbstkompetenz derart verstanden sein, dass sie sich über das Operationalisierbar-Methodische hinausbewegt. Es bleibt ihr der Charakter des Unverfügbaren, denn sie entsteht im Kontext unvorhersehbarer Lebenserfahrungen. Man wächst eher allmählich in die Selbstkompetenz hinein als dass man sie sich in einer durchgeplanten Methodenfolge aneignen könnte. Aus diesem Grunde finden sich Aspekte von Selbstsorge und Lebenskunst in den praktischen Anregungen eingeflochten.

Demnach wäre das Praxismanual nicht als linear konzipierter Übungskatalog zu nehmen; vielmehr will es Handlungsfelder aufzeigen, die man frei ansteuern kann, um anlässlich einer konkreten Erfahrung aus dem schulischen Alltag in die Auseinandersetzung mit sich selbst zu kommen. Das folgt dem existenzphilosophischen Gedanken, dass die Person sich immerzu in einer Situation befindet, in der sie angesprochen oder herausgefordert ist (siehe Kapitel 2.2.6). In solchen Situationen steht die einzelne Person vor der Herausforderung, eine Antwort auf das Geschehen im Außen zu geben, eine Antwort, zu der man guten Gewissens stehen kann.

Die vier Handlungsfelder geben in folgenden Bereichen Praxisimpulse:

- Handlungsfeld 1: Fokussieren, Aufmerksamkeit lenken (z. B. Zur Ruhe kommen, Selbstwirksamkeit bewusst machen)
- Handlungsfeld 2: Regulieren von Emotionen (z. B. Sich selbst beruhigen, Ressourcen aktivieren)

- Handlungsfeld 3: Agieren – Interaktion und Dialog gestalten (z. B. Sich-abgrenzen, Rolle und Erwartungen klären, Konflikten konstruktiv begegnen)
- Handlungsfeld 4: Erfahrungen integrieren (z. B. Inneren Kompass entwickeln, Annehmen und lassen können).

Kapitel 4: Lara Hahn widmet sich in ihrem Artikel der Stressbewältigung. Das Erlangen eines konstruktiven Umgangs mit Stress gibt häufig den Anlass, sich mit der Entwicklung der eigenen Selbstkompetenz zu beschäftigen. Daher soll dieser Aspekt gesondert betrachtet werden. Die Stressforschung zeigt, dass die innere Einstellung, mit der eine Person ihr Stresserleben betrachtet und bewertet, einen massiven Einfluss darauf hat, wie belastend sie eine aktuelle Situation erlebt.

In Kapitel 5 zeigt Maren Stolte die Relevanz von Selbststeuerung und Selbstkompetenz im Kontext der Ausbildung von Lehrpersonen auf. Dabei betont sie den Stellenwert der personalen Interaktion: sowohl im Referendariat als auch zwischen Lehrperson und Schülerinnen und Schülern im schulischen Alltag. Auch in diesem Artikel wird auf die PSI-Theorie nach Julius Kuhl Bezug genommen, wie sie bereits in Kapitel 2.4 skizziert und in Kapitel 6 vertiefend erläutert ist.

In Kapitel 6 beschäftigt sich Volkmar Husfeld eingehend mit der PSI-Theorie nach Julius Kuhl. In verschiedenen Beiträgen des vorliegenden Buches wird sich auf die PSI-Theorie bezogen. Daher liefert das sechste Kapitel Details und eine umfangreiche Darstellung dieses Ansatzes. Husfeld ist zertifizierter PSI-Kompetenzberater und ermöglicht in seinem Artikel vertiefende Einsichten in das Persönlichkeitsmodell der PSI-Theorie. Darüber hinaus zeigt der Autor mögliche Verknüpfungen zur Existenzanalyse auf.

Kapitel 7: Zwar ist das Entwickeln von Selbstkompetenz zuvorderst eine Angelegenheit der einzelnen Person, doch ist es auch abhängig von den systemischen Bedingungen. Aus diesem Grund schaut das Kapitel 7 auf diese Rahmenbedingungen. Es behandelt den Einfluss der Schulleitung, sowohl auf persönlicher als auch auf struktureller Ebene.

Der Blick der Schulleitung auf die Selbstkompetenz ihres Schulkollegiums steht im Mittelpunkt des Beitrags von Matthias Vogel-Engeli (Kapitel 7.1). Er ist Schulleiter an der Maitlisek-Schule im schweizerischen Gossau. Daneben arbeitet er als Schulentwickler sowie als Dozent an der PH St. Gallen. In seinem Praxisbericht zeigt er Schwerpunkte in der schulischen Arbeit auf, die zu einer Entwicklung von Selbstkompetenz beitragen können.

Das Kapitel 7.2 rundet den Blick auf die schulischen Rahmenbedingungen ab und widmet sich dem salutogenetischen Führungsstil. Timo Off geht in seinem Beitrag auf die Möglichkeiten der Schulleitung ein, in struktureller Hinsicht für Gesundheitsförderung und Selbstkompetenz zu sorgen. Aufgrund seiner langjährigen Erfahrungen als Schulleiter unterscheidet er zwischen fünf grundlegenden Strukturen und zeigt Wege auf, wie Schulleitung diese Strukturen vielfach nutzen kann. Dabei berücksichtigt er insbesondere die Schulleitung in ihrer Rolle und Vorbildfunktion.

Danksagung

Dieses Buch ist aus vielen Begegnungen mit Lehrpersonen entstanden, die mich persönlich ins Nachdenken und Konzipieren gebracht und deren Erfahrungen mich bisweilen auch sehr bewegt haben. Also gilt mein großer Dank all jenen Lehrpersonen und Schulleitungen sowie Schülerinnen und Schülern, die mir in der Zusammenarbeit ihr Vertrauen geschenkt haben.

Das Sortieren meiner Gedanken und Konzeptionsskizzen ist nur dadurch möglich geworden, dass mir einige wichtige Menschen ihre Zeit geschenkt und Rückmeldungen gegeben haben. Dazu zählen: Christine Neumann, Nicole Zanders, Annette Leuthen und Michael Schwirn aus meinem Lerncoaching-Team. Zudem haben Claudia Scharfenstein und Christine Neumann Textpassagen gelesen und mir wertvolle Hinweise für Ergänzungen und Veränderungen genannt.

Weiterhin möchte ich mich bei dem Bildungswerk Aachen, dem Haus der Talente in Düsseldorf, der Akademie für Lehrerfortbildung und Personalführung in Dillingen und der Pädagogischen Hochschule Thurgau in Kreuzlingen für die langjährige Zusammenarbeit danken, woraus auch so manche Impulse in dieses Buch eingeflossen sind.

Meinen großen Dank will ich den Mitautoren und Mitautorinnen in diesem Band aussprechen, dass sie die Zeit und Mühe aufgebracht haben, ihre Beiträge zu formulieren: Lara Hahn, Maren Stolte, Volkmar Husfeld, Timo Off und Matthias Vogel.

Für das Zuarbeiten und Erstellen der Grafiken gilt mein Dank Luise Wackernagel. Schließlich geht mein Dank auch an den Beltz Juventa Verlag: Herrn Frank Engelhardt und meiner Lektorin Frau Dr. Cornelia Klein.

Kiel im Frühling 2024, Torsten Nicolaisen

Literatur

Bachmann, Stephanie / Fischer, Michael / Schütz, Kai Oliver (2022): „Bin ich gut genug?" – Ängste im Referendariat. In: Zeitschrift für Pädagogik 11/22, S. 26–29.
Bilz, Ludwig (2022): Psychische Gesundheit in der Schule. Paediatr. Paedolog. 2023 · 58 (Suppl 1):S8–S12 https://doi.org/10.1007/s00608-022-01031-7. Springer.

Bundespsychotherapeutenkammer (BPtK) (2012): BPtK-Studie zur Arbeitsunfähigkeit. Psychische Erkrankungen und Burnout. Berlin: BPtK.

DAK-Gesundheit (2024): Psychoreport 2019. Entwicklung der psychischen Erkrankungen im Job. Langzeitanalyse 1997–2018. https://www.dak.de/dak/bundesthemen/dak-psychoreport-2019-dreimal-mehr-fehltage-als-1997-2125486.html#/(online, zuletzt abgerufen am 28.03.2024).

Hascher, Tina (2022): Was wissen wir über Ängste von Lehrpersonen? In: Zeitschrift für Pädagogik 11/22, S. 10–13.

Kaluza, Gert (2018): Gelassen und sicher im Stress. Das Stresskompetenz-Buch: Stress erkennen, verstehen, bewältigen. Berlin Heidelberg: Springer, 7. Aufl.

Lehr, Dirk / Koch, Stefan / Hillert, Andreas (2013): Stress-Bewältigungs-Trainings. Das Präventionsprogramm AGIL „Arbeit und Gesundheit im Lehrerberuf" als Beispiel eines Stress-Bewältigungs-Trainings für Lehrerinnen und Lehrer. In: Rothland, Martin (Hrsg.): Belastung und Beanspruchung im Lehrerberuf. Modelle, Befunde, Interventionen. Wiesbaden: Springer VS, 2. Aufl., S. 251–271.

Neckel, Sighard / Wagner, Greta (2013): Erschöpfung als schöpferische Zerstörung. Burnout und gesellschaftlicher Wandel. In: Neckel, Sighard / Wagner, Greta (Hrsg.): Burnout in der Wettbewerbsgesellschaft. Frankfurt a. M.: Suhrkamp, S. 203–217.

Nicolaisen, Torsten (2017). Lerncoaching-Praxis: Coaching in pädagogischen Arbeitsfeldern. Weinheim und Basel: Beltz Juventa, 2. Aufl.

Reckwitz, Andreas (2019): Das Ende der Illusionen. Politik, Ökonomie und Kultur in der Spätmoderne. Frankfurt a. M.: Suhrkamp.

Robert Bosch Stiftung (2022): Das Deutsche Schulbarometer: Aktuelle Herausforderungen der Schulen aus Sicht der Lehrkräfte. Ergebnisse einer Befragung von Lehrkräften allgemeinbildender und berufsbildender Schulen durchgeführt von forsa Gesellschaft für Sozialforschung und statistische Analysen mbH. Stuttgart.

Rothland, Martin (2013): Belastung und Beanspruchung im Lehrerberuf. Modelle, Befunde, Interventionen. Wiesbaden: Springer VS, 2. Aufl.

Schaarschmidt, Uwe / Kieschke, Ulf (2013: Beanspruchungsmuster im Lehrerberuf. Ergebnisse und Schlussfolgerungen aus der Potsdamer Lehrerstudie. In: Rothland, Martin (2013): Belastung und Beanspruchung im Lehrerberuf. Modelle, Befunde, Interventionen. Wiesbaden: Springer VS, 2. Aufl. S. 81–97.

Scheuch, Klaus / Haufe, Eva / Seibt, Reingard (2015): Lehrergesundheit. Teachers' Health. In: Deutsches Ärzteblatt International 112, H. 20, S. 347–356.

Schnetzer, Simon / Hurrelmann, Klaus (2022): Trendstudie: Jugend in Deutschland: Große Herausforderungen nach dem Corona-Schock: Winter 21/22 ([Electronic ed.]).

Voss, Günter / Weiss, Cornelia (2013): Burnout und Depression – Leiterkrankungen des subjektivierten Kapitalismus oder: Woran leidet der Arbeitskraftunternehmer? In: Neckel, Sighard / Wagner, Greta (Hrsg.): Burnout in der Wettbewerbsgesellschaft. Frankfurt a. M.: Suhrkamp, S. 29–57.

1. Selbstkompetenz: Annäherungen an den Begriff

Torsten Nicolaisen

1.1 Perspektiven auf das „Selbst"

> „Die historische Abfolge von Erkenntnissen in Bezug auf das Selbst belegt vor allem dies: dass es sich um ein wenig fassbares Etwas handelt." (Schmid 2015, S. 95)

Das „Selbst" ist ein schillernder Begriff. Er findet sich in verschiedenen psychologischen Fachbereichen, in den Sozialwissenschaften und in der Philosophie. Menschen gebrauchen ihn täglich und sagen damit etwas darüber aus, wie sie über sich selbst denken und wie sie sich zu sich selbst verhalten. Um solche Phänomene besser zu verstehen, zeigt das vorliegende Kapitel auf, welche Sichtweisen aus unterschiedlichen Disziplinen auf das Selbst möglich sind.

Zum Begriff des „Selbst"

Die Definition des Begriffs „Selbst" lässt sich je nach wissenschaftlichem Fachbereich und psychologischer Richtung in großer Unterschiedlichkeit vornehmen. Werner Greve weist auf Unklarheiten im Wortgebrauch hin, wenn er formuliert, dass „Begriffe wie ‚Selbst', ‚Selbstkonzept', ‚Selbstwert', ‚Identität' und andere Varianten synonym, unerläutert oder zwanghaft operational definiert gebraucht werden" (Greve 2000, S. 16). Wie andere Autoren findet auch Greve eine Vielzahl von Kriterien zum Erfassen des Selbst. Schachinger (2005) ordnet dem Begriff allein 22 Adjektive zu und nutzt sie zu einer differenzierten Beschreibung.

So kann der Begriff Selbst sehr unterschiedliche Bedeutungen haben. Je nach der theoretischen Brille, die man aufsetzt, zeigt er verschiedene Facetten. Doch ist ihm auch etwas Grundlegendes zu eigen: Er beschreibt die Beziehung, die eine Person zu sich haben kann. Das verdeutlicht bereits die Umgangssprache mit Aussagen wie z. B. „Ich bin ganz ich selbst", „Ich kannte mich selbst nicht mehr" oder „Ich bin bei mir selbst angekommen". Anscheinend kann ich zu mir selbst stehen oder mich auf den Weg zu mir selbst machen. Hier zeigt sich, dass der Mensch über die Fähigkeit verfügt, sich zu sich selbst zu verhalten.

Aufgrund dieser Fähigkeit vermag er sich zu beobachten, zu hinterfragen und das eigene Handeln zu bewerten. Das bringt ihn in eine besondere Seinsweise, die ihn von anderen Lebewesen unterscheidet. Dadurch, dass ich mich selbst in meinen Verhaltens-, Denk- und Fühlweisen betrachten kann, bin ich auch in der Lage zu entscheiden, wie ich damit umgehen will oder in welche Richtung ich etwas an mir verändern will. Das ist kein leichtes Unterfangen, doch es ist möglich.

Im vorangehenden Absatz beschreibt das Wort *selbst* die Prozesshaftigkeit, die jeder Selbstbeobachtung und Selbstreflexion zugrundeliegt. Weiterhin findet der Begriff des Selbst Verwendung, wenn zum Ausdruck gebracht werden soll, dass eine Person etwas Eigenes gefunden hat oder dem Eigenen näherkommt. Dann spricht sie davon, dass sie „ganz sie selbst" ist. Hier meint das Selbst etwas Wesentliches, das die Einzigartigkeit der Person auszeichnet. Dieses ist jedoch nicht vom Himmel gefallen, sondern es entsteht durch die Verarbeitung von Lebenserfahrungen: Das Individuum ist durch vielfältige einzelne Erlebnisse und Erfahrungen zu dem geworden, was es aktuell ist. Einige Erfahrungen wurden mit anderen verknüpft, andere wurden eher ins Abseits gedrängt. Einstellungen und Werte sind entstanden. Im Laufe der Zeit hat sich ein Selbst geformt.

So lässt sich das Selbst auch als Ergebnis gesammelter Lebenserfahrung verstehen. Das ist jedoch nicht als bloße additive Ansammlung zu sehen, sondern vielmehr als ein Kondensat, als eine Verdichtung der Erfahrungen. Dabei ist das Selbst nicht vollendet, sondern es befindet sich in permanenter Dynamik und verarbeitet immerzu neue Erfahrungen.

Also befindet sich das Selbst immerzu in Bewegung. In der humanistischen Psychologie findet sich bei Carl Rogers der Begriff der Selbstaktualisierung (Quitmann 1996): situatives Geschehen wird fortwährend mit Vorerfahrungen sowie der aktuellen Bedürfnislage des Organismus abgeglichen. Was sich dabei im Bewusstsein abspielt, befindet sich in steter Wechselwirkung mit dem Unbewussten. Fortwährend spielen Vorerfahrungen, eingeschliffene Sichtweisen und Bewertungen mit hinein. So kann es vorkommen, dass eine Person sich nicht sofort erklären kann, wieso sie sich auf einer bestimmten Art und Weise verhält.

Als Beispiel lässt sich ein Gespräch zwischen zwei Personen nehmen, in dem die eine Person von ihrem Gesprächspartner kritisiert wird. Die vorgebrachte Kritik kann dazu führen, dass die angesprochene Person das Gesagte als Anlass nimmt, aufrichtig über sich und das kritisierte Verhalten nachzudenken; oder die Person blockt das Gespräch und lehnt die Kritik vehement ab. Wenn die Person es schafft, diese von ihr zunächst als unangenehm erlebte Erfahrung zuzulassen, kann sie sich damit auseinandersetzen und sie verarbeiten. Auf diesem Wege kann das Selbst sich erweitern und sich aktualisieren. Dabei geht es nicht darum, alles in sich aufzunehmen und zu allem „Ja" zu sagen. Zwar bedeutet Selbstaktualisierung, die Ereignisse an sich herankommen zu lassen; gleichermaßen bedeutet sie auch, eine Grenze zu setzen. Denn dies geht ebenfalls mit dem Selbst einher: Ich akzeptiere etwas und nehme es zu mir – doch anderes kann ich in guter Gelassenheit von mir weisen, denn ich spüre, es gehört nicht zu mir. Hier zeigt sich die Unterscheidung zwischen dem Eigenen und dem Anderen.

Während des Aufwachsens bekommen Menschen Werte, Regeln und Normen vermittelt. Teilweise werden diese blind übernommen, teilweise auf reflektierter Weise zu eigen gemacht. Teilweise wirken sie unterstützend, teilweise eher beeinträchtigend. So findet sich im Gedächtnis eines jeden Menschen eine Vielzahl an unterschiedlichen biografischen Erfahrungen. Sie sind gleichsam einzelner Episoden abgespeichert, weshalb vom Episodengedächtnis die Rede ist. Insbesondere die Beziehungserfahrungen mit bedeutsamen Mitmenschen haben sich hier eingebrannt. Einige dieser Erfahrungen sind gut verarbeitet, andere bedürfen noch eines Integrierens, denn womöglich sind sie schmerzhaft und bisher eher zur Seite gelegt worden.

Wie bereits erwähnt, lässt sich das Selbst als Erfahrungsschatz des persönlichen Lebens verstehen, worin keinesfalls Stillstand herrscht, sondern permanente Dynamik. Erfahrungen sind keine Dinge, die man nebeneinander ins Regal stellen könnte; vielmehr beeinflussen sie sich gegenseitig, sie können sich verstärken oder relativieren. Jede neue Erfahrung reichert das Bestehende an, bisweilen lassen sich alte Erfahrungen sogar in einem anderen Licht betrachten und neu bewerten. Über das Selbst ist es möglich, sich zu gemachten Erfahrungen neu in Beziehung zu setzen.

Ich beziehe mich auf mich selbst

Der Mensch ist in der Lage, sich auf sich selbst zu beziehen. Eine andere Umschreibung wäre: Er kann sich selbst beobachten und zu sich selbst in Beziehung setzen. Das machen Menschen täglich und nehmen es als selbstverständlich. Was jedoch dabei geschieht, wäre genauer zu betrachten. Es ist nämlich ein kleines Wunderwerk.

Dem Selbst ist bereits eine Beziehung enthalten, nämlich jene von *Ich* und *Selbst*. Man könnte sie als Instanzen betrachten, die sich in ihren Qualitäten unterscheiden. Diese Unterschiede spielen für das Entwickeln von Selbstkompetenz eine zentrale Rolle. Daher werden sie im Laufe der Buchkapitel immer wieder aufgegriffen und aus verschiedenen Perspektiven beleuchtet: Das Ich lässt sich als handlungsplanende Instanz verstehen; das Selbst hingegen als großer Erfahrungsschatz und als Möglichkeitsraum, sich zu sich selbst zu verhalten. Damit ist es dem Menschen möglich, an sich selbst zu arbeiten. „Im Vergleich zum spontanen Ich ist *Selbst* der umfassendere und reflexivere Begriff. Er umfasst die Vorstellung eines *Sich* als Medium der Bewusstwerdung und Gestaltung des Selbst: eines *Nachdenkens* über sich sowie einer *Arbeit* an sich." (Schmid 2015, S. 98)

Das Wort „selbst" drückt eine Rekursivität, d. h. eine Selbstbezüglichkeit aus: *Ich* beziehe mich auf mich *selbst*. Hier liegt eine Form von Beziehung vor, wobei das *selbst* mit dem *ich* in Schleifen rückgekoppelt ist: das *selbst* hat Einfluss auf das *ich* und das *ich* hat Einfluss auf das *selbst*. Somit lässt sich das Ich-selbst nicht als etwas Unveränderliches und Statisches verstehen, sondern als ein immerwährender Prozess. Vor diesem Hintergrund können Formulierungen wie „Ich bin wieder ganz ich selbst" nicht als Heimkehr zu einem feststehenden Ort absoluter Ruhe verstanden werden, sondern vielmehr als die Rückanbindung eines vermeintlich Festgelegten in den Fluss des sich stetig bewegenden Lebens.

Die genannte Rekursivität umfasst im Wesentlichen zwei Formen. Um diese genauer zu fassen, soll im Folgenden unterschieden werden zwischen dem Prozesshaften und dem persönlichen Geworden-sein, das meint jenes, was mich als Person einzigartig macht:

1. Das klein geschriebene Wort *selbst* meint das Prozesshafte in der Selbstbeziehung. So beschreibt die Aussage „Ich beobachte *mich selbst*" das Einnehmen einer Beobachterposition, um den Erlebensstrom in mir zu betrachten: Wie ist mein Befinden in der aktuellen Situation? Welche Gedanken, Gefühle und Körperempfindungen spielen sich ab und wie gehe ich mit ihnen um? Sind meine Handlungen damit deckungsgleich oder ergeben sich Widersprüche? – Hierbei begibt sich das Ich auf Abstand und bleibt doch in Beziehung zu sich. Dieses Geschehen ist kaum in Gänze greifbar, und es bleibt paradox: Es stellt eine Distanz zu sich her und ermöglicht gerade dadurch einen Zugang zu sich selbst. Man tut einen Schritt zur Seite, um sich seinem Befinden, Fühlen, Denken und Handeln zu nähern. So lässt sich besser begreifen, was in mir vor sich geht.
2. Das groß geschriebene Wort *Selbst* meint das Einzigartige der eigenen Person. Es lässt sich auch als Erfahrungsschatz verstehen, den ich im Laufe meines Lebens gesammelt habe. Mit ihm bin ich zu dem geworden, was ich als Person in meinem Dasein bin.
Die Aussage „Ich nehme *mein Selbst* wahr" zeigt eine andere Qualität als „Ich beobachte *mich selbst*". Bei „Ich nehme *mein Selbst* wahr" geht es nicht in erster Linie um die Distanz zu sich, sondern um den Kontakt zur eigenen Person und zum eigenen intuitiven Wissen. Es ist das Gewahrsein, dass ich mehr bin als mein augenblicklicher Ich-Fokus oder mein derzeitiges Problem. Das Selbst meint hier das Anteil-haben und Verbunden-sein mit größeren Kontexten: auf der intrapsychischen Ebene mit einer Vielzahl persönlicher Lebensereignisse, die im Erfahrungsgedächtnis gespeichert sind, sowie auf der über-individuellen Ebene mit Regeln des sozialen Miteinanders oder mit gesellschaftlichen Traditionen.

Die Psychologie des Selbst beschreibt die beiden Aspekte – das Selbst als Erfahrungsspeicher und die Prozesshaftigkeit des Selbst – folgendermaßen: „Das Selbst ist ein dynamisches System [...], das einerseits auf die jeweilige Person bezogene Überzeugungs- und Erinnerungsinhalte in hochstrukturierter Form und andererseits die mit diesen Inhalten und Strukturen operierenden Prozesse und Mechanismen umfasst" (Greve 2000, S. 17).

Die Entwicklung von Selbstkompetenz bezieht sich auf beide genannten Formen von Rekursivität: auf die Möglichkeit zu sich in Beziehung zu treten wie auch auf den Kontakt zum persönlichen Erfahrungsschatz.

Die Blicke der Anderen

Zum Entstehen des Selbst gibt es unterschiedliche Gedanken. Aus der Sicht der Soziologie ergibt sich das Selbst maßgeblich aus den Blicken anderer Menschen auf die eigene Person. Das, was die die Anderen in mir sehen und ihre Zuschreibungen haben eine Wirkung auf mich – sei es, dass ich sie von mir weise oder sei es, dass ich sie übernehme. Wenn ein Mensch immer wieder gesagt bekommt, dass er eine Sache gut kann bzw. nicht gut kann, dann besteht eine Wahrscheinlichkeit, dass er nach gewisser Zeit das Zugeschriebene glaubt.

Die Blicke der Mitmenschen umfassen neben den Zuschreibungen auch Erwartungen: an mich und an mein Verhalten in bestimmten Situationen. Obwohl diese nur selten ausgesprochen sind, stellt das Individuum dennoch Vermutungen darüber an, was die Anderen von ihm erwarten. Bisweilen erwarte ich, dass mein Gegenüber ein bestimmtes Verhalten von mir erwartet – und verhalte mich dementsprechend. Auch hier hat die Soziologie eine treffende Beschreibung gefunden, denn sie spricht von *Erwartungserwartungen*. Diese spielen sich nur in meinen Gedanken ab und müssen keinesfalls den realen Erwartungen meiner Mitmenschen entsprechen. Eines jedoch bleibt, nämlich dass die Blicke der Anderen eine Auswirkung auf mich haben: sei es als Vorstellung in meinem Kopf oder als artikulierte Mitteilung.

Das Individuum sieht sich selbst durch die Augen anderer Akteure und macht sich seine Gedanken darüber. Es stellt Vermutungen darüber an, was die Anderen von ihm denken und was sie von ihm erwarten. Solche Gedankengänge, die überdies nicht selten von Emotionen begleitet sind und dadurch mehr Wucht bekommen, nehmen Einfluss auf das Selbst, das Selbstbild und das Selbstempfinden.

Die Erwartungen der Anderen sind nicht selten an Rollen geknüpft. Im sozialen Leben nimmt der Mensch eine Vielzahl an Rollen ein, sowohl im privaten als auch im beruflichen Leben. Mit der jeweiligen Rollenübernahme erwarten die anderen Akteure, dass der Rollenträger sich in einer bestimmten Art und Weise verhält und Funktionen erfüllt. Letzteres gilt insbesondere im Beruf. Ansprüche und kulturelle Normen kommen hier ins Spiel. Doch auch hier sind die Erwartungen in der Regel nicht ausgesprochen. Sie sind nur zu einem sehr kleinen Teil mit der Stellenbeschreibung geklärt. Eine Person, die aufgrund ihrer beruflichen Tätigkeiten mit vielen Menschen zu tun hat und mit einer Vielzahl an benannten, aber auch unausgesprochenen Erwartungen konfrontiert ist, kann sich in diesem Geflecht leicht selbst verlieren. Die Fähigkeit, sich auf einer angemessenen Weise gut von den Ansprüchen und Erwartungen der Anderen abzugrenzen, kann hier sehr hilfreich sein. Das setzt allerdings voraus, dass ich zu unterscheiden vermag zwischen dem, was mir zu eigen ist, und dem, was die Ansprüche anderer sind.

Vor diesem Hintergrund wäre es für eine Entwicklung von Selbstkompetenz zu empfehlen, sich mit der Rolle im beruflichen Kontext auseinanderzusetzen. Das Klären von Erwartungen gehört dazu. Weiterhin wäre auszubalancieren zwischen dem eigenen Erleben inklusive der eigenen Bedürfnislage und den Anforderungen in der Rolle.

Durch Sozialisation und Erziehung übernimmt das Individuum gesellschaftliche Normen und Zuschreibungen. Diese zeigen sich in Äußerungen wie z. B. „Das tut man nicht" oder „Das kannst Du eben nicht". Aus sozialpsychologischer Perspektive schlagen sie sich im Selbst nieder. Vor diesem Hintergrund geht George Herbert Mead (2023) davon aus, dass das Selbst in erster Linie sozial strukturiert ist. Dabei beschreibt Mead drei Instanzen: Me, I, Self.

Im *Me* finden sich die Zuschreibungen anderer Personen, die sich unbewusst festgesetzt haben; es finden sich ebenso übernommene soziale Regeln und Normen. Im *I* werden eigene Gedanken und Gefühle bewusst erlebt. Zugleich ist das Ich die Instanz der Handlungssteuerung und Selbstbehauptung. Das *Self* umfasst nach G. H. Mead das *Me* und das *I*. Es ist der psychische Bereich, worin die Ansprüche von *Me* und *I* ausbalanciert werden können.

Soziale Normen, die ein Mensch während seiner Kindheit gelernt und verinnerlicht hat, können in Widerstreit mit seiner aktuellen Bedürfnislage geraten. Beispielsweise hat sich die Zuschreibung, dass Männer, die Gefühle zeigen, schwach seien, eine lange Zeit gehalten. Ein Mann, der sich verletzt fühlt, aber meint, er würde sich eine Blöße geben, wenn er sich damit zeigt, kommt in einen inneren Konflikt. Wenn es ihm gelingt, sich der verinnerlichten sozialen Norm (dem *Me*) und seinen persönlichen Gefühlen (dem *I*) bewusst zu werden, kann er zwischen ihnen vermitteln. Diese Kraft des Ausbalancierens sieht G. H. Mead in der Instanz des Selbst (dem *self*). Hier kommt eine weitere Qualität des Selbst zum Vorschein: das Selbst als prozessuales Feld des Integrierens, Balancierens und In-Beziehung-setzens.

Das Selbst als Identitätserleben

Die Aussage „Ich bin ganz ich selbst" drückt etwas über das Erleben der eigenen Identität aus. Bisweilen werden die Begriffe „Selbst" und „Identität" synonym gebraucht.

Indem ein Mensch über sich nachdenkt, was ihn ausmacht und worin er sich von anderen unterscheidet, entsteht ein Gefühl dafür, was er als Person ist. Das Sich-selbst-vergewissern wird permanent mit der Außenwelt abgeglichen.

Der Mensch vermag eine Vielzahl einzelner Erfahrungen derart zu verarbeiten, dass er sich als eine Einheit fühlt („Ich bin der, der ich bin" bzw. „Ich bin die, die ich bin"). In dieser Einheit fügt sich nicht nur etwas zusammen, sondern sie ermöglicht ein Erleben von Deckungsgleichheit („Das passt zu mir") oder von Differenz („Das passt nicht zu mir"). Damit kann sich die Person als mit sich selbst identisch erleben.

„Identität wird traditionell aufgefasst als Erleben der Kohärenz der Persönlichkeit und der Kontinuität über die Zeit" (Pinquart/Silbereisen 2002, S. 110). Das Erleben von Kohärenz bzw. Deckungsgleichheit bleibt im Verlauf von Monaten und Jahren erhalten: Obwohl der Mensch von Tag zu Tag ein unterschiedliches Empfinden von sich haben kann, trägt ihn das Gefühl, dass er immer noch dieselbe Person ist, die er schon am Vortag im Spiegel hat sehen können. Im Laufe der Pubertät bildet sich solches Erleben von Kohärenz und Kontinuität erst allmählich aus. Entwicklungspsychologisch gesehen lässt sich dieser Prozess differenziert beschreiben: „Jene endgültige Identität also, die am Ende der Adoleszenz ersteht, ist jeder einzelnen Identifikation mit den Beziehungspersonen der Vergangenheit durchaus übergeordnet; sie schließt alle wichtigen Identifikationen ein, aber verändert sie auch, um aus ihnen ein einzigartiges und einigermaßen zusammenhängendes Ganzes zu machen" (Erikson 1989, S. 139)

Das vorangegangene Zitat verdeutlicht, inwieweit sich die Identität und mithin das Selbsterleben in sozialen Zusammenhängen herausbildet. Dieser Aspekt findet in soziologischen Betrachtungen eine besondere Betonung. Hier steht das Selbst für die sozial erlernte Identität. Wie bereits genannt ermöglicht sie ein Erleben von Kontinuität und Kohärenz: nicht nur innerhalb der eigenen Psyche, sondern auch im Bezug auf die Mitmenschen. Ich als Person werde von meinen Kolleginnen und von den Schülerinnen wiedererkannt. Das ist auch dann noch möglich, wenn ich in mir ein großes Durcheinander wahrnehme oder wenn ich in einigen Situationen gar nicht mehr weiß, wo mir der Kopf steht.

Betrachtet man das Selbst als sozial erlernte Identität, so sorgt sie auch dafür, dass ich mit meinem Ich-selbst erkennbar und adressierbar bleibe: „Die Funktion des System SELBST haben wir [...] gedeutet als Lösung des Problems, wie das psychische System sich in Kontakt mit Kommunikation auf eine (Wieder-)Erkennbarkeit reduzieren [...] kann." (Fuchs 2010, S. 84 f) So kann mich ein Kollege weiterhin erkennen und ansprechen – obwohl es mir aktuell in meiner Haut nicht wohlergehen mag und obwohl ich eine Vielzahl an Rollen und Funktionen auszufüllen habe.

Gemäß soziologischer Annahmen entsteht das Identitätserleben durch Interaktionen mit anderen Menschen und in Auseinandersetzung mit Normen. Dabei wird eine erhebliche Anzahl von Zuschreibungen, sozialen Regeln und gesellschaftlichen Normierungen übernommen, was in weiten Teilen unbewusst geschieht. Es sind z. B. die Glaubenssätze der Eltern, familiäre Traditionen und kulturelle Gepflogenheiten. Daher beschreibt die Kultursoziologie (Hahn 2017) das Selbst als ein primär sozial Formatiertes: Es wird in weiten Teilen von ungeschriebenen Regeln bestimmt, die im Laufe des Lebens durch Sozialisation erlernt wurden.

In diesem Zusammenhang findet sich die Bezeichnung „sozial formatiert". Sie will darauf hinweisen, dass aus soziologischer Perspektive nur wenig Spielraum für freies individuelles Verhalten gesehen wird: Wir sind das Produkt unserer sozialen Erfahrungen mithin ungeschriebener Regeln, Zuschreibungen und Erwartungen anderer Person an uns. All dies hat sich unserem Selbst eingeschrieben. Aus der Sicht einiger Vertreterinnen und Vertretern der Soziologie besteht hier nur wenig Freiheit, sondern in erster Linie sozio-kulturelle Prägung. Sogar Gefühle und emotionale Reaktionen lassen sich als sozial konstruiert betrachten (Gergen / Gergen 2009) – obwohl sie doch als etwas sehr Persönliches erlebt werden.

Das Selbst als Erzählung

Wie bereits dargestellt, entsteht das Selbst (aus soziologischer Perspektive) durch Zuschreibungen und Erfahrungen im sozialen Umfeld. Ein weiterer Faktor, der dazu beiträgt, dass eine Person zu einem „So-bin-ich-selbst" gelangt, findet sich in den Geschichten, die sie über sich selbst erzählt: „Die eigene Geschichte bestimmt die persönliche Identität mehr noch als viele aktuelle Attribute, Rollen oder Eigenschaften" (Greve 2000, S. 18).

Konkret zeigt sich das in Äußerungen wie „Das kenne ich schon mein Leben lang", „Das ist eine einschneidende Erfahrung für mich gewesen" oder „So macht man das in unserer Familie". In solchen Sätzen drücken sich Annahmen aus. Sie bieten Orientierung, doch bisweilen schränken sie den persönlichen Denk- und Handlungsspielraum ein. Sie müssen nicht der Wahrheit entsprechen und noch weniger müssen sie unabänderlich sein. Dennoch werden sie subjektiv als wahr und als unveränderbare Gewissheit empfunden. So erzählt jeder Mensch Geschichten über sich selbst. Sie tragen zu seinem individuellen Selbstverständnis bei: „Die erzählerische Interpretation der eigenen Lebensgeschichte kann in Selbstvergewisserung und Stabilisierung resultieren und als Chance für die Entwicklung persönlicher Kohärenz und Identität begriffen werden." (Laux / Renner 2008, S. 298)

Somit können Geschichten über sich selbst Sicherheit und Orientierung geben. Vertreterinnen und Vertreter der narrativen Psychologie sind der Ansicht, „dass die Erzählung das primäre strukturierende Schema ist, durch das Personen ihr Verhältnis zu sich selbst, zu anderen und zur physischen Umwelt organisieren und als sinnhaft auslegen" (Polkinghorne 1998, S. 15). Das bedeutet, dass Geschichten Erklärungen liefern. Sie sorgen dafür, dass Menschen auf ihr Leben als eine zusammenhängende Folge von Erfahrungen blicken können. Darüberhinaus verfügen Geschichten über die Kraft, schwierige Erfahrungen besser zu akzeptieren und sie zu einem Teil der eigenen Persönlichkeit zu machen, beispielsweise durch solch eine kleine Erzählung wie: „Damals habe ich eine schwere Zeit durchgemacht. Doch ich konnte meine Schritte tun und bin nun ein anderer Mensch". Die Selbst-Erzählung vermag (gleichsam einem roten Faden) verschiedene Lebensereignisse sinnvoll zu verknüpfen. Sie verbindet Vergangenheit, Gegenwart und Zukunft: „Narrative meinen, dass Identität eine geschichtenförmige Konstruktion ist und als Selbst-Erzählung einer Person präsentiert wird. Selbst-Narrative dienen funktional der Integration des menschlichen Lebens, indem sie disparate Erinnerungen vergangener Geschehnisse, aktuelle Überzeugungen und Erfahrungen sowie zukünftige, imaginierte und antizipierte Handlungen miteinander verknüpfen." (Polkinghorne 1998, S. 33)

Geschichten sind ein sinnstiftendes Mittel. Sie verbinden einzelne Erfahrungen zu einem „roten Faden", der sich durch die Lebenszeit zieht. Sie tragen dazu bei, dass schmerzhafte Erfahrungen integriert werden können (– anstatt wie eine entzündete Wunde im Unterbewussten zu schwelen). Mit Geschichten erzähle ich mir selbst wie auch meinen Mitmenschen, aus welchen Erfahrungen ich gelernt habe; welche Entscheidung ich in meinem Leben getroffen habe; welche Schritte ich auf dem Weg zu mir selbst getan habe.

Die Geschichten über sich sind jedoch fluide, sie stehen nicht fest und können sich verändern. Dabei müssen sie nicht einer objektiven Wahrheit entsprechen. Schon Goethe hat seine biografischen Schriften mit „Dichtung und Wahrheit" betitelt, wohl wissend, dass so manche Erinnerung eher den eigenen Gedanken als der real erlebten Situation entspringt.

Der einzelne Mensch agiert beim Erzählen der eigenen Geschichte keineswegs in einem sozialen Vakuum. Darauf weist die Kultursoziologie hin. Wenn also eine Person von sich selbst erzählt und darüber berichtet, wie sie zu dem Menschen geworden ist, der sie heute ist, so bedient sie sich bereits kultureller Muster und Erzähltraditionen: „Selbstthematisierung stützt sich also immer auch auf Partizipation an und Distanzierung von vorgegebenen Identitäten" (Hahn 2017, S. 7).

Das bedeutet, dass auch beim Erzählen der anscheinend komplett eigenen Geschichte keine hunderprozentige Autonomie besteht: Die Geschichten über sich selbst und die darin enthaltenen Wertvorstellungen sind durch kulturelle Regeln und Traditionen beeinflusst.

So lässt sich behaupten: Nicht nur das Verständnis vom Selbst ist etwas kulturell Vermitteltes, sondern auch der tagtägliche Blick auf sich selbst. Dass wir uns anschauen und über uns nachdenken, wie wir es tun, hat mit sozialen und gesellschaftlichen Konventionen zu tun, die sich im Laufe der Historie entwickelt haben. So ist auch der Blick auf sich selbst etwas, was keinesfalls naturgegeben ist, sondern sozial erlernt.

Das leibliche Selbst

Das Gefühl von Ich-selbst-sein hängt stark mit dem Körperempfinden zusammen. Ein Mensch, der eine Situation erlebt, tut dies immer leibhaftig: „Auf die Welt gerichtet ist nicht der Geist, sondern zuvorderst der Leib." (Zaboura 2009, S. 44)

Ob eine Person sich kräftig oder schwach fühlt, ob sie Boden unter den Füßen hat oder sich unsicher fühlt – die körperliche Ebene spielt hier massiv hinein. Dabei bleibt es nicht beim Wahrnehmen körperlicher Phänomene. Denn sie gehen immer mit einem Erleben einher: mit Gedanken, Gefühlen, Bewertungen und Bedeutungen. Selbstbeziehung und Selbstempfinden vollziehen sich auch auf leiblichen Wegen.

So ist das Selbsterleben an einen physischen Körper gebunden, doch reicht es weit über den Standort im Raum und die bloße Physiologie hinaus: Es ist etwas leibhaftig Gefühltes. „Der geometrische Raum ist homogen, das heißt, alle Punkte in diesem Raum sind gleichberechtigt. Dagegen gibt es im Raum leiblichen Spürens einen ausgezeichneten Ort, nämlich das Zentrum des *hier bin ich*." (Böhme 2019, S. 52 f)

An dieser Stelle soll deutlich zwischen Körper und Leib differenziert werden. Doch weshalb vermag solch eine Unterscheidung für das Entwickeln von Selbstkompetenz hilfreich sein? – Der Leib geht über das bloß Körperliche hinaus. Er ist das gefühlte Dasein. Noch bevor ich eine Situation mit dem Verstand analysiert habe, vermittelt das Leibliche, wie es mir in der Situation geht. Hier liegen wertvolle Hinweise für die Entwicklung der eigenen Selbstkompetenz.

Beispiele aus der Schule sollen dies illustrieren.

Beispiel 1:

Eine Lehrperson kommt in ihre Klasse und findet eine große Unruhe vor. Sie spürt, dass etwas anders ist als an anderen Tagen. Bei ihr entsteht eine leibliche Anspannung und sie bekommt den Eindruck, dass diese Unruhe die Unterrichtsstunde beeinflussen wird. Mit der Anspannung verdeutlicht sich der Lehrperson: „Heute braucht es hier mehr denn je meine Präsenz".

Wenn eine Person das Geschehen in einer Situation wahrnimmt, lässt sie das nicht kalt. Das vermittelt sich ihr auf der leiblichen Ebene. Unwillkürlich entsteht ein Eindruck, woran sich ein Handlungsimpuls knüpft. Das geschieht unmittelbar, ohne dass es eine lange rationale Analyse bräuchte.

Beispiel 2:

In einem Vier-Augen-Gespräch berichtet ein Schüler seiner Lehrerin von seinen Lernschwierigkeiten. Dabei macht er sich ehrlich und erzählt, was ihn bewegt. Die Lehrerin lässt sich davon berühren und hört in guter Offenheit zu. Sie spürt leibhaftig, wie sich ihr Herz öffnet und wie das Vertrauen zwischen dem Schüler und ihr am Wirken ist.

Das leibliche Empfinden bindet den Körper in die Welt ein und schafft eine Verbindung zu den Mitmenschen. Leiblichkeit bedeutet immer ein Bezogen-sein und ein Sich-darin-befinden.

Beispiel 3:

An einem Elternabend begrüßt ein Lehrer die beiden Elternteile einer Schülerin. Unerwartet reagieren die Eltern unwirsch und werfen dem Lehrer mit einiger Heftigkeit vor, er würde ihre Tochter ungerecht behandeln. Die erste Reaktion des Lehrers findet auf der körperlichen Ebene statt: Sein Puls geht hoch. Auf leiblicher Ebene erlebt er diese physiologische Reaktion als Herzrasen und zugleich als eine Enge im Brustraum. Sein leibliches Raumerleben verändert sich derart, dass er sich bedrängt fühlt.

Der Puls lässt sich als körperliches Phänomen objektiv messen. Doch das damit verbundene Empfinden von Enge bleibt subjektiv und entzieht sich dem Messbaren. Hier zeigt sich die leibliche Dimension. So kann der erhöhte Puls von der einen Person als bedrängend erlebt werden (wie in dem genannten Beispiel), dagegen von einer anderen Person mit einem Gefühl von Vitalität verknüpft sein.

Der Körper und seine Physiologie sind Gegenstand naturwissenschaftlicher Forschung. Hier werden Zustände und Abläufe untersucht und in Zahlen, Worte und Grafiken übersetzt. Mit ihnen ist jedoch keinerlei Aussage darüber getan, wie das Körperliche empfunden wird, geschweige denn, welche Bedeutung all dem zukommt. Dies geschieht in der leiblichen Dimension: Der Mensch nimmt seine körperlichen Regungen wahr und setzt sie in Beziehung zu sich selbst sowie zur Umwelt. Damit ist der Leib „der Ort des diffusen Befindens, Behagens und Unbehagens, der Vitalität, Frische oder Müdigkeit [...]; weiter der Leib als Resonanzraum aller Stimmungen und Gefühle, die wir empfinden; und schließlich der Leib als Zentrum und zugleich Medium aller Wahrnehmungen, Bewegungen und Handlungen" (Fuchs 2008, S. 97).

Die Unterscheidung von Körper und Leib wird besonders im Rahmen der Leibphänomenologie vorgenommen (Böhme 2019; Waldenfels 2018). Im alltäglichen Sprachgebrauch hingegen werden die Begriffe „Körper" und „Leib" oftmals synonym verwendet. Obwohl sie nicht voneinander zu trennen sind, kann ihre Unterscheidung verschiedene Aspekte des Daseins verdeutlichen: der „Körper" meint die messbaren physiologischen Abläufe im Organismus, der „Leib" meint das subjektive Erleben und Empfinden jener körperlichen Prozesse. Tritt mir jemand auf den Fuß, löst es auf der körperlichen Ebene eine Reaktion aus, bei der u. a. die Schmerzrezeptoren beteiligt sind. Die damit einhergehende Wut über die Unachtsamkeit meines Gegenübers sowie mein spontaner Ausruf „Passen sie doch auf!" geben mein subjektives leibliches Empfinden wieder. Beim Empfinden von Schmerz wird sehr deutlich, dass es um mich selbst im Hier und Jetzt geht. Schlagartig bin ich in Bezug gesetzt zum situativen Geschehen sowie zu meinem Erleben der Situation. Schmerz wirkt unmittelbar – und bereits diese Formulierung scheint beschönigend. Schmerz braucht kein Nachdenken darüber, ob er mich betrifft oder nicht. Im leiblichen Sich-fühlen drängt sich das unmittelbare Dasein auf, dem man nicht entkommen kann: „Qua Leib ist der Mensch je in einer bestimmten Zeit, an einem bestimmten Ort, und er ist von der Unausweichlichkeit seines Daseins, das er in radikaler Besonderung als diesen Leib erfährt, unausweichlich betroffen." (Böhme 2019, S. 29)

Durch seinen Leib spürt der Mensch, dass er gemeint und betroffen ist, dass er angefragt ist.

Er befindet sich in einer konkreten Situation und ist darin herausgefordert zu reagieren. Solches Sich-selbst-in-der-Situation-erleben ist daher immer an den Leib gebunden. Wenn also eine Lehrperson sich in einem Gespräch durch den Gesprächspartner bedrängt und in die Enge getrieben fühlt, dann kann dieses leibliche Erleben in zweierlei Hinsicht ein wichtiger Hinweis sein: einerseits als Zugang zu einem besseren Sich-selbst-verstehen; andererseits als Wegweiser für eine mögliche Veränderung der Situation (Was hilft, um das Enge-Gefühl zu verändern?). Wenn es einer Lehrperson gelingt, sich auf dieser Ebene wahrzunehmen und ihr leibliches Befinden zu beeinflussen, hat das oftmals eine positive Wirkung auf ihre Präsenz.

Die Leiblichkeit wirkt in der Begegnung mit anderen Menschen und Lebewesen. Hier ist der empfindende Leib im Spiel und nicht nur die physiologischen Abläufe des Körpers. Interaktion und subjektives Empfinden befinden sich permanent in Wechselwirkungen und beeinflussen sich gegenseitig. Hier zeichnet sich ab, dass der Leib nicht etwas ursprünglich Naturhaftes ist, sondern vielmehr mit sozialen Prozessen verbunden ist.

Mit Blick auf Selbstkompetenz lässt sich die Leiberfahrung als „aktive Weltzuwendung" (Böhme 2019, S. 26) verstehen. Wenn sich der Mensch auf seine Mitmenschen bezieht und mit ihnen interagiert, geschieht dies maßgeblich auf der körperlich-leiblichen Ebene. Das ist für eine Entwicklung von Selbstkompetenz bewusst gestaltbar.

Der Anteil des Unbewussten

Das Selbst kann als eine Art Betriebssystem verstanden werden, worin der Mensch Erfahrungen verarbeitet. Dazu gehören Interaktionen mit anderen Menschen und Erlebnisse, die sich ins Gedächtnis gebrannt haben; des Weiteren aber auch gesellschaftliche Ereignisse oder Anforderungen im privaten und beruflichen Leben.

All diese Erfahrungen zu verarbeiten und daraus ein stimmiges Identitätserleben zu schaffen, ist dem bewussten Ich nur begrenzt möglich. Es sind zu viele Informationen, die zudem fortwährend mit eigenen Gedanken und Gefühlen verknüpft werden. Damit eine Verarbeitung möglich ist, schafft die Psyche mit dem Selbst ein hochkomplexes und dynamisches System, das in parallelen Prozessen Informationen verarbeitet und diese permanent mit Vorerfahrungen abgleicht. Aus diesen Gründen läuft das Selbst überwiegend im unbewussten Modus. Es bildet sich in den ersten Lebensjahren heraus und wird im Laufe des weiteren Lebens durch eine Vielzahl einzelner Erfahrungen angereichert.

„An die Grundlegung der eigenen Persönlichkeit kann sich kein Mensch erinnern. Unsere Persönlichkeit – und dazu gehört zuvorderst unser Motivsystem – ist [...] im ‚impliziten Selbst' begründet" (Grawe 2004, S. 356). Innerhalb dieses Motivsystems finden sich sogenannte „motivationale Schemata" von Annäherung und Vermeidung, das meint individuelle Tendenzen, auf etwas zuzugehen oder sich davon weg zu bewegen. Diese Schemata entwickeln sich in den ersten Lebensjahren um das Bindungsbedürfnis herum, d. h. sie entstehen in erster Linie durch Beziehungserfahrungen. Späterhin fließen sie in Verhaltensmuster ein, mittels derer das Individuum auf konkrete Situationen reagiert.

Mit der Perspektive der Gedächtnisforschung lässt sich das Selbst als emotionales Erfahrungsgedächtnis verstehen. In ihm finden sich all die Erfahrungen mit anderen Menschen und Ereignissen, die für das Individuum prägend gewesen sind. Episoden aus dem Erfahrungsgedächtnis sind teilweise erinnerbar, wenn auch ein Großteil unbewusst bleibt.

Der Einfluss des Unbewussten auf das Denken, Fühlen und Verhalten gilt mittlerweile als wissenschaftlich belegt (Grawe 2004; Ledoux 2006; Roth 2017; Wilson 2007). Gemäß Ergebnissen der Neurowissenschaften kann das Unbewusste nicht mehr als Hexenkessel von Trieben und verdrängten Gedächtnisinhalten verstanden werden (wie dies noch in klassisch-psychoanalytischer Tradition gesehen wurde). Vielmehr lässt es sich als ein Speicher von Erfahrungen und Erlebnispotenzialen begreifen, der sich in Auseinandersetzung mit der Umwelt stetig erweitert und verändert (Roth 2017). Daraus ergibt sich die Bezeichnung des „adaptiven Unbewussten" (Wilson 2007). Es wird auch als implizites emotionales Erfahrungsgedächtnis oder Extensionsgedächtnis (Kuhl 2001) beschrieben.

Der Sozialpsychologe Ap Dijksterhuis (2010) schildert, inwieweit sich sämtliche Informationsverarbeitung weitestgehend im unbewussten Modus vollzieht. Während das Bewusstsein ungefähr 60 Bits pro Sekunde verarbeitet, schafft das Unbewusste bis zu 11,2 Millionen Bits pro Sekunde. Im Vergleich ist die Kapazität des Unbewussten demnach 200.000 Mal größer. Das erklärt, weshalb das Erleben in erster Linie aus dem Unbewussten heraus gesteuert wird: „Das subjektive Erleben [...] ist Produkt, nicht Produzent der Prozesse, die unser Selbst oder unsere Persönlichkeit konstituieren, und diese Prozesse verlaufen ganz überwiegend unbewusst. [...] Was wir denken, entscheiden und tun, wird nicht von unseren bewussten Prozessen bestimmt, sondern von Prozessen, die zuvor ohne Bewusstsein abgelaufen sind." (Grawe 2004, S. 120)

Häufig reagieren wir auf etwas, das wir gar nicht bewusst wahrgenommen haben und wundern uns über das eigene Verhalten. Dies hängt unter anderem damit zusammen, dass wir permanent eine Vielzahl an Wahrnehmungsdaten verarbeiten, von denen einige unmittelbar zu Handlungspotenzialen führen. Entsprechende Belege liefert die Priming-Forschung (Ulfert 2016). Sie zeigt anhand von unterschiedlichen Experimenten, inwieweit das menschliche Fühlen, Denken und Handeln auf unbewusster Ebene gebahnt wird. Körperhaltung und Sinneseindrücke spielen darin eine verblüffend starke Rolle.

Wenn wir aus unserem Unbewussten heraus agieren, kann dies als völlig normal bewertet werden. Auch der Großteil des sogenannten „vernunftsmäßigen Denkens" vollzieht sich in unbewussten Bahnen (Roth 2017). Während das Ich als Instanz für bewusstes Handeln zu sehen ist, bewegt sich das Selbst sowohl im bewussten als auch im unbewussten Bereich. Und es ist eng verbunden mit der körperlich-leiblichen Ebene: „Was immer wir explizit planen oder bewusst tun – wir leben aus einem unbewussten, leiblichen Grund heraus, den wir nie ganz vor uns selbst zu bringen vermögen." (Fuchs 2010, S. 97)

Zum Entwickeln von Selbstkompetenz wäre zu beachten, dass die Dynamiken im Selbst zu weiten Teilen unbewusst ablaufen und sich einer direkten Willenskontrolle entziehen. Daher braucht es Vorgehensweisen, mit denen sich das Unbewusste gut ansprechen lässt: Bilder, Geschichten, Metaphern. Konzepte wie die PSI-Theorie nach Julius Kuhl (siehe Kapitel 2.4 sowie Kapitel 6) oder der hypnosystemische Ansatz nach Gunther Schmidt (siehe Kapitel 2.5) liefern dafür wertvolle Anregungen.

Selbstkompetenz: Versuch einer definitorischen Annäherung

Vor dem Hintergrund der verschiedenen Sichtweisen auf das „Selbst", wie sie in den vorhergehenden Abschnitten dargestellt sind, lässt sich nun ein Versuch wagen, Selbstkompetenz zu definieren.

Selbstkompetenz bedeutet, dass der Mensch sich zu sich selbst verhalten kann. Dazu gehört in erster Linie, dass er einen konstruktiven Umgang mit den eigenen Gedanken und Gefühlen entwickelt. Dabei ist der Blick nach Innen gerichtet. Richtet man den Blick auf das Außen, so meint Selbstkompetenz die Kunst, sich zum eigenen Dasein in der Welt und den verschiedenen Aspekten des eigenen (Berufs-)Lebens in Beziehung zu setzen.

Selbstkompetenz – im Sinne einer guten Selbstbeziehung – lässt sich entwickeln mit Bezug auf:

- den konstruktiven Umgang mit Emotionen,
- die berufliche Tätigkeit und den damit verbundenen Rollen,
- die eigene Körperlichkeit und Leiblichkeit,
- auf das eigene biografische Geworden-sein,
- das eigene Selbstbild und die Geschichten, die man über sich selbst erzählt,
- die Erwartungen anderer Menschen,
- die Sorge um sich selbst als ein endliches Wesen.

Somit ist Selbstkompetenz als ein Bündel von Fähigkeiten für einen guten Umgang mit sich zu verstehen. Diese lassen sich nur schrittweise entwickeln. Daher umfasst Selbstkompetenz auch die Bereitschaft, sich auf den Weg zu machen und sich selbst als jemanden zu betrachten, der oder die keineswegs perfekt sein muss – sondern im eigenen Tempo jene Schritte geht, die zur Zeit möglich sind.

All diese Aspekte werden in den nachfolgenden Kapiteln ausführlicher dargestellt. Im Praxismanual wird an diversen Stellen darauf Bezug genommen. Keineswegs sollen sie auf eine rigide Selbstoptimierung einzahlen – vielmehr dienen sie dazu, eine individuelle Form von Selbstsorge (siehe Kapitel 1.5) und einen konstruktiven Umgang mit den eigenen Emotionen einzuüben (siehe Kapitel 1.4). Das ist nur möglich, wenn ein guter Kontakt zu sich selbst wie auch zur Umwelt besteht. Denn jegliche Form von Selbstkompetenz lässt sich nicht im luftleeren Raum entwickeln, sondern sie braucht die Auseinandersetzung mit den Aufgaben und Gegebenheiten im direkten Umfeld.

1.2 Selbstkompetenz als Basis für weitere Kompetenzen

Selbstkompetenz wird zunehmend diskutiert. Das geschieht seit einigen Jahren und nicht erst aufgrund aktueller Fragen zur Belastung von Lehrpersonen oder hinsichtlich des schulischen Personalmangels. Bereits 1971 nennt Heinrich Roth den Begriff Selbstkompetenz in seiner „Pädagogischen Anthropologie" (Roth 1971). Darin stellt er Selbstbestimmung und Mündigkeit als das Ergebnis eines Zusammenwirkens von Sach-, Sozial- und Selbstkompetenz dar. Bei Roth steht die Selbstkompetenz für das eigenverantwortliche Handeln und bezieht sich vornehmlich auf die Schülerinnen und Schüler. Jüngere Diskussionen nehmen die Selbstkompetenz auch aufseiten der Lehrpersonen in den Blick (Schache/Künne 2017) und sehen sie im Zusammenhang mit einer professionellen pädagogischen Haltung (Kuhl/Schwer/Solzbacher 2014). Daneben findet sich der Begriff vielfach in der Ratgeberliteratur zum Selbstmanagement. Hier jedoch wird er häufig auf das Methodische reduziert und weniger im Grundverständnis ausformuliert.

Die Kultusministerkonferenz von 2011, beschreibt Selbstkompetenz als „die Bereitschaft und Fähigkeit, als individuelle Persönlichkeit die Entwicklungschancen, Anforderungen und Einschränkungen in Familie, Beruf und öffentlichem Leben zu klären, zu durchdenken und zu beurteilen, eigene Begabungen zu entfalten sowie Lebenspläne zu fassen und fort zu entwickeln. Sie umfasst Eigenschaften wie Selbstständigkeit, Kritikfähigkeit, Selbstvertrauen, Zuverlässigkeit, Verantwortungs- und Pflichtbewusstsein. Zu ihr gehören insbesondere auch die Entwicklung durchdachter Wertvorstellungen und die selbstbestimmte Bindung an Werte" (Kultusministerkonferenz 2011).

Da kommt einiges zusammen. Angesichts der überbordenden Fülle an Aspekten stellt sich die Frage, wo und wie anzufangen wäre, wenn es um die Entwicklung von Selbstkompetenz geht. Die bloße Aufzählung gibt keine klare Definition und bleibt im Normativen stecken. Erkennbar wird jedoch, dass es nicht nur um berufliches Knowhow geht, sondern auch um Persönlichkeitsentwicklung, verantwortungsvolle Lebensgestaltung und Wertorientierung. Mit solchen Aspekten zur Gestaltung des eigenen Daseins leuchten existenzielle Themen auf (siehe Kapitel 2.2).

Selbstkompetenz scheint damit etwas Grundlegendes wie auch sehr Persönliches zu sein. Und sie nimmt den Menschen mit seinen aktiven Beiträgen für ein soziales Miteinander in den Blick, das bedeutet, sie kreist nicht nur um das individuelle Wohlbefinden.

Exkurs: Zum Kompetenzbegriff

Der Kompetenzbegriff taucht in Überlegungen zur Professionalisierung sowie im Schul- und im Unternehmenskontext auf. In den letzten Jahren hat er pädagogische und bildungspolitische Debatten bewegt. Mittlerweile ist sein Gebrauch inflationär und nicht immer mit einer klaren Definition versehen. Eine Übersicht und eine differenzierte Diskussion des Kompetenzbegriffs finden sich u. a. bei Huber und Claußen (2024).

Im pädagogischen Zusammenhang wird Kompetenz als Bündel an Fähigkeiten und Fertigkeiten verstanden, mit denen sich Probleme angehen und lösen lassen. Oftmals wird sich dabei auf Franz E. Weinert bezogen. Er beschreibt Kompetenzen als „die bei Individuen verfügbaren oder durch sie erlernbaren kognitiven Fähigkeiten und Fertigkeiten, um bestimmte Probleme zu lösen, sowie die damit verbundenen motivationalen, volitionalen und sozialen Bereitschaften und Fähigkeiten, um die Problemlösungen in variablen Situationen erfolgreich und verantwortungsvoll nutzen zu können" (Weinert 2001, S. 27 f).

Diese Definition nach Weinert nimmt primär spezifische kognitive Fähigkeiten in den Blick. Dabei geht es Weinert um die vergleichende Messung von Leistungen, was er selbst als „umstrittene Notwendigkeit" (Weinert 2001, S. 17) bezeichnet. Der Vorteil an dieser Perspektive auf Kompetenzen ist die Konkretion. Allerdings ist der Blick dadurch sehr eingeschränkt. Darauf weisen Huber und Claußen unter Bezugnahme auf weitere Autorinnen und Autoren hin: „Einerseits werden Kompetenzen funktional bestimmt und sind somit immer auf einen bestimmten Kontextausschnitt bezogen und andererseits werden durch die Engführung auf den kognitiven Bereich emotionale Voraussetzungen und Prozesse nicht weiter berücksichtigt." (Huber/Claußen 2024, S. 33). Letztere jedoch können entscheidend sein.

Der Kompetenzbegriff nach Weinert bezieht sich auf konkrete Fähigkeiten im Zusammenhang mit einer zu erbringenden Leistung. Letztlich zielen Kompetenzen auf einen unmittelbaren Nutzen. Das ist im Kontext unserer Leistungsgesellschaft durchaus angemessen. Doch entzündet sich an diesem Punkt auch die Kritik am Kompetenzbegriff: dass er nur die Verwertung in Bezug auf Leistung verfolgt und dass in dieser Einseitigkeit etwas Wesentliches aus dem Blick gerät, nämlich der Bildungsaspekt (Lederer 2015). Zugespitzt formuliert: Kompetenz wird eine „marktgerechte Anpassungsstrategie" (Lederer 2015, S. 317). Sie will für den wettbewerbsorientierten Vorteil am Markt fit machen, vernachlässigt dabei aber die (zweckfreie) Entwicklung der Persönlichkeit.

Selbstkompetenz in der vorliegenden Konzeption geht über eine Anpassungsstrategie hinaus. Zwar dient auch sie dem Aneignen von Problemlösefähigkeiten, doch sie will einen Raum öffnen – jenseits des Nützlichkeits- und Zweckdenkens: Sie nimmt verstärkt die Persönlichkeitsentwicklung in den Blick. Und diese ist eng mit der eigenen Lebensführung verbunden und ergibt sich aus Situationen, die man weder voraussehen noch planen kann.

So bewegt sich Selbstkompetenz, wie sie im vorliegenden Band dargestellt ist, nicht nur im Bereich des Funktionalen und operationalisierten Lernens; vielmehr betritt sie den Bereich von Lebenskunst, welche das Unverfügbare im Leben akzeptiert (– anstatt es kontrollieren zu wollen). Hier geht es um Selbstannahme, Umgang mit Emotionen und Beziehungssensibilität.

Kompetenzmodelle

Für den Professionalisierungs-, Ausbildungs- und Schulkontext liegen diverse Kompetenzmodelle vor. Der vorliegende Beitrag will keine entsprechende Übersicht liefern, sondern nur in Kürze auf Gemeinsamkeiten hinweisen. Ausführliche Darstellungen geben beispielsweise Krumm, Mertin und Dries (2012). Eine eingehende kritische Diskussion des Kompetenzbegriffs sowie dessen Verhältnis zum Bildungsbegriff liefert Lederer (2015).

In Kompetenzmodellen findet sich häufig eine Einteilung in vier Kompetenzklassen: Fach-, Methoden-, Sozial- und Selbstkompetenz. Mitunter wird der Bereich der Selbstkompetenz darin auch als personale Kompetenz bezeichnet (Negri et al. 2010). Es ist davon auszugehen, dass sich die Klassen gegenseitig bedingen und beeinflussen und eher als ein Wirkungsgeflecht zu verstehen sind. Darauf weist auch Bernd Lederer (2015, S. 341) hin.

In einigen dieser Modelle sind Fach- und Methodenkompetenz zu einer Kompetenzklasse zusammengefasst. Im weitesten Sinne folgen sie dabei der Dreiteilung von Heinrich Roth (1971) in Sach-, Sozial- und Selbstkompetenz. Die nachfolgende Tabelle gibt eine Übersicht und bezieht die Teilkompetenzen auf die Tätigkeit von Lehrpersonen.

Tabelle 1: Kompetenzklassen

Kompetenzklasse	Teilkompetenzen
Fach- und Methodenkompetenz	Fachwissen zu Unterrichtsinhalten; analytisches, vorausschauendes und strukturierendes Denken; Zusammenhänge erkennen; Problemlösestrategien kennen und übertragen methodisch-didaktisches Wissen; Aufgaben und Lernsettings gestalten; aktuelle Medien einsetzen können; Wissen über Lernpsychologie; Lernprozesse verstehen und unterstützen
Sozialkompetenz	Gespräche konstruktiv gestalten; Wissen über Kommunikationspsychologie; Kooperations-, Konsens- und Teamfähigkeit; vertrauensvolle (Arbeits-)Beziehungen aufbauen; Kooperationsfähigkeit; Nähe-Distanz-Verhältnis flexibel handhaben; Einfühlungsvermögen
Personale Kompetenz (oder Selbstkompetenz)	Fähigkeit zur Selbstreflexion und Selbstdistanzierung; Kritikfähigkeit; Selbstverantwortung; Regulieren eigener Emotionen; Stressbewältigung; Kreativität; Eigenmotivation; Ausdauer; Ziele realisieren; Selbstwahrnehmung; Selbstwirksamkeit bewusst machen

In solchen Modellen fügt sich die Selbstkompetenz (oder personale Kompetenz) in die Reihe der anderen Kompetenzfelder ein. Das suggeriert, dass man sie ebenso operationalisieren könne wie die Fach- und Methodenkompetenz oder die Sozialkompetenz. Denn: „Kompetenzen sollen sichtbar, messbar, vergleichbar und etikettierbar sein." (Huber/Claußen 2024, S. 36) – doch für Selbstkompetenz gilt das, wenn überhaupt, nur eingeschränkt: Das Operationalisieren in einzelne planbare Lernschritte kommt hier an seine Grenzen. Selbstkompetenz will das Selbst-sein der Person beachten. Dieser Blick verlässt das Feld der bloßen Optimierung und weitet den Horizont auf die persönliche Existenz und Formen der guten Selbstsorge (siehe Kapitel 1.5).

Professionskompetenzen von Lehrpersonen

Die Fähigkeit zur Selbstregulation ist ein wichtiges Element für Lehrpersonen, um im schulischen Alltag mit Belastungen umgehen zu können. Ein Modell welches die Selbstregulation als Teilkompetenz eingehend berücksichtigt, findet sich im im COACTIV-Modell (Baumert/Kunter 2011). Darin ist eine umfassende Übersicht zu Professionskompetenzen von Lehrpersonen dargestellt.

Demgemäß wird das Professionswissen in fünf Bereiche unterteilt: Fachwissen, fachdidaktisches Wissen, pädagogisch-psychologisches Wissen, Organisationswissen und Beratungswissen.

Abb. 1: Kompetenzmodell der COACTIV-Studie, Baumert/Kunter 2011

Das Fachwissen wie auch das fachdidaktische Wissen beziehen sich auf das Kerngeschäft der Lehrperson: Inhalte und Unterricht derart zu gestalten, dass für die Schülerinnen und Schüler ein Lernzuwachs entsteht. Zur Lehrerprofessionalität gehört auch ein grundlegendes pädagogisch-psychologisches Wissen, um sich besser in die Lernprozesse der Schülerinnen und Schüler hineinversetzen und sie individuell unterstützen zu können. In eine ähnliche Richtung geht das Beratungswissen, welches angesichts einer allmählichen Veränderung in der Rolle von Lehrpersonen (Nicolaisen 2017) wahrscheinlich zunehmend an Bedeutung gewinnen wird. Schließlich wird von Baumert und Kunter noch das Organisationswissen genannt. Es dreht sich um Kenntnisse hinsichtlich schulinterner Arbeitsstrukturen und -abläufe.

Neben dem Professionswissen sind drei weitere Kompetenzbereiche genannt, die für das Entwickeln von Selbstkompetenz erheblich mehr Gewicht haben: die eigene motivationale Orientierung, die Fähigkeit zur Selbstregulation sowie die eigenen Überzeugungen, Werte und Ziele. Rothland (2013) nimmt diese Aspekte genauer in den Blick. Er unterscheidet zwischen sozialer Kompetenz, Motivation und Selbstregulationskompetenz.

Die Notwendigkeit zur Selbstregulation ergibt sich in der Regel aus konkreten situativen Vorkommnissen: Eine Lehrperson macht eine Erfahrung, die sie als heraus- oder sogar als überfordernd erlebt. Das zeigt sich in vielen Fällen auf der emotionalen Ebene, z. B. in Form einer Aufregung oder eines Belastungsgefühls. Hiermit einen erwünschten Umgang zu finden, bedeutet, auf das eigene Erleben Einfluss zu nehmen. Solches Regulieren bezieht sich also immer auf eine situative Reaktion.

Währenddessen spielt jedoch eine andere Ebene mit hinein, nämlich die Persönlichkeit mitsamt ihres Selbstbildes und ihrer motivationalen Orientierung. Diese Ebene gibt gewissermaßen die Grundierung für das situative Regulieren. Die Art und Weise, die ich mir für einen Umgang mit Stress und Belastung im Laufe des Lebens zu eigen gemacht habe, wird meine aktuelle Regulationsfähigkeit begünstigen oder beeinträchtigen. Insofern hängt meine aktuelle Stressbewältigung auch von meiner persönlichen motivationalen Orientierung, meine Werten und meinen Zielen ab, die in meinem Leben eine Rolle spielen. Also ist Selbstregulation eng mit der Einzigartigkeit der Person verknüpft.

Abb. 2: Komponenten professioneller Selbstregulationsfähigkeit von Lehrpersonen, Rothland 2013

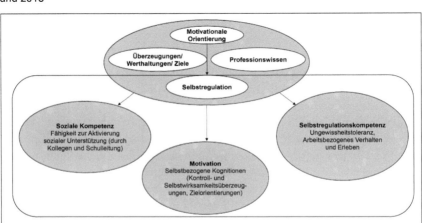

Unter Berücksichtigung diverser Studien zu selbstregulativen Fähigkeiten von Lehrpersonen kommt Martin Rothland zu folgender Schlussfolgerung: „Bilanzierend ist der Selbstregulationsansatz als wichtige Komponente professioneller Lehrerkompetenz anzusehen." (Rothland 2013, S. 15)

Das Entwickeln von Selbstkompetenz unterstützt unmittelbar die Fähigkeit zur Selbstregulation. Hier geht es u. a. darum, eigene emotionale Reaktionsmuster zu verändern. Das ist durch minimale kleine Handlungen im schulischen Alltag trainierbar und dadurch bis zu einem gewissen Grad operationalisierbar, d. h. in planbare einzelne Schritte zerlegbar. Zugleich übersteigt Selbstkompetenz das Operationalisierbare, denn sie lädt auch zur Auseinandersetzung mit dem persönlichen Werte- und Sinnerleben ein. Damit beachtet sie das Selbst-sein der Person und sieht sie in ihrer Würde und Einmaligkeit. Dieser Gedanke soll uns weiterhin beschäftigen.

Selbstkompetenz als basale Kompetenz

Wie bereits geschildert, werden Fach-, Methoden-, Sozial- und Selbstkompetenz in diversen Kompetenzmodellen nebeneinander genannt. Andere Darstellungsweisen sehen die Selbstkompetenz als grundlegender an als die anderen Kompetenzbereiche. Claudia Solzbacher (2014) benennt sie als wichtige Dimension in Lern- und Bildungsprozessen.

Abb. 3: Selbstkompetenz als Basis, Solzbacher 2014

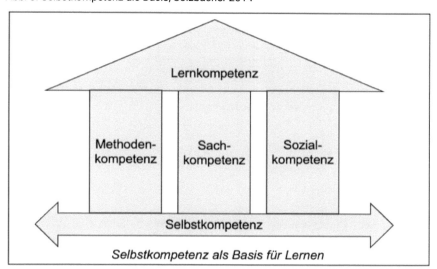

Solzbacher bezieht ihr Modell sowohl auf die Schülerinnen und Schüler wie auch auf die Lehrpersonen. In der Betrachtung von Solzbacher bestehen zentrale Aspekte von Selbstkompetenz darin, die eigenen Emotionen zu regulieren und einen guten Kontakt zum eigenen Selbst als Ressourcenspeicher herzustellen (Kuhl/Solzbacher 2017). Sind diese Fähigkeiten nur gering ausgeprägt, führt das dazu, dass in Belastungssituationen der freie Zugriff auf die eigene Fach-, Methoden- und Sozialkompetenz erschwert ist. Gemeinsam mit Julius Kuhl kommt Solzbacher zu der Schlussfolgerung, dass ein „integrationsstarkes SELBST im stressigen Alltag beziehungssensibel und motiviert bleibt" (Kuhl/Solzbacher 2017, S. 41).

Beispiel:

Eine Lehrperson hat neben ihren normalen schulischen Aufgaben aktuell einen hohen Korrekturaufwand, muss eine Klassenfahrt vorbereiten und zugleich eine Anzahl an herausfordernden Elterngesprächen im Kalender.

Sie weiß nicht, wie sie all dies bewältigen soll und steht massiv unter Stress. In diesem Zustand hat sie kaum oder nur einen erschwerten Zugang zu ihren Kompetenzen und Ressourcen. In dieser stressigen Situation verengt sich ihre Wahrnehmung; der Zugang zu allen bisherigen Gelingenserfahrungen scheint wie blockiert.

In einigen Momenten gelingt es ihr jedoch, sich an frühere Herausforderungen zu erinnern, die sie gut bewältigen konnte. Die Lehrperson nimmt sich Zeit, um sich diese Erinnerungen lebhaft vor Augen zu holen. Sie beginnt kleine Selbstgespräche zu führen, mit denen sie sich selbst beruhigen kann: „Hey! Ich habe schon ganz andere Situationen gemeistert. Jetzt ist es gerade stressig, aber ich kann mich auf meinen Erfahrungsschatz verlassen. Und ansonsten kann ich Kolleginnen um Hilfe bitten".

Auf dieser Weise schafft es die Lehrperson sich emotional gut zu steuern (im Sinne einer guten Selbstkompetenz). Das wiederum begünstigt ihren Zugang zu ihren anderen Fähigkeiten in den Bereichen von Fach-, Methoden- und Sozialkompetenz.

In der Sichtweise von Solzbacher besteht Selbstkompetenz aus einem Bündel von Teilkompetenzen. Diese werden wie folgt benannt:

- Selbstberuhigung,
- emotionaler Selbstausdruck,
- Verarbeiten von Feedback,
- Integrieren,
- Selbstmotivation.

Mit ihrem Verständnis von Selbstkompetenz bezieht sich Solzbacher auf die PSI-Theorie von Julius Kuhl (Kuhl / Solzbacher 2017). In diesem Zusammenhang ist mit dem SELBST das psychische Funktionsprofil gemeint, welches für die Selbstregulation eine zentrale Rolle spielt (siehe Kapitel 2.4 und Kapitel 3). Die funktionsanalytische Ausrichtung der PSI-Theorie ermöglicht es, den Selbstzugang zu operationalisieren und in kleine Lernschritte zu übersetzen. Das ist ein großer Gewinn. Zugleich liegt darin das Risiko, das Selbst verfügbar machen zu wollen – was jedoch dem Charakter des Selbst im hohen Maße widerspricht.

So wäre zu empfehlen, der funktionsanalytischen Sichtweise auf das Selbst eine existenzielle Sichtweise mindestens zur Seite zu stellen, wenn nicht sogar überzuordnen. Denn im Selbst findet sich die Einzigartigkeit und die Würde des Individuums begründet. Das entzieht sich jeglicher Erklärung aus der Sicht einer funktionsanalytischen Psychologie.

Mit seinem Selbst beheimatet sich der Mensch sowohl in sich als auch in der Welt. Wenn ich mich in meinen Stärken, Schwächen sowie Grenzen akzeptiere und wenn ich mich in meinem endlichen Dasein erkenne und einen menschenfreundlichen Umgang damit erlange, dann stehe ich fest mit beiden Beinen im Leben. Dann habe ich einen Boden, der mich trägt, wenn es ungemütlich und stürmisch wird.

Wie bereits an anderer Stelle zeigt sich auch hier das Vorhaben des vorliegenden Buches, nämlich ein Verständnis und eine Praxis von Selbstkompetenz zu entwickeln, welches zwei anscheinend widersprüchliche Aspekte zusammenbringen will: einerseits das Selbst als das Selbstsein, die Einmaligkeit der Person und andererseits die Idee von Kompetenz, d. h. dem funktionalen Erlernen von konkreten Fertigkeiten z. B zur Stressregulation. Solche Gedanken übersetzt das Praxismanual (siehe Kapitel 3) in vier Handlungsfelder, die jeweils mit konkreten Praxisimpulsen ausgestattet sind:

- Fokussieren: Sich selbst wahrnehmen, die Aufmerksamkeit lenken, die eigene Selbstwirksamkeit in den Blick nehmen;
- Regulieren von Emotionen: Sich selbst beruhigen, Ressourcen aktivieren;
- Agieren: Interaktion und Kommunikation gestalten, Rolle und Erwartungen klären;
- Integrieren: unangenehme Erfahrungen und Emotionen als Hinweis für Entwicklung nehmen, den Blick auf das persönliche Erleben von Sinn und Werten lenken.

Selbstkompetenz im engeren Sinne lässt sich als ein Bündel von selbstregulatorischen Fähigkeiten verstehen, wobei der Umgang mit den eigenen Emotionen eine zentrale Komponente darstellt; im erweiterten Sinne hat Selbstkompetenz die Persönlichkeitsentwicklung im Blick und bezieht das persönliche Werte- und Sinnerleben mit ein. Der vorliegende Band betont diesen zweiten Aspekt und will Selbstkompetenz nicht auf die selbstregulatorische Fähigkeit beschränken. Aus diesem Grund finden sich u. a. Bezüge zur Existenzanalyse (siehe Kapitel 2.2) sowie zu einer Philosophie der Lebenskunst (siehe Kapitel 1.5) dargestellt. Anders als etwa bei der Methodenkompetenz geht es hier um die Einzigartigkeit des persönlichen In-der-Welt-seins. Es liegt in der Entscheidung des bzw. der Einzelnen, mit welcher Haltung dem Leben im Allgemeinen und den beruflichen Aufgaben insbesondere begegnet werden soll.

Selbstkompetenz: eine Frage der Haltung?

Das Entwickeln von Selbstkompetenz bedeutet ein Vertiefen oder Erlernen von Fähigkeiten wie beispielsweise zur Selbstberuhigung oder zur Selbstmotivation. Das geht über ein bloßes Methodenlernen hinaus. Gelingt es mir z. B. kompetenter und menschenfreundlicher mit Aufregungen im Alltag umzugehen, hat das oftmals einen Einfluss darauf, wie ich mich grundsätzlich durch die Welt bewege. Damit sind keine Erweckungserlebnisse gemeint. Doch es kann die Einstellung zu den täglichen Aufgaben und Herausforderungen verändern. Das Entwickeln von Selbstkompetenz trägt auf lange Sicht zu einer anderen Haltung bei.

Kuhl und Solzbacher (2017) bringen das Erlernen von Selbstkompetenz in Zusammenhang mit einer professionellen pädagogischen Haltung. Hier findet sich ein Blick auf „Haltung als ‚professionelles Rückgrat', das sich nicht allein auf eine Einstellung, Überzeugung oder normative Forderung an pädagogisches Verhalten reduzieren lässt" (Kuhl / Solzbacher 2017, S. 26). Selbstkompetenz kann weniger als Erlernen von Methoden zum Selbstmanagement verstanden werden, sondern vielmehr als ein Lernen auf der Haltungsebene: wie der Mensch sich zu sich selbst, zu seinen Mitmenschen und zur Welt in Beziehung setzt.

„Selbstkompetenzen als Basis für Haltung sind lebenslang erlernbar, lehrbar, messbar und ihre Entwicklung kann gefördert werden." (Kuhl / Schwer / Solzbacher 2014, S. 118) Folgt man diesem Gedanken, wäre anzunehmen, dass über das Erlernen und Erweitern der Selbstkompetenz die professionelle Haltung operationalisierbar wäre. Sie ließe sich dann einer Lehrbarkeit zuführen. Das wäre in der Aus- und Fortbildung von Lehrpersonen zu nutzen. (Entsprechende Hinweise dazu finden sich bei Hofmann 2020 sowie im Beitrag von Volkmar Husfeld in diesem Band.)

Dennoch bleibt zu hinterfragen, inwieweit eine Professionalisierung von Haltung durch das Erlernen von Selbstkompetenzen operationalisierbar sein kann. Würde eine daraus abgeleitete Didaktisierung zur Entwicklung einer professionsgerechten Haltung vielleicht zu sehr dem Zeitgeist des technisch Machbaren dienen? Ist das im Sinne einer Professionalisierung, die ihre eigene Grenze kritisch im Blick hat, überhaupt wünschenswert?

Stattdessen könnte eine umsichtige Professionalisierung explizit betonen, dass das Erlernen einer spezifischen Haltung etwas ist, welches sich nicht zur Gänze steuern lässt. Ein gutes Stück bleibt es dem Leben überlassen und damit im Bereich des Unverfügbaren, d. h. des Nicht-Kontrollierbaren.

Daran könnte sich eine Frage anschließen: Wie will die Lehrperson damit umgehen? Es ist entscheidend, wie sie sich zu ihren Berufs- und Lebenserfahrungen verhält. Wendet sie sich auch dem Unangenehmen zu und setzt sich mit ihm durch professionelle Begleitung (Supervision, Coaching, Therapie) auseinander, wäre dies ein wertvolles Element der persönlichen Professionalisierung. Letztere entsteht auch durch das Sich-einlassen auf unvorhersehbare Lebenserfahrungen. Und Schule ist eine nie versiegende Quelle von solchen Unvorhersehbarkeiten. Bei allen schulischen Routinen bringt jeder Tag neue Abenteuer mit sich: Es ist nicht absehbar, ob eine Unterrichtsstunde so verläuft, wie sie akribisch geplant worden ist. Es kann jederzeit passieren, dass ein Schüler mit Nasenbluten kommt oder dass sich zwei Schülerinnen in Zwistigkeiten ergehen und damit die gesamte Klasse stören.

Die Arbeit mit Schülerinnen und Schülern findet auf einem unsicheren Terrain statt: Es ist niemals hundertprozentig vorhersehbar, was in einer konkreten Situation auf die Lehrperson zukommt. Bei aller Sicherheit in den Rahmenbedingungen begegnen Lehrpersonen im pädagogischen Alltag vielen Unwägbarkeiten. Sie sind mit Mehrdeutigkeiten, Zwickmühlen und Widersprüchlichkeiten konfrontiert. Zudem birgt die Interaktion mit den Lernenden und ihren Eltern nicht selten emotionale Herausforderungen.

Dort, wo eine Lehrperson sich all diesen Ereignissen verantwortungsvoll stellt, kann es vorkommen, dass sie spürt, wie sie an ihre Grenze gerät. Mit dem eigenen Latein am Ende zu sein, ist eine Erfahrung, die vielen Lehrpersonen gewiss nicht fremd ist. Holt sie sich an einem solchen Punkt eine professionelle Unterstützung, z. B. in Form von kollegialer Fallarbeit oder Supervision, entwickelt sie ihre professionelle Haltung weiter. Die Auseinandersetzung mit den eigenen Erfahrungen und das Hinzuziehen von Sichtweisen anderer Personen im professionellen Setting bedeutet ein ständiges Hinzulernen. Durch die Entwicklung eines konstruktiven Umgangs mit sich selbst verändert sich die Haltung. Damit wäre die Haltung „[...] etwas, das einem zuwächst, in das man hineinfindet [...]. Man erarbeitet sie sich [...], in ihr bilden sich Lebenserfahrung und persönliche Wertebindung ab. Sie ist das unsichtbare Kondensat des professionellen Könnens" (Erpenbeck 2017, S. 9).

Wenn dem so wäre, dass man in die Haltung „hineinfindet", dann stellt sich die Frage, ob und wie sich eine Haltungsveränderung im Dienste einer angestrebten Professionalisierung willentlich initiieren, geschweige denn operationalisieren lässt. Das obige Zitat bleibt mit sprachlichen Formulierungen wie z. B. vom „Zuwachsen" und „Hineinfinden" in lyrischer Unschärfe, doch gerade dadurch ist es sehr präzise. Denn eine professionelle Haltung braucht Freiraum für ihre Entwicklung. Sie lässt sich durch entsprechende Lernkontexte gezielt anspielen, nicht aber hundertprozentig steuern. Letztlich vollzieht sie sich in Prozessen von psychischer Selbstorganisation.

Daher lässt sich Professionalisierung auf der Haltungsebene lediglich anregen, nicht aber linear instruieren und daher auch nur im eingeschränkten Maß operationalisieren. So wie auch ein Teil der Lernprozesse im Klassenraum nicht gänzlich verfügbar oder instruierbar ist, so wohnt auch der Professionalisierung von Haltung etwas Unverfügbares inne. Die eigene Haltung durch das Erlernen von Selbstkompetenz zu entwickeln, bedeutet Selbsterkundung. In diesem Zuge mögen Gedankengänge und emotionales Geschehen auftauchen, mit denen man im Vorwege nicht rechnen kann.

Exkurs: Zum Begriff Haltung

Der Begriff „Haltung" wird bisweilen arg strapaziert. Auch im beruflichen Kontext ist von Haltung viel die Rede: Jemand müsse die „richtige" Haltung zur eigenen Arbeit haben. Das kommt mitunter dann zur Sprache, wenn z. B. eine Lehrperson in ihrem professionellen Tun von Eltern kritisiert wird, sie sei zu wenig wertschätzend. Somit bekommt „Haltung" häufig einen normativen Charakter.

Insbesondere für pädagogische Arbeitsfelder wird eine professionelle Haltung gefordert und vielfältig diskutiert (Schwer/Solzbacher 2014). Unter „Haltung" versammeln sich Aspekte wie Einstellungen, Glaubenssätze, Selbstzuschreibungen, Werte und subjektive Theorien. Bisweilen werden sie als Synonyme für „Haltung" verwendet. Auch wenn der Begriff zunehmend in den Fokus wissenschaftlicher Forschung gelangt, „ist eine empirisch taugliche Begriffsdefinition von ‚Haltung' bis heute noch nicht zufriedenstellend gelungen" (Kuhl/Schwer/Solzbacher 2014, S. 79).

Die Haltung ergibt sich aus biografischen Erfahrungen, die sich zu einem Weltbild verdichten („Menschen sind so", „So läuft es im Leben"). Diese Sichtweise färbt dann den Blick auf die aktuellen Geschehnisse im Umfeld. Eine einzelne Erfahrung macht in der Regel noch keine Haltung. Eher braucht es eine gewisse Anzahl an Erfahrungen, die sich womöglich sogar wiederholen, damit ein Mensch zu generalisierten Annahmen kommt wie z. B. „Die Welt ist böse" oder „Menschen sind füreinander da". Solche Generalisierungen werden durch erneute Erfahrungen bestätigt. Haltung besteht daher aus Sichtweisen, an die man sich allmählich gewöhnt hat.

Mit der Haltung sind persönliche Werte verknüpft. Die Haltung, mit der ein Mensch durch die Welt geht, zeigt sich z. B. in der Art und Weise wie er seinen Mitmenschen begegnet und darin, was ihm persönlich am Herzen liegt. Daher kann Haltung als etwas Persönliches verstanden werden. Wenn es nun darum geht, als Lehrperson in der pädagogischen Arbeit eine professsionelle Haltung einzunehmen, dann bildet sich gewissermaßen eine Schnittstelle zwischen beruflichem Handeln und dem persönlichen Werte- und Identitätserleben.

Ein kurzer Blick auf die Historie des Haltungsbegriffs bringt zwei wesentliche Aspekte zutage: Haltung kann sich auf Werte beziehen oder auf etwas Gewohntes.

Tugendhafte Werte
In seiner Nikomachischen Ethik beschreibt Aristoteles die Haltung (griech. *hexeis*) als eine in der Person verankerte Tugend. Dabei differenziert er zwischen Tugenden, die durch Belehrung und Wissen erworben werden, und Tugenden, die durch Gewöhnung und Erziehung entstehen (Aristoteles 2017). Hier schwingt das Wertbezogene in der Haltung mit. Sie steht im Zusammenhang mit dem „richtigen" tugendhaften Handeln und Leben.

Im Menon-Dialog des Platon wird *hexeis* als Tugend beschrieben, die sich über den Wissenserwerb hinaus auch aus der Lebenserfahrung ergibt. Damit ist sie nur bedingt lehrbar oder vermittelbar. Sie entsteht aus dem Lebensvollzug, braucht aber auch das Reflektieren über die damit verbundenen Lebenserfahrungen.

Das Gewohnte
Der Begriff Haltung beschreibt jedoch nicht nur einen tugendhaften Wert oder Wertekanon, sondern auch das Gewohnte. Dem lateinischen „habitus" ist das *habitat* des Eingewöhnten implizit. Der Mensch richtet es sich in der Welt ein, und damit sind die Gewohnheiten gemeint, mit denen er seiner Umwelt begegnet. Der Habitus kommt einem inneren Wohnraum gleich, der über die Jahre an Vertrautheit gewonnen hat. Daher ist es kein leichtes Spiel, die Haltung zu verändern.

Heutzutage ist der Begriff Haltung psychologisiert. Er dient z. B. im Kontext von Persönlichkeitspsychologie dazu, überdauernde Einstellungen, übernommene Zuschreibungen und Interaktionsweisen einer Person zu beschreiben. Doch es ist „[...] nicht nur Sache der Psychologie und der Soziologie, dass wir bestimmte Merkmale erwerben, sondern Gewöhnung bedeutet, dass für uns eine Welt entsteht" (Waldenfels 2018, S. 184). Insoweit ist die Haltung auch etwas, worin ich mich eingerichtet habe. Sie ist Teil meiner Lebenswelt und meines Könnens: „Ich *habe* eine Gewohnheit, das ist nicht das, was ich *jetzt* tue, sondern es geht darüber hinaus. Es ist das, was mir zur Verfügung steht." (Waldenfels 2018, S. 183)

Vor diesen Hintergründen lässt sich das Entwickeln von Selbstkompetenz folgendermaßen verstehen:

- als ein *Eingewöhne*n in eine (neue) Haltung von Offenheit gegenüber den eigenen Gefühlen und Gedanken sowie gegenüber den Mitmenschen;
- als ein *Entwöhnen* bisheriger eingeschliffener Denk-Fühl-Verhaltensmuster, die den Kontakt zur eigenen Person wie auch zu den Mitmenschen erschweren;
- als ein *Hineinfinden* in die Klarheit der persönlichen Werte, die dem eigenen Handeln eine Richtung geben.

1.3 Die Selbstkompetenz der Lehrperson stärkt die Selbstkompetenz der Lernenden

Nicht nur aufgrund der Nachwirkungen aus der Pandemie-Situation brauchen Schülerinnen und Schüler mehr denn je Unterstützung. Das gilt insbesondere für die emotional-motivationale Ebene. Darüber hinaus beschäftigen auch die globalen Krisen und ihre Darstellung in den Medien die Lernenden auf direkter oder indirekt-subtiler Weise. Nicht selten gehen damit Besorgnisse und ein Erleben von Unsicherheit einher. Empirische Daten des Deutschen Schulbarometers (2022) und aus anderen Studien liefern dafür konkrete Belege (siehe Einleitung). Solche Faktoren wirken sich dann auch auf die schulische Leistung aus.

Damit Lehrpersonen den Schülerinnen und Schülern auf der emotionalen Ebene professionell zur Seite stehen können, wäre zu empfehlen, zunächst die Lehrpersonen zu stärken. Es liegen Forschungsergebnisse vor, die den Zusammenhang zwischen der Gesundheit der Lehrperson und den schulischen Leistungen der Lernenden verdeutlichen (Klusmann/Richter 2014).

Gelingt der Lehrperson ein guter Umgang mit den eigenen Ressourcen und persönlichen Grenzen, so verhilft dies in der Regel zu einem klaren und festen Stand im schulischen Alltag. Schafft es die Lehrperson, zu ihren emotionalen Reaktionen Abstand zu bekommen, um sich darin zu klären, so stärkt dies ihre Integrität. Diese Fähigkeiten zu entwickeln, ist ein wesentlicher Bestandteil von Selbstkompetenz. Das wäre nicht nur ein Beitrag zum Erhalten der Lehrergesundheit, sondern auch eine gute Basis, um die Schülerinnen und Schüler besser in ihrem jeweiligen Befinden wahrzunehmen und sie individuell zu unterstützen.

„In der Schule der Gegenwart und Zukunft kann es nicht mehr darum gehen, bloßes Wissen zu vermitteln und auf den Beruf vorzubereiten, sondern vielmehr darum, den Kindern und Jugendlichen Hilfen anzubieten, damit sie die Gegenwart bewältigen und sich auf ihre Aufgaben und Anforderungen in der Zukunft vorbereiten können." (Miller 2011, S. 11)

Miller weist in seiner Beziehungsdidaktik auf die Fertigkeiten hin, welche Kinder und Jugendliche auf ihrem Weg in ein selbstgestaltetes Leben benötigen. Hier geht es nicht nur um vermittelbares Fachwissen, sondern um die Fähigkeiten, sich in unsicheren und bewegten Welten gut zu orientieren und aktiv handeln zu können. Unter Umständen gewinnt dieses Vermögen in den kommenden Jahrzehnten einen höheren Stellenwert. Die Umbrüche, die sich z. B. im Zuge der Digitalisierung oder der zunehmenden Nutzung von künstlicher Intelligenz ergeben, lassen solches vermuten. Die Hilfe, die eine Lehrperson den Schülerinnen und Schülern in solch bewegten Zeiten geben kann, lässt sich als Hilfe zur Selbsthilfe vorstellen. Solche Selbsthilfe umfasst u. a. folgende überwiegend selbstregulatorischen Fähigkeiten:

- sich selbst beruhigen zu lernen,
- Halt in sich selbst zu finden,
- Informationen kritisch zu hinterfragen,
- eine eigene Form der Lebensgestaltung zu entwickeln,
- sich selbst treu zu bleiben und eigene Beiträge in der Welt zu leisten.

Das Selbst entwickelt sich durch Resonanzerfahrungen

Bereits Miller weist in seiner Beziehungsdidaktik auf die Beziehung hin, die eine Lehrperson zu sich selbst hat. Die Weise, wie eine Person mit den eigenen Gedanken und Gefühlen, Grenzen und Werten umgeht, hat unmittelbaren Einfluss auf ihren Kommunikationsstil. Mit ihrer persönlichen Art des Kommunizierens und Interagierens dient sie als Modell. Wenn eine Lehrperson einen guten Kontakt zu ihrem Selbst hat und es ihr gelingt, z. B. während einer konflikthaften Situation in einer Klasse, sich selbst zu beruhigen, wirkt sich das unmittelbar auf die Schülerinnen und Schüler aus: „Veränderungen des Selbst-Zustandes einer für mich wichtigen Person werden in meinem eigenen Selbst-System Resonanzen auslösen." (Bauer 2019, S. 82)

Die Lernenden sehen und erleben es leibhaftig, wie die Lehrperson sich selbst beruhigt. Solche Vermittlung geschieht weniger aufgrund eines geplanten didaktischen Vorgehens, sondern vielmehr aus dem unmittelbaren Resonanzgeschehen innerhalb der pädagogischen Beziehung. Wie lässt sich das erklären?

Auf der Ebene psychischer Abläufe, die sich täglich abspielen, entsteht das Selbst dadurch, dass eine Person sich beobachtet und zu sich selbst verhält (siehe Kapitel 1.1); auf der Ebene gesammelter Lebenserfahrungen entwickelt sich das Selbst aus den Interaktionen mit anderen Menschen (siehe Kapitel 1.1). Die im Laufe des Heranwachsens zunehmende Auseinandersetzung mit den Blicken und Erwartungen der Mitmenschen lässt allmählich ein Selbstempfinden entstehen. Diese Entwicklung beginnt bereits unmittelbar nach der Geburt: „Die Anfänge der Selbst-Werdung vollziehen sich in den ersten etwa vierundzwanzig Lebensmonaten und beruhen auf Resonanzen, die der Säugling in seinen Bezugspersonen auslöst und die zu ihm zurückkehren." (Bauer 2019, S. 14)

Resonanz meint in diesem Zusammenhang das Mitschwingen und Sich-einlassen auf ein Gegenüber. Als ausschlaggebend werden die Resonanzen zwischen der Mutter und ihrem Neugeborenen genannt. In den ersten Lebensjahren hat das Gespiegelt-werden eine enorme Wichtigkeit für die weitere Entwicklung des Kindes. Darauf weisen die Ergebnisse der Bindungsforschung hin (Bowlby 2005). Konkret geht es hier um die Mikroebene in der Interaktion von Eltern und Kind. In den ersten Lebensjahren geschehen die Resonanzen über den Blickkontakt, die Tonalität der Stimme, den Hautkontakt sowie über das Mitgehen in der Körpersprache. In diesem Zusammenhang wirkt das System der Spiegelneurone als biologische Grundlage, wie sie u. a. von Joachim Bauer beschrieben worden ist (Bauer 2009). Spiegelneurone bilden „die Basis für eine unbewusste, empathische Stufe der körperlichen Verständigung" (Zaboura 2009, S. 135). Sie ermöglichen sowohl eine kommunikative Intersubjektivität als auch eine körperliche Synchronisation. Auf diesem Wege lernt der Mensch, sich in andere Menschen hineinzuversetzen und sich in einem sozialen Miteinander zu bewegen. Das führt zu einem „Verständnis der Spiegelneurone als grundlegende Substanz der Resonanz, die höhere geistige, von Individuen geteilte und so: gesellschaftliche Prozesse ermöglicht" (Zaboura 2009, S. 86).

Erst durch die Interaktionen mit einem Gegenüber kann sich das Selbst entwickeln. Diese Entwicklung der ersten Lebensjahre setzt sich später u. a. in der Schule fort: „Im Kern der pädagogischen Beziehung stehen Spiegelungs- und Resonanzvorgänge. Kinder und Jugendliche spüren, ob sie von ihrer Lehrperson wahrgenommen werden." (Bauer 2019, S. 113)

Die Fähigkeit der Lehrperson, sich in Resonanz zu begeben, ist eng mit ihrer inneren Haltung sowie mit ihrer Selbstkompetenz verknüpft. Spiegelungs- und Resonanzvorgänge lassen sich nicht instruieren. Vielmehr vollziehen sie sich eher beiläufig im Beziehungsgeschehen des pädagogischen Alltags. Hier zeigt sich die Wichtigkeit von Qualität in der pädagogischen Beziehung: Damit eine Lehrperson die Selbstkompetenz der Lernenden anregen kann, wäre es hilfreich, wenn sie in ihrer Rolle und mehr noch als Person für die Lernenden bedeutsam ist. Es braucht einen „guten Draht" zwischen den Beteiligten. Das ist keine pädagogische Neuigkeit. Erfahrene Lehrpersonen haben häufig eine intuitive Einschätzung darüber, „[...] dass die Wissensvermittlung der Lehrkraft nur dann funktionieren kann, wenn in der Begegnung mit den Schülern auch die emotionale Dimension, die zwischenmenschliche ‚Chemie' stimmt" (Fiegert/Solzbacher 2014, S. 38 f).

Wie bisher aufgezeigt, beschreibt der Begriff Resonanz die gelingende Interaktion zwischen Lehrpersonen und Schülerinnen. Darüber hinaus kann Resonanz als Modus verstanden werden, mit dem sich eine Person zu ihrem Leben in der Welt verhält. Hier geht es um die Offenheit und gleichzeitig um ein Antwort-geben auf das aktuelle Geschehen. Das kann die unmittelbare Situation sein oder auch Ereignisse auf gesellschaftlicher und weltpolitischer Ebene.

Exkurs: Zum Begriff Resonanz

Resonanz bedeutet ein Mitschwingen: Ein Ton erklingt und setzt damit etwas anderes in Schwingung. Beispielsweise passiert das, wenn eine Gitarrensaite angezupft wird, und durch ihr Schwingen die anderen Saiten ebenfalls in ein Schwingen versetzt. Das ist erst einmal ein physikalischer Vorgang, der sich jedoch als Metapher eignet, um eine Qualität in der Begegnung zu umschreiben. Ein Mensch begibt sich im Kontakt mit einem anderen Menschen in Resonanz, wenn er offen und empfänglich ist: sowohl für jenes, was sich vom Gegenüber her vermittelt als auch für das, was sich spontan in der Begegnung entwickelt.

Der Soziologe Hartmut Rosa beschreibt mit dem Begriff Resonanz einen „[...] Modus des In-der-Welt-Seins, das heißt, eine spezifische Art und Weise des In-Beziehung-Tretens zwischen Subjekt und Welt" (Rosa 2018, S. 285).

Mit Resonanz ist kein bloßes Echo-Phänomen gemeint, welches lediglich einen Widerhall bereits gesagter Worte darstellt. Sie ist vielmehr als ein Mitschwingen zu verstehen, wobei sich die Interaktionspartner gegenseitig beeinflussen. Dabei meint Resonanz jedoch nicht, dass sich das In-Beziehung-Treten nur in einem harmonischen Miteinander ergibt: „[...] Resonanz bedeutet [...] gerade *nicht* Harmonie, nicht Einklang und nicht Konsonanz, sondern prozesshaftes Antworten, Bewegung und Berührung" (Rosa 2018, S. 363).

Die Lehrperson als Resonanzkörper

Vor diesen Hintergründen kann das Entwickeln von Selbstkompetenz auch als Training dafür gesehen werden, den Lernenden ein hilfreicher „Resonanzkörper" zu sein: Inwieweit vermag ich mich dem zu öffnen, was von meinem Gegenüber kommt? Bin ich bereit, mich berühren zu lassen? Bin ich bereit, den Eindruck auf mich wirken zu lassen? Bin ich willens, darauf eine Antwort zu geben?

Selbstkompetenz unterstützt nicht nur darin, dass Lehrpersonen bei guter Gesundheit den Anforderungen ihres schulischen Alltags nachkommen. Sie dient nicht nur der persönlichen mentalen Fitness. Denn ein kompetenter Umgang mit sich selbst hat massive Auswirkungen für die Beziehungsgestaltung in Richtung der Schülerinnen und Schüler: „Im selben Maße, in dem ein Selbst die Beziehung zu sich gestaltet, wird es fähig zur freien Gestaltung der Beziehung zu anderen, und darum geht es bei der Arbeit an sich selbst, soll sie nicht bloßer Selbstzweck bleiben." (Schmid 2015, S. 19) Viele Lehrpersonen kennen die gegenteilige Erfahrung, nämlich das Nicht-offen-sein, wenn man allzu sehr unter Stress steht. Denn für „PädagogInnen gilt das Gleiche wie für Kinder: Emotionale Belastungen erschweren den Selbstzugang, der Voraussetzung für die Fremdwahrnehmung ist, und schränken somit beziehungssensibles Handeln im pädagogischen Setting ein" (Kuhl/Solzbacher 2017, S. 41).

Gelingt es der Lehrperson, einen guten Zugang zu ihrem Selbst herzustellen, ist sie besser in der Lage, ihre Emotionen und ihr Stressaufkommen zu regulieren. Solches Vermögen wirkt sich unmittelbar auf die Interaktionen aus. Eine gute Resonanz mit sich selbst regt die Entwicklung von Selbstkompetenz bei den Lernenden an.

Selbstkompetenz der Schülerinnen und Schüler

> „Lehrpersonen, an denen Jugendliche beobachten können, welche Kraft Menschen in einer Haltung der Souveränität und Empathie aufbringen können, lernen für ihre menschliche Entwicklung Bedeutsames, ohne dass das in einer Lehrzielhierarchie curricular für sie aufbereitet und durch Sozialtrainings eingeübt worden wäre." (Hofmann 2020, S. 24)

Eine Lehrperson, die sich z. B. darin übt, ihre Selbstkompetenz zu entwickeln, gibt ein anregendes Modell für Schülerinnen und Schüler. Denn in diesem Fall hat sich die Lehrkraft nicht nur auf der theoretischen Ebene mit Selbstkompetenz beschäftigt, sondern sie hat entsprechende Erfahrungen am eigenen Leib gesammelt. Somit ist ihre persönliche Selbstkompetenz ein gutes Stück weit verinnerlicht und integriert. Das vermittelt sich unmittelbar den Lernenden. Es dient als gute Grundlage, wenn Lehrpersonen entsprechende Kompetenzen bei den Schülerinnen und Schülern anregen wollen. Doch das funktioniert nicht als Instruktion, sondern im Zuge der Begegnung zwischen Lehrperson und Lernenden: „Begegnung kann geschehen, wenn wir uns ganz auf einen anderen Menschen oder eine andere Sache einlassen – und zwar mit dem ‚Herzen'. [...] Ist schon Beziehung fruchtbringend für pädagogisches Handeln, so gilt dies für Begegnung erst recht." (Waibel/Wurzrainer 2016, S. 28 f) Hier leuchtet eine Idee von Martin Buber auf: „Der Mensch wird am Du zum Ich." (Buber 1995, S. 28) Gerade die individuelle Entwicklung ist auf Bezogenheit und Resonanzen angewiesen.

Zum Lernen braucht der Mensch ein Gegenüber und ein Miteinander. Das gilt nicht unbedingt für das Lernen mathematischer Formeln, was auch gut in Einzelarbeit möglich ist; doch wenn es um das Erlernen eines guten Umgangs mit sich selbst – im Sinne von Selbstkompetenz – geht, dann brauchen Lernende ein Gegenüber, welches sich ihnen zuwendet. Das oben genannte Zitat von Martin Buber umschreibt solches Geschehen in der Sprache der Existenzphilosophie, was der Tiefe des Geschehens gerecht wird. Doch es lässt sich auch nüchterner betrachten, etwa mit einer psychisch-funktionsanalytischen Sichtweise. Dazu lässt sich die PSI-Theorie nach Julius Kuhl heranziehen (siehe Kapitel 2.4 und Kapitel 6). Sie betrachtet das Selbst als ein psychisches Funktionsprofil, welches maßgeblich an der Verarbeitung von Emotionen beteiligt ist (siehe Kapitel 2.4). Wenn eine Lehrperson ihr Selbst-System aktiviert und sich dabei dem Schüler bzw. der Schülerin zuwendet, regt sie damit automatisch ähnliche Prozesse beim Gegenüber an: „Eine Person öffnet ‚sich' (d. h. ihr SELBST) umso eher, je mehr sie sich in einer verständnisvollen und akzeptierenden Beziehung erlebt." (Kuhl/Solzbacher 2017, S. 32) Das bedeutet, dass eine Haltung von Zugewandtheit und Offenheit aufseiten der Lehrperson den Schüler bzw. die Schülerin zum Selbstkontakt einlädt. Es soll hier wiederholt betont werden, dass dies nicht als „methodischer Trick" funktioniert, sondern sich in der Qualität einer echten Begegnung ereignet. Letztlich bleibt es unverfügbar, d. h. es ist nicht willentlich herstellbar oder instruierbar. Es entsteht im Laufe des Beziehungsgeschehens – ohne dass es eine Garantie dafür geben könnte.

1.4 Emotionen als Entwicklungshinweise

Der konstruktive Umgang mit den eigenen Gefühlen kann als wesentliches Element von Selbstkompetenz gesehen werden (Kuhl/Solzbacher 2017, S. 15). Damit sind Fähigkeiten verbunden wie z. B. zur Selbstberuhigung oder zum Regulieren des persönlichen Stressempfindens. Vor diesem Hintergrund könnte eine emotionale Reaktion, wie z. B. ein Ärger über eine Schülerin, in einem ungewöhnlichen Lichte betrachtet werden: Solche alltäglichen Reaktionen lassen sich für das Erlernen bzw. das Vertiefen der eigenen Selbstkompetenz nutzen. Der Ärger wäre dann ein Art Entwicklungshelfer.

Es sind gerade die unangenehmen und unliebsamen oder womöglich sogar schmerzhaften Erfahrungen, die in diesem Zusammenhang eine wichtige Rolle spielen. Die damit einhergehenden Emotionen lassen sich als Hinweise für die persönliche Entwicklung nehmen. Dieser Aspekt findet in den verschiedenen Handlungsfeldern des Praxismanuals besondere Beachtung (siehe Kapitel 3).

Die Arbeit an den eigenen Gefühlen birgt die Gefahr, um sich selbst zu drehen. Im Kontext von Selbstkompetenz dient die Emotionsarbeit jedoch dazu, von eigenen einschränkenden emotionalen Mustern freier zu werden, um offener für das zu sein, was eine aktuelle Situation von mir als Person fordert. Also dient das Beeinflussen eigener emotionaler Reaktionen und Zustände nicht dem Selbstzweck, sondern es soll zu einer verstärkten Offenheit gegenüber den Mitmenschen und der Welt verhelfen.

Das weite Feld der Gefühle

Im alltäglichen Sprachgebrauch wird kaum zwischen Emotion, Gefühl, Affekt und Leidenschaft unterschieden. Allgemein dient der Begriff „Affekt" als Sammelbegriff. Hingegen bezeichnen „Emotion" und „Gefühl" konkrete Empfindungen, die sich auf ein Objekt oder eine Situation beziehen. Beide Begriffe werden in der Alltagssprache synonym gebraucht. Eine Vielzahl wissenschaftlicher Disziplinen widmet sich den Emotionen, doch findet sich hier keine einheitliche Terminologie. Definitionen gibt es in einer Vielzahl und in großer Unterschiedlichkeit. Sie hängen stark vom theoretischen Hintergrund des jeweiligen Forschungsansatzes ab (Schiewer 2014).

Neben der Emotion, die sich in der Regel auf konkrete Vorkommnisse bezieht, beschreibt der Begriff „Stimmung" einen Gemütszustand, der über mehrere Tage oder sogar Wochen andauern kann. Im Gegensatz zu einer Emotion oder einem Gefühl ist er weniger auf eine konkrete Situation ausgerichtet.

Gefühle begleiten den Menschen durch sein Leben. Durch sie wird ersichtlich, in welchem Verhältnis ein Mensch zu sich selbst, zu seinen Mitmenschen und seiner Umwelt steht. Durch die Gefühle wird deutlich, wie er eine aktuelle Situation erlebt. Sie zeigen sich im Alltäglichen wie auch in Ausnahmesituationen und Krisenzeiten. Ohne emotionale Regungen und Stimmungen wäre das Leben geradezu flach und farblos. Die Begegnung mit nahestehenden Menschen, das Berufsleben mitsamt seinen Anforderungen, gesellschaftliche Ereignisse, Naturerfahrungen – sie alle sind von vielfältigen emotionalen Regungen begleitet.

Nicht nur aus den Neurowissenschaften, sondern auch aus der Persönlichkeits- und Motivationspsychologie mehren sich die Hinweise, dass Gefühle, Emotionen und Affekte das Denken und Verhalten in einem weitaus umfassenderen Ausmaß beeinflussen, als dies landläufig angenommen wird (Davidson/Begley 2012, Roth 2017): „Ohne die Energie der Affekte gäbe es wohl überhaupt kein Wollen und Handeln." (Ciompi 1999, S. 95)

In der Regel zeigen sich emotionale Regungen zunächst über Körperzustände. Doch lassen sich diese nicht in jedem Fall und eindeutig bestimmten Gefühlen zuordnen. Es kommt selten vor, dass ein Gefühl in „Reinform" auftaucht. Eher zeigt es sich vage und unklar. So scheint es nicht ungewöhnlich, dass eine Handlung durch „gemischte Gefühle" verunklart und verzögert wird. Manches Gefühl wird einem erst allmählich bewusst, wie es z. B. Scherer (2001) in seiner kognitiven Bewertungstheorie aufzeigt. Sehr viel schneller sind die körperlichen Empfindungen wahrnehmbar, die sich damit verbinden, wie z. B. ein Herzklopfen oder eine aufsteigende Hitze.

Gefühle können miteinander im Dialog oder auch im Widerstreit stehen. Sie changieren und gehen ineinander über. Bisweilen überlagern sie sich. Es entstehen Gefühle zu Gefühlen, z. B. wenn man sich über den eigenen Ärger ärgert oder wenn man sich der eigenen Tränen schämt. Bisweilen scheint einem Gefühl ein eigener Charakter zu eigen: So kommen einige Gefühle eher kindlich ungeduldig daher, von anderen hingegen geht eine gewisse Ruhe aus.

Zwar tauchen Gefühle situativ auf, doch sind sie auch mit früheren Erlebnissen verknüpft, die im emotionalen Erfahrungsgedächtnis gespeichert sind. Es kommt vor, dass nur ein kleines Detail in einer aktuellen Situation ausreicht, so dass eine alte Erfahrung mitsamt emotionaler Reaktion wieder wachgerufen wird. Dann will das Gefühl sagen: „Achtung! So etwas Unangenehmes haben wir schon einmal erlebt!".

Hinweise für Entwicklung

Gefühle und Emotionen sagen etwas darüber aus, wie sich eine Lehrperson durch ein aktuelles Geschehen angesprochen fühlt. Beispielsweise können das die fordernden Worte eines Vaters im Elterngespräch sein oder die Tränen eines Schülers im Unterricht. Solche Vorkommnisse werden höchstwahrscheinlich in der Lehrperson etwas auf der emotionalen Ebene anrühren. Wenn etwas für die Person Bedeutungsvolles im unmittelbaren Umfeld geschieht, löst es in ihr eine Reaktion aus, die mit Emotionen verknüpft ist. Das läuft nicht immer bewusst ab. Fühlen meint, „die Welt in existentieller Betroffenheit zu erfahren. Durch diese Erfahrung erleben wir uns als mit der Welt in Verbindung" (Weber 2017, S. 44). Somit steht die Person über ihre erlebten Emotionen in Beziehung zur Welt.

Mit Blick auf das Entwickeln von Selbstkompetenz kann es daher nicht ausschließlich darum gehen, die eigenen Emotionen lediglich herunter zu regulieren; vielmehr gilt es zu erforschen, was der emotionale Gehalt sein könnte und um was es der Emotion eigentlich geht. Das bedeutet, sich mit ihr auseinanderzusetzen. In diesem Zuge lässt sich auch herausfinden, inwieweit sie angemessen ist und inwieweit sie sich eher hinderlich oder eher förderlich auf den Kontakt zu den Mitmenschen auswirkt.

Einer emotionalen Reaktion nachzugehen bedeutet keinesfalls ihr nachzugeben. So braucht es neben dem Akzeptieren auch eine gesunde Distanz zu ihr. Mit etwas Abstand lässt sie sich betrachten als ob man ein Bild anschaut; dann kann man sich mit ihr auseinandersetzen.

Eigenen Emotionen und Gefühlen nachzugehen, bringt das Individuum in Kontakt zu seinem aktuellen In-der-Welt-sein. Sie zeigen auf, wie es mir persönlich mit einer Situation ergeht und wie ich das Geschehen um mich herum erlebe. In diesem Sinne „[...] kann in der Emotion der Königsweg in die Tiefe des menschlichen Existierens und der ihr zugrundeliegenden unbewussten Geistigkeit [...] gesehen werden" (Längle 2003, S. 38). Somit wäre für das Entwickeln von Selbstkompetenz nicht nur das Regulieren von Emotionen einzuüben, sondern auch das genaue Betrachten der einzelnen Emotion. Hier wäre zu verstehen, was ihr Gehalt ist und was sie über mich in der jeweiligen Situation zum Ausdruck bringt.

Die Existenzanalyse (siehe Kapitel 2.2) bezeichnet Gefühle als „Hinweis- und Warnschilder, die uns auf etwas aufmerksam machen wollen" (Längle 2003, S. 16). Doch nicht immer ist eine Person in der Lage, solche Hinweise wahrnehmen zu können. Bisweilen werden sie willentlich ausgeblendet. Denn der Hinweis bzw. das Warnschild kann zunächst durchaus als negativ empfunden werden. Also braucht es die Bereitschaft und den Willen, dem Gefühl unbeschönigt „ins Gesicht zu schauen". Das ist nichts, was ich zwangsläufig machen *muss*, was ich aber machen *kann* – wenn ich dafür entscheide.

Dort, wo ein Gefühl als besonders unangenehm empfunden wird, birgt es großes Entwicklungspotenzial. Je stärker der Drang ist, das emotionale Empfinden zur Seite zu schieben, zu ignorieren oder zu rationalisieren, desto mehr könnte es als Hinweis gedeutet werden, sich mit genau diesem Gefühl intensiver auseinanderzusetzen. Häufig zeigt sich darin eine Seite des „vernachlässigten Selbst" (Gilligan 2011), das meint jene Anteile der Persönlichkeit, die man weniger an sich mag oder die eher ins Abseits geraten sind.

Unangenehme und dunkle Gefühle lassen sich betrachten und gegebenenfalls integrieren. Dann verlieren sie das Erschreckende oder ihre „dunkle Macht". Dies bedeutet in erster Linie individuelle Entwicklungsarbeit im Sinne einer aufrichtigen Selbsterkundung. Keinesfalls ist mit solcher Arbeit auf der emotionalen Ebene ein Abtauchen in Gefühlsduselei oder eine weltabgewandte Nabelschau gemeint. Vielmehr geht es um eine Selbstkonfrontation, die darauf hinausläuft, der Welt freier begegnen zu können.

Ebensowenig ist die Emotionsarbeit als Einladung zu einem naiven Authentizismus zu verstehen, im Sinne von „Ich sage alles, was ich fühle". Unliebsame, schmerzhafte und dunkle Gefühle anzuerkennen und zu beleuchten, meint mitnichten, sie einfach auszuagieren. Vielmehr geht es darum, sie zuzulassen, ohne sich in ihnen zu verlieren. Erst das Zulassen ermöglicht die Auseinandersetzung und das genaue Erkunden der verschiedenen Facetten der emotionalen Reaktion. Um sich nicht von dem Gefühl überschwemmen zu lassen, ist es hilfreich, eine gewisse Distanz zum eigenen Erleben aufzubauen. Auf solcher Weise lässt sich ein verantwortungsvoller Umgang mit den eigenen Gefühlen entwickeln.

Jeder Mensch hat die Verantwortung für die eigenen Gefühle

Das hier ist eine unangenehme These: Jeder Mensch ist für den Umgang mit den eigenen Gefühlen selbst verantwortlich. Sicherlich sind Begegnungen und die Kommunikation mit anderen Menschen häufig Auslöser für persönliche Gefühle. Das macht den Gesprächspartner jedoch nicht verantwortlich für das Aufkommen der eigenen Gefühle. Nicht selten rühren sie von anderen Situationen her oder sind biografisch aufgeladen. In der aktuellen Situation werden sie dann lediglich wachgerufen. Wie mit ihnen umgegangen wird, obliegt dann der Verantwortung jedes bzw. jeder Einzelnen. So macht es einen Unterschied, ob eine Person vorwurfsvoll sagt „Du bist schuld, dass ich traurig bin" oder ob sie formuliert „Dein Verhalten löst in mir etwas aus. Das kenne ich aus anderen Situationen. Ich will schauen, wie ich damit umgehe".

Vor diesem Hintergrund lassen sich alltagssprachliche Formulierungen genauer betrachten, wie beispielsweise das Modewort „toxische Beziehung". Nicht selten wird dabei das sogenannte „Toxische" dem Gegenüber zugeschrieben; man selbst sieht sich als Opfer. Toxisch jedoch kann höchstens das Interagieren sein – und damit sind zwei Personen im Spiel. Um Verantwortung für die eigenen Emotionen zu nehmen und einen situativ angemessenen Umgang mit Ihnen zu entwickeln, hilft es kaum, dem Gegenüber das Etikett „toxisch" anzuheften. Hilfreich wäre die Frage, was der eigene Beitrag ist, dass es zu solch einer Interaktion kommen konnte, die als toxisch bezeichnet wird.

Akzeptieren negativer Emotionen

Gefühle begleiten nicht nur das Leben der Menschen, sondern sie prägen es geradezu. Dennoch kommt es häufig vor, dass sie ausgeblendet und als nicht wichtig erachtet werden. Bisweilen werden sie als lästiges Beiwerk empfunden.

Sich berühren zu lassen und Gefühle zu haben, kommt immer einem Wagnis gleich. Es bleibt offen, wohin solche Berührung führen mag. Nicht nur aus diesem Grund wollen Personen ihre Gefühle bisweilen nicht wahrhaben. Dies geschieht insbesondere dann, wenn das Gefühl als unangenehm oder schmerzhaft empfunden wird. Einerseits ist dies völlig verständlich, andererseits vergeben wir damit eine Chance auf einen persönlichen Entwicklungsschritt.

Die so genannte „Schere im Kopf" sorgt dafür, dass Unerwünschtes ausgeblendet wird und dann nicht ins volle Bewusstsein gelangt. Nicht selten wird in solchem Fall eine unangenehme emotionale Reaktion durch eine andere verdeckt, die angenehmer scheint oder sozial verträglicher ist und von den Mitmenschen erwartet wird. Auf diese Weise wird der Kontakt zu einem eher unerwünschten Gefühl überlagert. Wir zeigen uns gemäß den sozialen Regeln und Erwartungen. Das ist einerseits notwendig, denn das Funktionieren des gesellschaftlichen Miteinanders baut darauf auf; andererseits kann es bei wiederholter Unterdrückung zu einem subtilen Erleben von Unstimmigkeit oder sogar von Sinnlosigkeit führen. Spätestens an solch einem Punkt wäre es angemessen, sich eingehender mit der eigenen Gefühlswelt auseinanderzusetzen. So ließe sich schauen, was „neben" oder „unter" dem sozial erwünschten Gefühl weiterhin geschieht und auftaucht.

Laut dem Soziologen Andreas Reckwitz besteht eine „Positivkultur der Emotionen" (Reckwitz 2019, S. 205 ff), die in ihrer Übertriebenheit jedoch ihr dunkles Gegenteil hervorbringt: „An die Unterseite der Positivkultur der Emotionen ist gewissermaßen eine Realität negativer Affekte geheftet, die es gar nicht geben dürfte, die aber umso hartnäckiger an ihr klebt." (Reckwitz 2019, S. 206) Reckwitz weist darauf hin, dass es in der gegenwärtigen Alltagskultur an Praktiken fehlt, mit jenen dunklen Emotionen auf einer angemessenen Weise umzugehen.

Je mehr jenes Dunkle zur Seite getan oder sogar ignoriert wird und je weniger Beachtung es erfährt, desto stärker kämpft es darum, gesehen und gehört zu werden. Daher kann gerade das Akzeptieren eben jener unangenehmen Emotionen für die Entwicklung von Selbstkompetenz eine wichtige Rolle spielen. Denn die „dunklen" Emotionen wie Angst, Niedergeschlagenheit oder Unsicherheit machen darauf aufmerksam, wo es „hakt" und wo die Person noch keinen guten Umgang mit sich selbst oder mit einer herausfordernden Situation gefunden hat. Finden die genannten Emotionen eine Akzeptanz oder es wird ihnen ein „Ort" gegeben, beginnen sie sich bereits zu verändern. Über weitere Schritte lassen sie sich dann integrieren.

Zur Arbeit mit Gefühlen

Einige Beratungsansätze nennen als Ziel, Emotionen zu beherrschen und sie „im Griff zu haben". Dabei bleibt die Frage, ob das überhaupt möglich ist. Für die Entwicklung von Selbstkompetenz geht es eher darum, das Emotionale zu akzeptieren, Reaktionsmuster zu verändern und die eigenen Gefühle besser zu verstehen. In diesem Zusammenhang besteht die Arbeitsweise darin, sich den emotionalen Anteilen zuzuwenden, sie zu erforschen und zu ihnen eine Beziehung aufzubauen.

Das Heben und Erhellen der eigenen Gefühle kann zu ihrer Transformation führen. Manch dunkles unangenehmes Gefühl wandelt sich dann zu einem lichten Entwicklungshelfer. Wird eine Furcht oder eine Traurigkeit nicht mehr gedeckelt, sondern stattdessen zugelassen und in ihrer Bedeutung besser verstanden, kann man sie besser zu sich selbst nehmen und als Teil der eigenen Persönlichkeit akzeptieren.

Das Praxismanual zur Selbstkompetenz (siehe Kapitel 3) schlägt dafür u. a. folgende Vorgehensweisen vor:

- Sich selbst mit Abstand betrachten,
- Gefühle wahrnehmen und benennen,
- Den aktuellen Zustand verändern,
- Emotionale Reaktionsmuster unterbrechen,
- Akzeptieren und Verstehen des eigenen Gefühls,
- Unerwünschte Emotionen integrieren.

Diese Handlungsideen lassen sich auf bewährte Konzepte zurückführen. In vielen Fällen von Emotionsarbeit hat es sich bewährt, mit Bildern, Metaphern und körperlichen Elementen zu arbeiten, da diese unmittelbar auf das emotionale Erleben einwirken (Nicolaisen 2019). Insbesondere die Vorstellungskraft verfügt über große Wirkmächtigkeit (Kast 2012).

Das Verändern von Emotionen findet sich beispielsweise in der Emotionsfokussierten Therapie nach Leslie Greenberg (Auszra et al. 2017). Die Sinnhaftigkeit solchen Vorgehens konnte Greenberg während seiner jahrzehntelangen Forschung in vielfacher Hinsicht belegen. Es geht darum „[…] Gefühle körperlich basiert zu erleben und in Sprache zu symbolisieren. Dies unterscheidet sich fundamental davon, abstrakt über Gefühle nachzudenken oder zu sprechen. Durch die bewusste Wahrnehmung körperlich basierter Gefühle erhalten Menschen Zugang zu ihren zentralen Bedürfnissen und Handlungsimpulsen […]. Nur was gefühlt wird, kann verändert werden, was abgespalten wird, bleibt immer gleich." (Auszra et al. 2017, S. 49)

Um mit einer Emotion zu arbeiten, braucht es also ihres Akut-werdens. Ebenso wie es beim Lernen günstig ist, Vorwissen zu aktivieren, damit eine neue Information besser daran anknüpfen kann, so lässt sich ein Gefühl dadurch verändern, indem es zunächst einmal vergegenwärtigt wird. Erst dann ist das unerwünschte Erleben sozusagen „heiß", so dass es sich gewissermaßen neu schmieden lässt. Hier wird deutlich, dass eine Arbeit auf der emotionalen Ebene am besten aus einem aktuellen Anlass bzw. aus einer konkreten Situation heraus, erfolgsversprechend ist.

Zur Veränderung emotionaler Reaktionsmuster

Emotionales Erleben lenkt unser Wahrnehmen, Denken und Verhalten. Zu dieser Erkenntnis gelangte Luc Ciompi im Zuge seiner Forschung zu Emotionen. Er hat sich diesem Thema über Jahrzehnte gewidmet, sowohl in seiner Tätigkeit als Psychiater als auch in diversen Beratungskontexten. Darauf aufbauend entwickelte er sein Konzept der „Affektlogik" (Ciompi 2019, 1999). Darin formulierte Ciompi den Begriff der Fühl-Denk-Verhaltensprogramme.

Diese Programme sind als sich wiederholende Muster zu verstehen (– weshalb im vorliegenden Text die Begriffe „Muster" und „Programm" synonym gesetzt sind). Ciompi will damit aufzeigen, dass emotionale Anteile mit dem Denken und Verhalten verwoben sind und inwieweit sie auf unbewusster Ebene das Denken und Verhalten beeinflussen. Dazu stellt der Emotionsforscher u. a. folgende Thesen auf:

- Emotion und Kognition sind eng miteinander verknüpft. Die Trennung zwischen beiden ist nur in der Theorie möglich. Auf der neurophysiologischen Ebene spielen sie ineinander.
- Gefühle wirken häufig stärker als Kognition. Sie steuern die kognitive Verarbeitung. Ein Gefühl wirkt als Filter oder als Anziehungspunkt und sorgt auf diesen Wegen für eine selektive Wahrnehmung.
- Emotion und Kognition sind in Fühl-Denk-Verhaltensprogrammen organisiert. Situativ gemeinsam auftretende Gefühle, Gedanken und Verhaltensweisen verknüpfen sich. Werden sie wiederholt aktiviert, verstärkt sich diese Verbindung. So bilden sich funktionelle Einheiten, die Ciompi als Programme bezeichnet. Sie lassen sich auch als Musterbildung verstehen (– weshalb im vorliegenden Text von Fühl-Denk-Verhaltens-Mustern die Rede ist).
- Gefühle sind gewichtige Faktoren in psychischen und sozialen Dynamiken. Sie steuern das individuelle Erleben und Verhalten in ähnlicher Weise wie sie das gesellschaftliche Miteinander beeinflussen. Ciompi spricht von kollektiven Affektlogiken, die ansteckend wirken – im Guten wie auch im schlechten Sinne.

In der Regel laufen Fühl-Denk-Verhaltensmuster automatisch ab. Damit können sie einem freien Handeln im Weg stehen. Daher kann es hilfreich sein, die Wirksamkeit dieser Muster zu erkennen und zu relativieren. Zwar sind Fühl-Denk-Verhaltensprogramme eingeschliffen, doch sie sind nicht absolut statisch. Auch wenn sie wiederholt aktiviert werden, vollziehen sie sich dynamisch und sind in Bewegung. Damit sind sie veränderbar. Indem ein Muster in den Details und ihrer Abfolge erkannt wird, lassen sich in einem nächsten Schritt kleine Unterschiede in das Muster einbauen. Das lässt sich nur experimentell tun. Erst im Ausprobieren zeigt sich, welcher Unterschied dazu führt, dass sich das persönliche Erleben in Richtung eines „So ist es besser" verändert. Dieses Vorgehen der Unterschiedsbildung ist ein wichtiger Aspekt im hypnosystemischen Ansatz nach Gunther Schmidt (siehe Kapitel 2.5).

1.5 Selbstsorge in unsicheren Zeiten

Selbstkompetenz bezieht sich nicht nur auf das Erleben und Handeln der Lehrperson in konkreten Situationen des schulischen Alltags. Sie lässt sich auch als ein grundlegenderes Thema sehen, das mit dem menschlichen Dasein zusammenhängt: Es geht um die Einmaligkeit der Person und um ihr Selbst-sein. Daraus lassen sich Fragen ableiten, wie z. B.: Bin ich mir bewusst, was mich selbst auszeichnet? Darf ich so sein, wie ich bin? Inwieweit darf ich in meiner Rolle so sein, wie ich bin? Inwieweit bin ich mir meiner Grenzen bewusst und inwieweit habe ich einen guten Umgang damit? Werde ich mir selbst gerecht? Gehe ich gut mit mir in meinem So-sein um?

Unter diesen Vorzeichen weitet sich der Horizont von Selbstkompetenz und öffnet das Feld. Der Selbstkompetenz wohnt ein altes menschheitsgeschichtliches Thema inne: die Sorge um sich selbst.

Mit der Selbstsorge ist keinesfalls ein sorgenvolles Grübeln gemeint, mit dem man sich selbst „runterzieht". Vielmehr geht es darum, dafür Sorge zu tragen, dass man ein Leben führt, das einem selbst gerecht wird. Das reicht vom Beachten eigener körperlicher Bedürfnisse über die Akzeptanz der eigenen Grenzen bis hin zum sinnhaften Handeln und persönlichen Wirken in der Welt. In der Selbstsorge ist die Eingebundenheit in weltliche Zusammenhänge enthalten.

Jeder Mensch ist umgeben von umfassenderen gesellschaftlichen und weltpolitischen Geschehnissen. Auf diesen Feldern zeigt sich alles andere als ein sicherer Rahmen: Umbrüche, Pandemie, Krieg, Klimawandel. Solche Kontexte wirken auf die kleinen Ereignisse des Alltags ein und können unterschwellig eine Belastung oder ein Druckerleben erhöhen. Das menschliche Dasein ist von diesen größeren Kontexten nicht loszulösen und bleibt deren Bedingungen unterworfen – auch wenn man versucht, diese zu ignorieren. Zu diesen Bedingungen gehört, neben den äußeren Gegebenheiten, auch die Endlichkeit des eigenen Lebens. Die äußeren Krisen führen lediglich deutlich vor Augen, was im betriebsamen Alltag häufig außer Acht gerät: Das Leben ist endlich, das Leben ist fragil. Jede und jeder Einzelne ist herausgefordert, sich zu diesen Bedingungen zu verhalten. An solchen existenziellen Fragen kommt ein kompetenter Umgang mit sich selbst nicht vorbei. Daher soll das schrittweise Erlernen von Selbstkompetenz, welches Gegenstand des vorliegenden Buchs ist, in einen größeren Zusammenhang gestellt werden: Die Entwicklung von Selbstkompetenz dient einer alten philosophischen Tradition, nämlich der Selbstsorge.

Der Begriff der Selbstsorge reicht bis in die Antike zurück. Er bezeichnet „die entwickelbare und lebensdienliche Fähigkeit, sich in angemessener Weise sich selbst zuwenden zu können, um das je eigene Potenzial im dynamischen Spannungsverhältnis von eigenen und fremden Bedürfnissen allmählich zu entfalten" (Stölzel 2015, S. 178). Hier wird deutlich, dass Selbstsorge sich von Selbstsüchtigkeit oder einem Um-sich-selbst-drehen unterscheidet. Denn sie umfasst auch die Bezogenheit und Abhängigkeit des Individuums von seiner Umwelt und seinen Mitmenschen. Für sich selbst sorgen bedeutet sich in Fremdsorge zu üben: „Durch diese Form einer bewussten und reflektierten *Aufmerksamkeit für sich selbst* kann die eigene Selbstbeziehung und damit auch eine angemessene *Achtsamkeit für andere* sowie für die *Fremdsorge* überhaupt verfeinert und verbessert werden." (Stölzel 2015, S. 178)

Hier zeichnet sich ab, dass Selbstsorge als etwas Umfassenderes zu verstehen ist als die Selbstfürsorge. Letztere bringt Impulse für Verhaltensweisen, die dem Wohlergehen und insbesondere dem Erhalt der eigenen Gesundheit dienen. Die Ratgeberliteratur zum Stressmanagement bewegt sich auf dieser Ebene und liefert mitunter wichtige praktische Hinweise. Selbstsorge jedoch geht darüber hinaus: Sie sieht den Menschen in seiner Existenz und in Beziehung zu seinen Mitmenschen. Die Sorge um sich selbst braucht auch die Sorge um den Anderen.

Unsichere Zeiten: VUCA

Das Entwickeln von Selbstsorge bzw. einer eigenen Weise von Lebenskunst macht gerade in bewegten Zeiten besonderen Sinn. Man könnte argumentieren, dass gerade der Arbeitsplatz an einer Schule einen sicheren und beständigen Rahmen gibt: Die verbeamteten Lehrpersonen bekommen regelmäßig ihr Gehalt und müssen nicht um ihren Arbeitsplatz fürchten. Kinder und Jugendliche werden auch in den kommenden Jahrzehnten dazu angehalten sein, eine Schule zu besuchen – diese „Nachfrage" wird kaum wegbrechen. Doch die Ereignisse auf der großen Weltbühne machen auch vor den Schulpforten nicht halt. Für die Beschreibung unsicherer Welten wird seit geraumer Zeit der Begriff „VUCA" verwendet.

Exkurs: VUCA

Allgemein beschreibt das Akronym „VUCA" unsichere Umwelten: Mit der Volatilität (**V**olatility) sind die derzeitigen umfassenden Unbeständigkeiten gemeint. Viele davon lassen sich nicht vorhersehen, was eine hohe Unsicherheit generiert (**U**ncertainty). Durch die soziale Differenzierung, die digitale Vernetzung und die Globalisierung entsteht ein bis dahin nicht bekannter Grad an Komplexität (**C**omplexity). Mit diesen Dynamiken geht eine Erhöhung von Mehrdeutigkeiten (**A**mbiguity) einher: Es gibt nicht mehr die eine Wahrheit.

Die Unbeständigkeiten entfalten durch beschleunigte und vielgestaltige Kommunikationskanäle eine umfassendere Wirkung. Während ein „Aufreger" noch vor fünfzehn Jahren in der Tageszeitung stand, wird er heutzutage unredaktioniert in Blitzgeschwindigkeit über social media vervielfältigt. Dem einzelnen Ereignis und daran geknüpfte Aufgeregtheiten kommen dadurch eine ungleich höhere emotionale Wirkung zu.

Diese Tendenzen zeigen sich nicht nur auf der gesellschaftlichen und globalen Ebene, sondern auch im privaten Bereich. Die überhitzten und drängenden Atmosphären, die durch VUCA-Umwelten entstehen, bestimmen zunehmend die Lebenswirklichkeiten der Menschen und ihren Arbeitsfeldern.

Seit einigen Jahren werden gesellschaftliche Megatrends beschrieben wie z. B. Digitalisierung, Globalisierung oder neue agile Arbeitsformen. Sie haben Anteil an sozialen, politischen, wirtschaftlichen und ökologischen Umbrüchen. Mittlerweile beschäftigt sich eine Vielzahl interdisziplinärer Forschung mit diesen Phänomenen.

Mit den Umbrüchen gehen Veränderungen einher, die sich ungewohnt schnell und im hohen Maß ereignen. Sie werden als Disruption bezeichnet. Das lateinische Verb *disrumpere* bedeutet „zerreißen", „zerbrechen" oder „zerschlagen". Neue Technologien führen zu disruptiven Veränderungen, da sie nicht nur in einem eingeschränkten Bereich geschehen, sondern sich mit großer Wucht im gesellschaftspolitischen Feld niederschlagen. Deutlich zeigt sich dies in den Nutzungsweisen des Smartphones, welches mittlerweile für viele Menschen ein täglicher Begleiter geworden ist. Es ermöglicht beständige Erreichbarkeit und Zugriff auf eine unüberschaubare Masse an Information, zugleich absorbiert es in einem hohen Maß die Aufmerksamkeit. Diese Technologie durchdringt in solch einem Maße den Alltag, dass sie mittlerweile das soziale Miteinander bestimmt und kaum wegzudenken ist

---

Im Kontext disruptiver Veränderungen kommt der Selbstsorge eine größere Bedeutung zu als noch vor der Verbreitung von social media. Ruhephasen und Haltepunkte können als notwendig zum Erhalt der persönlichen Gesundheit betrachtet werden. Bei aller Rasanz im technologischen Voranschreiten bleibt der Mensch doch noch an seinen „Steinzeit-Körper" gebunden. Mit seinem Körper und mit seiner Psyche hat der Mensch grundlegende Bedürfnisse nach Bindung, Orientierung, Sicherheit und Ruhe. Es ist zu vermuten, dass diese Bedürfnisse sich im Jahre 2024 weniger leicht befriedigen lassen als vor 20 Jahren, d. h. zu einer Zeit, in der es Smartphones und social media noch nicht gab.

Das menschliche Dasein ist neben den VUCA-Welten zunehmender Beschleunigung ausgesetzt. Fortwährend strömt eine unüberschaubare Flut an Informationen auf das Individuum ein. Nicht nur im digitalen Raum wird von allen Seiten mit mehr oder weniger kognitionspsychologischer Raffinesse um die Aufmerksamkeit gebuhlt. Die Trennlinie zwischen der privaten und beruflichen Sphäre scheint zunehmend verwischt. All dies zusammen führt nicht selten in die Überforderung. Vor solchen Hintergründen entstehen Fragen:

- Wie lassen sich Halt und Orientierung erlangen? Was könnte ein persönlicher Kompass sein?
- Woran merke ich, dass ich gut bei mir bin – anstatt mich im Außen zu verlieren?
- Was trägt dazu bei, das eigene Handeln als sinnvoll zu erleben?

Mit der Bearbeitung solch grundlegender Fragen sehen sich auch Schulen und andere Bildungseinrichtungen zunehmend konfrontiert. Zugleich zeichnet sich ab, dass ein Mehr-desselben der bewährten Handlungs- und Sichtweisen vergangener Jahrzehnte nur bedingt zur Lösung aktueller Problematiken beitragen kann. ChatGPT und andere Anwendungen künstlicher Intelligenz verschärfen weitere Fragen wie z. B: Was ist wahr? Welchen Quellen kann ich trauen? Woher nehme ich als Lehrperson die Kraft, mich damit auseinanderzusetzen, wenn Schülerinnen und Schüler ChatGPT nutzen?

Die Zusammenhänge sind derart komplex, dass dem Menschen vielerorts bewusst wird, dass er weitaus weniger Kontrolle über den Fortgang seines Lebens hat, als es die Modelle vom *homo oeconomicus* versprochen hatten: mittels Ratio und Technik sei das Leben kontrollierbar. Stattdessen steht der Mensch vor der Herausforderung, sein Leben in der Unübersichtlichkeit sowie in der Unsicherheit zu gestalten.

Die Ungewissheit des Lebens tritt hervor

Die unsicheren und krisengeschüttelten Zeiten in den VUCA-Welten machen deutlich: Unser Leben ist ein Leben im Ungewissen. Davon ist jeder und jede Einzelne im Alltag unmittelbar betroffen. Schmerzlich wird bewusst, dass auch die umfangreichste Lebensversicherung keine Garantie für die Fortdauer des eigenen Lebens gibt. Es kann jederzeit enden. Der Erwerb von Versicherungspolicen dient eher der selbstberuhigenden Vorsorge (– was völlig in Ordnung ist), doch wirkliche Sicherheit ist damit kaum zu erlangen. Ähnliches gilt für Traditionen, die noch vor einigen Jahrzehnten Orientierung und Halt geboten haben: kulturelle Maßstäbe und religiöse Traditionen sind in der westlichen Gesellschaft in weiten Teilen am Erodieren. Es tut sich ein großer Raum auf – ohne Geländer und ohne Gerüst: „Die Existenz ist unabdingbar frei und daher unsicher. Die kulturellen Institutionen und psychologische Konstrukte verdunkeln diese Tatsache häufig, aber die Konfrontation mit unserer eigenen existenziellen Situation erinnert uns daran, dass Paradigmen von uns selbst geschaffene, hauchdünne Barrieren gegen den Schmerz der Unsicherheit sind." (Yalom 2010, S. 41)

Nicht nur angesichts der Pandemiejahre gerät die Fragilität des Lebens ins Bewusstsein. Keineswegs führt das notwendigerweise in depressive Gedanken – vielmehr kann es die Kostbarkeit des eigenen Lebens vor Augen bringen (Yalom 2010). Das kann auch zu einer neuen Haltung gegenüber dem eigenen Leben führen. Es wäre ein Übungsweg, die Unsicherheit als Teil des alltäglichen Handelns zu akzeptieren – nicht zuletzt auch im Rahmen der eigenen schulischen Tätigkeit: z. B. gibt es bei aller guten Planung keine Garantie dafür, dass eine Unterrichtsstunde demgemäß verläuft. Daher könnte es sinnvoll sein, neben dem Erstellen eines Plans sich im Aushalten von Ungewissheit zu üben.

Betrachtet man das Entwickeln von Selbstkompetenz vor solchen Hintergründen, lässt sich behaupten, dass sie zu einer vertieften Form von Selbstsorge und Lebenskunst beitragen kann.

Selbstsorge anstelle von Selbstoptimierung

Im Begriff des Selbst drückt sich bereits ein Verhältnis aus: nämlich jene Art und Weise wie ich mit mir selbst in Beziehung stehe und wie ich im Alltag mit mir selbst umgehe. Hier kommt ein qualitativer Aspekt ins Spiel. Wenn die folgenden Kapitel das Thema Selbstkompetenz genauer betrachten, ist damit der gute Umgang mit sich selbst gemeint. Er lässt sich anhand folgender Fragen konkreter fassen:

- Inwieweit pflege ich im Alltag einen guten Umgang mit mir selbst?
- Inwieweit werde ich mir selbst gerecht? (Mit all dem, was mich als Person auszeichnet? Und bei den Bedingungen, denen ich als Mensch unterliege?)
- Inwieweit vermag ich meine Grenzen und Unzulänglichkeiten zu akzeptieren?

Hier zeigt sich, dass es mit der Selbstkompetenz keinesfalls um eine bloße Selbstoptimierung geht. Unter diesem Begriff finden sich eher überzogene Formen von Selbstmanagement, die einiges bewirken – doch dadurch keineswegs zu einem kompetenten Umgang mit sich selbst führen. Gleichwohl sind selbstoptimierende Maßnahmen weit verbreitet. Sie wirken sich auf das Selbstverständnis aus und gelten mitunter als Selbstverständlichkeit. Das hängt eng mit der Kultur der westlich geprägten Leistungsgesellschaft zusammen. Der verinnerlichte Leistungsdruck, der eher zu einer Entfremdung von sich selbst führt, ist bereits vielfach beschrieben worden (Han 2018; Reckwitz 2019, S. 203 ff; Rosa 2018, S. 52 ff). Das Entwickeln von Selbstkompetenz ist von solchen Tendenzen zur Selbstoptimierung scharf abzugrenzen. Denn letztere zahlen keinesfalls auf eine gute Selbstbeziehung ein, sondern tragen latent die Gefahr zur Selbstausbeutung in sich.

Mit sich selbst kompetent umzugehen bedeutet, sich selber menschenfreundlich zu begegnen, inklusive all der Merkwürdigkeiten und Unzulänglichkeiten, die man so mit sich bringt. Das Gegenteil davon wäre, sich in ein Leistungskorsett zu zwängen, um immer mehr aus den eigenen Energien und Zeitkontingenten herauszupressen. Deshalb gehört das Akzeptieren der eigenen Begrenztheit ebenso zur Selbstkompetenz wie der angemessene Umgang mit den Ansprüchen anderer Akteure und Akteurinnen. Das lässt sich als ein kunstvolles Balancieren vorstellen.

Der Zwang der Ansprüche

Wenn eine Person der eigenen hoch gelegten Messlatte nicht gerecht wird, kommt in der Regel Frustration auf. Dann geraten Anforderungen zu einer Überforderung. Zwischen Berufswünschen, Selbstverwirklichung und dem Wunsch nach einem intakten Familienleben reiben sich einige Menschen auf. Sätze wie „In den ganzen Alltagsanforderungen komme ich zu kurz" oder „Ich muss noch ..." werden nicht selten geäußert. Es scheint, dass Personen sich wenig Zeit zum Regenerieren nehmen, geschweige denn zum Nachdenken darüber, was sie in ihrem Entscheiden und Handeln im Grunde bewegt. Dass in solchen Zusammenhängen ein Erschöpft-sein auftauchen kann, mag kaum verwundern.

Alain Ehrenberg (2008) begründet die individuelle Erschöpfung mit dem fortdauernden Anspruch, man selbst sein zu müssen. Die Forderung, authentisch sein zu müssen, wird dann paradoxerweise zu einer weiteren Belastung. Dabei bleibt die Frage, wer ich denn eigentlich bin und was mich als Mensch in meinem Dasein auszeichnet, oftmals unbeantwortet. Bisweilen forciert die Forderung nach Authentizität die Spaltung zwischen dem, was ich tue und dem, was ich angesichts einer Vielzahl an Möglichkeiten als stimmig erlebe: „[...] der aus dem Authentizitätsgedanken resultierende Auftrag, herauszufinden, *wer wir wirklich sind*, kollidiert mit der sozialstrukturell erzeugten Zumutung, uns immer wieder ‚neu zu erfinden' und kreativ neu zu bestimmen. Dass auch diese Neuerfindung noch ‚ganz authentisch' erfolgen soll, gehört zu den zugespitzten Paradoxien der Gegenwart." (Rosa 2018, S. 43)

Mit der Zuspitzung von Authentisch-sein-müssen, Selbstverwirklichung und Selbstoptimierung geht die Selbstsorge verloren. Während noch vor einigen Jahrzehnten die Idee der persönlichen Entwicklung einen primär emanzipatorischen Charakter hatte, ist sie in einigen gesellschaftlichen Schichten mittlerweile von einer zweckgebundenen Selbstoptimierung unterwandert worden. Der Soziologe Andreas Reckwitz nennt es „erschöpfte Selbstverwirklichung" (Reckwitz 2019, S. 203) und meint solche Entwicklung besonders in der neuen Mittelklasse der Gesellschaft zu beobachten. Der Weg zur Selbstverwirklichung oder -optimierung gerät nicht selten zu einem Weg in die Selbstausbeutung (Thunman 2013, S. 58 ff). So kommt es, dass Menschen vielfach zu Ratgeberbüchern greifen; Seminare zur Entspannung und zur Stressbewältigung haben Konjunktur – doch paradoxerweise bedienen sich Menschen solcher Angebote nicht selten, um leistungsstark zu bleiben oder um noch mehr Leistung in noch kürzerer Zeit zu bringen.

An dieser Stelle bleibt zu erwähnen, dass mit dieser Darstellung kein Anspruch auf eine gesamtgesellschaftliche Diagnose vorliegt. Es sind lediglich Teilbeschreibungen, die sich aus einer bestimmten Perspektive ergeben. Gesellschaften haben mittlerweile einen zu hohen Komplexitätsgrad erreicht, als dass man sie von einem Blickpunkt aus hinreichend beschreiben könnte (Nassehi 2019).

Selbstsorge als Lebenskunst

Es lässt sich als Kunst bezeichnen, gut für sich zu sorgen – ohne dabei der Selbstoptimierung oder dem Anspruchsdenken mit ihren oben genannten Fallstricken zu erliegen. Vielmehr geht es um Fehlerfreundlichkeit: sowohl sich selbst als auch den Mitmenschen gegenüber. Und es geht darum, den Schwierigkeiten und Herausforderungen im (Berufs-)Leben mit etwas mehr Gelassenheit zu begegnen. Das Lassen-können wäre an solchem Punkt eine Fähigkeit, in der man sich üben kann (siehe Praxismanual, Handlungsfeld 4). Hier zeichnet sich ab, dass Selbstsorge als eine Art Lebenskunst verstanden werden kann, als ein Übungsweg und keinesfalls als absoluter Zustand von Erweckt-sein. Das Auf-und-Ab im alltäglichen Leben gehört dazu.

Selbstkompetenz dient der Selbstsorge. Sie lädt dazu ein, freundlich mit sich selbst umzugehen und eine gute Selbstbeziehung aufzubauen. Das braucht eine gute Portion Selbstakzeptanz – ohne dabei mögliche Entwicklungsschritte aus dem Blick zu verlieren. Es geht darum, sich mit einem aufrichtigen und liebevollen Blick selbst zu betrachten: die eigenen Qualitäten wertzuschätzen und gleichzeitig um die eigenen Unzulänglichkeiten zu wissen und sie bei Bedarf zu verändern. Das darf schrittweise und im eigenen Tempo geschehen – gemäß dem Motto: „Ja, ich sehe, dass mir dieses oder jenes noch nicht gelingt. Das ist ok. Ich will schauen, inwieweit ich das verändern kann". Die Form kommt wahrscheinlich weniger einem Sprint gleich, sondern vielmehr einem allmählichen Voranschreiten: in aller Ruhe gemäß dem, was im Hier-und-Jetzt möglich ist.

Vor diesem Hintergrund bedeutet das Entwickeln der eigenen Selbstkompetenz u. a.:

- sich auf die kleinen Ungewissheiten im beruflichen Alltag einzulassen,
- die Unsicherheit des Lebens zu akzeptieren,
- sich an den Dingen und den Mitmenschen zu freuen,
- sich an den Dingen und den Mitmenschen reiben zu dürfen,
- sich klar zu machen, dass man nie wirklich eine Kontrolle über das Geschehen im Außen hat (z. B. im Klassenzimmer)
- Lösungslosigkeit auszuhalten,
- die persönlichen Grenzen und Unzulänglichkeiten akzeptieren.

So lassen sich im Zusammenhang mit der Selbstsorge Gedanken zur Lebenskunst und Lebenskönnerschaft wiederentdecken (Manemann 2014; Schmid 1999). Auch hier findet sich ein altes philosophisches Themenfeld, welches sich damit beschäftigt, in herausfordernden Situationen einen guten Umgang mit sich selbst zu finden: „Lebenskönnerschaft bewährt sich in Lebenskrisen, dann, wenn Normalität nachhaltig und tiefgreifend erschüttert wird. Lebenskönnerschaft zielt auf ein Können jenseits des Machbarkeitswahns." (Manemann 2014, S. 83)

Es geht darum, sich dem eigenen Leben zuzuwenden, es mit seinen Beschränkungen zu akzeptieren und mit guter Schaffenskraft zu gestalten. Selbstsorge und Lebenskunst können als Quellen gesehen werden, die in den tieferen Schichten beim Entwickeln von Selbstkompetenz den Grundton bzw. den *Basso continuo* geben.

Literatur

Auszra, Lars/Hermann, Imke R./Greenberg, Leslie S. (2017): Emotionsfokussierte Therapie. Ein Praxismanual. Göttingen: Hogrefe.

Bauer, Joachim (2009): Erziehung als Spiegelung. Die pädagogische Beziehung aus dem Blickwinkel der Hirnforschung. In: Herrmann, U. (Hrsg.): Neurodidaktik. Grundlagen und Vorschläge für gehirngerechtes Lehren und Lernen. Weinheim/Basel: Beltz, 2. Aufl., S. 109–123.

Bauer, Joachim (2019): Wie wir werden, was wir sind. Die Entstehung des menschlichen Selbst durch Resonanz. München: Blessing.

Böhme, Gernot (2019): Leib. Die Natur, die wir selbst sind. Berlin: Suhrkamp.

Bowlby, John (2005): Frühe Bindung und kindliche Entwicklung. München: Ernst Reinhardt, 5. Aufl.

Buber, Martin (1995): Ich und Du. Ditzingen: Reclam, 11. Aufl.

Ciompi, Luc (1999): Die emotionalen Grundlagen des Denkens. Entwurf einer fraktalen Affektlogik. Göttingen: Vandenhoeck und Ruprecht, 2. Aufl.

Ciompi, Luc (2019): Über die Struktur der Psyche und ihre Entwicklung. Heidelberg: Carl Auer.

Davidson, Richard/Begley, Sharon (2012): Warum wir fühlen, was wir fühlen. Wie die Gehirnstruktur unsere Emotionen bestimmt – und wie wir darauf Einfluss nehmen können. München: Arkana.

Dijksterhuis, Albert Jan (2010): Das kluge Unbewusste. Denken mit Gefühl und Intuition. Stuttgart: Klett-Cotta.

Ehrenberg, Alain (2008): Das erschöpfte Selbst. Depression und Gesellschaft in der Gegenwart. Frankfurt a. M.: Suhrkamp.

Erikson, Erik H. (1989): Identität und Lebenszyklus. Frankfurt a. M.: Suhrkamp, 11. Aufl.

Erpenbeck, Mechthild (2017): Wirksam werden im Kontakt. Die systemische Haltung im Coaching. Heidelberg: Carl Auer.

Fiegert, Monika/Solzbacher, Claudia (2014) : « Bescheidenheit und Festigkeit des Charakters … » Das Konstrukt Lehrerhaltung aus historisch-systematischer Perspektive. In: Schwer, Christina/Solzbacher, Claudia (Hrsg.): Professionelle pädagogische Haltung. Historische, theoretische und empirische Zugänge zu einem viel strapazierten Begriff. Bad Heilbrunn: Klinkhardt, S. 17–45.

Fuchs, Peter (2010): Das System SELBST. Eine Studie zur Frage: Wer liebt wen, wenn jemand sagt: „Ich liebe Dich!"? Weilerswist: Velbrück Wissenschaft.

Fuchs, Thomas (2010): Das Gehirn – ein Beziehungsorgan. Eine phänomenologisch-ökologische Konzeption. Stuttgart (Kohlhammer), 3., aktual. u. erweit. Aufl.

Gergen, Kenneth. J./Gergen, Mary (2009): Einführung in den sozialen Konstruktionismus. Heidelberg: Carl Auer.

Gilligan, Stephen (2011): Liebe dich selbst wie deinen Nächsten. Die Psychotherapie der Selbstbeziehungen. Heidelberg: Carl Auer, 3. Aufl.

Grawe, Klaus (2004): Neuropsychotherapie. Göttingen: Hogrefe.

Greve, Werner (2000): Psychologie des Selbst – Konturen eines Forschungsthemas. In: W. Greve (Hrsg.): Psychologie des Selbst. Weinheim und Basel: Beltz PVU, S. 15–36.

Hahn, Alois (2017): Konstruktionen des Selbst, der Welt und der Geschichte. Frankfurt a. M.: Suhrkamp, 2. Aufl.

Han, Byung-Chul (2018): Müdigkeitsgesellschaft. Berlin: Matthes & Seitz, 2. Aufl.

Hofmann, Franz (2020): Authentisches und kontextsensibles Lehrerinnen- und Lehrerhandeln. Das Selbst als Quelle und Ziel pädagogischen Tuns. Weinheim und Basel: Beltz Juventa.

Huber, Matthias/Claußen, Jonas (2024): Kompetenzen in der Lehrer*innenbildung. In: Fede, Manfred/Roszner, Sybille/Süss-Stepancik, Evelyn (Hrsg.): Personbezogene überfachliche Kompetenzen. Impulse für Bildungs-, Lern- und Entwicklungsprozesse in der Lehrer*innenbildung. Weinheim und Basel: Beltz Juventa, S. 32–53.

Kast, Verena (2012): Imagination. Zugänge zu inneren Ressourcen finden. Ostfildern: Patmos.

Klusmann, Uta/Richter, Dirk (2014): Beanspruchungserleben von Lehrkräften und Schülerleistung. Eine Analyse des IQB-Ländervergleichs in der Primarstufe. In: Zeitschrift für Pädagogik 60, H. 2, S. 202–224.

Krumm, Stefan/Mertin, Inga/Dries, Christian (2012): Kompetenzmodelle. Göttingen: Hogrefe.

Kuhl, Julius/Schwer, Christina/Solzbacher, Claudia (2014): Professionelle pädagogische Haltung: Persönlichkeitspsychologische Grundlagen. In: C. Schwer/C. Solzbacher (Hrsg.): Professionelle pädagogische Haltung. Historische, theoretische und empirische Zugänge zu einem viel strapazierten Begriff. Bad Heilbrunn: Klinkhardt, S. 79–106.

Kuhl, Julius/Solzbacher, Claudia (2017): WERT: Wissen, Erleben, Reflexion, Transfer. Eine Einführung in einen neuen Ansatz zur Persönlichkeitsbildung von pädagogischen Fach- und Lehrkräften. In: Kuhl, Julius/Solzbacher, Claudia/Zimmer, Renate (Hrsg.): WERT: Wissen, Erleben, Reflexion, Transfer. Ein Konzept zur Stärkung der professionellen Haltung von pädagogischen Fach- und Lehrkräften. Baltmannsweiler: Schneider Hohengehren, S. 13–48.

Kultusministerkonferenz (2011): Handreichung für die Erarbeitung von Rahmenlehrplänen der Kultusministerkonferenz für den berufsbezogenen Unterricht in der Berufsschule und ihre Abstimmung mit Ausbildungsordnungen des Bundes für anerkannte Ausbildungsberufe. 23. September 2011, S. 15.

Längle, Alfried (2003): Lernskriptum zur Existenzanalyse. Dritte Grundmotivation. Wien: GLE-Verlag.

Laux, Lothar/Renner, Karl-Heinz (2008): Auf dem Weg zum pluralen Subjekt. In: Laux, L. (Hrsg): Persönlichkeitspsychologie. Stuttgart: Kohlhammer, 2. Aufl., S. 289–299.

Lederer, Bernd (2015): Kompetenz oder Bildung. Eine Analyse jüngerer Konnotationsverschiebungen des Bildungsbegriffs und Plädoyer für eine Rück- und Neubesinnung auf ein transinstrumentelles Bildungsverständnis. Hamburg Ahrensburg: Tredition.

Ledoux, Joseph (2006): Das Netz der Gefühle. Wie Emotionen entstehen. München: DTV, 4. Aufl.

Manemann, Jürgen (2014): Kritik des Anthropozäns. Plädoyer für eine neue Humanökologie. Bielefeld: Transcript.

Mead, George Herbert (2023): Geist, Identität und Gesellschaft. Frankfurt a. M.: Suhrkamp, 20. Aufl.

Mehrabian, Albert (1972): Silent Messages: Implicit Communication of Emotions and Attitudes. Belmont, California: Wadsworth.

Miller, Reinhold (2011): Beziehungsdidaktik. Weinheim und Basel: Beltz, 5. Auflage.

Nassehi, Armin (2019): Die letzte Stunde der Wahrheit. Kritik der komplexitätsvergessenen Vernunft. Hamburg: Kursbuch Edition, 3. Aufl.

Negri, Christoph/Braun, Birgitta/Werkmann-Karcher, Birgit/Moser, Barbara (2010): Grundlagen, Kompetenzen und Rollen. In: Negri, Christoph (Hrsg.): Angewandte Psychologie für die Personalentwicklung. Konzepte und Methoden für Bildungsmanagement, betriebliche Aus- und Weiterbildung. Berlin/Heidelberg: Springer, S. 7–68.

Nicolaisen, Torsten (2017): Lerncoaching-Praxis: Coaching in pädagogischen Arbeitsfeldern. Weinheim und Basel: Beltz Juventa, 2. Aufl.

Nicolaisen, Torsten (2019) : Emotionen in Coaching und Organisationsberatung. Heidelberg : Carl Auer.

Pinkquart, Martin/Silbereisen, Rainer. K. (2000): Das Selbst im Jugendalter. In: Greve, Werner (Hrsg.): Psychologie des Selbst. Beltz: PVU, S. 75–95.

Polkinghorne, Donald E. (1998): Narrative Psychologie und Geschichtsbewusstsein. Beziehungen und Perspektiven. In: Straub, Jürgen (Hrsg.): Erzählung, Identität und historisches Bewusstsein. Zur psychologischen Konstruktion von Zeit und Geschichte. Frankfurt am Main: Suhrkamp, S. 15–45.

Quitmann, Helmut (1996): Humanistische Psychologie. Psychologie, Philosophie, Organisationsentwicklung. Göttingen: Hogrefe, 3. Aufl.

Reckwitz, Andreas (2019): Das Ende der Illusionen. Politik, Ökonomie und Kultur in der Spätmoderne. Frankfurt a. M.: Suhrkamp.

Robert Bosch Stiftung (2022): Das Deutsche Schulbarometer: Aktuelle Herausforderungen der Schulen aus Sicht der Lehrkräfte. Ergebnisse einer Befragung von Lehrkräften allgemeinbildender und berufsbildender Schulen durchgeführt von forsa Gesellschaft für Sozialforschung und statistische Analysen mbH. Stuttgart.

Rosa, Hartmut (2018): Resonanz. Eine Soziologie der Weltbeziehung. Frankfurt a. M.: Suhrkamp.

Roth, Gerhard (2017): Persönlichkeit, Entscheidung und Verhalten. Warum es so schwierig ist, sich und andere zu ändern. Stuttgart: Klett-Cotta, 12. Aufl.

Roth, Heinrich (1971): Pädagogische Anthropologie. Band II: Entwicklung und Erziehung. Hannover: Hermann Schrödel.

Rothland, Martin (2013): Belastung und Beanspruchung im Lehrerberuf. Modelle, Befunde, Interventionen. Wiesbaden: Springer VS, 2. Aufl.

Schache, Stefan / Künne, Thomas (2017): WERTvoll: vier (Um)Wege zu Selbstkompetenz. In: Kuhl, Julius / Solzbacher, Claudia / Zimmer, Renate (Hrsg.): WERT: Wissen, Erleben, Reflexion, Transfer. Ein Konzept zur Stärkung der professionellen Haltung von pädagogischen Fach- und Lehrkräften. Baltmannsweiler: Schneider Hohengehren, S. 73–99.

Schachinger, Helga E. (2005): Das Selbst, die Selbsterkenntnis und das Gefühl für den eigenen Wert. Einführung und Überblick. Bern: Huber, 2. überarb. Aufl.

Scherer, Klaus. R. (2001): Appraisal considered as a process of multi-level sequential checking. In: K. R. Scherer, A. Schorr a. T. Johnstone (Ed.): Appraisal processes in emotion: Theory, Methods, Research. Oxford (Oxford University Press), S. 92–120.

Schiewer, Gesine Lenore (2014): Studienbuch Emotionsforschung. Theorien – Anwendungsfelder – Perspektiven. Darmstadt: Wissenschaftliche Buchgesellschaft.

Schmid, Wilhelm (1999): Philosophie der Lebenskunst. Eine Grundlegung. Frankfurt am Main: Suhrkamp, 5. korr. Aufl.

Schmid, Wilhelm (2015): Mit sich selbst befreundet sich. Von der Lebenskunst im Umgang mit sich selbst. Frankfurt am Main: Suhrkamp, 8. Aufl.

Schmidt, Gunther (2007): Liebesaffären zwischen Problem und Lösung. Hypnosystemisches Arbeiten in schwierigen Kontexten. Heidelberg: Carl Auer, 2. Aufl.

Schmidt, Gunther (2010): Einführung in die hypnosystemische Therapie und Beratung. Heidelberg: Carl Auer, 3. Aufl.

Schmidt, Gunther (2017) : Seminarskript - Kompetenzaktivierende hypnosystemische Konzepte für Coaching, Persönlichkeits-, Team- und Organisationsentwicklung. Heidelberg : Milton-Erickson-Institut.

Solzbacher, Claudia (2014): Selbstkompetenz als zentrale Dimension im Bildungsprozess. In: Solzbacher, Claudia / Lotze, Miriam / Sauerhering, Meike (Hrsg.): Selbst – Lernen – Können. Selbstkompetenzförderung in Theorie und Praxis. Baltmannsweiler: Schneider Hohengehren, S. 1–19.

Stölzel, Thomas (2015): Coaching als philosophische Beratung Selbsterkenntnis und Selbstsorge. In: Schreyögg, Astrid / Schmidt-Lellek, Christoph (Hrsg.): Die Professionalisierung von Coaching. Ein Lesebuch für den Coach. Wiesbaden: Springer, S. 167–184.

Thunman, Elin (2013): Burnout als sozialpathologisches Phänomen der Selbstverwirklichung. In: Neckel, Sighard / Wagner, Greta (Hrsg.): Burnout in der Wettbewerbsgesellschaft. Frankfurt am Main: Suhrkamp, S. 58–85.

Ulfert, Anna-Sophie (2016): Effekte von Priming auf Selbstwirksamkeit und Zielsetzung. Justus-Liebig-Universität Gießen (Dissertation). Verfügbar unter: http://geb.uni-giessen.de/geb/volltexte/2016/12292/pdf/UlfertAnnaSophie_2016_09_12.pdf

Waibel, Eva Maria/Wurzrainer, Andreas (2016): Motivierte Kinder – authentische Lehrpersonen. Einblicke in den existenziellen Unterricht. Weinheim und Basel: Beltz Juventa.

Waldenfels, Bernhard (2018): Das leibliche Selbst. Vorlesungen zur Phänomenologie des Leibes. Frankfurt am Main: Suhrkamp, 7. Aufl.

Weber, Andreas (2017): Alles fühlt. Natur und die Revolution der Lebenswissenschaften. Berlin: Berlin Verlag.

Weinert, Franz E. (2001): Leistungsmessungen in Schulen. Weinheim und Basel: Beltz Juventa, S. 27 f.

Wilson, Timothy D. (2007): Gestatten, mein Name ist Ich. Das adaptive Unbewusste – eine psychologische Entdeckungsreise. München/Zürich: Pendo.

Yalom, Irvin D. (2010): Existenzielle Psychotherapie. Bergisch Gladbach: EHP, 5. korr. Aufl.

Zaboura, Nadia (2009): Das empathische Gehirn. Spiegelneurone als Grundlage menschlicher Kommunikation. Wiesbaden: Springer VS.

2. Quellen für die Entwicklung von Selbstkompetenz

Torsten Nicolaisen

Einige der Themen, die sich in diesem Kapitel dargestellt finden, sind bereits in der begrifflichen Annäherung zur Selbstkompetenz erwähnt worden. Mit den folgenden Abschnitten sollen sie genauer erläutert und konkreten Ansätzen aus Beratung und angewandter Psychologie zugeordnet sein. Die Ansätze dienen als Quelle, um aus ihnen einerseits Impulse für das Entwickeln von Selbstkompetenz zu ziehen und andererseits diese Impulse zu begründen.

Legt man die verschiedenen Bezüge nebeneinander, zeigen sich Spannungen oder sogar gegensätzliche Positionen. Beispielsweise folgen Salutogenese und Existenzanalyse einem ähnlichen Personenbegriff, der das Sinnerleben, die Entscheidungsfreiheit und das Selbstsein der Person betont. Ein eher gegensätzliches Verständnis des Personenbegriffs findet sich in der soziologischen Rollentheorie. Hier ist die Person im Wesentlichen durch ihre Rollen bestimmt. Das Selbstsein wird weitestgehend als sozial formatiert betrachtet.

Zwei weitere Ansätze blicken auf das psychische Geschehen und beschäftigen sich damit, welche inneren Prozesse ablaufen, wenn eine Person einen guten Umgang mit sich selbst entwickelt: die PSI-Theorie nach Julius Kuhl vertritt eine funktionsanalytische Sichtweise auf die Persönlichkeit, hingegen betrachtet der hypnosystemische Ansatz nach Gunther Schmidt eingehend die inneren Erlebensprozesse und ihre wechselseitigen Dynamiken.

Somit versucht das vorliegende Konzept zur Entwicklung von Selbstkompetenz, verschiedene Perspektiven auf das Thema zusammenzubringen. Das soll den verschiedenen Facetten von Selbstkompetenz gerecht werden und ihrem tieferen Verständnis dienen.

2.1 Salutogenese

Es gibt viele Konzepte und Modelle, die sich mit der physischen und psychischen Gesundheit beschäftigen. Das Konzept der Salutogenese von Antonovsky bietet eine grundlegende Betrachtungsweise. Seit 40 Jahren ist es Gegenstand einer Vielzahl empirischer Forschungen. Die internationale Gesellschaft für Gesundheitsförderung (IUHPE) hat eine Arbeitsgruppe etabliert, der sich ausschließlich der Salutogenese widmet. Als Wissenschaftszweig beschäftigt sich die Salutogenese mit den Faktoren, die zum Aufrechterhalten und Wiederherstellen von Gesundheit beitragen.

2.1.1 Von der der Pathogenese zur Salutogenese

Der Begriff Salutogenese stammt von dem israelischen Medizinsoziologen Aaron Antonovsky (1923–1994). Mit Blick auf die Gesundheitsförderung hat Antonovsky seinerzeit einen bahnbrechenden Richtungswechsel vorgenommen: anstatt auf die Ursachen von Krankheiten zu schauen, richtete er den Blick auf die Faktoren, die zur Gesundheitsförderung beitragen.

Dabei versteht Antonovsky Gesundheit keinesfalls als einen statischen Zustand. Der Mensch ist niemals zur Gänze krank oder gesund. Vielmehr bewegt er sich innerhalb des Spektrums zwischen diesen beiden Polen. Dabei beschäftigt sich Antonovsky vornehmlich mit der Frage, was dem Menschen hilft, gesund zu bleiben (– und weniger mit der Frage, was ihn krank macht). So kam er zum Begriff der Salutogenese, der sich zusammensetzt aus den Worten *salus* (lat. Unverletztheit, Heil) und *genesis* (griech. Entstehung).

Nach Antonovsky gehören Gesundheit und Krankheit zum Leben dazu. Sie sind als ein Kontinuum zu verstehen, als ein lebenslanger Prozess, der sich von Tag zu Tag verändern kann. Das Salutogenese-Konzept untersucht die Faktoren, die dazu beitragen, sich auf dem Gesundheits-Krankheits-Kontinuum in Richtung Gesundheit zu bewegen (Antonovsky 1997).

Mittlerweile gibt es eine breite Forschung, die sich seit einigen Jahrzehnten empirisch mit der Idee der Salutogenese beschäftigt (Lindström/Eriksson 2019).

2.1.2 Kohärenzsinn

Eine wesentliche Idee im Konzept der Salutogenese ist der Kohärenzsinn (*sense of coherence*). Verfügt ein Mensch über einen stark ausgeprägten Kohärenzsinn, kann er stressauslösenden Ereignissen und Situationen besser und widerstandsfähiger begegnen. Im Kohärenzsinn drückt sich eine vertrauensvolle Grundhaltung zum Leben aus, insbesondere zum eigenen Leben. Damit geht ein Erleben einher, dem unplanbaren und unübersichtlichen Weltgeschehen nicht ausgeliefert zu sein.

„Antonovsky [...] entsprechend sehen wir den Kohärenzsinn weder als eine Bewältigungsstrategie noch als ein persönliches Merkmal, sondern als Lebensorientierung." (Lindström/Eriksson 2019, S. 39) Dabei entwickelt und verändert sich der Kohärenzsinn über die gesamte Lebensspanne. Konkret ergibt sich der Kohärenzsinn aus drei Komponenten: Verstehbarkeit, Handhabbarkeit, Sinnhaftigkeit.

Verstehbarkeit

Die Komponente Verstehbarkeit bedeutet, dass eine Person, das Geschehen in ihrem Umfeld zu verarbeiten vermag. Sie kann sich Zusammenhänge erklären, etwas nachvollziehen und Informationen einordnen. Verstehbarkeit bedeutet oftmals, über den Tellerrand hinauszusehen oder die Vorgeschichte und Hintergründe einer vorliegenden Situation im Blick zu haben. Zur Verstehbarkeit gehört auch, einschätzen zu können, was in einer Situation machbar ist und was nicht.

Handhabbarkeit

Die eigenen Fähigkeiten und Ressourcen bewusst zu haben und nutzen zu können, bezeichnet Antonovsky als Handhabbarkeit. Es verbindet sich mit einem Erleben von „Ich kann das" oder „Ich werde die Situation bewältigen". Weiterhin ist es mit der Überzeugung verknüpft, selbstwirksam zu sein: Mit meinem Handeln kann ich etwas bewirken. Es stehen Kraftquellen (Ressourcen), Fähigkeiten und Mittel zur Verfügung, um damit Herausforderungen begegnen zu können. In jeder Lebensgeschichte lassen sich Ressourcen finden.

Sinnhaftigkeit

Sinn entsteht dort, wo eine Person etwas als bedeutsam oder wertvoll erlebt. Antonovsky betrachtet den Aspekt der Sinnhaftigkeit als die wichtigste Komponente innerhalb des Kohärenzsinns. Ausdrücklich nennt er Viktor Frankl als Bezugspunkt. Nach Frankl entsteht das Sinnerleben durch das Verwirklichen von Werten (siehe Kapitel 2.2.3).

Bleibt ein sinnhaftes Erleben aus, verliert der Kohärenzsinn an Kraft. So lässt sich die Komponente Sinnhaftigkeit als die Energiequelle des Kohärenzsinns betrachten.

Selbstkompetenz und Kohärenzsinn

Der Kohärenzsinn wie er von Antonovsky verstanden wird, kann als tragendes Element von Selbstkompetenz gesehen werden. Denn der kompetente Umgang mit sich selbst ist durchzogen von den drei Komponenten Handhabbarkeit, Verstehbarkeit und Sinnhaftigkeit. Das Praxismanual zur Entwicklung von Selbstkompetenz behandelt das Anwenden der persönlichen Ressourcen (siehe Kapitel 3), den verstehenden Blick auf das soziale Geschehen im Umfeld und der eigenen Rolle (siehe Kapitel 2.3) wie auch das pragmatische Einbeziehen des persönlichen Werte- und Sinnerlebens (siehe Kapitel 2.2). Insofern lassen sich diese gesundheitsförderlichen Aspekte des Kohärenzsinns als Bestandteile von Selbstkompetenz sehen.

Darüber hinaus kann das Erleben von Kohärenz in einem weiteren Punkt auf das Selbst bezogen werden. Denn Kohärenz bedeutet auch, verschiedene Facetten der eigenen Persönlichkeit und des inneren Erlebens in ein stimmiges Gesamtbild einzufügen: „Die Kohärenz ist das Gefüge, das die vielen Aspekte des Ichs in einem vielfarbigen Selbst in einen wechselseitigen Zusammenhang bringt. […] ‚Kohärenz', die die Bestandteile des Selbst organisch zusammenhält, sie zusammenwachsen lässt und mit Anderem verbindet, auch wenn sie in sich widersprüchlich und immer in Bewegung sind". (Schmid 1999, S. 252)

Hier deutet sich die integrierende Kraft des Selbst an. Sie trägt maßgeblich zu einem gesunden flexiblen Identitätserleben bei. Während das Ich-Bewusstsein sich situationsbezogen nur mit einer Seite seiner selbst identifiziert, vermag das Selbst mehrere und womöglich widersprüchliche Seiten zu halten. Der Modus des Selbst bewegt sich im Modus eines Sowohl-als-auch.

2.1.3 Generalisierte Widerstandsressourcen

Das Salutogenese-Konzept sieht den Einsatz von Ressourcen vor. Diese werden als generalisierte Widerstandsressourcen beschrieben.

Das Entwickeln des persönlichen Kohärenzsinns ist eng mit den individuellen Fähigkeiten und Möglichkeiten sowie den psychischen Ressourcen verbunden. Ebenfalls sind materielle Ressourcen zu nennen, die vom Individuum genutzt werden können (z. B. finanzielle Mittel, Wohnraum, Sozialkontakte). Beide Bereiche werden im Salutogenese-Konzept als Quellen für generalisierte Widerstandsressourcen gesehen. Sie können physiologischer, kognitiver, emotionaler oder sozialer Natur sein und sich auf persönliche Werte, Einstellungen und materielle Güter beziehen.

Einige der generalisierten Widerstandsressourcen spielen beim Entwickeln des eigenen Kohärenzsinns eine zentrale Rolle:

- „sinnvolle Aktivitäten,
- die gedankliche Auseinandersetzung mit existenziellen Fragen,
- der Kontakt mit den eigenen inneren Gefühlen und sozialen Beziehungen". (Lindström / Eriksson 2019, S. 40)

Dabei geht es nicht nur darum, diese Ressourcen zur Verfügung zu haben. Ausschlaggebend ist, wie die Person sie bewusst einsetzt, um damit ihre Gesundheit zu fördern. „Eigene Kraftquellen zu erkennen und sie im Alltag zu nutzen, wirkt einer negativen Erschöpfungsdynamik entgegen und trägt damit zum Erhalt der Leistungsfähigkeit sowie zur Förderung von Wohlbefinden und Gesundheit bei." (Deubner-Böhme / Deppe-Schmitz 2018, S. 9)

Hier zeigen sich eindeutige Bezüge zum vorliegenden Selbstkompetenz-Konzept. Gerade die Selbstbeziehung zum persönlichen inneren Erleben sowie zu den existenziellen Bedingungen des eigenen menschlichen Daseins sind als grundlegende Komponenten von Selbstkompetenz zu sehen.

Exkurs: Resilienz

Allgemein lässt sich Resilienz als psychische Widerstandsfähigkeit angesichts von Krisen betrachten. Salutogenese und Resilienz weisen viele Parallelen auf (Lindström/Eriksson 2019, S. 81).

Resilienz lässt sich als Spannkraft oder Elastizität verstehen. Der Begriff stammt vom lateinischen *resilire* (zurückspringen, abprallen, nicht anhaften) und beschreibt die Anpassungsfähigkeit, sich nach schweren Belastungen oder Schicksalsschlägen wieder aufzurichten. Ähnlich wie die Salutogenese versteht sich auch die Resilienz nicht als einen statischen Zustand, sondern als einen Lernprozess.

Mittlerweile ist Resilienz zu einem Modewort geworden. Der Begriff ist arg strapaziert und Resilienztrainings schießen allerorts aus dem Boden. Darin wird Resilienz als das übergeordnete Ziel betrachtet. Im Zusammenhang mit der Entwicklung von Selbstkompetenz ist sie eher als ein Nebenprodukt zu sehen. Wenn ein Mensch sich mit sich selbst auseinandersetzt und zu einem Kohärenzerleben im Sinne Antonovskys gelangt, entsteht Resilienz als ein untergeordnetes Phänomen.

2.1.4 Salutogenese und Schule

Der für die Salutogenese zentrale Kohärenzsinn entwickelt sich nicht in der Abgeschiedenheit von der Welt, sondern im alltäglichen Handeln sowie im Anwenden eigener Ressourcen. Antonovsky versteht seinen Ansatz als einen systemischen Ansatz, „in dem die Kohärenz zwischen Individuen und unterstützenden Strukturen ein interaktives System bilden" (Lindström 2019, S. 112). Daher eignet sich das Salutogenese-Konzept auch, um es auf soziale Felder und Institutionen, wie z. B. Schule, anzuwenden.

Gesundheitsfördernde Schule

Anwendungen des Salutogenese-Konzepts im schulischen Zusammenhang befassen sich häufig mit den Schülerinnen und Schüler und deren Entwicklung. Allerdings ist die Idee einer gesundheitsfördernden Schule ganzheitlich gedacht, so dass die Gesundheit der Lehrpersonen und das Miteinander in der Schule wie auch im schulischen Umfeld eine gleichwertige Rolle spielen. Eine gesundheitsfördernde Schule wäre damit eine „Schule, die eine strukturierte und systematische Strategie zur Förderung von Gesundheit und Wohlbefinden aller Lernenden, aller lehrenden sowie aller nichtlehrenden Fachkräfte umsetzt." (Bruun Jensen/ Dür/Buijs 2019, S. 251)

Gerade der schulische Kontext bietet für ein sinnvolles Handeln vielfach Möglichkeiten. Lernen und Verstehen sind zentrale Dimensionen. Dabei geht es sowohl darum, eine Einsicht in das komplexe Weltgeschehen zu erarbeiten als auch die eigenen Fähigkeiten auszubauen, um die Welt mitgestalten zu können.

Eine gesunde Schule muss als Gemeinschaftsaufgabe gesehen werden. Es geht um das gezielte und koordinierte Zusammenwirken der beteiligten Akteurinnen und Akteure. In diesem Zusammenhang kommt dem Handeln der Schulleitung dabei besonderes Gewicht zu (– der Beitrag von Timo Off in diesem Band verdeutlicht dies). „Gesundheitsförderung wird damit ein integraler Bestandteil von Schulentwicklung und dessen Teilprozessen der Personal-, Unterrichts- und Organisationsentwicklung." (Meißner et al 2020, S. 183)

Viele Anleitungen zur Stressbewältigung von Lehrpersonen im Schulalltag nehmen verständlicherweise die Einzelperson und ihr Verhalten in den Blick. Für eine nachhaltige Gesundheitsförderung in der Schule braucht es daneben jedoch das Gestalten der äußeren Verhältnisse: „Eine erfolgreiche Prävention vereint im Idealfall verhaltens- und verhältnisbezogene Ansätze." (Semper 2020, S. 98). Bei der Gestaltung der Verhältnisse spielt die Schulleitung bzw. die Zusammenarbeit mit der Schulleitung eine entscheidende Rolle (siehe Kapitel 7).

Das vorliegende Konzept zur Selbstkompetenz von Lehrpersonen setzt vornehmlich beim Individuum an. Hier geht es grundlegend um die Beziehung, die eine Lehrperson sowohl zu sich selbst als Mensch als auch zu ihrem Wirken im schulischen Alltag entwickelt hat und weiterentwickeln will. Es geht um das individuelle Verhalten und Handeln.

Doch Selbstkompetenz entsteht nicht im luftleeren Raum. Sondern sie braucht notwendigerweise das Agieren im schulischen Kontext. Dazu gehören beispielsweise das tägliche Kommunizieren wie auch das Klären der eigenen Rolle und die Auseinandersetzung mit anderen Akteurinnen und Akteuren. Entsprechende Hinweise liefert das Handlungsfeld 3 im Praxismanual zur Selbstkompetenz. Selbstkompetenz ist nicht vordergründig auf Schulentwicklung ausgerichtet, kann dafür aber wertvolle Beiträge liefern.

2.2 Existenzanalyse

Menschen gehen ihren Beschäftigungen nach und bewältigen ihren Alltag. Das ist uns eine Selbstverständlichkeit, dass wir nicht weiter darüber nachdenken. Während unseres Tuns sind wir jedoch stetig als Mensch in der Welt und unterliegen den Bedingungen menschlichen Daseins. Das bedeutet beispielsweise, dass uns nur eine begrenzte Lebenszeit gegeben ist. Dies ist eine Ebene, die permanent mitläuft und dennoch kaum wahrgenommen wird. Sie wirft nicht selten philosophische Fragen auf. Es gibt eine tiefere Betrachtungsweise, die quasi durch das Alltagsgeschehen hindurchschaut und Grundsätzliches in den Blick nimmt.

Dazu gehört, dass der Mensch Raum und Zeit ausgesetzt ist. Er wird geboren und vergeht wieder. Er ist im Kontakt mit anderen Menschen, mit denen er Nähe und Distanz erlebt, sowohl beruflich als auch privat. In seinem Handeln ist er immer auf die Welt bezogen. Solche Daseinsbedingungen erfordern eine Stellungnahme: Wie stehe ich zu diesen Bedingungen? Wie will ich mich dazu verhalten? Das persönliche Antworten auf solche Fragen steht im Mittelpunkt der existenzanalytischen Arbeit. Grundlegend geht es in der Existenzanalyse darum, dass die einzelne Person ein sinnerfülltes Leben führt.

2.2.1 Existenzphilosophie

Die Existenzanalyse bezieht sich auf Gedanken der Existenzphilosophie und wendet sie auf Beratung, Coaching, Psychotherapie und Pädagogik an. Spricht man von *der* Existenzphilosophie (im Singular), ist das bereits eine unzulässige Etikettierung. Denn diese Denkrichtung hat im Laufe der Zeit viele Strömungen hervorgebracht (Bakewell 2021, Bollnow 1984). Als wichtige Vertreter lassen sich u. a. Karl Jaspers, Martin Heidegger und Jean-Paul Sartre nennen.

Die Existenzphilosophie schaut auf die einzelne Person und darauf wie sie sich zu ihrem In-der-Welt-sein verhält. Dazu gibt es sehr unterschiedliche Haltungen und Verhaltensweisen. Beispielsweise könnte man sich vor der Zukunft fürchten und darüber das Hier-und-Jetzt vergessen. Oder man könnte gedanklich in der Vergangenheit festhängen und in einem nostalgischen ‚Früher war alles besser' kein Verständnis für aktuelles Geschehen entwickeln wollen. Oder man könnte glauben, grenzenlose Kraft zu haben und die eigene Begrenztheit aus den Augen verlieren. All dies sind Beispiele dafür, wie sich eine Person zu ihrem Dasein verhalten kann. Hier zeigt sich die Verantwortung, die jeder Mensch für das eigene Leben sowie für seine Einstellung gegenüber dem Leben hat. Niemand nimmt einem diese Verantwortung ab.

Dieser Umstand hat sich im Laufe der letzten Jahrzehnte und damit einhergehender gesellschaftlicher Veränderungen verschärft: Komplexität und Beschleunigung nehmen zu (siehe Kapitel 1.5). Traditionen und altbewährte Gewissheiten greifen nicht mehr. Damit gerät das sinn- und verantwortungsvolle Handeln zu einer weitaus größeren Herausforderung als noch zu Zeiten, in denen Religion und Wissenschaften die Wahrheit über das Wesen des Menschen verkündeten. Heutzutage haben wir es mit einer „Abdankung der Wesensbegriffe" (Marquard 2013, S. 82) zu tun. Daraus ergeben sich „ungesättigte Sinnfragen" (Marquard 2013, S. 94). Aus der Sicht der Existenzphilosophie ist „[…] der Einzelne alleingelassen mit dem Pensum, das zu werden, was er ist. Kein Gattungsbegriff, kein

Wesensbegriff sagt ihm fortan, was er als Mensch zu sein hat" (Marquard 2013, S. 94). Damit ist er allein auf sich gestellt. Zugespitzt ausgedrückt: Der Mensch ist als Einzelner in die Welt geworfen, und er ist gezwungen, sich zu diesem Umstand zu verhalten.

Zur Existenzphilosophie lässt sich weiterhin die Dialogphilosophie nach Martin Buber zählen (Buber 1995). Buber nennt die Ich-Du-Beziehung als den wichtigsten Modus in der menschlichen Existenz. Zwar ist der bzw. die Einzelne mit Blick auf Lebensgestaltung und Entscheidungen komplett auf sich selbst gestellt; zugleich befindet sich die einzelne Person immerzu in verschiedenen Formen des Miteinanders. Für ihre persönliche Entwicklung ist sie auf die Begegnung mit anderen Menschen angewiesen.

Zum Umgang mit sich selbst: Freiheit und Verantwortung

Über sein Selbst ist es dem Menschen möglich, dass er sich zu sich selbst verhält – und darüber hinaus sich in diesem Verhalten selbst beobachten kann. Sören Kierkegaard als einer der Gründerfiguren der Existenzphilosophie beschreibt dies folgendermaßen: „Das Selbst ist ein Verhältnis, das sich zu sich selbst verhält" (Kierkegaard, zitiert in: Wesche 2003, S. 89). Damit kommt dem Menschen eine besondere Aufgabe zu: Er kann sich entscheiden. Er hat die Wahl, wie er sich gegenüber dem eigenen Dasein und mithin den eigenen Verhaltens-, Fühl- und Denkweisen verhalten will. Sogar in dem Moment, worin er sich dem Wählen verweigert, hat er eine Entscheidung getroffen, nämlich sich nicht zu entscheiden. Wofür er sich entscheidet und was er wählt – darin ist er komplett sich selbst überlassen und frei. Kierkegaard beschreibt das als eine Freiheit, die einem schwindelig zumute werden lässt. Hier leuchtet ein ungeheures Ausmaß an Verantwortung auf. Der Einzelne kann vor dieser Verantwortung davonlaufen. Aber *dass* er zu entscheiden und zu wählen hat – darin unterliegt er einer Bedingung, der er nicht ausweichen kann.

Der Entwicklung von Selbstkompetenz wohnt dieser Aspekt inne: Jeder Mensch hat ganz allein die Verantwortung dafür, wie er mit den eigenen Gedanken und Gefühlen in einer aktuell vorliegenden Situation umgehen will. Zwar unterliegt er dabei den gegebenen Bedingungen, doch auch diesbezüglich vermag er zu entscheiden, wie er sich dazu stellt: „[...] grundlegend ist jedoch die Wahl des Individuums, keiner Gleichgültigkeit im Verhältnis zu sich selbst das Feld zu überlassen" (Schmid 1999, S. 244). Das liegt allein in der Hand des bzw. der Einzelnen. Kein anderer nimmt dem Menschen diese Verantwortung ab.

2.2.2 Existenzanalyse und Logotherapie

Existenzanalyse und Logotherapie und wurden von Viktor Frankl begründet. Beide Bereiche beziehen sich aufeinander und werden häufig im Zusammenhang genannt. Während die Existenzanalyse auf die Grundbedingungen des menschlichen Daseins schaut, beschäftigt sich die Logotherapie vornehmlich damit, wie ein Sinnerleben zustande kommt und welche Kraft von ihm ausgeht. Solche Überlegungen hängen mit den Lebenserfahrungen Viktor Frankls zusammen. Er ist unter der Nazi-Diktatur in verschiedenen Konzentrationslagern inhaftiert gewesen und hat das menschenverachtende Grauen überlebt. Folgt man seinen Schilderungen, so ist ihm sein Überleben aufgrund existenzieller Entscheidungen und Auseinandersetzen mit der Sinnfrage möglich gewesen.

Aus der Sicht von Frankl ist der Mensch maßgeblich als ein sinnsuchendes Wesen zu verstehen (Frankl 2013). Dabei ist der Sinn im Leben nichts Feststehendes und von Gott Gegebenes. Vielmehr entsteht Sinn situativ, indem ein Mensch sich in einer Situation angefragt fühlt und darauf mit seinem Handeln eine Antwort gibt: „Leben selbst heißt nichts anderes als Befragt-sein, all unser Sein ist nichts weiter als ein Antworten – ein Ver-Antworten des Lebens." (Frankl 2022, S. 36) Insofern entsteht Sinn nur in der Auseinandersetzung mit der Situation, in der sich jemand befindet, und durch ein Handeln, welches persönlich auf das situative Geschehen antwortet.

Eine Person, die immerzu nur um sich selbst dreht und im stillen Kämmerlein der Frage nachgeht „Was ist der Sinn des Lebens?" wird nach Frankl kaum zu einem Sinnerleben kommen. Denn der Sinn lässt sich nur draußen vor der Tür finden: in der Begegnung mit anderen Menschen und in der Auseinandersetzung mit konkreten Situationen. Das Sinnerleben ergibt sich keineswegs durch ein Drehen um sich selbst. Der Blick ist auf die Welt gerichtet. Frankl hat das als existenzielle Wende bezeichnet: „die Frage kann nicht mehr lauten: ‚Was habe ich vom Leben noch zu erwarten?', sondern nur mehr lauten darf: ‚Was erwartet das Leben von mir?' Welche Aufgaben im Leben warten auf mich?" (Frankl 2022, S. 36).

Kraft seines Willens vermag der Mensch sich auch unter widrigsten Umständen für das Sinnvolle in seinem Leben zu entscheiden und sich selbst treu zu bleiben

Existenzanalyse

Alfried Längle hat die Ideen Frankls und insbesondere die Existenzanalyse maßgeblich weiter entwickelt. Während Frankl die Sinnfrage in den Mittelpunkt stellt, nimmt Längle verstärkt die Voraussetzungen für das Entstehen eines Sinnerlebens in den Blick. Das führt ihn einerseits zur Auseinandersetzung mit grundlegenden Daseinsthemen (wie z. B. Halt im Leben); andererseits beschäftigt ihn die Frage, wie sich eine gute Zustimmung zum eigenen Handeln entwickeln lässt.

Die Existenzanalyse unterstützt die Person darin, eigene Beweggründe zu verstehen. Daneben bietet sie Möglichkeiten, einschränkende emotionale Reaktionsmuster (Psychodynamiken) zu erkunden und zu verändern. Auf diesen Wegen untersucht Existenzanalyse die Grundstrukturen für ein erfülltes Leben – allerdings nicht auf abstrakter Ebene, sondern immer mit Blick auf die Person und die Situationen, in denen sie sich aktuell befindet. Grundsätzlich zielt die Existenzanalyse darauf, eine Person darin zu unterstützen, mit innerer Zustimmung zu ihrem authentischen und selbstverantworteten Leben zu kommen – sowohl im beruflichen als auch im privaten Bereich.

Logotherapie

Die Logotherapie beschäftigt sich primär mit der Sinnthematik. Es geht nicht um das Aufarbeiten von Problemen oder Störungsursachen. Vielmehr betont sie die geistige Kraft der Person und will zu einem sinnerfüllten Handeln verhelfen. Dazu gehört auch die Weise, wie sich die Person zu bestimmten Lebenserfahrungen verhalten will.

Mit diesem Schwerpunkt kann Logotherapie als eine Ergänzung zu psychotherapeutischen Verfahren eingesetzt werden. Anlässe dafür können u. a. sein: Lebenskrisen, schwere Verluste, Krankheiten, Trauerfälle oder andere herausfordernde Lebensereignisse.

Logotherapie kann weiterhin angewandt werden, wenn z. B. nach einer Therapie lebenshinderliche Problematiken geklärt oder gelöst sind, so dass sich nun der Sinndimension zugewandt werden kann.

Stellt man Logotherapie und Existenzanalyse nebeneinander, lässt sich vereinfacht sagen:

- Die Logotherapie geht welt- und außenorientiert vor. Sie nimmt das sinnvolle Handeln und das Zukünftige in den Blick.
- Die Existenzanalyse arbeitet erlebnis- und innenorientiert. Sie will Lebenserfahrungen integrieren und an die Gegenwart anbinden.

Die Existenzanalyse liefert das Menschenbild für die Logotherapie. Beide zielen darauf, dem einzelnen Menschen zu einem sinnerfüllten Leben zu befähigen.

Das Sinnerleben

Aus der Perspektive der Logotherapie ist Sinn nicht etwas absolut Gegebenes, welcher sich in Weisheitslehren formuliert findet. Somit ist Sinn nicht vorgegeben. Sinn ist nicht auf Knopfdruck verfügbar, er lässt sich nicht anordnen. Vielmehr entsteht er im aktuellen Handeln und ist immer auf eine Situation oder ein Zukünftiges bezogen. So ergibt sich Sinn aus einem Antworten auf ein Angefragt-werden. Daher kann er nur persönlich entwickelt werden. Es ist der existentielle Sinn *im* Leben und nicht ein ontologischer Sinn *des* Lebens.

Folgt eine Person blind allgemeinen Normen, Ansprüchen oder Verordnungen, ist nur ein scheinbares, mitnichten aber ein wirkliches Sinnerleben möglich. Wenn sie nicht zu ihrem Eigenen findet, sondern ihr Leben konform an Konventionen ausrichtet, kann das zu einem existentiellen Vakuum führen – ein Phänomen, welches nach Frankl ein Symptom der heutigen Zeit darstellt (Frankl 2018, S. 37 ff).

Sinn hängt von persönlichen Stellungnahmen, Zustimmungen und Entscheidungen ab. Kein äußeres System und kein anderer Mensch kann dies der Person abnehmen. Es braucht ein subjektiv empfundenes inneres „Ja". An diesem Punkt ist der Mensch ein Einzelner.

Viktor Frankl betrachtet den Mensch als ein Wesen, welches Sinn in seinem Leben braucht. Daher vermag sich die Person in manchen Situationen sogar gegen das aktuelle Befriedigen ihrer Bedürfnisse zu stellen. Frankl spricht hier von der „Trotzmacht des Geistes".

2.2.3 Werte

Über Werte wird viel geredet. Wie aber lässt sich der Wertbegriff verstehen? Die existenzanalytische Perspektive gibt dafür konkrete Hinweise. Im Werterleben zeigt sich, was an meinem Leben gut ist und wofür mein Leben gut ist. Dafür braucht es Gefühle: „Das, was uns berührt und ein Gefühl in uns erzeugt, nennen wir einen ‚Wert'" (Längle / Bürgi 2014, S. 158). So ist das Werterleben mit der emotionalen Ebene verbunden. Auf der bloß kognitiven Ebene lässt sich zwar über Werte nachdenken, das Wertvolle jedoch ist etwas Gefühltes und leiblich Empfundenes. Es ist inkorporiert. Das, was mir am Herzen liegt, vermag mich leibhaftig in Schwingung zu versetzen. Daneben werden Werte als Teil der eigenen Persönlichkeit empfunden. Sie bieten Orientierung, z. B. wenn jemand äußert „Das passt nicht zu mir" oder „Ich kann mich gut damit identifizieren". Ein „Wert ist der Grund, eine Sache, Handlung usw. einer anderen vorzuziehen." (Längle 2003, S. 40) Insoweit wirken Werte handlungsleitend.

Gemäß Viktor Frankl entsteht ein Sinnerleben durch das Verwirklichen von Werten. Anders ausgedrückt: Menschen kommen zu einem Sinnerleben, indem sie ihr persönliches Handeln danach ausrichten, was ihnen wertvoll erscheint. Das ist gemeint mit „Werte verwirklichen". Für die Werte nennt Frankl (2018) drei große Bereiche:

- Erlebniswerte,
- schöpferische Werte,
- Einstellungswerte.

Erlebniswerte

Die Erlebniswerte berühren den Menschen auf eine gute Weise. Sie beziehen sich auf Tätigkeiten, die als bereichernd erlebt werden, wie z. B. ein Waldspaziergang, das intensive Gespräch mit einem guten Freund oder ein Schülerkonzert, worauf man lange hingearbeitet hat. Über Erlebniswerte erfährt der Mensch das Lebenswerte im Dasein. Das setzt allerdings ein Einlassen voraus. Wenn sich jemand dem Geschehen in seinem Umfeld verschließt, beraubt er sich des Erlebens von Schönem, Freudigem und Erfüllendem.

Schöpferische Werte

Schöpferische Werte sind damit verbunden, etwas in die Welt zu bringen. Das kann im Schulkontext das Voranbringen eines Projekts zur individuellen Förderung der Schülerinnen und Schüler sein oder ein privates Vorhaben. Häufig sind schöpferische Werte mit einem Leistungswillen verbunden. Wenn eine Person für etwas brennt und es in die Tat umsetzt, sind hier schöpferische Werte im Spiel. Das müssen keineswegs große Erfindungen sein. Es dreht sich vielmehr darum, dass der Mensch seiner eigenen Schaffenskraft nachgeht. „Wichtig ist also nicht, wie groß sein Aktionsradius ist; wichtig ist allein, ob er seinen Aufgabenkreis erfüllt." (Frankl 2018, S. 91)

Einstellungswerte

Werte, welche die Einstellung betreffen, entstehen in Situationen, in denen etwas Unabänderliches akzeptiert wird. Dazu gehören die Bedingtheiten im menschlichen Dasein, wie beispielsweise Körperlichkeit und Endlichkeit, aber auch Situationen, an denen man im Hier-und-Jetzt nichts ändern kann. Das Annehmen solcher Gegebenheiten ist leicht gesagt, doch nicht leicht getan. Häufig braucht es die innere Auseinandersetzung mit sich selbst.

Frankl schreibt zu den schöpferischen Werten, Erlebniswerten und Einstellungswerten: „Tätig geben wir dem Leben Sinn, aber auch liebend – und schließlich: leidend. Denn wie ein Mensch zu der Einschränkung seiner Lebensmöglichkeiten […] Stellung nimmt […] – wie er sein Leiden unter solcher Einschränkung auf sich nimmt, in alldem vermag er noch Werte zu verwirklichen" (Frankl 2022, S. 42)

2.2.4 Stellungnahme

Eine Lehrperson fühlt sich durch eine konkrete schulische Situation angesprochen. Die äußeren Begebenheiten und die innere Resonanz der Lehrperson führen zu einem Angefragt-werden, im Sinne eines „Hier bin ich gemeint". In diesem Zusammenhang können unwillkürlich Gedanken und emotionale Reaktionen auftauchen, wie z. B. Ärger oder Frustration. Gibt die Person in solch einem Fall automatisch ihren Verhaltensimpulsen nach, so hat sie noch keine Stellung zu ihrer Emotion bezogen. Das kommt keiner verantworteten Handlung gleich, sondern eher einem Automatismus. Wenn es der Person an diesem Punkt gelingt, zu ihrer Erstreaktion einen Abstand aufzubauen und sich selbst in ihren Impulsen zu beobachten, sind hilfreiche Schritte zur Selbstdistanzierung getan.

Um diesen Vorgang besser zu verstehen, hat Alfried Längle (2014) das Prozessmodell der Personalen Existenzanalyse (PEA) entwickelt. Die PEA geht von folgendem Schema aus: Eine Person bekommt von einer aktuellen Situation einen Eindruck, bezieht dazu eine Stellung und kommt auf dieser Basis zum Ausdruck in Form einer Handlung.

Schritte in der Personalen Existenzanalyse (PEA)

Gemäß Längle bewegt sich der PEA-Prozess in der Schrittfolge von *Eindruck – Stellungnahme – Ausdruck*. Das lässt sich wie folgt konkretisieren:

PEA 0: Was liegt vor?
Zunächst wäre der Blick für das faktisch Gegebene zu schärfen: „Was nehme ich wahr?"

PEA 1: Wie ist das für mich?
In diesem Schritt geht es darum, die primär auftauchenden Emotionen anzuschauen und zu erhellen, ebenso das darauf bezogene innere Erleben mitsamt weiterer Gedanken und Empfindungen.

PEA 2: Was halte ich davon?
Nun geht es darum, allmählich in ein Verstehen zu kommen: Verstehe ich mich wirklich selbst in meiner Erstreaktion? Verstehe ich die Anderen? Aus dem Verstehen heraus ist dann eine Stellungnahme möglich – unter Berücksichtigung des persönlichen Befindens wie auch der äußeren Gegebenheiten.

PEA 3: Was soll ich tun?
Auf der Basis des Verstehens und der Stellungnahme lassen sich nun Konsequenzen für das eigene Handeln ableiten. Welches Tun ist für mich sinnvoll? Was wäre dabei zu beachten?

Mit der PEA ist der Abstand zu den eigenen Spontanreaktionen möglich. Bereits die Fragen „Was liegt vor?" und „Wie ist das für mich?" können eine hilfreiche Distanz herstellen. Das eröffnet die Möglichkeit zur Frage, wie mit der vorliegenden Situation umgegangen werden soll – in guter Zustimmung und mit entschiedenem Handeln.

2.2.5 Grundmotivationen

Viktor E. Frankl stellt das Sinnerleben an höchste Stelle. Allerdings ist es bisweilen voraussetzungsvoll, zu einem Erleben von Sinnhaftigkeit zu gelangen. Immerzu unterliegen wir Menschen verschiedenen Bedingungen, die sich auf unsere psycho-physische Verfasstheit auswirken und die Handlungsbereitschaft fördern oder beeinträchtigen. Diese Voraussetzungen hat Alfried Längle (2011, 2014) im Detail beleuchtet und in seinem Strukturmodell der vier Grundmotivationen beschrieben. Die Existenz vollzieht sich auf diesen vier Feldern. Erfährt der Mensch einen Mangel in einer Grundmotivation oder mehrerer Grundmotivationen, wird es für ihn schwierig sein, frei und verantwortungsvoll auf ein Ereignis oder seine Mitmenschen zu reagieren. Sein Antwort-geben wäre dann beeinträchtigt oder sogar blockiert.

Längle gibt den vier Grundmotivationen folgende Titel:

- Grundmotivation 1: das Können (Da-sein können),
- Grundmotivation 2: das Mögen (Wertvolles fühlen),
- Grundmotivation 3: das Dürfen (Selbst-sein-Dürfen),
- Grundmotivation 4: das Sollen (sinnvolles Handeln).

Längle hat über viele Jahre an der Ausformulierung und genaueren Bestimmung dieser vier Motivationsfelder gearbeitet. Längle und Bürgi (2014) beschreiben und konkretisieren diese vier Grundmotivationen folgendermaßen:

Vier Grundmotivationen

Erste Grundmotivation
„Faktizität: Das Ja zu den Bedingungen, die man akzeptieren muss, um eine Handlungsbasis zu haben – *ich kann*" (Längle/Bürgi 2014, S. 56).
Hier geht es um den guten Boden unter den Füßen. Dazu gehört eine Akzeptanz der Bedingungen, womit die äußeren Gegebenheiten wie auch die eigenen Bedingtheiten gemeint sind.
Voraussetzungen für das Können: Schutz, Raum und Halt.

Zweite Grundmotivation
„Wert: Das Ja zu den Gefühlen und Werten, zu denen eine Beziehung aufgenommen wird – *ich mag*" (Längle/Bürgi 2014, S. 56).
In diesem Themenfeld geht es um das, was den Menschen in seinem Erleben berührt und wie er sich diesem Werterleben aktiv zuwendet. Dadurch entsteht eine Nähe zu sich selbst wie auch zu anderen.
Voraussetzungen für das Mögen: Beziehung, Zeit und Nähe.

Dritte Grundmotivation
„Identität: Das Ja zum eigenen So-Sein und zum So-Sein des anderen sowie zu dem, was einem selbst wichtig ist. Dazu muss man sich auch kennen und es wagen, dafür einzustehen – *ich darf*" (Längle/Bürgi 2014, S. 56)
Hier geht es darum, die Eigenwertigkeit zu sehen, zu akzeptieren und zu respektieren – inklusive aller Stärken und Qualitäten sowie aller Schwächen und Unzulässigkeiten.
Voraussetzungen für das Dürfen: Wertschätzung, Beachtung und Gerechtigkeit.

Vierte Grundmotivation
„Sinn: Das Ja zur Zukunft, zur Veränderung und zur Entwicklung – *ich soll*" (Längle/Bürgi 2014, S. 56)
Dieses Themenfeld nimmt das sinnvolle Handeln in den Blick: sich von einer Situation angesprochen zu fühlen und darauf eine Antwort zu geben.
Voraussetzungen für das Sollen: Aufgabe, größerer Zusammenhang und Zukünftiges.

Bei Viktor Frankl ist der Wille zum Sinn als die primäre Motivation des Menschen genannt. Das entspricht der vierten Grundmotivation. Allerdings ist der Wille zum sinnhaften Handeln nicht ohne weiteres greifbar. Wenn jemand keinen Halt hat, kein Gespür für das Wertvolle in seinem Leben und ein sehr geringes Selbstgefühl hat, kann es um den Willen zum Sinn schwer bestellt sein. Aus diesem Grund hat Alfried Längle das Konzept Frankls um drei weitere Grundmotivationen ergänzt (GM 1 bis GM 3).

2.2.6 Existenzielle Pädagogik

Die Existenzielle Pädagogik beruft sich auf die Arbeiten von Viktor E. Frankl und deren Weiterentwicklung durch Alfried Längle. Vor diesem Hintergrund ist ein vertiefender Blick möglich: darauf, wie die Lehrperson in ihrem Berufsalltag agiert sowie auf die Begleitung der Lernenden. Hier bildet ein zutiefst humanistisches Menschenbild die Basis. In direkter Anlehnung an Frankl wird der Mensch „[...] nicht als ein Ergebnis entwicklungspsychologischer, innerpsychischer oder umweltlicher Einflüsse angesehen, sondern als ein Wesen, das sich in dem, was möglich ist, auch selbst gestalten kann" (Waibel 2017, S. 199). Der Fokus ist auf die Potenzialität der Lernenden gerichtet. So geht es für die Lehrperson darum, sich nicht auf ein oberflächliches Wahrnehmen zu beschränken, sondern folgenden Fragen nachzugehen: Was ist es, das dieses Kind aktuell von mir braucht? Welchen Eindruck habe ich von ihm? Gelingt es mir, den Schüler frei von meinen Vorannahmen zu betrachten? Um was geht es wesentlich in der vorliegenden Situation? Das sind keine Fragen, auf die man schnelle Antworten finden könnte. Sie bewegen sich nicht in den Kategorien von richtig/falsch, sondern sie sollen eine höhere Qualität von Begegnung anregen.

Existenzielle Pädagogik zielt darauf, bei den Kindern und Jugendlichen „Selbsteinschätzung, Selbstgefühl und das Gefühl [...] für andere zu entwickeln (Waibel 2017, S. 198). Insbesondere die vier Grundmotivationen nach Längle (Kap. 2.5.5) liefern dafür Impulse. Wenn eine Lehrperson aus aktuellem Anlass auf einen einzelnen Schüler blickt, lässt sich fragen, was ihr Eindruck von dem Schüler ist:

- Grundmotivation 1: Befindet sich der Schüler im Bereich seines Könnens? Inwieweit hat er Halt und Sicherheit in seinem Lernen oder in seinem Schulleben?
- Grundmotivation 2: Hat der Schüler Beziehungen, die ihn tragen oder Menschen, bei denen er sich wohlfühlt? Hat er etwas, wobei ihm das Herz aufgeht?
- Grundmotivation 3: Erfährt der Schüler Wertschätzung? Kommt er mit seinem Eigenen zum Vorschein und findet er darin Beachtung?
- Grundmotivation 4: Inwieweit beschäftigt sich der Schüler mit einer für ihn sinnvollen Aufgabe? Besteht der Eindruck, dass er (bei allen möglichen Baustellen) seinen Weg in die Zukunft geht?

Begegnung ist ein wesentlicher Begriff in der Existenziellen Pädagogik. Das bedeutet nicht, dass die Lehrperson stundenlange philosophische Gespräche mit den Lernenden führen muss. Vielmehr meint Begegnung „[...] eine kurze, aber für die Person bedeutungsvolle und nachhaltig wirkende Interaktion" (Waibel/Wurzrainer 2016, S. 27). Wenn es die Lehrperson vermag, den Schüler in seinem Befinden und in seiner Potenzialität zu sehen und dieser sich gesehen fühlt, dann hat mit einiger Wahrscheinlichkeit eine echte Begegnung stattgefunden.

Von der Anspruchshaltung zur Antworthaltung

Mit Blick auf die täglichen Gespräche, die Lehrpersonen mit Lernenden führen, empfiehlt Eva Maria Waibel den Wechsel von einer Anspruchshaltung hin zu einer Antworthaltung (Waibel/Wurzrainer 2016). Das bedeutet für die Lehrperson, von den eigenen Ansprüchen loszulassen. Wie bereits an anderer Stelle erwähnt, so gilt auch hier: Leicht gesagt, aber nicht ganz so leicht getan. Denn natürlich will die Lehrperson, dass der Schüler vorankommt. Sie hat einen Anspruch an sich und an den Schüler. Doch ihr Anspruch, dass der Schüler in seinem Lernen schon weiter sein müsste, kann leider dazu führen, dass sich der Blick versperrt. Das, was faktisch vorliegt, ist ein Schüler, der zur Zeit nicht vorankommt. Wie mag das für ihn sein? Was bewegt ihn? Was ist das, was er jetzt von seiner Lehrperson braucht? Solche Fragen können die Lehrperson zu einer offenen Haltung einladen, der Anspruch tut das nicht. Eher erschwert er die aktuelle Lehr-Lern-Situation. Auch wenn die Lehrperson zehnmal betont, dass der Lernende weiter sein sollte: Der Schüler ist gerade so weit gekommen, wie er gekommen ist. Nur damit lässt sich in der Situation arbeiten.

Exemplarische Fragen, die aus einer Antworthaltung erfolgen:

- Was braucht der Schüler, diese Schülerin von mir?
- Was liegt tatsächlich vor?
- Wie kommt mir der Schüler bzw. die Schülerin vor? Welcher Eindruck vermittelt sich mir?
- Wie will ich auf die Situation der jeweiligen Schülerin, des jeweiligen Schülers eingehen?
- Auf welche meiner Fähigkeiten kann ich dabei vertrauen?

Der Kontakt zu den Schülerinnen und Schülern gelingt umso besser, „[...] je freier unser Zugang zu unserer eigenen Person ist, das heißt, je weniger wir selbst vorgefertigten Konzepten und Vorurteilen folgen und je besser wir mit unseren Gefühlen umgehen können" (Waibel/Wurzrainer 2016, S. 23). Das führt unmittelbar zur Selbstkompetenz der Lehrperson.

In der Situation sein

Die Existenzphilosophie weist darauf hin, dass das menschliche Leben sich immerzu in Situationen abspielt (Bollnow 1984). Sie sind nur teilweise bewusst herbeigeführt. Zu einem weitaus größeren Anteil geraten Menschen in eine Situation hinein und sind ihr bisweilen sogar ausgeliefert. Der Mensch „[...] findet sich in jedem Augenblick seines Lebens schon immer in eine Situation gestellt, die er sich nicht ausgesucht hat, die auf seine Wünsche und Bedürfnisse keine Rücksicht nimmt" (Bollnow 1984, S. 60).

So mag es mancher Lehrperson ergehen, wenn sie vor eine Schulklasse tritt. Zwar hat sie sich für ihren Beruf entschieden, Fächer studiert und Kompetenzen erworben. Und dann findet sie sich in einer Situation wieder, in der Unruhe und Trubel herrschen und zunächst keinerlei Rücksicht auf sie genommen wird, womöglich sogar respektlos von den Schülerinnen und Schülern agiert wird. Neben dem aktuellen Geschehen in der Klasse ist solche Situation durch eine Vorgeschichte und durch schulische Systemstrukturen bedingt – das ändert jedoch nichts an der vorliegenden Situation.

So unterliegt die Lehrperson Bedingungen, auf die sie zum Teil keinen Einfluss nehmen kann. Was sie jedoch beeinflussen kann, ist die innere Einstellung, wie sie auf die Situation eine Antwort geben will und wie sie sich längerfristig zu den Bedingungen verhalten will.

Lehrpersonen haben ihren Beruf bewusst erwählt. Welche Anforderungen und Herausforderungen sich im späteren Berufsleben daraus ergeben, wird in der Regel erst in der unmittelbaren Situation erlebt. Nach wie vor legen weite Teile der Lehrerausbildung einen Schwerpunkt auf die Vermittlung der Fachinhalte.

Aspekte wie Gruppendynamik in der Schulklasse oder der Umgang mit emotionalen Lagen bei den Schülerinnen und Schülern werden häufig nur am Rande thematisiert. Noch weniger wird in den Blick genommen, dass bei den Belastungen im schulischen Alltag so manche Situation mit einer Klasse, das Verhalten eines Schülers oder ein Gespräch mit einem Elternteil als grenzüberschreitend erlebt werden kann. Das sind genau jene Aspekte, mit denen Lehrpersonen in ihrem schulischen Alltag konfrontiert sind. Nicht selten wird dies als heraus- oder überfordernd erlebt. Solche Vorkommnisse haben sich unter Bedingungen der Pandemie und des Lehrkräftemangels zunehmend verschärft. Damit ist nicht nur gemeint, dass der Lehrerberuf in einigen Belangen nervenaufreibend sein kann, sondern dass Lehrpersonen an ihre persönliche Grenze kommen und mitunter mit extremen Erschöpfungssymptomen und sogenannten „Burn-out-Zuständen" zu tun haben (siehe Einleitung). Sicherlich spielen die strukturellen Gegebenheiten im Schulsystem dabei eine erhebliche Rolle. Es hat jedoch auch damit zu tun, dass die materielle Sicherheit, welche eine Beamtenlaufbahn als Lehrperson mit sich zu bringen scheint, auf lange Sicht nicht darüber hinwegtäuschen kann, dass das menschliche Dasein grundlegend mit Unsicherheit konfrontiert ist.

Daher erleben Lehrerinnen und Lehrer unter den gegebenen Bedingungen so manche Situation durchaus als grenzwertige Situation. Auch dieses Erfahrungsfeld nimmt die Existenzphilosophie in den Blick. Grenzerfahrungen sind wie „eine Wand, an die wir stoßen, an der wir scheitern" (Jaspers, zitiert in Bollnow 1984, S. 62). Kein Mensch kommt in seinem Leben an solchen Erfahrungen vorbei – weder privat noch beruflich. Eine Pädagogik, welche diese Erfahrungswelten berücksichtigen würde, verabschiedet sich vom Glauben an einen didaktisch-technisch durchplanten Unterricht. Stattdessen würde sie die Lehrperson darin stärken, mit Unsicherheiten, Fehlbarkeit und eigenen Grenzen konstruktiv umzugehen. Sie würde die Lehrperson darauf vorbereiten, „dass sich die Wirklichkeit nicht zum harmonischen und sinnerfüllten Ganzen zusammenschließt, sondern dass Widersprüche in ihr auftreten, die sich nicht durch das Denken schließen lassen oder auch nur als grundsätzlich behebbar erscheinen" (Bollnow 1984, S. 63).

2.3 Soziologische Rollentheorie

Der Begriff „Rolle" setzt immer einen sozialen Zusammenhang voraus. Menschen interagieren und kommunizieren miteinander. Insbesondere wenn das in einem beruflichen Kontext geschieht, braucht es Absprachen und Regeln. Allerdings ist es unmöglich, jegliche Tätigkeiten und Arbeitsabläufe in definierte Regeln zu bringen. Der Katalog, der dabei herauskommen würde, hätte wahrscheinlich den Umfang mehrerer dicker Bücher. Praktikabel wäre das nicht. Der Berufsalltag ist zu vielfältig als dass er sich komplett schriftlich erfassen ließe. Zudem bringt er regelmäßig einige Unvorhersehbarkeiten mit sich. Um in solcher Komplexität handlungsfähig zu bleiben, hilft die Rolle.

Das Phänomen der Rolle ist vorrangig aus soziologischer und sozialpsychologischer Sicht beleuchtet worden. Eine „Rolle" ist kein konkreter Gegenstand, sondern sie entsteht im Interagieren. Sie kann als ein soziales Konstrukt gesehen werden, welches erst dann zustande kommt, wenn sich die Blicke Anderer auf eine Person richten und Erwartungen an diese Person geknüpft sind. Im beruflichen Kontext betreffen diese Erwartungen in erster Linie die Aufgaben und Funktionen, die im Tätigkeitsbereich der Person liegen. Somit entsteht die Rolle im sozialen Raum.

2.3.1 Die Rolle als Bündel von Erwartungen

Die soziologische Rollentheorie beschreibt, wie Anpassungsprozesse zwischen Individuum und Organisation zustande kommen. Für Organisationen (Institutionen, Unternehmen) stellt das ein zentrales Problem dar, welches bewältigt werden muss. Denn ohne Koordination würden chaotische Verhältnisse entstehen. Aufgabenverteilung, Funktionen und Positionen geben dem sozialen Miteinander eine Struktur. Jedoch erst über die Rolle und die Personen, welche jene Rolle einnehmen, wird die Struktur mit Leben gefüllt.

Die Rolle ermöglicht gegenseitige Anpassungsprozesse zwischen Person und Organisation. Dabei wird die Person in der Organisation als Erbringer einer spezifischen Leistung gesehen. Nicht der gesamte Mensch (mitsamt seinem ganzen Privatleben, seiner gesamten Bedürfnisse und Neigungen) ist Teil der Organisation, sondern nur die funktionale Person als Rollenträger. Hier geht es primär um das Erfüllen von Aufgaben.

Personen nehmen in ihrem privaten und beruflichen Leben verschiedene Rollen ein: in bestimmten Kontexten wird ein Verhalten gezeigt, welches in einem anderen Zusammenhang nicht gezeigt wird. Das Rollenverhalten entsteht „[...] aus den Erwartungen, die von den anderen Mitspielern und dem Publikum der jeweiligen Rolle entgegengebracht und vom Rollenspieler hinreichend akzeptiert werden [...]" (König/Schattenhofer 2018, S. 47).

Dahrendorf beschreibt die Rolle als ein „Bündel an Erwartungen" (Dahrendorf 2010). Erwartungen richten sich nicht an den Menschen, sondern an den Rollenträger, d. h. an die Person und ihre Funktionen. Es wird erwartet, dass z. B. eine Lehrperson sich gemäß ihrer Rolle verhält. Da jedoch der große Teil von Erwartungen nicht ausgesprochen und noch weniger ausdrücklich formuliert ist, kann das bisweilen zu Missverständnissen oder Unstimmigkeiten führen.

Abb. 1: Rolle, in Anlehnung an Steiger/Lipmann 2004

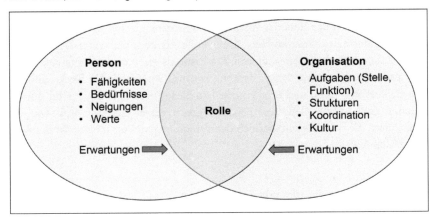

2.3.2 Rolle aushandeln

Eine Rolle ist nicht statisch. Im Gegensatz zum klassischen rollentheoretischen Ansatz geht die soziologische Rollentheorie davon aus, dass Erfolg nicht abhängig ist von einer optimalen Deckung von Erwartungen der Organisation und dem Verhalten der Person. Das erfolgreiche Einnehmen einer Rolle lässt sich vielmehr als ein Aushandeln verstehen: Denn der „[...] Erfolg der Rolle resp. die Zufriedenheit aller Beteiligten wird [...] vielmehr das Resultat eines gelungenen dynamischen Prozesses des Aushandelns von Rollenerwartungen sein." (Steiger/Lippmann 2004, S. 58). In diesem Zusammenhang sind in vielen Fällen Gestaltungsspielräume möglich. Das, was in der eigenen Gedankenwelt vermeintlich nicht geht, zeigt sich im Gespräch durchaus als gestaltbar.

Über Erwartungen lässt sich sprechen. Dazu braucht es jedoch die Eigeninitiative. Denn wenn eine Person erwartet, dass eine andere Person etwas von ihr erwartet, kann sie damit falsch liegen. Ihre Vermutung darüber, was eine andere Person von ihr erwartet, spielt sich nur in ihrem Kopf ab. Es kommt vor, dass Lehrpersonen sich verausgaben, weil sie meinen, dass andere Akteure soviel von ihnen erwarten (– die Soziologie benennt das als „Erwartungserwartung"). Im Gespräch mit den anderen Akteurinnen zeigt sich dann, dass die Erwartungen in solch hohem Maß gar nicht bestehen. Es wäre hilfreich und klärend, sich Zeit zu nehmen, um über die eigene Rolle nachzudenken oder mit den anderen Akteuren über sie zu sprechen. Auf diesem Wege sind Klärungen möglich. Und diese wiederum erleichtern das Miteinander im beruflichen Alltag. Denn „Rollenklarheit hat das Zeug, Zufriedenheit zu erzeugen." (Schmidt 2019, S. 40)

Mit diesen Mitteln lassen sich auch Rollenkonflikte bearbeiten. Dafür braucht es allerdings umso mehr das eigenverantwortliche Handeln. Wer darauf wartet, dass jemand für eine Klärung auf ihn zukommen möge und das sogar vom Gegenüber erwartet, gibt die Verantwortung ab. Mit einer Klärung kann es in solchem Fall schwierig werden. Denn „Rollenkonflikte werfen uns auf uns selbst zurück, ohne dass die Rollen ihrerseits einen Rahmen böten, über diese Konflikte zu sprechen." (Hahn 2017, S. 59) Es kommt darauf an, für sich selbst einzustehen – auch wenn es anstrengend sein mag.

2.3.3 Von der Rolle distanzieren

Bisweilen kann es hilfreich, zu einer Rolle auf Abstand zu gehen – doch inwieweit ist das durchführbar? Denn Rollen scheinen allgegenwärtig zu sein. Ralf Dahrendorf (2010) spricht vom *Homo sociologicus*, weil das Leben in Gemeinschaft und Gesellschaft von Rollen durchdrungen ist. Eine Rolle kann so sehr verinnerlicht worden sein, dass sie dann als Teil der Persönlichkeit erscheint. Doch auch in solchem Fall ist es – laut Dahrendorf – dem Menschen möglich, sich von einer Rolle zu distanzieren. Neben dem Homo sociologicus steht der „freie Einzelne" (Hahn 2017, S. 57), welcher gewissermaßen als der innere Kern der Person zu verstehen ist. Mit dieser Instanz ist es möglich, sich von den Rollen und den damit einhergehenden Ansprüchen zu distanzieren.

Andere Vertreter und Vertreterinnen der Soziologie sehen die Vorstellung einer Kernperson oder eines freien Ichs kritisch. Sie gehen davon aus, dass sich das soziale Leben zu sehr in Rollen vollzieht, als dass es ein inneres freies Ich geben könnte, was von Rollen gänzlich unabhängig wäre: Den „rollenlosen Menschen" (Hahn 2017, S. 57) gibt es nicht.

Dennoch findet sich auch in dieser Betrachtungsweise die Möglichkeit zur Rollendistanzierung. Sie „beruht darauf, dass der Handelnde in der Lage ist, die aktuelle gespielte Rolle [...] im Lichte von Erfahrungen aus anderen Situationen und vor dem Hintergrund von Orientierungen aus anderen ebenfalls von ihm gespielten Rollen zu interpretieren" (Hahn 2017, S. 69). Das vergleichende Betrachten verschiedener Rollen, die man in seinem (Berufs-)Leben einnimmt, kann dabei helfen, zu einer aktuellen Rolle auf Distanz zu kommen. Es eröffnet Spielräume.

2.3.4 Die persönliche Grenze wahren

Der Lehrerberuf ist beziehungsintensiv und kommunikationsaufwendig. Lehrpersonen erfüllen im schulischen Alltag viele Aufgaben und Funktionen. Doch anders als z. B. in einem Ingenieursunternehmen, das technische Produkte herstellt, ist die Funktionserfüllung im Lehrerberuf stärker mit der Beziehungsebene verknüpft. Schließlich geht es um pädagogische Arbeit. Darin bekommt das Persönliche einen höheren Stellenwert. Vielleicht trägt das dazu bei, dass Lehrpersonen es schwerer haben, Person und Rolle voneinander zu trennen.

Einige pädagogische Positionen fordern ein Authentisch-sein der Lehrperson. Das ist auch in der Praxis des schulischen Alltags erforderlich. Solche Forderungen und Erforderlichkeiten können dazu führen, in der Rolle aufzugehen. Das mag erfüllend sein, doch birgt es auch die Gefahr, sich darin zu verlieren und keine Distanz mehr zur Rolle zu haben.

Ohne Zweifel kann die Hingabe an die Lehrerrolle etwas Beglückendes und Erfüllendes sein. Jedoch wäre dabei die persönliche Grenze im Blick zu halten: Wann gerät die Hingabe zu einer blinden Hergabe? Wann ist es zuviel des Guten? – Wenn ich mich mit allem, was ich bin und habe, komplett hergebe, verliere ich mich selbst.

Ein gutes Rollenbewusstsein kann darin unterstützen, sich nicht in den Fluten von Erwartungen, Ansprüchen und Aufgaben zu verlieren, sondern stattdessen trotz allen Rollenanforderungen bei sich selbst zu bleiben.

2.4 PSI-Theorie: Handlungs- und Persönlichkeitspsychologie

Selbstkompetenz entsteht dadurch, dass auf der psychischen Ebene verschiedene Komponenten zusammenspielen und dabei unterschiedliche Funktionen übernehmen. Solche funktionsanalytische Sichtweise ist in der PSI-Theorie von Julius Kuhl vertreten. „PSI"-Theorie steht für Persönlichkeits-System-Interaktionstheorie. Kuhl hat viele Jahre seiner Forschung in deren Entwicklung investiert. Die PSI-Theorie stellt ein elaboriertes und umfangreiches Konzept dar, welches eine handlungspsychologische Sichtweise mit der Persönlichkeitspsychologie kombiniert.

In diesem Unterkapitel soll zunächst nur ein minimaler Einblick in die PSI-Theorie gewährt werden, der für die Arbeit mit Emotionen besonderes Gewicht hat. Um der Theorie weiterhin gerecht zu werden, findet sich eine eingehendere Darstellung in Kapitel 6: Volkmar Husfeld ist zertifizierter PSI-Kompetenzberater und ermöglicht in seinem Artikel vertiefende Einsichten in das Gesamtbild der PSI-Theorie. Zudem liefert er noch weitere Impulse zur Entwicklung von Selbstkompetenz.

2.4.1 Der funktionsanalytische Blick

Kuhl beschreibt seine theoretische Perspektive auf die Handlungs- und Persönlichkeitspsychologie als eher ungewohnt. Denn sie versucht zu erfassen, welche psychischen Prozesse ablaufen, wenn eine Person es z. B. schafft, ihre Emotion zu regulieren. Diese Sichtweise ist rein funktional ausgelegt, und es lässt sich darüber diskutieren, inwieweit sie das Phänomen „Persönlichkeit" zu erfassen vermag. Andere Ansätze, wie z. B. die Existenzanalyse, betonen, dass die Person sehr viel mehr ist, als lediglich die psychischen Prozesse, die in ihr ablaufen (siehe Kapitel 2.2).

Für die Entwicklung von Selbstkompetenz ist die funktionsanalytische Perspektive hilfreich, weil sich aus ihr konkrete Vorgehensweisen ableiten lassen: Welches psychische System lässt sich auf welcher Weise ansteuern oder aktivieren?

Dennoch soll Selbstkompetenz keinesfalls auf das Funktionale reduziert sein. Denn der gute Umgang mit sich selbst umfasst Aspekte, die sich nicht über ein Denken in Funktionen erschließen, als da beispielsweise wären: die menschliche Würde oder die persönliche Stellungnahme zu den Bedingungen im menschlichen Dasein. Existenzielle Fragen bleiben mit der funktionsanalytischen Sicht unbeantwortet.

2.4.2 Zwei übergeordnete Funktionsprofile

Julius Kuhl (2001) beschreibt in seiner Persönlichkeits-System-Interaktionen-Theorie (PSI-Theorie) zwei psychische Funktionsprofile: das „Ich" und das „Selbst" (Künne/Kuhl 2014). Beide ergänzen einander. Während das Ich für zielgerichtetes Planen, Analysieren und Detailerkennung (Fehlerzoom) zuständig ist, stellt das Selbst ein Reservoir von gut verarbeiteten emotionalen Erfahrungen dar, inklusive sämtlicher Ressourcen. Aus diesem Grund spielt das Selbst für die Entwicklung von Selbstkompetenz eine herausragende Rolle (Kuhl/Schwer/Solzbacher 2014).

Das Selbst ist eng mit dem sogenannten „Extensionsgedächtnis" verbunden. Sämtliche biografische Erfahrungen sind darin gespeichert, sowohl gute als auch unangenehme. Daher ist dieses psychische Funktionssystem sehr viel umfassender als der Ich-Fokus. Es vollzieht sich weit verzweigt in der rechten Hirnhemisphäre und ist eng mit Körperempfindungen sowie dem autonomen Nervensystem verknüpft. Einige dieser Erfahrungen sind gut integriert. Aus ihnen stammt sämtliches Ressourcen- und Resilienzerleben. Diese integrierten Erfahrungen bezeichnet Kuhl als das „Selbst". Daher kann das Selbst als Kraftquelle betrachtet werden (Storch/Kuhl 2013).

2.4.3 Das Zusammenspiel von vier psychischen Systemen

Die grundlegende Unterscheidung der Funktionsprofile von Ich und Selbst wird in der PSI-Theorie noch weiter ausdifferenziert. Das Ich ist unterteilt in Intentionsgedächtnis und Objekterkennungssystem; zum Selbst finden sich das Extensionsgedächtnis und die intuitive Verhaltenssteuerung.

Abb. 2: Zwei psychische Funktionsprofile: Ich und Selbst

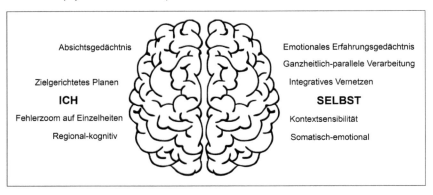

In der linken Hirnhemisphäre finden sich das Intentionsgedächtnis (IG) und das Objekterkennungssystem (OES) verortet, in der rechten Hemisphäre das Extentionsgedächtnis (EG) und die intuitive Verhaltenssteuerung (IVS).

Abb. 3: Vier psychische Systeme in der PSI-Theorie

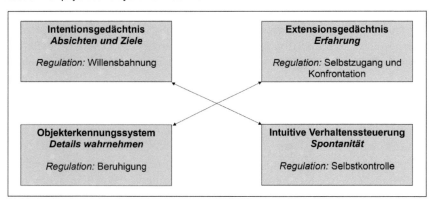

Das Intentionsgedächtnis

Das Entwickeln von Zielen und Absichten liegt im Intentionsgedächtnis. Es wird aktiviert, wenn schwierige Situationen durchdacht und bewertet werden müssen. Eine Handlungsdurchführung ist zunächst gehemmt, um impulsives und vorschnelles Handeln auszuschließen. So können Ziele und Absichten langfristig gespeichert werden, ohne in Vergessenheit zu geraten. Aktuelle und weniger akute Probleme lassen sich so Schritt für Schritt bearbeiten.

Nicht jede Absicht lässt sich sofort in Handlung umsetzen: Sei es, weil die günstige Gelegenheit fehlt, weil Schwierigkeiten bestehen oder weil eine Planung noch nicht abgeschlossen ist. Diese Absichten werden im Gedächtnis gespeichert. Wenn das intentionale Gedächtnis aktiviert ist, geht die Aktivierung der *Intuitiven Verhaltenssteuerung* zurück. Dadurch handeln wir nicht vorschnell und unüberlegt. So lassen sich Pläne erstellen. Das Intentionsgedächtnis arbeitet analytisch-sequentiell.

Das Objekterkennungssystem

Das Identifizieren von Fehlerquellen und Stolpersteinen erfolgt über die Fähigkeit zur Objekterkennung. Es wird auch als „Fehler-Zoom" bezeichnet, der ausschließlich auf Details fokussiert, nicht aber auf die Gesamtsituation. Dieser findet „das Haar in der Suppe". Die Objekterkennung bewahrt davor, Dinge herunter zu spielen oder zu leugnen. Sie erlaubt eine Konfrontation mit negativen Ereignissen. Einschätzungen über das Objekterkennungssystem vollziehen sich im Modus von „wahr – falsch" bzw. „entweder – oder".

Das Extensionsgedächtnis

Das Extensionsgedächtnis weitet den Blick und sieht größere Zusammenhänge. In ihm ist das emotionale Erfahrungswissen gesammelt. Es vollzieht sich in weit verzweigten neuronalen Netzwerken von Bedürfnissen, Befindlichkeiten, Gefühlen und autobiografischen Erfahrungen. Das Extensionsgedächtnis läuft weitestgehend im unbewussten Modus ab und ist eng mit dem autonomen Nervensystem sowie dem Körperempfinden verbunden. Daher macht es sich über sogenannte „somatische Marker" bemerkbar. Damit sind konkrete unwillkürliche Körperempfindungen gemeint.

Das Extensionsgedächtnis „arbeitet nicht logisch-rational, sondern ganzheitlich und integrierend (parallel statt sequentiell) […] es ist wegen seiner großen Ausdehnung nicht bewusst kontrollierbar und deshalb besser durch Bilder oder indirekte Suggestionen und Wahlmöglichkeiten aktivierbar" (Kuhl/Strehlau 2014, S. 75).

Das Extensionsgedächtnis verarbeitet aktuelle Informationen parallel und gleicht sie mit bereits vorhandenen Erfahrungsnetzwerken ab. Somit liefert es die Basis für komplexe Entscheidungen und das Integrieren negativer Emotionen. Jener Bereich im Extensionsgedächtnis, worin die integrierten Erfahrungen versammelt sind, ist das Selbst. Mit ihm ist das einfühlende Verstehen eines Gegenübers möglich. Die Aktivierung des Selbst lässt sich u. a. durch das Fokussieren auf Ressourcen-Erleben (z. B. Könnenserfahrungen oder mit Wohlbefinden verknüpfte Erinnerungen) einleiten.

Intuitive Verhaltenssteuerung

Mit der intuitiven Verhaltenssteuerung sind Abläufe gemeint, die ein rasches und spontanes Handeln ermöglichen (Spontaneität bis Impulsivität und Unüberlegtheit). Das Verhalten wird senso-motorisch gesteuert. Informationen werden simultan verarbeitet, ohne dass einzelne Reize bewusst werden müssen (z. B. beim Ausüben von sportlicher Tätigkeit, bei der man erlernte Bewegungsabläufe sehr schnell abrufen kann). Dieses System ermöglicht ein Handeln ohne langes Nachdenken. Die Intuitive Verhaltenssteuerung verfügt über eine eigene Art der Wahrnehmung, welche intuitiv das Geschehen in der unmittelbaren Umgebung mitbekommt. Dieses Wahrnehmungssystem läuft unbewusst ab. Automatisch steuert es Verhaltensweisen (Routinen). Dabei muss nicht über die nächsten Handlungsschritte nachgedacht werden. Mitunter entsteht in diesem Zusammenhang das „Flow"-Erleben.

Für das Planen einer Problemlösung wird das digital funktionierende Intentionsgedächtnis aktiviert, für das Anbahnen von Handlungen das analog-assoziativ arbeitende Extensionsgedächtnis. Die rechte Hirnhemisphäre ist „wichtig für die Wahrnehmung selbstrelevanter sinnstiftender Zusammenhänge" (Kuhl / Strehlau 2014, S. 34).

2.4.4 Arbeit mit Emotionen

Für das Regulieren von Emotionen spielen die verschiedenen Funktionssysteme ineinander. Selbstkompetenz entsteht, indem unter Beteiligung sowohl des Ich-Modus (Intentionsgedächtnis und Objekterkennungssystem) als auch des Selbst-Modus (Extensionsgedächtnis und Intuitive Verhaltenssteuerung), z. B. eine unerwünschte emotionale Reaktion integriert wird. Dazu sind einige Schritte erforderlich. Im Folgenden soll ein mögliches Vorgehen nur grob skizziert sein.

Zunächst wird der Fokus willentlich auf eine herausfordernde Situation bzw. eine Emotion gelenkt (Objekterkennungssystem). Dadurch lässt sie sich im Detail untersuchen. Dies kostet einiges an Bereitschaft, denn es gilt, das Unangenehme darin vorerst auszuhalten. An dieser Bereitschaft ist das Intentionsgedächtnis beteiligt: Sie hat das Ziel im Blick, die unangenehme Erfahrung zu integrieren.

Während die Emotion betrachtet wird, lässt sich darauf achten, dass eine tiefe Bauchatmung vorliegt bzw. dass bei körperlicher Anspannung immer wieder die muskuläre Spannung gelockert wird. So lässt sich der Emotion in einem möglichst entspannten Körperzustand begegnen. Dadurch wird der Selbstmodus des Extensionsgedächtnisses aktiviert, denn es ist eng mit dem Körperempfinden sowie dem autonomen Nervensystem verknüpft.

In diesem entspannteren Zustand lässt sich die unangenehme Emotion aus der Vogelperspektive betrachten: Wie genau lässt sich die Emotion benennen? Verstehe ich mich selbst in meiner Reaktion? Welches Bedürfnis meldet sich darin? Was könnte die positive Absicht der Emotion sein? Was kommt mir zum guten Umgang mit der Emotion intuitiv in den Sinn (Intuitive Verhaltenssteuerung)? Wo und wann ist mir schon früher etwas Ähnliches geglückt? So kann die unerwünschte emotionale Reaktion allmählich in Beziehung zum eigenen Selbsterleben gebracht und integriert werden.

Weitere konkrete Anwendungsimpulse zum Regulieren von Emotionen liefert das Praxismanual (siehe Kapitel 3).

2.5 Hypnosystemischer Ansatz

Der hypnosystemische Ansatz beschäftigt sich damit, wie der Mensch auf sein Erleben und Verhalten Einfluss nehmen kann, um damit erwünschte Veränderungen zu bewirken. Er liefert Modelle und Vorgehensweisen, die sich insbesondere in der Bewältigung von Stress bewährt haben – auch wenn sie keinesfalls darauf zu reduzieren sind.

Der Ansatz wurde von Gunther Schmidt über einen Zeitraum von 25 Jahren entwickelt und um 1980 von ihm als solcher bezeichnet (Schmidt 2010). Im Wesentlichen finden sich darin zwei Ansätze, die zusammengebracht werden: zum einen die systemische Familientherapie, wie sie von der Gruppe um Helm Stierlin in Heidelberg erarbeitet worden ist, und zum anderen die Hypnotherapie, wie sie von Milton Erickson (weiter-)entwickelt worden ist. Schmidt verbindet diese beiden Stränge miteinander und bezieht darüber hinaus Aspekte aus anderen Beratungsansätzen und Disziplinen mit ein (z. B. aus körperorientierten Therapien, aus der idiolektischen Gesprächsführung sowie aus der Hirnforschung und den Kognitionswissenschaften).

Zur Entwicklung des hypnosystemischen Ansatzes

In Heidelberg hat Schmidt viele Jahre in der Gruppe um Helm Stierlin mitgearbeitet. Hier wurde die systemische Familientherapie adaptiert und weiterentwickelt. Diese Perspektive schaut auf die Kommunikationen, die sich zwischen den einzelnen Familienmitgliedern abspielen, sowie auf die Regeln und Muster, die sich in diesem sozialen System gebildet haben. Die sogenannte „Wirklichkeit" und damit auch mögliche Problematiken werden durch die Kommunikation der Systemteilnehmenden fortwährend „konstruiert".

Beispiel:

In einer fünfköpfigen Familie (Mutter, Vater, zwei Töchter, ein Sohn) hat sich seit einigen Jahren ein Konflikt zwischen den Elternteilen „eingenistet". Im Laufe der Jahre entwickelt das jüngste Kind eine Bettnässerei. Seitdem das Kind dieses Verhalten zeigt, streiten die Eltern weniger, denn ihre Aufmerksamkeit gilt nun weitgehend dem Jüngsten. Ihre Gespräche drehen allzuoft um das Problem – ohne dabei zu einer Lösung zu kommen.
   Wenn z. B. in einer Familie fortwährend auf das problematische Verhalten eines der Kinder geschaut und permanent darüber gesprochen wird, verfestigt sich ein „Tunnelblick": Es wird ausschließlich nur noch das Negative gesehen. Dann absorbiert solche eingeschränkte Blickrichtung eine wertschätzende oder ressourcenorientierte Sichtweise auf das Kind. Die Art und Weise auf etwas Problematisches zu schauen, „konstruiert" damit die Wirklichkeit. Diesen Aspekt des gemeinsamen Konstruierens von Wirklichkeit hebt Schmidt besonders hervor.

Neben seiner Tätigkeit in der Heidelberger Gruppe um Helm Stierlin erlernte Schmidt die Hypnotherapie nach Milton Erickson. Sie betrachtet vorrangig die psychischen Dynamiken zwischen dem Bewussten und dem Unbewussten, die zum Aktivieren von Ressourcen beitragen. Ericksons Konzept sieht vor, dass das Bewusste verwirrt oder ausgetrickst werden müsse, damit sich die im Unbewussten enthaltenen Ressourcen und Kompetenzen entfalten können („Trust your unconscious mind"). Gunther Schmidt hingegen nimmt eine Umbewertung vor und erachtet das Bewusste und Unbewusste als gleichrangig. In seinem Verständnis geht es vielmehr darum, beide in ihren Wirkungen zu koordinieren.

In der Kombination der beiden Ansätze von systemischer (Familien-)Therapie und ericksonscher Hypnotherapie werden u. a. die Wechselwirkungen zwischen der äußeren Systemik (soziales System) und der inneren Systemik (psychisches System) in den Fokus genommen und in ihren Details untersucht. Daraus lassen sich Interventionen ableiten, die auf die Aktivierung von Kompetenzen abzielen und ein Lösungserleben begünstigen. Dabei geht Schmidt davon aus, dass der Mensch sein Erleben selbst „macht", womit er sich auf die Autopoise-Konzepte der beiden Kognitionswissenschaftler und Biologen Humberto Maturana und Francisco Varela (2012) bezieht. Darin wird der Mensch als ein lebendes System verstanden, worin sich physiologische und psychische Abläufe wie von selbst organisieren. Das vollzieht sich in weiten Teilen unbewusst und läuft selbstreferentiell ab, d. h. eine Information von Außen wird nur aufgenommen, wenn sie in das bisherige innere Gefüge hineinpasst und es bestätigt. Dabei spielen Vorerfahrungen und Gewohnheiten eine große Rolle. Dieses Wirkungsgefüge betrachten Maturana und Varela als internale Gesetzmäßigkeiten.
   Auf dieser Basis baut sich der Mensch sein subjektives Bild von der Welt. Solche Prozesse sind von Außen nicht linear-instruktiv steuerbar. Denken, Fühlen

und Verhalten bewegen sich auf ihren eingeschliffenen Bahnen. Zugleich aber bleibt der Mensch fortwährend eingebettet in seine Umwelt und reagiert auf sie: „Ohne diese ökosystemischen Umgebungsbedingungen ist ein Organismus nicht verstehbar, sein individuelles Sein nicht denkbar." (Schmidt 2007, S. 19)

2.5.1 Aufmerksamkeitsfokussierung

Aktuelles Erleben entsteht durch das Fokussieren von Aufmerksamkeit. Dies gilt sowohl für ein Problem- wie auch für ein Lösungserleben. Der Mensch ist in der Lage, seine Aufmerksamkeit in eine bestimmte Richtung zu lenken und dadurch sein Erleben zu beeinflussen: „Man kann sagen, dass es uns als feststehende Wesen im Sinne von ‚Ich bin so, mir geht es so …' nicht gibt, wir er-zeugen, er-finden, schöpfen uns quasi permanent selbst durch Fokussierung." (Schmidt 2010, S. 67)

Gunther Schmidt weist darauf hin, dass allein die Art, wie wir eine Situation oder eine Erfahrung beschreiben, erklären und bewerten, eine quasi-hypnotische Wirkung mit sich bringen kann. Wenn jemand sein Problemverhalten als eine feststehende Eigenschaft seiner Persönlichkeit beschreibt und es z. B. als von seinen Eltern „ererbt" ansieht, fokussiert dies seine Aufmerksamkeit in eine bestimmte Richtung. So wird ihn diese eine Erklärung seines Verhaltens kaum zu einem Erleben von Selbstwirksamkeit führen, sondern eher zu einem Opfererleben oder zur Resignation („Das habe ich von meinen Eltern – also kann ich eh nichts ändern"). Wenn eine Lehrperson der festen Überzeugung ist, dass sie schlecht mit Konflikten umgehen kann, fokussiert das ihre Aufmerksamkeit in eine bestimmte Richtung. Die Annahme über sich selbst wird sie kaum in Kontakt zu ihrem Kraft- und Kompetenzerleben bringen, was ihr im Konfliktfall sehr wahrscheinlich helfen würde.

Während der Entwicklung von Selbstkompetenz geht es darum, das Lenken der eigenen Aufmerksamkeit einzuüben. Das Lösen vom Problemfokus und das Einnehmen des Fokus auf Unterstützendes sowie Gelingendes laufen parallel. Indem ich das eine tue, passiert im gleichen Zuge das andere: Ich mache mir bewusst, was gut läuft und löse mich dadurch vom Defizitfokus. Also ist zu empfehlen, die eigene Aufmerksamkeit auf schutz- und haltgebende, kraftspendende Erfahrungen aus dem eigenen Leben zu lenken. Das Präsent-werden solcher Gedächtnisepisoden gibt Energie, um einer aktuellen Herausforderung konstruktiv begegnen zu können.

2.5.2 Unwillkürliches Erleben

Ein wichtiger Aspekt im hypnosystemischen Ansatz, der in anderen Beratungsmodellen eher weniger Beachtung findet, besteht im Beachten und Einbeziehen unwillkürlicher Erlebensprozesse.

Der Begriff „unwillkürlich" drückt aus, dass ein Erleben oder ein Verhalten anscheinend wie von selbst geschieht – ohne dass man es willentlich herbeigeführt hätte. Es entzieht sich der willentlichen Steuerung. Nicht selten geht damit das Gefühl einher, dass man nichts ausrichten kann, was unter Umständen zu einem eher leidvollen Erleben führt. Es wird begleitet von Selbstabwertungen und Unverständnis gegenüber der eigenen Person (z. B. „Ich versuche es seit Jahren, doch ich schaffe es nicht. Ich bin einfach zu blöd!"). So kommt Frustration oder Ärger über sich selbst ins Spiel – was wiederum das eigene Gefühl von Selbstwirksamkeit mindert („Ich kann eh nichts machen").

„Unwillkürliche Prozesse wirken schneller und effektiver als willkürliche. [...] Veränderungsprozesse können sich dann schwierig gestalten, wenn man bewusst-willkürlich Änderung will, aber unwillkürliche Muster noch gegenläufig funktionieren." (Schmidt 2007, S. 183) In der Zusammenarbeit mit Stephen Gilligan hat Schmidt das Vorherrschen unwillkürlichen Erlebens mit Trancephänomenen verglichen. So sprechen die beiden von „Problemtrance" und „Lösungstrance". Eine Problemtrance zeigt sich in solchen alltagssprachlichen Äußerungen wie z. B. „Ich will ja, aber es geht nicht". Hier herrscht Unwillkürliches vor, und das Willentliche geht dagegen an, vermag aber nicht sich durchzusetzen.

In einer Problemtrance verengt sich die Wahrnehmung. Sie gerät zu einem Tunnelblick, der ausschließlich schmerzhafte und niederschlagende Erfahrungen im Fokus hat. Damit gehen häufig negative Gedanken und Gefühle sowie eine entkräftigende Körperkoordination einher. Kraftspendende Erfahrungen sind dann wie ausgeblendet. All das geschieht unwillkürlich, d. h. es wird nicht gewünscht oder willentlich ausgelöst. Vielmehr passiert es wie von allein.

Schmidt untersucht das Verhältnis vom Problemerleben zu möglichen Zielen und Lösungswegen. So weist er u. a. auf unrealistische Zielvorstellungen hin, die nicht das Erwünschte bringen, sondern stattdessen zu Frustration oder Leid führen (z. B. „Ich muss alle Schülerinnen und Schüler immer zu 100 Prozent erreichen"). Das angespannte bewusste Wollen und das unwillkürliche Geschehen wirken hier gegeneinander. Daraus leitet Schmidt für Beratung, Coaching und Therapie ab, dass der Arbeitsfokus auf das kooperative Zusammenwirken von willentlichem *Ich* und dem unwillkürlichen *Es* gelenkt werden möge. Das Eingehen auf die unwillkürliche Prozessebene geschieht durch die Arbeit mit inneren Bildern, mit Metaphern und unter Einbeziehen des Körpers (Schmidt 2010).

Die Person wird in ihrer Selbstverantwortung angesprochen, jene Prozesse zu koordinieren – anstatt sich dem eigenen Leiderleben zu überlassen. Hat dieses jedoch eine sehr starke Sogwirkung, sieht der hypnosystemische Ansatz vor, die unerreichbaren Sehnsuchtsziele zu würdigen. Erst solches Würdigen und Akzeptieren ebnet den Weg, um den Kontakt zu den eigenen Ressourcen herzustellen.

2.5.3 Erlebensmuster

In jedem Menschen vollzieht sich ein inneres Erleben, zu jeder Zeit und in jeder Situation. Allerdings sind wir es nicht gewohnt, den Blick darauf zu lenken. Wir bekommen nur fragmentarisch mit, was sich in uns abspielt, während wir uns in einer äußeren Situation befinden. Es kommt höchstens ein Gedanke oder ein aufflackerndes Gefühl kurz ins Bewusstsein. Der Fokus der Aufmerksamkeit ist auf das Außen gerichtet.

Das Erleben findet im Inneren statt und ist zugleich mit dem äußeren Geschehen verknüpft. Der kleinste Reiz im Außen (z. B. die Äußerung eines Kollegen) kann plötzlich im Inneren eine Kaskade an Gedanken auslösen („Hat der Kollege das jetzt lustig gemeint? ... Oder nimmt er mich nicht ernst?! ... Letzte Woche hat er auch schon so einen Spruch gebracht ... Ich fühle mich dann immer so klein ... ich will mich nicht so fühlen ..."). Das Erleben umfasst z. B. die bereits genannten willentlichen und unwillkürlichen Prozesse. So ergibt sich ein Problemerleben aus gegeneinander wirkenden Kräften dieser beiden Prozessebenen („Ich will ja, aber es geht nicht."). Weiterhin lassen sich in einem Erleben solche Elemente wie z. B. spezifische Körperempfindungen oder bildhafte Vorstellungen finden.

Mit der Beobachtung solcher Phänomene kommt Schmidt zu der Schlussfolgerung, dass das Erleben auf der psychischen Ebene in Mustern organisiert ist, die sich aus einer Vielzahl einzelner Elemente zusammensetzen, z. B.:

- innere Dialoge, Selbstgespräche,
- innere Bilder und „Filme" (Erinnerungen an vergangene Situationen, Fantasien über zukünftige Entwicklungen),
- spezifisches Alters-, Größen-, Raumerleben,
- spezifisches Erleben von Nähe, Distanz, Grenze,
- Unwillkürliche Körperreaktionen und -empfindungen,
- Metaphorisches Erleben (Zu wem oder was werde ich in der Situation?)

In jedem Erleben spielen einige der genannten Elemente zusammen. Sie bilden ein Muster. Das läuft in der Regel komplett unbewusst ab, ist jedoch teilweise dem Bewusstsein zugänglich. Dafür braucht es jedoch die eingehende Betrachtung dessen, was sich im Muster wie und in welcher Reihenfolge abspielt.

Für eine erwünschte Veränderung braucht es nicht unbedingt ein Verstehen darüber, woher das Muster stammt oder wann es aufgekommen ist. Veränderung im hypnosystemischen Sinne entsteht vielmehr durch das Einführen von Unterschieden in das bisherige Muster: Lässt sich z. B. eine innere Vorstellung in einem

Detail verändern, so dass eine andere Wirkung entsteht? Oder ist es möglich, dass sich die Abfolge der einzelnen Musterelemente verändern lässt? Hier wäre auszuprobieren, was davon einen hilfreichen Unterschied macht. In der Regel muss nicht das gesamte Erlebensmuster verändert werden, es reicht, dass ein kleines Element die Wirkung des gesamten Musters beeinflussen kann.

2.5.4 Seitenmodell

Jeder Mensch trägt eine Vielzahl an Erlebensmustern in sich. Wenn solch ein Muster wiederholt aktiviert wird, stabilisiert es sich und wird zu einem Anteil bzw. zu einer Seite der Persönlichkeit.

Je nachdem, was in einer äußeren Situation geschieht, wird im inneren Erleben solch eine einzelne Seite der Persönlichkeit wachgerufen. Diese gerät dann ins Ich-Bewusstsein und man identifiziert sich mit ihr. Daneben gibt es jedoch eine Vielzahl weiterer Seiten bzw. Erlebensmuster, die im emotionalen Erfahrungsgedächtnis gespeichert sind. In diesem Zusammenhang spricht Schmidt von einem Seitenmodell.

„Wir gleiten ständig von einem Bewusstseinszustand zum nächsten, mit jeweils unterschiedlichen physiologischen, kognitiven und emotionalen Mustern […]. Der jeweilige Bewusstseinszustand ist dann eine vorübergehende Identifikation des bewussten ‚Ich' mit einer der vielen Seiten." (Schmidt 2007, S. 195) Demnach erzeugen wir unser Erleben in jedem Moment neu, nämlich indem wir unsere Aufmerksamkeit in eine bestimmte Richtung lenken und damit auch eine Seite in uns wachrufen. Dies geschieht in der Regel unwillkürlich, doch es lässt sich auch bewusst einleiten. Erst durch den Aufmerksamkeitsfokus wird eines von abertausend Erlebensnetzwerken aus dem Episodengedächtnis aktiviert. Damit ist immer ein spezifischer Ich-Zustand mit einhergehenden emotionalen Anteilen oder Stimmungen verwoben.

Der Mensch hat die Fähigkeit, sich per Aufmerksamkeitsfokussierung mit einer Seite seiner Persönlichkeit zu assoziieren und sich dadurch von anderen Seiten zu dissoziieren. Im unbewussten Erfahrungsgedächtnis liegen Ressourcen, die sich zur Lösung möglicher Probleme nutzen lassen. Gunther Schmidt bezeichnet dies als „Potenzialhypothese" (Schmidt 2004, S. 51) und wertet den Begriff der multiplen Persönlichkeit daher als etwas Positives.

2.5.5 Steuerposition

Im hypnosystemischen Ansatz kommt dem Aufbau einer sicheren Beobachterposition bzw. einer Steuerposition ein besonderer Stellenwert zu. Dabei finden die in den vorhergehenden Abschnitten genannten Aspekte ihre Berücksichtigung.

Das kognitive Ich-Bewusstsein arbeitet hier mit intuitiven und unwillkürlichen Prozessen zusammen. Schmidt benutzt Begriffe wie „intuitives Wissen", „Instanzen innerer Stimmigkeit", „kluge intuitive Steuerungsinstanzen" (Schmidt 2010, S. 113 f), welche ins Spiel gebracht werden. Der Zugang dazu lässt sich über damit assoziierte innere Bilder oder spezifische Körperelemente (Bewegungen, Haltung, Gestik) verstärken. Schmidt spricht hier von Körperkoordination. Auf diesen Wegen ist es möglich, unwillkürliche Prozesse in den Aufbau der Steuerposition einzubeziehen.

Eine solche Steuerposition ermöglicht das schrittweise Lösen und Dissoziieren vom Tunnelblick, der häufig mit einem Problemerleben einhergeht (Problemtrance). Das Einnehmen einer Steuerposition kann auch als ein Distanzieren von einem Problemzustand verstanden werden. Jegliche Form von Selbstwahrnehmung oder Beobachterperspektive spielt in diesem Zusammenhang eine wesentliche Rolle.

Mit dem Distanzieren kann das vorliegende Erlebensmuster in seinen Details betrachtet werden. Durch das Neuarrangieren und Verändern der entdeckten und benannten Musterelemente oder durch das Hinzufügen eines neuen Elements lässt sich dann der aktuelle Erlebenszustand verändern (Unterschiedsbildung). Die Bewegung führt über ein Dissoziieren von der Problemtrance hin zu einem Assoziieren mit Ressourcen und Kompetenzen hin zum Erleben von Lösungspotenzialen. Das Ich löst sich aus einem Opfererleben und kommt zu Erlebensmustern von Tatkraft und Selbstwirksamkeit.

2.6 Zwischenfazit: Anregungen für die Entwicklung von Selbstkompetenz

Die nachfolgende Tabelle soll eine kurze Übersicht geben, woraufhin die genannten Quellen bzw. Ansätze konkrete Anregungen für die Entwicklung von Selbstkompetenz geben können. Die jeweiligen Beiträge stellen Schwerpunkte dar, die sich jeweilig noch ausdifferenzieren lassen. Das Praxismanual (siehe Kapitel 3) nimmt an verschiedenen Stellen darauf Bezug.

Ansatz	Beitrag zur Entwicklung von Selbstkompetenz
Salutogenese	Grundlegende gesundheitsförderliche Faktoren im Blick haben; Kohärenzgefühl entwickeln: auf Handhabbarkeit, Verstehbarkeit und Sinnhaftigkeit achten
Existenzanalyse	Werte und Sinnorientierung als Kompass entwickeln; Bedingungen für ein erfülltes Berufsleben verstehen; das Selbst-sein der Person im Blick haben; die Person in ihrem Handeln stärken: Halt finden, Wertvolles erleben, Wertschätzen und Sich-abgrenzen
Rollentheorie	Rollenbewusstsein stärken; Erwartungen klären; Sich gut abgrenzen; Rolle als Schutz und Schnittstelle zwischen der Person und den schulischen Anforderungen; internalisierte Normen und persönliche Bedürfnisse unterscheiden
PSI-Theorie	funktionsanalytische Perspektive; Selbstregulation als das Zusammenspiel verschiedener psychischer Funktionen; den Selbst-Modus aktivieren
Hypnosystemik	Unwillkürliches Erleben und das Unbewusste miteinbeziehen (z. B. durch die Arbeit mit inneren Bildern); Kooperation zwischen Bewusstsein und Unbewusstem entwickeln; die eigene Aufmerksamkeit fokussieren; Ressourcenfokus einnehmen

Literatur

Antonovsky, Aaron (1997): Salutogenese. Zur Entmystifizierung von Gesundheit. Tübingen: DGVT.
Bakewell, Sarah (2021): Das Café der Existenzialisten. München: C. H. Beck, 4. Aufl.
Bollnow, Otto Friedrich (1984): Existenzphilosophie. Stuttgart: Kohlhammer, 9. Aufl.
Bruun Jensen, Bjarne / Dür, Wolfgang / Buijs, Goof (2019): Salutogenese in Schulen In: Meier Magistretti, Claudia (Hrsg.): Salutogenese kennen und verstehen. Konzept, Stellenwert, Forschung und praktische Anwendung. Bern: Hogrefe, S. 245–256.
Buber, Martin (1995): Ich und Du. Ditzingen: Reclam, 11. Aufl.
Dahrendorf, Ralf (2010): Homo sociologicus. Ein Versuch zur Geschichte, Bedeutung und Kritik der Kategorie der sozialen Rolle. Wiesbaden: Springer VS, 17. Aufl.
Deubner-Böhme, Miriam / Deppe-Schmitz, Uta (2018): Coaching mit Ressourcenaktivierung. Ein Leitfaden für Coaches, Berater und Trainer. Bern: Hogrefe.
Frankl, Viktor E. (2013): Der Mensch vor der Frage nach dem Sinn. München: Piper, 25. Aufl.
Frankl, Viktor E. (2018): Ärztliche Seelsorge. Grundlagen der Logotherapie und Existenzanalyse. München: dtv, 8. Aufl.
Frankl, Viktor E. (2022): Über den Sinn des Lebens. Weinheim und Basel: Beltz, 5. Aufl.
Gilligan, Stephen (2011): Liebe dich selbst wie deinen Nächsten. Die Psychotherapie der Selbstbeziehungen. Heidelberg: Carl Auer, 3. Aufl.
Hahn, Alois (2017): Konstruktionen des Selbst, der Welt und der Geschichte. Frankfurt am Main: Suhrkamp, 2. Aufl.
König, Oliver / Schattenhofer, Karl (2018): Einführung in die Gruppendynamik. Heidelberg: Carl Auer.
Kuhl, Julius (2001): Motivation und Persönlichkeit. Interaktionen psychischer Systeme. Göttingen: Hogrefe.
Kuhl, Julius / Schwer, Christina / Solzbacher, Claudia (2014): Professionelle pädagogische Haltung: Persönlichkeitspsychologische Grundlagen. In: C. Schwer / C. Solzbacher (Hrsg.): Professionelle pädagogische Haltung. Historische, theoretische und empirische Zugänge zu einem viel strapazierten Begriff. Bad Heilbrunn: Klinkhardt, S. 79–106.
Kuhl, Julius / Strehlau, Alexandra (2014): Handlungspsychologische Grundlagen des Coaching. Anwendung der Theorie der Persönlichkeits-System-Interaktionen. Wiesbaden: Springer VS.

Künne, Thomas / Kuhl, Julius (2014): Warum die Beziehung so wichtig ist. Selbstkompetenz aus Sicht einer integrativen Persönlichkeitstheorie. In: C. Solzbacher / M. Lotze / M. Sauerhering (Hrsg.): Selbst – Lernen – Können. Selbstkompetenzförderung in Theorie und Praxis. Baltmannsweiler: Schneider Hohengehren, S. 21–34.

Längle, Alfried (2011): Erfüllte Existenz. Entwicklung, Anwendung und Konzepte der Existenzanalyse – Grundlagen. Wien: Facultas.

Längle, Alfried (2014): Lehrbuch zur Existenzanalyse – Grundlagen. Wien: Facultas, 2. Aufl.

Längle, Alfried / Bürgi, Dorothee (2014): Existentielles Coaching. Theoretische Orientierung, Grundlagen und Praxis für Coaching, Organisationsberatung und Supervision. Wien: Facultas

Lindström, Bengt (2019): Genesis – Über den Ursprung des Kohärenzsinns als lebenslanger Lernprozess. In: Meier Magistretti, Claudia (Hrsg.): Salutogenese kennen und verstehen. Konzept Stellenwert, Forschung und praktische Anwendung. Bern: Hogrefe, S. 111–117.

Lindström, Bengt / Eriksson, Monica (2019): Von der Anatomie der Gesundheit zur Architektur des Lebens – Salutogene Wege der Gesundheitsförderung. In: Meier Magistretti, Claudia (Hrsg.): Salutogenese kennen und verstehen. Konzept Stellenwert, Forschung und praktische Anwendung. Bern: Hogrefe, S. 25–107.

Marquard, Odo (2013): Der Einzelne. Vorlesungen über Existenzphilosophie. Stuttgart: Reclam.

Maturana, Humberto / Varela, Francisco (2012): Der Baum der Erkenntnis. Die biologischen Wurzeln menschlichen Erkennens. Frankfurt am Main: Fischer, 5. Aufl.

Meißner, Sebastian / Kracke, Bärbel / Berkemeyer, Nils / Noack, Peter (2020): VorteilJena – Bilanz und Perspektiven teilhabeorientierter Gesundheitsförderung. In: Berkemeyer, Nils / Kracke, Bärbel / Meißner, Sebastian / Noack, Peter (Hrsg.): Schule gemeinsam gesund gestalten. Facetten, Erfahrungen und Ergebnisse zweier schulischer Interventionsstrategien. Weinheim und Basel: Beltz Juventa, S. 182–186.

Schmid, Wilhelm (1999): Philosophie der Lebenskunst. Eine Grundlegung. Frankfurt am Main: Suhrkamp, 5. korr. Aufl.

Schmidt, Gunther (2007): Liebesaffären zwischen Problem und Lösung. Hypnosystemisches Arbeiten in schwierigen Kontexten. Heidelberg: Carl Auer, 2. Aufl.

Schmidt, Gunther (2010): Einführung in die hypnosystemische Therapie und Beratung. Heidelberg: Carl Auer, 3. Aufl.

Semper, Ina (2020): Netzwerke als Gesundheitsressource im Schulkontext? In: Berkemeyer, Nils / Kracke, Bärbel / Meißner, Sebastian / Noack, Peter (Hrsg.): Schule gemeinsam gesund gestalten. Facetten, Erfahrungen und Ergebnisse zweier schulischer Interventionsstrategien. Weinheim und Basel: Beltz Juventa, S. 88–106.

Solzbacher, Claudia (2014): Selbstkompetenz als zentrale Dimension im Bildungsprozess. In: Solzbacher, Claudia / Lotze, Miriam / Sauerhering, Meike (Hrsg.): Selbst – Lernen – Können. Selbstkompetenzförderung in Theorie und Praxis. Baltmannsweiler: Schneider Hohengehren, S. 1–19.

Steiger, Thomas / Lippmann, Eric (2004): Handbuch angewandte Psychologie für Führungskräfte, Bd. II. Heidelberg: Springer Medizin, 2. Aufl.

Storch, Maja / Kuhl, Julius (2013): Die Kraft aus dem Selbst. Bern: Huber, 2. Aufl.

Waibel, Eva Maria (2017): Erziehung zum Sinn – Sinn der Erziehung. Grundlagen einer Existenziellen Pädagogik. Weinheim und Basel: Beltz Juventa.

Waibel, Eva Maria / Wurzrainer, Andreas (2016): Motivierte Kinder – authentische Lehrpersonen. Einblicke in den existenziellen Unterricht. Weinheim und Basel: Beltz Juventa.

Wesche, Tilo (2003): Kierkegaard. Eine philosophische Einführung. Stuttgart: Reclam.

3. Praxismanual zur Selbstkompetenz

Torsten Nicolaisen

Das Praxismanual will Anregungen zur Entwicklung von Selbstkompetenz liefern. Dafür sind konkrete Handlungsimpulse dargestellt. Sie sind jeweilig mit kurzen Erläuterungen oder rahmenden Gedanken versehen. Weiterhin finden sich in ihnen Verweise auf die theoretischen Kapitel des Buches: Sollte das Interesse bestehen, kann sich die Leserin bzw. der Leser mit den Hintergründen zum einzelnen Vorgehen vertraut machen.

3.1 Zur Arbeit mit dem Praxismanual

Anstelle eines durchgetakteten Trainingsprogramms ist das Manual beweglicher gedacht. Das Durchhecheln eines straff geplanten Trainings steht dem Entwickeln von Selbstkompetenz eher im Wege. Vielmehr geht es um ein Durchatmen, bei sich landen und um einen guten Kontakt: sowohl zur eigenen Person als auch zu dem, was bei den Mitmenschen und in der Umgebung gerade los ist. So will Selbstkompetenz zweierlei: den Blick auf das Eigene schärfen und zugleich die Offenheit zu möglichen Anfragen aus dem Außen einüben.

Das Manual stellt verschiedene Handlungsfelder vor, die ineinandergreifen und die einander durchlässig sind. Auf eine scharfe Abgrenzung der einzelnen Felder wird verzichtet. Inhaltliche Überschneidungen sind bewusst eingebaut. Dadurch ist es möglich, gemäß der eigenen situativen Lage und dem persönlichen Interesse, welches sich aus einer konkreten schulischen Erfahrung heraus ergibt, mit einem der Felder zu beginnen. Von hier aus kann man sich dann Schritt für Schritt mit anderen Feldern beschäftigen. Somit soll eine hohe Flexibilität gewährleistet sein.

Das vorliegende Selbstkompetenz-Konzept geht von konkreten Situationen aus, in denen die Lehrperson merkt, dass sie persönlich betroffen bzw. angesprochen ist. Oder sie spürt, dass eine Situation für sie Entwicklungspotenzial birgt. Auf diese Weise soll das Praxismanual „dicht dran" an der Lehrperson sein. So lässt sich die pragmatische mit einer existenziellen Sichtweise verbinden. Bollnow spricht von einem In-der-Situation-sein (siehe Kapitel 2.2.6): Eine konkrete situative Erfahrung gibt den Anlass, sich mit der eigenen Selbstkompetenz zu beschäftigen, z. B. dort, wo die Lehrperson Druck oder Unzufriedenheit verspürt oder sich andersweitig herausgefordert fühlt. Genau an einem solchen Punkt steckt das größte Entwicklungspotenzial, da es im direkten Zusammenhang mit der lebensweltlichen Situation der Lehrperson steht.

Hinweis: Das vorliegende Praxismanual gibt Impulse zur Entwicklung von Selbstkompetenz sowie zur Persönlichkeitsentwicklung. Es ersetzt keine Psychotherapie. Diese kann hinzugezogen werden, wenn sich im Zuge der Auseinandersetzung mit sich selbst, ein besonders einschränkendes Fühl-, Denk- oder Verhaltensmuster auftaucht oder eine überbordend schmerzhafte Erfahrung aus der Vergangenheit bewusst wird. Beides bräuchte eine eingehendere Bearbeitung.

Ohnehin ist zu empfehlen, sich eine professionelle Begleitung in Form von Supervision, Coaching oder Therapie als punktuelle Unterstützung zu holen. Denn während der Entwicklung von Selbstkompetenz kommt es mit einiger Wahrscheinlichkeit auch zum Kontakt mit eigenen blinden Flecken. Gemäß ihrer Natur kann man sie nicht sehen. Erst durch ein Gegenüber werden sie umfassend sichtbar und verstehbar.

3.2 Vier Handlungsfelder

Im Praxismanual finden sich vier Handlungsfelder dargestellt, die für das Entwickeln eines kompetenten Umgangs mit sich selbst als grundlegende Prinzipien zu verstehen sind: Fokussieren – Regulieren – Agieren – Integrieren (zusammen bilden sie das Kürzel FRAI). Im Einzelnen bedeuten sie folgendes:

- Fokussieren: Wahrnehmen und Erleben hängen davon ab, wohin die Aufmerksamkeit fokussiert wird. In der Regel läuft das unbewusst ab, doch es lässt sich bewusst steuern.
- Regulieren: Das Regulieren der eigenen Emotionen kann als zentraler Aspekt von Selbstkompetenz gesehen werden.
- Agieren: Selbstkompetenz lässt sich nicht im Vakuum oder abgeschieden von der Welt entwickeln, sondern vielmehr in der Begegnung, in der Interaktion und im Handeln.
- Integrieren: Das Selbst entwickelt sich insbesondere dann, wenn unangenehme Erfahrungen verarbeitet werden. Manche Erfahrung zeigt erst durch eine eingehende Beschäftigung ihre Sinnhaftigkeit.

Diese vier Felder lassen sich mit einzelnen Komponenten differenzierter betrachten und mit entsprechenden Übungen in die Praxis bringen. Selbstkompetenz wäre damit ein Bündel an Fähigkeiten, die ineinandergreifen.

Handlungsfeld 1

Fokussieren: Aufmerksamkeit lenken

1. Sich selbst wahrnehmen
2. Zur Ruhe kommen: Sich zentrieren, Halt finden
3. Aufmerksamkeit umfokussieren: vom Problem- zum Ressourcenfokus
4. Überblick bewahren: Vogelperspektive einnehmen
5. Selbstwirksamkeit bewusst machen

Handlungsfeld 2

Regulieren von Emotionen

1. Sich selbst beruhigen
2. Ressourcen aktivieren
3. Emotionale Reaktionsmuster verändern
4. Innere Vielseitigkeit nutzen
5. Mit Zwickmühlen einen konstruktiven Umgang finden

Handlungsfeld 3

Agieren: Interaktion und Dialog gestalten

1. Offenheit einüben: Innen – Außen
2. Gespräche kultivieren
3. Sich-abgrenzen, Rolle und Erwartungen klären
4. Konflikten konstruktiv begegnen
5. Schulterschluss und Bündnisse schaffen

Handlungsfeld 4

Erfahrungen integrieren

1. Inneren Kompass entwickeln: Werte und Sinn
2. Annehmen und lassen können
3. Eigene Emotionen verstehen
4. Integrieren von verunsichernden und schmerzhaften Erfahrungen
5. Selbstbesinnung und Muße pflegen

Die vier Handlungsfelder sollen eine grobe Orientierung geben. In der Praxis sind sie kaum scharf voneinander zu trennen. Vielmehr überschneiden sie sich, ebenso einige ihrer Komponenten. Bereits beim Einüben des Sich-zentrierens lernt die praktizierende Person nicht nur ihre Aufmerksamkeit zu fokussieren (Handlungsfeld 1), sondern gleichzeitig sich selbst zu beruhigen. Letztere Fähigkeit ist in der vorliegenden Übersicht als Komponente dem zweiten Handlungsfeld „Emotionen regulieren" zugeordnet. So greift ein Handlungsfeld in ein anderes.

Abb.1: Vier Handlungsfelder

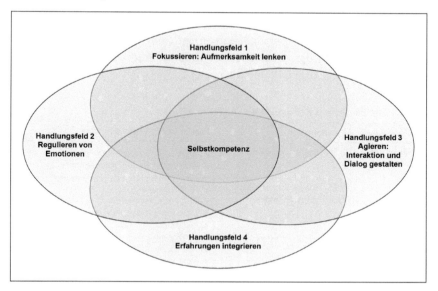

Durch die Überschneidungen ergeben sich Redundanzen, die jedoch beabsichtigt sind. Beispielsweise findet sich die Arbeit mit inneren Bildern oder mit der körperlich-leiblichen Ebene auf allen vier Handlungsfeldern in ihren jeweiligen Praxisimpulsen. Mit Bildern, Metaphern, Geschichten und dem Einbeziehen des Körpererlebens ist der psychische Modus des Selbst aktivierbar. Sie erreichen tiefere Schichten der Persönlichkeit. Zudem ermöglichen sie einen wirkungsvollen Zugang zu Ressourcen. Mit Bezug auf die PSI-Theorie nach Kuhl formuliert Hofmann, „dass das Selbstsystem nicht leicht zu erforschen ist, und schon gar nicht durch den Prozess der Reflexion, weil die Informationen im Selbstsystem nicht begrifflich, sondern in Bildern gespeichert sind" (Hofmann 2020, S. 44)

Der Alltag kann als Übungsfeld gesehen werden. Beispielsweise kann die Komponente des Sich-zentrierens (Handlungsfeld 1) nicht über analytische Überlegungen, sondern nur durch praktisches Tun eingeübt werden. Insbesondere die Impulse aus den Handlungsfeldern 1 bis 3 sind weitestgehend dafür gedacht, sie unmittelbar im schulischen Geschehen auszuprobieren und damit eigene Erfahrungen zu sammeln. Bisweilen braucht es dafür kleine Überlegungen im Vorfeld oder Vorübungen im privaten Rahmen. Dann jedoch geht es darum, sie in den Alltag zu integrieren.

Das vierte Handlungsfeld braucht eher einen geschützten Raum und ein ausgiebiges Maß an Zeit. In diesem Zusammenhang ist zu empfehlen, sich einen Platz zu schaffen, der Selbstbesinnung und Muße ermöglicht.

Den jeweiligen Unterpunkten in jedem Handlungsfeld sind verschiedene kleine Praxisimpulse zugeordnet. Die Leserin bzw. der Leser hat somit eine Auswahl. Es wäre zu schauen, was einen persönlich anspricht, und damit zu experimentieren. Es ist keinesfalls nötig, dass sämtliche Praxisimpulse umgesetzt werden müssten. Die folgende Tabelle liefert eine Übersicht.

Tabelle 1: Handlungsfeld, Komponenten, Praxis- und Reflexionsimpulse

Handlungsfeld	Komponenten	Praxis- und Reflexionsimpulse
1 Fokussieren: Aufmerksamkeit lenken	1 Sich selbst wahrnehmen	• Beobachterposition einnehmen, • Sich selbst situativ wahrnehmen
	2 Zur Ruhe kommen: Sich zentrieren, Halt finden	• Sich zentrieren, • Den Atem wahrnehmen, • Verweilmomente einrichten, • Halt finden
	3 Die Aufmerksamkeit umfokussieren: vom Problem- zum Ressourcenfokus	• Auf Ressourcen fokussieren, • Vom Problem- zum Ressourcenfokus
	4 Überblick bewahren	• Vogelperspektive einnehmen
	5 Selbstwirksamkeit bewusst machen	• Auf das Erleben von Selbstwirksamkeit fokussieren
2 Regulieren von Emotionen	1 Sich selbst beruhigen	• Atemmuster verändern, • Körperhaltung verändern, • Wohlwollende Selbstgespräche führen
	2 Ressourcen aktivieren	• Auffinden von Ressourcen, • Ressourcentransfer
	3 Emotionale Reaktionsmuster verändern	• Details im Reaktionsmuster erkennen und verändern
	4 Innere Vielfalt nutzen	• Das „Wach-werden" innerer Seiten bewusst machen, • Zusammenspiel der inneren Seiten, • Vernachlässigte Seiten
	5 Mit Zwickmühlen einen konstruktiven Umgang finden	• Wertorientiertes Entscheiden, • Perspektivität bewusst machen

3 Agieren: Inter-aktion und Dialog gestalten	1 Offenheit einüben	• Die Wahrnehmung öffnen, • Sich eigener Vorannahmen enthalten
	2 Gespräche kultivieren	• Qualitäten des Zuhörens, • Kommunikationsschleifen gestalten, • Gesprächsbausteine anwenden
	3 Sich-abgrenzen, Rolle und Erwartungen klären	• Sich-abgrenzen, • Das innere „Ja" zum äußeren „Nein", • Rolle und Erwartungen klären, • Rollenbewusstsein als Schutz
	4 Konflikten konstruktiv begegnen	• Konflikt als Hinweis, • Konflikte regulieren
	5 Schulterschluss und Bündnisse schaffen	• Das Miteinander als Kraftquelle, • Kollegiale Fallarbeit
4 Erfahrungen integrieren	1 Inneren Kompass entwickeln: Werte und Sinn	• Zugang zum Wert- und Sinnerleben finden, • Werte und Sinn als integrierende Kräfte
	2 Annehmen und lassen können	• Lassen und Annehmen, • Innere Antreiber: Perfektionismus und Selbstansprüche, • Andere Menschen lassen können, • Die eigene Begrenztheit anerkennen
	3 Eigene Emotionen verstehen	• Voraussetzungen zum Verstehen der Emotion schaffen, • Gefühlsreaktion erkunden und das Wesentliche erhellen, • Gefühlsreaktion verstehen
	4 Integrieren von verunsichernden und schmerzhaften Erfahrungen	• Limbisch sprechen, • Stellvertreter-Methode, • Gespräch mit dem zukünftigen Ich, • Geschichten über sich selbst, • Lebenspanorama
	5 Selbstbesinnung und Muße pflegen	• Sich Zeit und Raum geben, • Der Muße nachgehen

3.2.1 Handlungsfeld 1
Fokussieren: Aufmerksamkeit lenken

Komponente 1 (Handlungsfeld 1): Sich selbst wahrnehmen

Der Mensch verfügt über die Fähigkeit, sich selbst wahrzunehmen. Das klingt wie eine banale Angelegenheit, doch die Selbstwahrnehmung ist ein komplexer und voraussetzungsvoller Vorgang. Im Alltag ist die Wahrnehmung gemeinhin durch

Tätigkeiten absorbiert, die im Tagesgeschehen zu verrichten sind. So ist die Aufmerksamkeit eher auf das Außen gerichtet: auf die kleinen sowie großen Aufgaben und Vorkommnisse im Alltag, die häufig ein zügiges Handeln erfordern. Daher ist es kein triviales Unterfangen, die Aufmerksamkeit auf sich selbst zu lenken. Dafür eignen sich vier Blickrichtungen:

- konkrete körperliche Reaktionen und das leibliche Empfinden,
- Gedanken und Gedankenkreisläufe,
- emotionale Reaktionen und innere Stimmungen,
- Verhaltensweisen, insbesondere in der Interaktion mit anderen Personen.

Wird die Wahrnehmung auf das eigene Erleben (d. h. auf Gedanken und Gefühle sowie auf das körperlich-leibliche Empfinden) gelenkt, entsteht eine bewusste Beziehung zu sich selbst. Auf dieser Grundlage ist es mit einiger Übung möglich, sich von sich selbst zu distanzieren. Umgangssprachlich zeigt sich das in Formulierungen wie z. B. „einen Schritt zur Seite treten" oder „mich aus der Vogelperspektive betrachten". Damit öffnet sich ein Weg, sich in den eigenen Gedanken und Verhaltensweisen zu beobachten. Der Fluss unwillkürlicher Abläufe kann relativiert und bisweilen sogar unterbrochen werden. So entsteht für die Person eine Möglichkeit, von ihrem aktuellen Erleben vorläufig oder zumindest für einen Moment auf Abstand zu gehen.

Beobachterposition einnehmen

Selbstbeobachtung gleicht dem Einnehmen einer Metaposition, um das Geschehen in mir oder mein Verhalten in Interaktion mit der Umwelt zu betrachten. Das Ich begibt sich auf Abstand zum Erleben und bleibt doch in Beziehung zu sich. Anstatt mit den eigenen Automatismen assoziiert zu bleiben, wird eine Distanz zu ihnen hergestellt. Solch ein Schritt zur Seite ermöglicht, das eigene Fühlen, Denken und Verhalten aus einer anderen Perspektive zu sehen. Durch das Abstandnehmen kann paradoxerweise eine stärkere Nähe zu sich selbst entstehen.

Jeder Mensch verfügt über die Fähigkeit zur Selbstbeobachtung. Dennoch ist ihr Einsatz keine Selbstverständlichkeit. Wir setzen sie eher weniger bewusst ein. Doch mit einiger Übung lässt sie sich schrittweise entwickeln.

Für die Praxis bietet sich dazu an, ...

- bewusst zu formulieren, dass ich mich nun selbst beobachte (als innerlich gedachter Satz oder leise ausgesprochen: „Ich nehme mich nun selbst wahr ..." oder „Ich schaue auf mich"),
- die Ebene der Körperkoordination einzubeziehen, z. B. indem wortwörtlich ein Schritt zur Seite getan wird, um sich zu beobachten oder indem einige tiefe Atemzüge genommen werden,

- Zwiesprache mit sich selbst zu halten,
- vertrauenswürdige andere Personen um ihre Sichtweise zu bitten,
- den Moment der Selbstwahrnehmung an eine andere Tätigkeit zu koppeln (z. B. beim Trinken eines Heißgetränks in der großen Pause).

Das Einüben von Selbstkompetenz achtet auf die Qualität des Selbst-Beobachtens. Hier geht es um einen Modus von konstruktiver Distanznahme bei gleichzeitigem An-sich-herankommen-lassen. Denn wenn ich unschöne Gedanken in mir beobachte, geschieht es leicht, dass ich sie abwerte, rationalisiere oder zur Seite tun möchte. An diesem Punkt wäre zu empfehlen, nicht gegen sie anzugehen, sondern sie zu nehmen, wie sie sind, und sie genauer zu betrachten.

Sich selbst situativ wahrnehmen

Das Einüben von Selbstwahrnehmung lässt sich in verschiedenen Situationen im Laufe des Schulalltags vornehmen. Es geschieht nicht in den Kategorien von „richtig" und „falsch", sondern eher als ein Ausprobieren. Was für die eine Lehrperson z. B. im Rahmen des Unterrichts funktioniert, muss nicht zwangsläufig für alle Lehrpersonen gelten.

Praxis:

Selbstwahrnehmung einüben

1. Variante: Selbstwahrnehmung im Alltag, allgemein
Momente der Selbstbeobachtung können als Übung in den Alltag gebracht werden. Während man den eigenen Tätigkeiten nachgeht, lässt sich z. B. dreimal am Tag eine der folgenden Fragen stellen:

- Was kann ich auf meiner körperlichen Ebene wahrnehmen?
- Wie ist mein aktueller Zustand?
- In welcher Stimmung befinde ich mich?
- Welche Gedanken gehen mir gerade durch den Sinn?
- Was sind Gedanken oder emotionale Regungen (z. B. Unlust oder Hoffnungen), die im Schulalltag oder in der Begegnung mit Kolleginnen und Kollegen wiederkehrend auftauchen?
- Wie verhalte ich mich dann?

2. Variante: Betrachten einer konkreten Situation
Es kommt vor, dass man sich in einer Situation besonders aufregt und anschließend damit keine Ruhe findet. Eher stellt sich dann eine Unzufriedenheit oder ein unstimmiges Gefühl ein. Hier bietet sich die Möglichkeit, diese Situation genauer ins Auge zu nehmen. Dazu wäre es notwendig, sie an sich herankommen zu lassen, anstelle sie klein zu reden oder als nichtig zu betrachten. Zum Herankommen-lassen empfiehlt es sich, Zeit zu

nehmen und einen guten Ort zu wählen, an dem man sich sicher fühlt. Folgende Fragen können hilfreich sein:

- Was ist gerade wirklich passiert?
- Wie geht es mir aktuell damit?
- Welche Gedanken, Gefühle oder Körperempfindungen tauchen auf?
- Wie erging es mir während des Geschehnisses? Wie erlebte ich die Situation körperlich-leiblich (z. B. mit einem Erleben von Enge)?

Die dargestellten Vorgehensweisen lassen sich auch auf den Ablauf einer konkreten Unterrichtsstunde beziehen. Das Einüben von Selbstwahrnehmung wäre inmitten des Geschehens durchzuführen – das ist gewiss nicht einfach, aber mit einigen Anläufen durchaus lernbar. Die einzelnen Phasen des Unterrichts könnten dafür eine mögliche Vorstrukturierung geben: Begrüßung, Erarbeitungsphase, Sicherung der Unterrichtsinhalte und Reflexionsphase. Gegebenenfalls lassen sich zu jeder Phase kleine Notizen machen. Auf solchem Wege kann die Selbstwahrnehmung ritualisiert werden – damit sie in den Turbulenzen des schulischen Alltags nicht aus dem Blick gerät.

3. Variante: Selbstwahrnehmung während des Unterrichts
Was nehme ich während des Unterrichts auf der körperlichen Ebene wahr? Welchen Grad an Anspannung oder Entspannung kann ich registrieren:
... kurz vor der Begrüßung der Klasse,
... vor der Erarbeitungsphase,
... vor der Sicherung der erarbeiteten Unterrichtsinhalte,
... vor der Reflexionsphase,
... oder in einer Stillarbeitsphase?

Nach dem Unterricht:
Gab es Momente, die mich emotional gestresst haben? Gab es Momente, die mich im guten Sinne berührt haben?

Die Aussage „Ich beobachte mich selbst" beschreibt einen Blickwinkel auf sich selbst, d. h. er unterliegt einer bestimmten Perspektive und vermag daher nur einen bestimmten Teilaspekt oder Ausschnitt zu sehen, niemals aber den gesamten Menschen.

Komponente 2 (Handlungsfeld 1): Zur Ruhe kommen: Sich zentrieren, Halt finden

Um Selbstkompetenz zu entwickeln, ist es notwendig zur Ruhe zu kommen. Es braucht Momente des Innehaltens und Durchatmens. Der gefüllte Kalender gibt dafür in der Regel wenig Spielraum. Auch der Sprachgebrauch weist darauf hin: Wir sprechen von „Terminen" und nicht von „Verweilmomenten".

In der Geschäftigkeit und Hektik des Alltags fällt es bisweilen schwer, ganz in einer Situation zu verweilen oder wirklich bei sich zu sein. Daher empfiehlt es sich, Momente der Ruhe in den Alltag zu integrieren. Dann lässt sich die Aufmerksamkeit fokussieren, bzw. die Aufmerksamkeitsfokussierung kann dazu verhelfen, für einen Moment zur Ruhe zu kommen. Das ist ein wichtiges Vorgehen – wenn es auch herausfordernd sein mag und nicht leicht umzusetzen. Wir sind anderes gewohnt: Unsere aktuelle Kultur betont eher die *Vita Activa* und weniger die *Vita Contemplativa*. Optimal wäre jedoch eine Balance zwischen diesen beiden Qualitäten.

Sich zentrieren

Zur Ruhe zu kommen lässt sich durch kleine Praxisübungen schrittweise in den Alltag bringen. Dafür eignet sich insbesondere der Fokus auf die körperliche Ebene.

Sich zu zentrieren bedeutet, die Wahrnehmung auf die eigene Körpermitte zu lenken, um dann zu schauen, wie es sich auf das Befinden auswirkt.

Das sind beispielsweise Praktiken des bewussten Atmens oder des Wahrnehmens der Körperachse. Es geht hier um eine gefühlte Mitte, um ein Ich-stehe-in-meinem-Leben. Das muss kein Erweckungserlebnis sein und kann bisweilen auch im Kleinen geschehen oder eher still daherkommen.

Praxis:

Möglichkeiten des körperlichen Zentrierens

- die Aufmerksamkeit auf die eigene Körpermitte lenken;
- sich dem Atemrhythmus hingeben und ihm vertrauen;
- beim Sitzen auf die Aufrichtung der Wirbelsäule achten (– anstatt sich einsinken zu lassen wie ein nasser Sack);
- aus der Körpermitte in den Stand kommen;
- sich auf den Unterbauch oder einen Punkt unterhalb des Nabels konzentrieren (– anstatt sich im Oberkörper aufzuplustern);
- einen Schwerpunkt im Stehen oder in der Bewegung finden.

> Nehmen Sie bitte einen der oben genannten Aspekte, der Sie besonders anspricht. Experimentieren Sie damit, diese kleine Tätigkeit für eine bis zwei Minuten in alltäglichen Situationen anzuwenden. Erst im Ausprobieren zeigt sich, welche der Ideen für Sie persönlich passend und hilfreich ist.
>
> Wenn möglich, machen Sie sich anschließend eine kleine Notiz, dass Sie dies getan haben und wie es Ihnen damit ergangen ist.

Die Konzentration auf die mittlere Körperachse lässt sich durch das Beachten des körperlichen Empfindens vertiefen. Es wäre z. B. zu beobachten, inwieweit über Drehbewegungen um die Wirbelsäule, das Fallenlassen in den eigenen Beckenbereich oder das bewusste Wahrnehmen des eigenen Stehens Veränderungen im leiblichen Empfinden entstehen. Gilligan (2011) spricht von somatischer Zentrierung und schlägt ähnliche Übungen vor, wie z. B. den Fokus auf die Bewegung des Atems entlang der Wirbelsäule zu legen. Diese kleinen Praktiken können als tägliche Übung genommen werden, um Bewusstsein in das körperlich-leibliche Wahrnehmen und Empfinden zu bringen. Anstatt sich im Außen zu verlieren, ermöglichen sie einen Moment des Innehaltens.

Den Atem wahrnehmen

Das Wahrnehmen des eigenen Atems und seiner Bewegungen ist Bestandteil vieler Konzepte zur Stressbewältigung. Insbesondere das Achtsamkeitstraining „Mindfulness-based-stress-reduction" nach Jon Kabat-Zin schlägt Übungen vor, die Aufmerksamkeit auf den Atem zu fokussieren.

Der Neurowissenschaftler Richard Davidson konnte belegen, dass die Achtsamkeitsmeditation sich auf der hirnphysiologischen Ebene unmittelbar auf die Aktivitäten von Amygdala (dem Angstzentrum) und dem orbito-frontalen Kortex auswirkt (Davidson/Begley 2012). So lässt sich in relativ kurzer Zeit auf das eigene emotionale Erleben einwirken.

> **Praxis:**
>
> Den Atem wahrnehmen
>
> Richard Davidson (Davidson/Begley 2012) schlägt folgende schlichte Atemübung vor:
>
> „1. Wählen Sie eine Tageszeit aus, zu der Sie besonders wach und aufmerksam sind. Setzen Sie sich mit geradem Rücken auf den Boden oder auf einen Stuhl, entspannt, aber aufrecht, in einer Haltung, in der Sie nicht schläfrig werden.
> 2. Konzentrieren Sie sich nun auf Ihren Atem, auf die Empfindungen, die er in Ihrem Körper auslöst. Achten Sie darauf, wie sich Ihre Bauchdecke mit jedem Einatmen hebt und mit jedem Ausatmen wieder senkt.

3. Konzentrieren Sie sich auf Ihre Nasenlöcher und achten Sie auf die unterschiedlichen Empfindungen, während der Atem ein- und wieder ausströmt.
4. Wenn Sie merken, dass Ihre Gedanken abschweifen oder Gefühle in Ihnen auftauchen, kehren Sie mit Ihrer Aufmerksamkeit einfach zum Atem zurück." (Davidson/Begley 2012, S. 363 f)

Ein regelmäßiges Üben wäre zu empfehlen. Bereits mit solchen Vorgehensweisen kann ein Erleben von Stress vermindert werden. Gedankliche Endlosschleifen wie sie für zermürbende Grübeleien typisch sind, lassen sich unterbrechen.

Verweilmomente einrichten

Im durchgetakteten schulischen Alltag gibt es nur wenig Zeit zum Verweilen. Bisweilen ist es aufgrund akuter Geschehnisse und den damit verbundenen Anforderungen nicht möglich. Wenn beispielsweise ein Streit zweier Schüler in eine Prügelei eskaliert, muss sofort interveniert und eingedämmt werden. Das ist kaum der rechte Moment, um sich in aller Ruhe zum Verweilen auf einen Stuhl zu setzen. In anderen Situationen, in denen die Lehrperson nicht unmittelbar zum Handeln gefordert ist, wird es eher möglich sein – nicht leicht, aber doch möglich.

Es liegt in der Verantwortung der einzelnen Lehrperson, sich Momente zum Durchatmen und Verweilen selbst einzurichten. Hier geht es um ein bewusstes Innehalten. Währenddessen müssen keine Übungen oder Reflexionen durchgeführt werden. Es geht alleinig darum, im Hier-und-Jetzt zu sein. Dabei dürfen die Gedanken kommen und gehen. Es ist ein Moment des Verweilens und vielleicht auch der Tagträumerei.

Praxis:

Verweilmomente: kleine Inseln schaffen

Für minimale Auszeiten im Alltag können beispielsweise folgende kleine Rituale hilfreich sein:

- bewusstes Innehalten bei einem Becher Kaffee oder Tee,
- ein bewusst gewähltes entspanntes Gespräch mit einer geschätzten Kollegin,
- zwei bis drei Minuten Zeit für einen Blick aus dem Fenster zu nehmen.

Auch wenn solche Verweilmomente nur wenige Minuten umfassen, empfiehlt es sich, für die Mitmenschen in der Umgebung eine kurze, freundliche Erläuterung parat zu haben, wie z. B. „Ich brauche einen Moment für mich. In fünf Minuten bin ich wieder ansprechbar".

Zwischen den Unterrichtsstunden

Mitunter lässt sich das Verweilen auch nach einer Unterrichtsstunde durchführen. Das ist sicherlich nicht immer möglich, denn in der Regel müssen Lehrpersonen nach dem Unterricht unverzüglich weiter zur nächsten Klassenstunde oder haben weitere Gespräche und Termine im Kalender. Daher wäre das Verweilen als ein Übungsweg zu sehen. Es gilt, die Augen dafür aufzuhalten, wo es sich vielleicht einrichten lässt. Unter Umständen geht es komplett gegen die eigenen Gewohnheiten. Dann aber spielt die eigene Gewohnheit des sofortigen Aufbrechens eine Rolle – und eine Gewohnheit ist durch Übung veränderbar.

Für ein Verweilen braucht es keineswegs viel Zeit. Das Einüben eines kurzen Zeit-nehmens-für-sich-selbst ermöglicht ein Durchatmen oder auch ein Ankommen-bei-sich-selbst.

Praxis:

Kurzes Verweilen zwischen den Unterrichtsstunden

In der Regel muss die Lehrperson nach einer Unterrichtsstunde sofort weiter zur nächsten Stunde. Daher ist folgendes Vorgehen sicherlich nur in ausgewählten Momenten möglich, z. B.:

- die großen Pausen nutzen,
- die Routine des Klassenbuchseintrags nutzen, um anschließend kurz zu verweilen,
- in Spring- bzw. Freistunden ein kleines Ritual einrichten, um sich an das Verweilen zu erinnern.

Eine weitere Möglichkeit: Kurz nachdem die Schülerinnen und Schüler den Klassenraum verlassen haben, dort noch etwas verweilen und zunächst drei bis vier tiefe Atemzüge nehmen. Wenn es passt, kann eine der folgenden Fragen beschäftigen:

- Wie ist diese Unterrichtsstunde für mich gewesen?
- Hatte ich meinen Raum? Inwieweit hatte ich einen guten Stand?
- Wie ist es, nun für mich im Raum zu sein? Was klingt noch nach?
- Wie ist es, nun die Erde unter den Füßen zu spüren?
- Was könnte ich an meiner Art und Weise des Stehens oder an meiner Sitzhaltung ändern, um mich demnächst etwas souveräner zu fühlen?

Halt finden

Bereits die bisher genannten Impulse zur Selbstwahrnehmung können dazu beitragen, dass ein Erleben von Halt entsteht. Daneben lässt sich Halt auf weiteren unterschiedlichen Ebenen finden:

- Routinen,

- Fähigkeiten,
- Rolle,
- Verlässlichkeiten,
- Vertrauen.

Diese Komponenten spielen ineinander und sind kaum voneinander zu trennen. So können Routinen sicherlich auch als Verlässlichkeit gesehen werden und eine bestimmte Fähigkeit birgt mitunter schon das Vertrauen in eben diese Fähigkeit. Das Unterscheiden der Komponenten soll anregend wirken und verschiedene Zugänge eröffnen.

Halt finden in den Routinen des Alltags

Bisweilen werden Routinen als etwas Einschränkendes beschrieben. Wenn es um Veränderungen im beruflichen oder privaten Alltag geht, haben sie einen eher schlechten Ruf. Doch daneben können sie ebenso als etwas Halt-gebendes gesehen werden. Das gilt gerade in Lebensphasen, in denen beruflich oder privat viel Bewegung oder sogar ein Durcheinander herrscht. Da kann es hilfreich sein, wenn man sich morgens – wie auch an vielen Tagen zuvor – seinen Tee oder Kaffee bereitet. Oder wenn man im Lehrerzimmer mit bestimmten Kollegen zum Wochenstart erst einmal ausschließlich über das Wochenende spricht – und noch nicht über die Schule.

Routinen finden sich auch in kleinen Ritualen, die man mit einer Schulklasse eingeübt hat. Man weiß, was jetzt kommt. Das kann ein gemeinsames Morgenritual oder das Durchführen eines Klassenrats sein.

Halt finden in den eigenen Fähigkeiten

Jeder Mensch hat im Laufe seines Berufslebens Fähigkeiten erlernt. Sie ermöglichen ihm, mit einem guten Grad an Sicherheit und Souveränität seine alltägliche Arbeit zu tun und sein Leben zu gestalten. Einige dieser Fähigkeiten werden so sehr zu einer Selbstverständlichkeit, dass man sie nicht mehr wahrnimmt. Um sich bewusst zu machen, welchen Halt sie ermöglichen, lassen sich die eigenen Fähigkeiten beispielsweise auflisten oder anderweitig visualisieren. Hier geht es vorrangig um das persönliche Können, also all jenes, worüber sich sagen lässt: „Das kann ich gut".

Halt finden in der beruflichen Rolle

Das Bewusstsein für die eigene Rolle kann Halt vermitteln. Schließlich handelt die Lehrperson in der Schule nicht als Privatmensch, sondern in einer professionellen Rolle. Der gut gemeinte Ratschlag „Das darfst du nicht persönlich nehmen" bewirkt häufig das Gegenteil des Gutgemeinten – denn schließlich hat man etwas bereits persönlich genommen. Hilfreicher wäre an solcher Stelle, sich bewusst zu machen, dass z. B. in einer herausfordernden Gesprächssituation, die Äußerung des Gegenübers nicht mir als Mensch gilt, sondern meinem Verhalten in meiner Rolle. Insofern mag ein Rollenbewusstsein hilfreich sein, um Halt und darüber hinaus auch Schutz zu geben. (Weitere Hinweise zur Rolle finden sich in Kapitel 2.3 sowie im Handlungsfeld 3).

Halt finden durch Verlässlichkeiten

Es gibt Dinge und Personen, auf die man sich verlassen kann. Das können Kolleginnen und Kollegen aus dem eigenen Schulhaus sein, auf die man sich verlassen kann. Oder die Verlässlichkeit, dass die finanzielle Entlohnung für die Lehrertätigkeit regelmäßig auf dem Bankkonto ankommt (– was in anderen Berufsfeldern nicht notwendigerweise genauso funktioniert). Oder die anscheinend kleinen Verlässlichkeiten im kollegialen Miteinander. Bisweilen scheinen sie selbstverständlich – umso naheliegender ist es, sie ins Auge zu nehmen, um sie sich bewusster zu machen.

Halt finden durch Vertrauen

Vertrauen ist ein großer Begriff. Sicherlich besteht eine große Nähe zum Begriff der Verlässlichkeiten: dort, wo ich mich auf etwas verlassen kann, ist in der Regel auch Vertrauen im Spiel. Doch Vertrauen lässt sich als etwas Grundlegenderes im menschlichen Leben betrachten. Das Vertrauen in mich selbst oder in das Leben können auch dann noch präsent sein, wenn anscheinend keine Verlässlichkeit mehr zu finden ist. Deswegen betrifft das Vertrauen die größeren und umfassenderen Lebenszusammenhänge, z. B.:

- Das Vertrauen darin, dass ich eingebettet bin in ein soziales Miteinander wie z. B. Familie oder Freundeskreis.
- Das Vertrauen in die großen Lebensrhythmen, wie sie sich in der Natur zeigen, beispielsweise im Wechsel der Jahreszeiten, im Kommen-und-Gehen von Ebbe und Flut. Auch nach der dunkelsten Nacht kommt ein neuer Tag.
- Das Vertrauen in sich selbst und die eigenen Kräfte: darin, dass ich schon so manche schwierige Situation oder sogar Krisen überstanden habe; dass es in mir eine Kraft geben muss, die kaum greifbar, aber doch allgegenwärtig ist – sogar in solchen Momenten, in denen ich keinen bewussten Zugang zu ihr habe.

Praxis:

Halt finden

- Welche Routinen im Tagesablauf geben mir Halt?
- Auf welche meiner Fähigkeiten kann ich bauen?
- Womit fühle ich mich sicher? Was kann ich gut? Worauf kann ich mich verlassen?

- Welche kleinen Rituale bzw. Handlungsabfolgen (z. B. im Lehrerzimmer oder in der Klasse) geben mir Halt?
- Wo und wann bin ich mir in meiner Rolle sicher? Inwieweit vermittelt sich mir durch mein Rollenbewusstsein ein gewisser Halt?

In herausfordernden oder in trubeligen Situationen im Alltag:
- Was hilft mir, um in das „Auge des Sturms" zu gelangen?
- Wodurch fühle ich mich gehalten?
- In welche größeren Rhythmen des Lebens und der Natur habe ich Vertrauen? (z. B. „Nach der Ebbe kommt die Flut", Wechsel der Jahreszeiten)

Komponente 3 (Handlungsfeld 1): Aufmerksamkeit umfokussieren: vom Problem- zum Ressourcenfokus

Der Umgang mit der eigenen Aufmerksamkeit begleitet den Menschen tagtäglich in sämtlichen Situationen. Durch das Lenken der Aufmerksamkeit entsteht das augenblickliche Erleben. Dieser Prozess ist in der Regel nicht bewusst. Dennoch beeinflusst er massiv das Denken, Fühlen und Verhalten.

„Je stärker wir uns auf etwas ‚fokussieren', desto mehr verschwindet alles außerhalb dieses Fokus aus unserem Bewusstsein – wir sind wie blind" (Roth 2011, S. 131). Dieses Phänomen bezeichnet Gerhard Roth mit Bezug auf die Neurowissenschaften als *inattentional blindness* (Roth 2011, S. 131). Diese gilt für ein positives Erleben ebenso wie für ein negatives. Erfährt eine Person im starken Maß eine Blockade, kann davon ausgegangen werden, dass sie links und rechts des Problems wenig wahrnimmt.

Das Fokussieren der Aufmerksamkeit wirkt sich auf das Erleben aus. In einem starken Problemerleben verengt sich die Wahrnehmung. Sie gerät zu einem Tunnelblick, der ausschließlich schmerzhafte und niederschlagende Erfahrungen im Fokus hat. In der Regel gehen damit negative Gedanken und Gefühle einher. Die körperliche Energie scheint zu stocken oder zu erschlaffen. Kraftspendende Erfahrungen und Erlebensmuster sind dann wie ausgeblendet.

So macht es einen Unterschied, ob eine Person ihre Aufmerksamkeit in Richtung eines Defiziterlebens („Ich traue mich nicht, meine Meinung mitzuteilen ... eigentlich konnte ich das noch nie ... ich bekomme meinen Mund nicht auf") oder in Richtung ihres Kompetenz- und Krafterlebens lenkt („Ich habe schon viele Herausforderungen in meinem Leben gemeistert – das wird mir jetzt helfen"). In jedem Fall hat es eine massive Auswirkung auf das Erleben. Gunther Schmidt (2010) stellt die Konsequenzen dieser Dynamik in seinem Beratungsansatz eingehend dar (siehe Kapitel 2.5).

Also geht es darum, sich darin zu üben, die eigene Aufmerksamkeit auf schutz- und haltgebende, kraftspendende Erfahrungen aus dem eigenen Leben zu lenken. Das Präsent-werden solcher Gedächtnisepisoden gibt Energie, um sich besser mit einer aktuellen Herausforderung auseinanderzusetzen.

Auf Ressourcen fokussieren

Wenn nun die Aufmerksamkeit von einem Problemfokus (Tunnelblick) auf mögliche Ressourcen umgelenkt werden soll, bleibt die Frage, was unter Ressourcen zu verstehen ist.

Als Ressourcen gelten alle Erfahrungen, die mit einem Erleben von Kraft, Wohlsein und Selbstwirksamkeit verknüpft sind. Allgemein lässt sich „alles, was uns körperlich und seelisch gut tut" (Deubner-Böhme/Deppe-Schmitz, 2018, S. 44) als Ressource verstehen. Dies kann eine gelungene Unterrichtsstunde, das Hören der persönlichen Lieblingsmusik oder die gute Beziehung zu einem nahestehenden Menschen sein. Für die Entwicklung von Selbstkompetenz ist solch ein Verständnis von Ressourcen überaus wichtig, doch greift es etwas zu kurz. Denn Ressourcen sind mehr als ein Feel-good-Moment. Sie entstehen aus den Erfahrungen, die eine Person mit der Welt sammelt. Die Ressourcenerfahrung hat also einen Weltbezug und dort, wo sie mit dem persönlichen Wert- oder Sinnerleben verknüpft ist, hat sie eine größere Kraft.

Auch wenn Ressourcen innerlich empfunden werden, lassen sie sich nicht auf ein innerpsychisches Erleben reduzieren. Denn Ressourcenerlebnisse verbinden die Person mit dem Geschehen in ihrem Umfeld. Dieser Aspekt von Ressourcen, der einem existenziellem Verständnis folgt (siehe Kapitel 2.2), spielt für die Entwicklung von Selbstkompetenz eine wesentliche Rolle.

Praxis:

Blick auf die eigenen Ressourcen

- Was sind meine Energiequellen? (beruflich und/oder privat)
- Wann bin ich in meinem Flow-Erleben?
- Was an meiner Arbeit im schulischen Kontext erlebe ich als zutiefst befriedigend und beglückend?
- Was im schulischen Alltag liegt mir am Herzen?
- Wo und wann hatte ich einen guten Kontakt zu den Schülerinnen und Schülern?
- Was (über die Schule hinaus) schenkt mir Freude und Energie? (z. B. Treffen mit Freunden, Zusammensein in der Familie, Kochen, Gartenarbeit, Sport betreiben, in der Natur sein)

Übung:
Bitte vervollständigen Sie folgenden Satz „Ich mag es, wenn ..."

Eine weitere Idee, um sich gute Erfahrungen und Ressourcen bewusst zu machen, wäre das Anlegen eines Journals oder eines Tagebuchs. Das kann niedrigschwellig gehalten werden. Es reicht, in regelmäßigem zeitlichen Abstand drei Erfahrungen schriftlich festzuhalten, die persönlich wertvoll gewesen sind, z. B.: Der Schüler, der ein schönes Wochenende gewünscht hat. Die Kollegin, die netterweise die Pausenaufsicht übernimmt, weil man selbst ad hoc eine andere schulische Aufgabe zugeteilt bekommen hat.

Vom Problem- zum Ressourcenfokus

Wenn eine Person sich im Tunnelblick befindet und nur noch Negatives aus ihrer Umgebung wahrnimmt, ist es kein leichtes Unterfangen aus dieser Blickrichtung auszusteigen. Bisweilen fällt es leichter, indem man mit kleinen Praxisideen experimentiert, die alle einer grundlegenden Idee folgen: anstatt mehr desselben zu tun, irgendetwas anderes ausprobieren (Watzlawick/Weakland/Fish 2009). Es folgen einige Beispiele.

Praxis:

Umschwenken vom Problem- zum Ressourcenfokus

- Eine Veränderung auf der körperlichen Ebene, z. B. dreimal tiefes Durchatmen oder eine Veränderung in der Körperhaltung.
- Einen kleinen Gegenstand im Alltag bei sich haben, der als Erinnerungshilfe dienen mag (z. B. ein Stein, eine Kette, ein Schlüsselanhänger, ...)
- Eine kurze Selbstansprache, Variante 1: „Oh! Ich merke, ich stecke wieder im Problemtunnel. Ich bin gespannt, ob es im Dunkeln irgendwo kleine Lichter oder Glühwürmchen gibt".
- Eine kurze Selbstansprache, Variante 2: „Jetzt ist es gerade wirklich schlimm! Doch ich habe schon andere Situationen überstanden. Ich schaue, ob sich irgendetwas davon, vielleicht aus meiner Erinnerung zeigen möchte ..."
- Eine kurze Selbstansprache, Variante 3: „Ich bin sehr viel mehr als mein Problem. Und ich habe Kräfte in mir, die vorliegende Situation anzugehen – auch wenn ich noch nicht genau weiß, wie das geschehen wird."

Eine Vertiefung zur Ressourcenfokussierung findet sich im Handlungsfeld 2.

Komponente 4 (Handlungsfeld 1): Überblick bewahren

Das Lenken der eigenen Aufmerksamkeit meint nicht nur, den Fokus auf Ressourcen zu lenken. Es kann auch bedeuten, den Überblick zu wahren und sich in einer Art Vogelperspektive zu begeben. Dann ist die Aufmerksamkeit nicht punktuell fokussiert, sondern vielmehr auf das große Ganze gerichtet. Hier geht es darum, sich nicht von einem augenblicklichen Geschehen absorbieren zu lassen, sondern stattdessen auf Distanz zu gehen. Dazu können innere Bilder oder Metaphern hilfreich sein, die auf einer emotionalen Ebene eine gute Erinnerungshilfe dafür sind, im Trubel des Geschehens auf einen konstruktiven Abstand zu kommen. Insofern ließe sich in diesem Zusammenhang von einem Weiten der Aufmerksamkeit sprechen.

Der Blick auf das große Ganze fällt nicht immer leicht, besonders in solchen Situationen, wenn die Lehrperson ohnehin schon einen gewissen Stresslevel hat. Das Erleben von Stress oder das Gefühl unter Druck gesetzt zu werden, geht häufig mit einem eingeschränkten Sichtfeld einher. Das beschreibt das Wort „Tunnelblick": Die Person ist dann in einer bestimmten Richtung hellhörig und gibt einem einzelnen Aspekt eine besondere Bedeutung. In dieser Situation nimmt sie nur noch eingeschränkt wahr, was die Beweggründe des Gegenübers sein könnten oder was dem aktuellen Geschehen womöglich vorausgegangen sein könnte. In der PSI-Theorie (siehe Kapitel 2.4 und Kapitel 6) werden solche Phänomene einer eingeschränkten Wahrnehmung als „Fehlerzoom" benannt. Dieser richtet sich auf Details und ist nicht selten von negativem Affekt begleitet.

An diesem Punkt lässt sich bereits an kleine Handlungen anknüpfen, wie sie bereits in den vorangehenden Kapiteln zur *Selbstbeobachtung* und *Zur Ruhe kommen* beschrieben sind. Diese lassen sich gegebenenfalls mit einem Aspekt ergänzen: das größere Bild im Blick haben. Auch in diesem Zusammenhang geht es um einen konstruktiven Abstand: sowohl zu den eigenen emotionalen Erstreaktionen (z. B. Ärger, Empörung) als auch zu den situativen Gegebenheiten. Bereits solche Selbstdistanzierung kann dazu beitragen, dass die Blickweise weniger eingeschränkt ist.

Vogelperspektive einnehmen

Um den Horizont bewusst zu weiten, braucht es das Einnehmen einer Vogelperspektive. Mit ihr lassen sich Zusammenhänge erkennen. Nicht selten ermöglicht sie ein besseres Verstehen des Gegenübers oder der Situation.

Praxis:

In die Vogelperspektive gelangen

Variante 1: Wenn ich eine Vogelperspektive zum Geschehen einnehmen würde: Welches Bild kommt mir in die Gedanken? Vielleicht ist es eher ein Vergleich oder eine Metapher? („Das ist ja wie …", „Das ist vergleichbar mit …")

Variante 2: Welche Assoziationen kommen mir in den Sinn, wenn ich an das Wort „Vogelperspektive" denke?
… ein inneres Bild?
… ein bestimmter Vogel oder ein anderes Tier?
… eine bestimmte Musik?
… Erinnerungen an einen sicheren Ort?

Die aufgefundene Metapher bzw. Assoziation sollte persönlich emotional positiv ansprechen. So lässt sie sich besser im Gedächtnis verankern und später in einer akuten Situation leichter erinnern.

Wenn das Einnehmen der Vogelperspektive gelingt, lässt sich die vorliegende Situation genauer betrachten. Vielleicht werden Zusammenhänge erkennbar, vielleicht wird das Verhalten eines anderen Akteurs eher nachvollziehbar. Die nachfolgenden Frageblöcke können dafür hilfreich sein. Bisweilen unterstützen sie ebenfalls darin, um in die Vogelperspektive zu gelangen.

Praxis:

Blick aus der Vogelperspektive

- Wie ist das für mich? Welche Gedanken, Gefühle und Körperempfindungen gehen damit einher?
- Was sind die genauen Vorkommnisse? Bei Gesprächssituationen: Was sind wirklich die genauen Worte des Gegenübers gewesen? Welche Bedeutung gebe ich diesen Worten?

- Inwieweit verstehe ich mich in der Situation?
- Inwieweit verstehe ich mein Gegenüber?
- Was könnten die Beweggründe des Gegenübers sein?
- Was verstehe ich nicht?

- Wie kam die Situation zustande?
- Was ist möglicherweise die Vorgeschichte?
- Was ist bisher passiert, dass sich der Gesprächspartner sich in solcher Art verhält?

Komponente 5 (Handlungsfeld 1): Selbstwirksamkeit bewusst machen

Hattie (2014) nennt Lehrpersonen als wichtigste Akteure zur Unterstützung von Bildungsprozessen. Zugleich zeigt er empirisch auf, dass sie ihren eigenen Wirkungsgrad eher niedrig einschätzen, obwohl dieser weitaus höher liegt. Solche Sichtweise auf das eigene Tun kann zu einer Sich-selbst-erfüllenden-Prophezeiung werden.

Geht eine Lehrperson mit einem Defizitfokus durch ihren schulischen Alltag, so richtet sie ihre Wahrnehmung auf all jenes, was sich nicht bewegt: der Schüler, der auch nach eingehendem Gespräch noch keine Verhaltensänderung zeigt; das Kollegium, welches sich einer wichtigen Neuerung in den Weg stellt; ein Elternteil, welches wiederholt am späten Abend fordernde Mails schreibt und eine sofortige Antwort erwartet. Neben dem Ärger, der bei solchen Ereignissen bisweilen aufkommt, gesellt sich ein diffuses Gefühl von „Ich kann machen, was ich will – mein Handeln ist wirkungslos".

Bei solch einem Fokus geraten all jene Situationen aus dem Bewusstsein, in denen die Lehrperson trotz aller Widrigkeiten wirksam ist. Das müssen keine großen Durchbrüche sein. Vielmehr sind es die kleinen Gespräche mit Schülerinnen und Schülern, das wohltuende Dankeswort eines Kollegen im Lehrerzimmer oder eine gelungene Unterrichtssequenz, die deutlich machen, dass die Lehrperson jeden Tag in vielen Situationen etwas tut und damit wirksam ist. Macht man sich solches bewusst, ergibt sich daraus ein Gefühl von Selbstwirksamkeit.

Exkurs: Selbstwirksamkeit

Der Begriff „Selbstwirksamkeit" wurde u. a. von dem Sozialpsychologen Albert Bandura (1925–2021) eingehend erforscht. Es geht darum, dass eine Person durch ihr Handeln ein Erleben sowie die Überzeugung hat, etwas bewirken zu können. Häufig ist dies abhängig davon, welche Bedeutung die Person dem eigenen Handeln gibt. Gemäß den Annahmen von Bandura ist die Selbstwirksamkeitsüberzeugung veränderbar und beeinflussbar.

Das Vertrauen darin, Aufgaben und Herausforderungen bewältigen zu können, kann nach Bandura auch durch das Lernen am Modell entstehen. Hat eine Person ein Vorbild, von dem sie meint, dass von ihr eine Wirkung ausgeht, kann das anregend für die eigene Entwicklung von Selbstwirksamkeit sein: „Was würde mein Vorbild in dieser Situation tun?".

In diesem Sinne bedeutet Selbstwirksamkeit, überzeugt zu sein, Handlungen ausführen zu können und mit diesem Handeln etwas Erwünschtes zu bewirken.

Auf das Erleben von Selbstwirksamkeit fokussieren

Der Blick auf die Gelingensmomente sucht nicht nach perfekten Lösungen und Erweckungserlebnissen; vielmehr richtet er sich auf die (scheinbar) kleinen

Handlungen. Dabei muss keineswegs alles zu 100 Prozent funktioniert haben oder alles bestens sein. Hier geht es darum, aufrichtig anzuerkennen, wenn das eigene Handeln nicht folgenlos geblieben ist, sondern etwas bewirkt hat.

> **Praxis:**
>
> Die Aufmerksamkeit auf das Erleben von Selbstwirksamkeit lenken
>
> Ich habe mich als wirksam erlebt:
>
> - in einem guten Gespräche: mit Schülern, anderen Lehrpersonen, Eltern, ...;
> - mit Unterrichtssequenzen, die zufriedenstellend gelaufen sind;
> - mit dem Blick auf kleine Lernfortschritte von Schülerinnen und Schüler (– auch wenn diese sich vielleicht noch nicht in der Note zeigen);
> - mit dem Blick auf kleine (oder größere) Schritte in der persönlichen Entwicklung von Schülerinnen und Schülern;
> - durch Dankesworte oder Wertschätzungen von Lernenden, anderen Lehrpersonen, Eltern, Schulleitung, Schulaufsicht;
> - durch inspirierende Vorbilder, die in ihrem Umfeld als wirksam gesehen werden;
> - in Momenten, in denen die Sinnhaftigkeit der eigenen Tätigkeit ins Bewusstsein kommt;
> - in Momenten, in denen ich mich – in einem guten Sinne – in meiner Kraft fühle.

Ist solch ein Moment gefunden, wäre zu empfehlen, in der Vorstellung bzw. Erinnerung die situativen Details innerlich präsent werden zu lassen. Solche Momente dürfen auch genossen werden.

Eine weitere praktische Umsetzung wäre das Anlegen eines Journals, worin die Momente des Erlebens der eigenen Selbstwirksamkeit aufgeschrieben werden.

3.2.2 Handlungsfeld 2
Regulieren von Emotionen

Das zweite Handlungsfeld zeigt Möglichkeiten auf, den eigenen aktuellen emotionalen Zustand zu verändern. Einige der dargestellten Vorgehensweisen können unmittelbar in der vorliegenden Situation ausprobiert werden: Sie sind gewissermaßen als „Erste-Hilfe-Koffer" zu verstehen. Es geht dabei noch nicht um ein tieferes Verständnis oder gar um das Integrieren der eigenen Emotion. Dafür liefert das vierte Handlungsfeld entsprechende Anregungen. Das Regulieren von Emotionen, wozu dieses zweite Handlungsfeld Impulse liefern soll, zielt auf eine erste konstruktive Unterbrechung in einem Fühl-Denk-Verhaltensmuster.

Komponente 1 (Handlungsfeld 2): Sich selbst beruhigen

Ein grundlegendes Prinzip zur Selbstberuhigung besteht im Lenken der eigenen Aufmerksamkeit. Erste Hinweise finden sich bereits im Handlungsfeld 1 beschrieben. Im Folgenden soll dieser Aspekt vertieft und hinsichtlich weiterer Möglichkeiten betrachtet werden.

Wenn eine Person sich über etwas aufregt oder Stress erlebt, befindet sie sich häufig in einem Zustand des Aufgebracht-seins. Er zeigt sich auf der physiologisch-emotionalen Ebene. Die Aufmerksamkeit ist in solch einem Fall auf die problematische Situation gerichtet und davon absorbiert. Sie ist durch den angespannten Zustand verengt. Alles, was dazu beiträgt, solchen „Tunnelblick" zu unterbrechen, kann ein wichtiger Schritt zur Selbstberuhigung sein. Dafür bieten sich an: die körperliche Ebene, die Vorstellungskraft und kleine Selbstgespräche. Sie lassen sich auch direkt in der jeweiligen Situation anwenden.

Atemmuster verändern

Eine Veränderung des Atemmusters wirkt sich relativ schnell auf die körperliche Verfassung aus. Das beeinflusst wiederum das emotionale Erleben: Oftmals hat es eine beruhigende Wirkung. Auf der physiologischen Ebene regt ein tiefes, entspannendes Atmen den Vagusnerv an (Dana 2022). So bietet das Experimentieren mit der Art und Weise des eigenen Atmens eine Möglichkeit zur Selbstregulation, die sich in nahezu jeder Situation anwenden lässt.

> **Praxis:**
>
> Atemmuster wahrnehmen und verändern
>
> - Wie atme ich? Atme ich flach, d.h. füllt sich meine Lunge nur im oberen Bereich? Mit welcher Frequenz läuft mein Atem? Ist es in der Anspannung vielleicht eher ein Hecheln? Wie tief atme ich?
> - Tiefe Atemzüge nehmen, in den unteren Lungenbereich atmen („in den Bauch atmen")
>
> Weitere Möglichkeiten:
>
> - Schauen, wo sich im Körper eine Anspannung zeigt, und den Atem an diese Stelle senden;
> - Ein inneres Bild aktivieren: sich vorstellen wie der Atem durch den eigenen Körper strömt;
> - Gedanklich einen kurzen Satz formulieren, z. B.: „Mein Atmen verbindet mich mit der Welt und gibt mir Energie"

Körperhaltung verändern

Mit dem emotionalen Zustand verbindet sich zumeist eine bestimmte Körperhaltung. Daher kann eine Veränderung auf dieser Ebene auf das Emotionale einwirken und es relativieren.

Mit dem Erleben einer Emotion gehen oftmals weitere Elemente einher. Dazu gehören die Körperhaltung, das Atemmuster oder bestimmte Gesten. Gemeinsam bilden sie das Erlebensmuster (siehe Kapitel 2.5.3). Sie kommen unbewusst und unwillkürlich zustande. Wenn eines dieser Elemente verändert wird, bewirkt das häufig eine Veränderung im Erleben.

Johann Caspar Rüegg hat sich als Mediziner eingehend mit einer neurobiologisch fundierten Psychosomatik auseinandergesetzt. Er beschreibt, wie „[…] über Gesten oder Veränderungen von Spannungsmustern der Muskulatur, aber auch über Veränderungen des Atems und des Stimmausdrucks die emotionale Befindlichkeit absichtlich verändert werden […]" könne (Rüegg 2010, S. 38). Also empfiehlt es sich, anstatt im emotionalen Zustand „einzufrieren", besser in die Bewegung zu kommen.

Praxis:

Minimale Veränderungen auf körperlicher Ebene

- Beinhaltung verändern (Standbein-Spielbein),
- sich körperlich aufrichten,
- kurz den Schultergürtel weiten bzw. nach hinten ziehen und wieder entspannen,
- Blickrichtung verändern,
- einen Schritt zur Seite tun.

Wohlwollende Selbstgespräche führen

Ein Selbstgespräch lässt sich in den eigenen Gedanken als innerlicher Dialog führen. Wenn man die Gelegenheit hat, für einen kurzen Moment allein zu sein, ist dies auch in Form leise gesprochener Worte möglich. Es wäre zu beachten, welche Form besser in die aktuelle Situation passt. Auf solchem Wege kann man sich selbst wohltuende Worte sagen. Es wäre hilfreich, wenn im Selbstgespräch die eigene Emotion anerkannt wird. Manchmal lässt sich mit den folgenden Sätzen ein Gedankenkarussell unterbrechen oder ein hilfreiches Rollenbewusstsein schaffen.

Praxis:

Beispielsätze für eine Zwiesprache mit sich selbst, die selbstberuhigend wirken kann

- „Ja, ich bin aufgebracht. Ich nehme einige tiefe Atemzüge und kann mich dann wieder allmählich beruhigen"
- „Es ist in Ordnung, wenn ich jetzt einen erhöhten Puls habe. Ich achte nun auf meine Worte, die ich meinem Gesprächspartner sage ..."
- „Ich atme tief durch und ich atme noch einmal tief durch und noch einmal ...".

Wenn die Gedanken um eine bestimmte Situation kreisen:

- „Ja, die Situation beschäftigt mich. Das hat seine Gründe. Ich nehme mir später Zeit, um meine Gründe genauer anzuschauen. Jetzt wende ich mich wieder dem aktuellen Geschehen zu."

Selbstgespräch bezogen auf die berufliche Rolle:

- „Mein Gesprächspartner spricht mich jetzt in meiner Funktion an – damit bin nicht ich als Mensch gemeint, sondern ich in meiner Rolle als Lehrperson."
- „Meine Rolle schützt mich als Mensch."
- „Hier geht es um meine professionelle Rolle. Darüber lässt sich sprechen."

In einer akuten Situation, worin sich eine Lehrperson angegriffen fühlt, vermag gerade der Bezug auf das Rollenbewusstsein vorerst Abhilfe zu schaffen. Denn der Mensch ist mehr als seine berufliche Rolle (siehe Kapitel 2.3 und Handlungsfeld 3). Sich diesen Umstand innerlich selbst zu sagen oder andersweitig vor Augen zu führen, kann zu einem förderlichen Abstand vom Geschehen führen. Der innere Dialog will verdeutlichen, dass nicht ich als Person gemeint bin, sondern ich in meiner Rolle als Lehrperson, z. B. wenn ein Elternteil auf einer vorwurfsvollen Art und Weise eine Beschwerde vorbringt.

Komponente 2 (Handlungsfeld 2): Ressourcen aktivieren

„Ressource" lässt sich als ein persönlich empfundenes positives Erleben definieren (z. B. ein Erleben von Wohlbefinden, Kraft, Gelassenheit). Weiterhin kann als Ressource betrachtet werden, womit jenes positive Erleben von Wohlbefinden, Kraft oder Gelassenheit wieder ins Erleben gerufen werden kann (z. B. anhand eines inneren oder äußeren Bildes).

Im rechten Maße eingesetzt, wirken Ressourcen als stärkend und unterstützend. Es kann daher keine negativen Ressourcen geben. Gleichwohl kann es der Fall sein, dass ein übermäßiges und ausschließliches Fokussieren auf Ressourcen zum Negieren einer problematischen Situation führt – das käme einer Blindheit gegenüber dem Problem gleich. Der Blick auf die Ressourcen soll jedoch dazu dienen, dass eine Person in einen gestärkten Zustand kommt, um sich aus diesem Zustand heraus besser mit der Problemsituation auseinanderzusetzen.

Ressourcen sind Energiequellen. Das Bewusstmachen dieser Energiequellen verändert relativ zügig den emotionalen Zustand. Während eines heftigen Erlebens von Stress sind die Ressourcen oftmals wie ausgeblendet. Also geht es darum, die Aufmerksamkeit auf sie zu lenken und sich ihrer leibhaftig bewusst zu werden. Das lässt sich mit einiger Übung für das Regulieren von Emotionen einsetzen. Denn bereits das Wachrufen von Ressourcen kann eine regulierende Wirkung haben. In dem Moment, in welchem die Ressource lebhaft vor dem inneren Auge auftaucht, relativiert sich wie von selbst das Problemerleben: Es wird leibhaftig spürbar, dass man selbst mehr ist als das augenblickliche Problem.

Somit dient das Aktivieren bzw. das Sich-in-Erinnerung-rufen von Ressourcen dazu, den aktuellen Zustand zu beeinflussen. Wenn ein Ereignis als emotional herausfordernd erlebt wird, kann es hilfreich sein, sich zunächst auf der emotionalen Ebene zu stabilisieren. Zu einem späteren Zeitpunkt, in dem mehr Ruhe herrscht, besteht dann die Möglichkeit, sich eingehender mit der Herausforderung auseinanderzusetzen. Das vierte Handlungsfeld liefert entsprechende Impulse.

Die folgenden Abschnitte sollen dafür sensibilisieren, in welchen Lebensbereichen Ressourcen zu finden sind. Es ist zu empfehlen, sich Zeit zu nehmen, um in Gedanken auf eine kleine Entdeckungsreise zu gehen. Anschließend können die gefundenen Ressourcen aufgeschrieben werden.

Auffinden von Ressourcen

Die Arbeit mit Ressourcen ist vielfältig (Deubner-Böhme/Deppe-Schmitz 2018; Nicolaisen 2019) und zum Auffinden von Ressourcen sind unterschiedliche Blickrichtungen möglich. Für das Entwickeln von Selbstkompetenz ist zu empfehlen, auf grundlegende Ressourcen im menschlichen Dasein zu blicken. Daher soll an dieser Stelle der Bezug zur Existenzanalyse hergestellt werden (Kapitel 2.2 gibt eine kurze Darstellung der Existenzanalyse). Darin beschreibt Alfried Längle vier Grundmotivationen, die als basale Themenfelder im menschlichen Dasein zu sehen sind (Längle 2014):

- Grundmotivation 1: Halt und Schutz finden (Sein-können)
- Grundmotivation 2: Beziehung und Wertvolles erleben (Sein-mögen)
- Grundmotivation 3: Selbst-sein und Authentizität (Sein-dürfen)
- Grundmotivation 4: Sinnvolles Handeln und größere Zusammenhänge (Sein-sollen)

Entlang dieser vier Felder lassen sich Ressourcen bewusst machen. Dabei geht es weniger darum, in jedem der vier Bereiche möglichst viele Ressourcen zu finden. Die Grundmotivationen dienen vielmehr als anregender Impuls denn als Leitfaden, der in rigider Abfolge Schritt für Schritt zu durchlaufen wäre. Vor diesem Hintergrund lassen sich Ressourcen finden, die mit persönlichen Erfahrungen von Halt und Sicherheit, Werterleben, Authentizität und Hingabe verbunden sind.

Halt, Schutz, Raum, Vertrauen – Ressourcen des Da-sein-könnens

Dieses Themenfeld der ersten Grundmotivation (Sein-können) beschäftigt sich mit den Voraussetzungen dafür, überhaupt in der Welt sein zu können. Dafür ist es notwendig, dass ein Mensch Halt, Schutz und einen eigenen Raum hat (Längle 2014; Längle / Künz 2016).

Der Blick auf jenes, was Halt gibt, ist bereits im ersten Handlungsfeld behandelt worden. Der Mensch findet Halt sowohl im Äußeren wie auch im Inneren. Das kann ein bestimmter Ort sein, an dem man sich aufgehoben und sicher fühlt. Oder es kann ein kleines Ritual sein, mit dem man den Tag startet. Häufig vermitteln die Familie oder ein guter Freund, eine gute Freundin so etwas wie Halt.

Mit dem Halt verbindet sich häufig ein Vertrauen: z. B. das Vertrauen darauf, dass der Boden mich trägt; das Vertrauen in die eigene Kraft und in die eigenen Fähigkeiten; das Selbstvertrauen, welches dadurch gewachsen ist, dass ich schon so manche schwierige Situation gemeistert habe.

Im Sinne der ersten Grundmotivation lassen sich persönliche Erfahrungen entdecken, die zu einem Grundvertrauen ins Leben beigetragen haben: sich auf jemanden oder sich selbst verlassen zu können, Boden unter den Füßen zu haben, das Gefühl im eigenen Dasein Wurzeln zu haben. Die Erinnerungen daran können vor dem inneren Auge wachgerufen werden. Doch es braucht nicht unbedingt eines äußeren Erlebnisses. Es mögen auch innere Vorstellungen sein, die ein Gefühl von Halt oder Beheimatet-sein vermitteln.

> **Praxis:**
>
> Ressourcen des Da-sein-könnens
>
> - Wann und wo fühle ich mich aufgehoben?
> - Wodurch im Alltag finde ich Halt – sowohl im Außen wie auch im Innen?
> - In Beisammensein mit welchen Menschen fühle ich mich gehalten? Welche Gedanken an wichtige Menschen vermitteln mir Halt?
> - An welchen Orten (z. B. in der eigenen Wohnung oder in der Natur) fühle ich mich geborgen?
> - Wo und wodurch erlange ich ein Gefühl von Sicherheit oder Schutz?

- Wann und wo habe ich meinen eigenen Raum? Wo habe ich das Gefühl, meinen Platz zu haben?
- Auf welche meiner Fähigkeiten und Lebenserfahrungen kann ich bauen?

Beziehung, Zeit, Nähe, Wertvolles – Ressourcen des Sein-mögens

Jeder Mensch macht mannigfaltige Erfahrungen, in denen das Wertvolle im eigenen Leben gefühlt wird. Dazu braucht es Beziehung, Zeit und Nähe (Längle 2014). Es zeigt sich auf der Ebene der Gefühle.

Das Wertige geschieht in Beziehungen zu Menschen, zu anderen Lebewesen und zur Natur. Dies gilt ebenso für Tätigkeiten, bei denen man voll bei der Sache ist. Grundsätzlich geht hier es darum, in wessen Gegenwart und bei welchen Handlungen ich mich lebendig fühle. Damit ist weniger ein Spaß-haben gemeint, sondern vielmehr das Erleben von gut verbrachter Lebenszeit. Dies kann in sehr stillen, kleinen Momenten geschehen oder in Phasen energiegeladener Aktivität, wenn zu spüren ist, wie das Leben durch den eigenen Leib pulsiert (z. B. beim Sport).

Zeit spielt in diesem Zusammenhang eine gewichtige Rolle. Nicht selten ist ein Moment des Innehaltens nötig, um eingehend zu fühlen, wie etwas ist. Es erschließt sich nicht sofort und braucht Zuwendung. Daran lässt sich die Frage anknüpfen, inwieweit ich mir für das, was mir am Herzen liegt, Zeit nehme.

Ressourcen im Sinne der zweiten Grundmotivation finden sich im zwischenmenschlichen Bereich beim Erleben von Nähe und echter Beziehung (womit keinesfalls die sogenannten „Freunde" auf Facebook gemeint sind). Dazu gehören innige Momente in Partnerschaft und Freundschaft. Von wem fühle ich mich zutiefst gemeint oder wirklich gesehen? In wessen Gegenwart empfinde ich Warmherzigkeit?

Weitere Quellen für das Sein-mögen liefern Erlebnisse in und mit der Natur. Das kann ein kurzer Spaziergang oder der Aufenthalt an einem vertrauten Lieblingsort sein, mitunter auch ein zutiefst eindrückliches Naturschauspiel. Die Natur vermag, die Schönheit alles Lebendigen vor Augen zu führen und damit einen Menschen zu berühren.

Ressourcen der zweiten Grundmotivationen lassen sich neben der Natur auch in der vielfältigen Welt der Kultur finden. Dazu gehören die Beschäftigung mit Musik, Kunst und Filmen, doch ebenso körperliche bzw. sportliche Betätigung und kulinarische Genüsse. Hiermit öffnet sich das Feld von sinnlichen und ästhetischen Erfahrungen und kreativen Tätigkeiten mit all ihren Feinheiten und Spielarten. In ihnen zeigt sich die Lebensfreude. Oftmals sind sie mit einem Flow-Erleben verbunden. Solche Ressourcen wären im Einzelnen genauer zu erkunden, beispielsweise: Welches Konzert ist für mich ein ergreifendes Ereignis gewesen?

Was genau daran hat mich berührt? Wie genau ist das für mich gewesen? Inwieweit habe ich damit Lebenswertes erfahren?

> **Praxis:**
>
> Ressourcen des Sein-mögens
> - Was bereitet mir Freude?
> - Woraus beziehe ich Energie?
> - Mit welchen Tätigkeiten fühle ich mich lebendig?
> - Wann nehme ich mir Zeit für Personen und Dinge, die mir am Herzen liegen?
> - Wann und wo erlebe ich ein gutes Miteinander?
> - Worin erlebe ich Schönheit?
> - Wodurch spüre ich, dass das Leben wertvoll ist?

Eigenes, Festigkeit, Selbstwert, Authentizität – Ressourcen des Selbst-sein-dürfens

Die dritte Grundmotivation (Sein-dürfen) beschäftigt sich u. a. mit dem Selbstwert und dem Erleben von Authentizität. Vor diesem Hintergrund lassen sich Ressourcen finden, die das Eigene der Person betonen: Was zeichnet mich aus und welche Qualitäten habe ich im Laufe meiner Jahre entwickelt? Worin empfinde ich meine Einzigartigkeit?

Während seines Lebens wird ein Mensch zu dem, was ihn auszeichnet und von anderen Menschen unterscheidet. Er findet sein Eigenes. Das kostet Auseinandersetzung und fällt gewiss nicht immer leicht. Oftmals verbindet es sich mit der Frage: „Darf ich so sein?"

Im gesellschaftlichen Miteinander finden sich Regeln und Rollen. Einige werden von der Person übernommen, an anderen reibt sie sich. Mitunter entstehen in diesem Zusammenhang heftige Auseinandersetzungen. Hier lassen sich Mut und Anstrengungsbereitschaft finden. Nicht selten geht das mit einer Erlaubnis einher, die man sich nur selbst geben kann („Ich entscheide mich, meine Meinung zu sagen" oder „Ich darf Fehler machen"). Indem eine Person sich zu ihrem Eigenen bekennt, ist es ihr möglich, sich von anderen Menschen und Meinungen abzugrenzen.

Menschen schaffen es, an solchen Anlässen zu wachsen. Sie finden zu sich selbst und sind sich selbst treu. Aus ihrem Umfeld erhalten sie Wertschätzung und werden als die Person anerkannt, die sie sind. Jeder erwachsene Mensch verfügt über solche Erfahrungen. Aus ihnen kann das Gefühl entstehen, ich selbst sein zu dürfen. Darüber hinaus machen sie deutlich, welche Veränderungskräfte in der Person vorhanden sind – nicht nur auf theoretischer Ebene, sondern unmittelbar im biografischen Zusammenhang am eigenen Leib erprobt und erfahren.

Ressourcen der dritten Grundmotivation sind mächtig, da sie Zeugnis davon ablegen, was durch eine Arbeit an der Selbstbeziehung möglich ist (Gilligan 2011). Die Fähigkeit, sich selbst aufrichtig begegnen zu können – sowohl mit den eigenen hellen als auch den dunklen Seiten – ist ein hohes Gut. Dazu ist ein gutes Stück innerer Arbeit nötig, denn jene Fähigkeit wird niemandem in die Wiege gelegt. Doch der respektvolle Umgang mit den verschiedenen inneren Persönlichkeitsanteilen verleiht Würde. Auch darin liegt eine wertvolle Ressource.

Daraus lassen sich konkrete Praktiken ableiten, wie z. B. das Führen von wertschätzenden Dialogen mit sich selbst. Auf diesem Weg kann man der eigenen Person Zuspruch oder auch Trost geben.

> **Praxis:**
>
> Ressourcen des Selbst-sein-dürfens
>
> - Von wem erfahre ich Wertschätzung und Anerkennung?
> - Wo und wann habe ich mich einer Auseinandersetzung gestellt? Wie ist mir das gelungen?
> - Wann bin ich für mich eingetreten, womöglich entgegen der Meinung anderer?
> - In welcher Situation habe ich mich gut und angemessen abgegrenzt?
> - Was macht meine Einzigartigkeit aus?
> - Worin erlebe ich meinen Selbstwert?
> - Wie bin ich zu der Person geworden, die ich heute bin?

Aufgabe, sinnvoll Zukünftiges und größerer Zusammenhang – Ressourcen des sinnvollen Handelns

Die vierte Grundmotivation (Sein-sollen) fragt nicht danach, was ich mir vom Leben wünsche, sondern vielmehr danach, was das Leben von mir will. Sie beschäftigt sich damit, womit der Mensch sein Leben als sinnvoll empfindet: Wozu bin ich in dieser Situation aufgefordert? Was ist von mir gefragt? Mit solchen Fragestellungen bekommt das eigene Handeln und Entscheiden einen anderen und weiten Horizont.

Mit der Frage wofür mein Leben gut sein soll, öffnen sich die größeren Sinnkontexte. Sie betreffen das gesellschaftliche Miteinander, die Beziehung von Mensch und Natur oder Weltdeutungen, die sich an Philosophie und Spiritualität anlehnen. Die Frage ist jedoch nicht als abstraktes Gedankenspiel gemeint, sondern als unmittelbares Betroffen-sein: Welche Aufgabe übernehme ich, mit der ich dem Gemeinwohl diene? Was mache ich für einen anderen Menschen um seinetwillen? Woraufhin fühle ich mich angesprochen, Beiträge leisten zu wollen? Welche Aufgabe beschreibe ich als Herzenstätigkeit? Das große und vielleicht etwas altmodische Wort „Berufung" spielt hier eine Rolle. Die Momente, in denen man sich gerufen fühlte, stellen oftmals eine machtvolle Ressource dar. Sie sprechen die Person in ihrer Tiefe an, weit über den rationalen Verstand hinausreichend. Hier zeigt sich ein Spüren, worauf eine Sache hinauslaufen kann oder welches Zukünftige etwas von mir einfordert und meinen Namen ruft. Nicht selten bewegen sich solche Erfahrungen über das alltägliche Ich-Bewusstsein hinaus.

Neben solchen Erfahrungen gibt es weitere Ressourcen, die der vierten Grundmotivation zuzuordnen sind. Sie mögen auf den ersten Blick profan anmuten, verfügen aber über eine gleichrangige Bedeutung. Hier geht es um Tätigkeiten, die als sinnvoll erlebt werden. Das müssen nicht zwangsläufig solche sein, die unmittelbar Glück und Bereicherung bringen. Es können z. B. Tätigkeiten sein, die das Wohlbefinden der eigenen Person übersteigen und auf ein Zukünftiges ausgerichtet sind. Oftmals spielt das Transgenerationale im Lebenszyklus darin eine Rolle: Was will ich den Menschen hinterlassen, die nach mir kommen? Für welche Zukunft will ich Beiträge leisten? Worin fühle oder sehe ich mich als Teil der Welt? Hier geht es um Momente, in denen ich mich verantwortungsvoll entschieden habe, einer Sache zu dienen, die größer ist als ich selbst es bin. Das mag eine ehrenamtliche Tätigkeit sein oder auch ein spiritueller Kontext (vorausgesetzt, er ist frei von religiösem Fanatismus und belässt die Verantwortung bei der Person).

Mit Bezug auf die vierte Grundmotivation kann auch ein spezieller Platz oder Ort als Ressource dienen. Doch anders als in der ersten Grundmotivation ermöglicht er hier nicht nur ein Erleben von Halt und Sicherheit, sondern ist darüberhinaus mit einem Sinnerleben verkoppelt, z. B. wenn sich das Individuum als Teil eines größeren Ganzen fühlt. Plätze in der Natur oder Sakralräume können solchen Eindruck vermitteln.

Praxis:

Ressourcen des sinnvollen Handelns

- Was will das Leben von mir?
- Was erachte ich als meine Aufgaben, bei denen ich das Empfinden habe, ich sollte sie tun?
- Welche meiner täglichen beruflichen Handlungen erlebe ich als zutiefst sinnvoll?
- Für welches größeres Ganzes will ich mich engagieren?
- Für welche Zukunft will ich einen Beitrag leisten – auch wenn ich diese Zukunft nicht mehr persönlich erleben werde?

Ressourcentransfer

Sobald eine oder mehrere solcher ressourcenvollen Erfahrungen oder Erinnerungen gefunden worden sind, lässt sich erkunden, wie sie sich ausbauen lassen bzw. wie sie noch stärker ins Bewusstsein kommen können. Anschließend wäre zu schauen, wie sie sich in einer herausfordernden Situation, in der sie benötigt werden, wieder aktivieren lassen. Das wäre der Transfer in die konkrete Situation. Dafür bietet sich ein systematisches Vorgehen an.

Praxis:

Schrittweises Vorgehen zu Ressourcenarbeit (Nicolaisen 2019):

1. Erwünschte Ressource benennen
Zunächst gilt es herauszufinden, wofür soll die Ressource hilfreich sein soll: Für welches Vorhaben, welche Situation oder Herausforderung? Welche emotionale Reaktion soll durch das Wachrufen der Ressource verändert werden?

2. Ressourcen entdecken
Anschließend wird im Zuge einer kleinen Gedankenreise danach geschaut, wo man die erwünschte Ressource schon einmal erlebt hat. Bisweilen braucht es etwas Geduld, denn es kommt einem Schürfen nach Goldkörnern gleich. Es ist hilfreich, das nicht in einem Modus angestrengten Grübelns zu tun, sondern eher als Flanieren durch eigene Erinnerungen und eher im assoziativen Modus.

Hilfreich wären eine Neugier und die Offenheit, sich von den eigenen Erinnerungen und Vorstellungen überraschen zu lassen.

3. Ressourcenerleben verstärken
Ist eine Ressource oder auch nur ein minimales Ressourcenfragment entdeckt, lassen sich die darin enthaltenen Details betrachten: Wie genau wird die Ressource erlebt?

- Auf welchen Sinneskanälen ist das Erleben repräsentiert (– visuell, auditiv, kinästhetisch, olfaktorisch, gustatorisch)?
- Welche weiteren Details gehen damit einher? (z. B. bei visueller Vorstellung: Ist diese farbig oder schwarz/weiß? Klar oder eher undeutlich? Zeigt sie sich als feststehendes Bild wie ein Foto oder eher bewegt wie ein Film?)
- Das Erleben ist vergleichbar mit …?
- Welches Körperempfinden geht damit einher? Wie lässt es sich genau beschreiben?

4. Ressource transferieren
Das Erkunden des Ressource-Erlebens fördert in der Regel einen Zustand von Wohlempfinden und Kraft.

Um die Wirksamkeit zu erhöhen, lässt sich der Einsatz der Ressource für die konkrete Situation aus Schritt 1 präzisieren: Wie, wann und wo konkret soll sie aktiviert werden? Was ist zu beachten, damit ihre Aktivierung im erwünschten Moment gelingt? Was dient als Erinnerungshilfe oder als Anker? (z. B. ein Gegenstand, ein Schlüsselanhänger oder ähnliches)

Komponente 3 (Handlungsfeld 2): Emotionale Reaktionsmuster verändern

Der Begriff „Muster" bedeutet, dass etwas Wiederkehrendes vorliegt, ähnlich wie in einem Tapetenmuster. Das Sich-wiederholende in einem Muster hat zwei Seiten: Einerseits gibt das Muster Orientierung und Stabilität; andererseits führt es dazu, dass Abweichungen bzw. Veränderungen weniger wahrscheinlich sind. Ähnliches gilt für emotionale Reaktionsmuster, denn sind sie erst einmal eingeschliffen, lassen sie sich nicht auf Knopfdruck verändern.

Details im Reaktionsmuster erkennen und verändern

In der Regel haben wir wenig Bewusstsein, wie komplex eine emotionale Reaktion ist und dass sie aus verschiedenen Bestandteilen bzw. Elementen besteht. Daher wäre genauer zu betrachten, was sich darin im Detail abspielt und in welcher zeitlichen Abfolge das geschieht. Anschließend lässt sich damit experimentieren, kleine Unterschiede in das Muster einzubauen.

Praxis:

Emotionale Reaktionsmuster erkunden und verändern

1. Erkundungsfragen:

- Wie genau sieht das Muster aus, welches der unerwünschten emotionalen Reaktion zugrundeliegt? Was sind die einzelnen Bestandteile bzw. Elemente: Welche Gedanken und Gefühle, welche inneren Vorstellungen und welches Körperempfinden tauchen darin auf?
- Wie genau lassen sich die einzelnen Details erfassen? Wie genau läuft das Muster ab? (z. B. bei Wut: der Bauchbereich wird warm, dann steigt eine Hitze auf, zugleich schlägt das Herz schneller, dann kommen Schimpfworte in den Sinn, dann spannt sich die Kiefermuskulatur an, …)
- Welche Elemente wirken in welcher Reihenfolge in dem Muster zusammen?

2. Veränderungsfragen:

- Wie könnte ein kleiner Unterschied im vorliegenden Muster aussehen?

Würde es einen Unterschied machen, wenn ich beispielsweise:

… die körperliche Position verändern würde?
… tiefer durchatmen würde?
… kraft meiner Vorstellung mein inneres Bild (z. B. meines Gegenübers) minimal verändern würde?
… in ein fürsorgliches Mini-Selbstgespräch gehen würde?
… die Reihenfolge der Musterelemente ändern würde?

Dieses Vorgehen mag etwas merkwürdig anmuten. Doch es ist theoretisch begründbar (Ciompi 2019) und hat sich in der Praxis systemischer Beratung vielfach bewährt (Schmidt 2010). Die Kapitel 1.4 und 2.5 liefern entsprechende Hintergründe und vertiefende Erläuterungen.

Komponente 4 (Handlungsfeld 2): Innere Vielfalt nutzen

Die Beschreibung „innere Vielseitigkeit" meint im metaphorischen Sinn, dass der Mensch verschiedene Seiten in sich trägt. Sie haben sich im Laufe des Lebens entwickelt und sind eng mit dem emotionalen Erfahrungsgedächtnis verknüpft. Einige dieser Seiten scheinen wohl bekannt, andere hingegen sind eher ins Abseits gedrängt und als Teil der eigenen Persönlichkeit weniger akzeptiert.

Die Persönlichkeit scheint dynamisch zu sein und keineswegs festzustehen. Darüberhinaus durchläuft der Mensch im Laufe seines Lebens mehrfach eine „Identitätsdiffusion" (Marcia 1980). Dies ist nicht nur während der Pubertät der Fall, sondern auch in anderen kleinen und großen Krisen. Dann tauchen Fragen auf wie z. B. Wer bin ich eigentlich? Was will ich in meinem Leben? Was liegt mir am Herzen und wie weit habe ich mich davon entfernt? Welche Seite von mir habe ich zu sehr vernachlässigt?.

Exkurs: Innere Vielseitigkeit

Im Beratungskontext ist die Annahme einer inneren Vielseitigkeit keineswegs neu. Verschiedene Forschungsdisziplinen liefern entsprechende Hinweise.

Der Bereich der differentiellen Psychologie nennt bereits 1923 den Begriff der „Vieleinheit". Im Feld der Sozialpsychologie liegen Überlegungen zur „Patchwork-Identität" vor (Laux / Renner 2008). Die Kommunikationspsychologie nach Schulz von Thun nennt das Modell vom „inneren Team". Gunther Schmidt bezeichnet es als Seitenmodell (siehe Kapitel 2.5.4). Einige psychotherapeutische Vorgehensweisen beziehen auf die innere Vielfalt, z. B. die Transaktionsanalyse mit ihrer Beschreibung verschiedener Ich-Zustände oder die Egostate-Therapie mit ihren elaborierten Vorgehen zur Teile-Arbeit.

An solchem Punkt deutet sich an, dass wir als Individuum keine statische Einheit mit unveränderlichen Eigenschaften sind. Vielmehr liegen verschiedene Seiten unserer Persönlichkeit vor, die sich je nach Kontext und konkreter Interaktion sehr unterschiedlich zeigen. Manche von ihnen schlummern eine lange Zeit im Erfahrungsgedächtnis und springen durch einen aktuellen Anlass plötzlich wieder an.

Diese Annahmen finden sich auch in den hypnosystemischen Konzepten, wie sie Gunther Schmidt (2010, 2007) entwickelt und differenziert aufgezeigt hat. Gemäß Schmidt erzeugt der Mensch sein aktuelles Erleben in jedem Moment neu, indem er seine Aufmerksamkeit in eine bestimmte Richtung lenkt. In diesem Zuge wird eine Seite der eigenen Persönlichkeit wachgerufen (siehe Kapitel 2.5).

Über das bewusste Fokussieren der Aufmerksamkeit vermag sich eine Person mit einer Seite ihrer selbst zu verbinden und sich dadurch von einer anderen Seite zu lösen.

Das „Wach-werden" innerer Seiten bewusst machen

Die Dynamik zwischen den verschiedenen inneren Seiten findet nicht abgetrennt vom äußeren Geschehen statt, sondern in beständiger Wechselwirkung mit der aktuellen Umwelt. Letztlich sind die verschiedenen Seiten im Laufe der Biografie durch Erfahrungen in unterschiedlichen Situationen entstanden. Und jedes „Wachwerden" einer Seite ist wiederum an einen Kontext gebunden.

Je nachdem, was aktuell in einer Situation bzw. Interaktion passiert, kommt eine bestimmte Seite zum Vorschein. Sie zeigt sich dann mit dem entsprechenden Gesicht und ist immer mit bestimmten Gefühlen, Gedanken und Verhaltensweisen verbunden, die sich natürlich ihrerseits auf die weitere Interaktion auswirken. Begegnet mir beispielsweise mein Gesprächspartner mit einem hohen Grad an kritischer Schärfe und hebt dabei die Stimme an, besteht eine Wahrscheinlichkeit, dass in mir ein Muster aktiviert wird, welches sich in früheren ähnlichen Situationen bereits eingeschliffen hat. Es kann es mit einem Gefühl (z. B. Sich-angegriffen-Fühlen) und einem Verhalten (z. B. Beschwichtigen oder Gegenangriff) verknüpft sein. Oftmals reicht ein kleines Vorkommnis oder Detail in der äußeren Situation, sodass diese Seite wieder anspringt. In anderen Kontexten hingegen wäre es nicht denkbar.

Beispiel:

Eine Lehrperson, die in einer Reihe von Elternabenden überwiegend schwierige Gespräche geführt hat, verspürt anlässlich eines kommenden Elternabends eine gewisse Anspannung. Bereits im Vorfeld sind ihre Gedanken und Gefühle auf mögliche Vorwürfe, Ansprüche und Auseinandersetzungen ausgerichtet.

Aufgrund ihrer Vorerfahrungen und den daraus abgeleiteten Erwartungen geht die Lehrperson mit einer Unsicherheit und körperlichen Anspannung in den aktuellen Elternabend. Auf kleinste wohlmeinend-kritische Äußerungen vonseiten der Eltern verspannt sich die Lehrperson noch stärker. Sie reagiert mit einer übermäßigen Empfindlichkeit und Hellhörigkeit auf mögliche Ansprüche der Eltern.

Zusammenspiel der inneren Seiten

Die verschiedenen Seiten der Persönlichkeit stehen zueinander in Beziehung. Einige können gut miteinander, andere befinden sich im Widerstreit. Wie auch immer deren Mit- oder Gegeneinander aussieht: Durch wiederholte Erfahrungen haben sie sich zu Konstellationen zusammengefunden, aus denen sich das Selbstbild ergibt. Hier verbinden sich einzelne Fühl-Denk-Verhaltensmuster zu komplexen „Identitätsinseln". Sie vermitteln Halt und Orientierung. Dies ist sowohl für das Erleben eines persönlichen Ich-Kontinuums als auch für das soziale Leben notwendig. Das zeigt sich in Aussagen wie „So bin ich eben" oder „Das ist ein Teil von mir".

In herausfordernden Situationen kann das Selbstbild und mithin das eingeschliffene Zusammenspiel der inneren Seiten ins Vibrieren geraten. An solch einem Punkt mag eine Veränderung oder ein Neu-Austarieren anstehen. Damit es glücken kann, braucht es Boden unter den Füßen. Befindet sich jemand in einer Krise und weiß nicht mehr weder ein noch aus, gehen damit oftmals Gefühle von Haltlosigkeit einher. Unter diesen Voraussetzungen fällt ein inneres Sortieren und Neu-Austarieren schwer.

An solcher Stelle wäre zu empfehlen, zunächst einmal den Kontakt zu den eigenen Ressourcen zu intensivieren (siehe Punkt 2 in diesem Handlungsfeld). Insbesondere das Halt-gebende wäre in den Fokus zu nehmen (siehe Handlungsfeld 1, Punkt 2). Gelingt es der Person, Halt zu finden und sich ihre Ressourcen vor Augen zu rufen, ist sie besser in der Lage, ihre Persönlichkeitsseiten zu sortieren und neu auszutarieren. Dadurch wächst die Qualität in der Selbstbeziehung.

Praxis:

Verschiedene Seiten identifizieren und neu konstellieren

1. Fokus: Um welche Situation geht es?

2. Identifizieren der inneren Seiten: Welche Seiten melden sich bezogen auf die Situation? Was machen oder sagen sie typischerweise?

3. Namensgebung: Benennen der verschiedenen Seiten und ihrer positiven Absicht

4. *Reflexion:* Welche Seiten sollten eingehend beachtet werden? Welche Seite hat bisher zu wenig Aufmerksamkeit bekommen? Wie stehen die Seiten zueinander? Gibt es Koalitionen, Gegensätze oder Konflikte?

5. *Finden einer neuen inneren Konstellation:* Welche Seite soll in der Situation zukünftig den Hut aufhaben? Welche Rolle übernehmen die anderen Anteile? Welche Auswirkungen sollten beachtet werden?

6. *Integration:* Können alle Seiten damit leben? Wo lauern Schwierigkeiten, Störungen etc.?

Vernachlässigte Seiten

Zur inneren Vielfalt gehören auch jene Seiten, die man weniger an sich mag oder denen man am liebsten ausweichen möchte. Entsprechend ungern identifiziert man sich mit ihnen. Irgendwann sind sie in der eigenen Vergangenheit entstanden. Es mag sogar Persönlichkeitsanteile geben, für die man sich schämt oder die man womöglich als unerwünscht erachtet. Sie erscheinen nur sporadisch und marginal im Bewusstsein. Kaum tauchen sie auf, werden sie schon ins Abseits geschoben. Sie fristen eher ein Schattendasein. Doch sie bedürfen umso mehr der Aufmerksamkeit. Letztlich wünschen auch sie sich, wieder ein akzeptierter Teil der inneren Vielheit zu sein.

Um diese Seiten an sich zu entdecken, braucht es Geduld und Respekt sich selbst gegenüber. Das Einüben eines achtsamen Wahrnehmens ist in diesem Zusammenhang sehr sinnvoll. Weitere Schritte bestehen darin, sich der vernachlässigten Seite zuzuwenden und sie besser zu verstehen. Das Zuwenden meint hier nicht, sich mit der Seite zu identifizieren, sondern sie herankommen zu lassen und ihrer angesichtig zu sein.

Das Handlungsfeld 4 liefert weitere Anregungen und Vorgehensweisen.

Praxis:

Kontakt aufnehmen mit einer vernachlässigten Seite bzw. mit einer vernachlässigten Emotion

Wenn in einer bestimmten Gesprächssituation eine Seite bzw. eine Emotion auftaucht, die auf unerwünschter Weise das eigene Verhalten steuert:

- Wofür steht diese Emotion?
- Was will Sie erreichen?
- Wenn sie als ein Persönlichkeitsanteil betrachtet wird: Was ist dies für ein Anteil? Wie lässt er sich umschreiben? Lässt er sich vielleicht personifizieren, im Sinne von: Welches Alter hat dieser Anteil? Wie sieht er aus? Hat er womöglich ein konkrete

Gestalt? Oder ein Gesicht oder eine Stimme? Wie sieht er aus? Was sagt er, wie sagt er es?

Was braucht diese Seite der Persönlichkeit? Lässt sich ihr womöglich gut zusprechen? Inwieweit lässt sich auf sie eingehen, ohne ihr das Steuer zu überlassen?

Wie bereits in der Einleitung zum Praxismanual betont, wäre an dieser Stelle die Zuhilfenahme einer professionellen Unterstützung in Form von Coaching oder Supervision zu empfehlen. Sollte es sich um stark beeinträchtigende emotionale Anteile handeln, wäre eine psychotherapeutische Begleitung angemessen.

Komponente 5 (Handlungsfeld 2): Mit Zwickmühlen einen konstruktiven Umgang finden

Lehrpersonen bewegen sich in einem komplexen Berufsfeld. Es gilt, den eigenen Unterricht gut vorzubereiten und sich mit anderen Lehrpersonen abzustimmen. Daneben sind weitere Absprachen nötig, z. B. mit Fachschaften, Stufenkoordinatorinnen, Schulleitung oder Eltern. Zwar stehen das Lernen und die Entwicklung der Schülerinnen und Schüler im Vordergrund, doch nicht selten geht es auch um Befindlichkeiten, Bedürfnisse und Erwartungen. Das bringt oftmals einen erheblichen Aufwand an Klärungen und Absprachen mit sich. So ist der Lehrerberuf kommunikationsintensiv. In nahezu allen Arbeitsabläufen und Belangen braucht es das Gespräch. Hier begegnen sich unterschiedliche Sichtweisen und mitunter prallen sie sogar aufeinander.

Angesichts solcher Komplexität verwundert es kaum, dass Widersprüche und Zwickmühlen auftauchen. Keine Lehrperson ist in der Lage, jegliches Missverständnis in der schulischen Kommunikation zu vermeiden; keine Lehrperson ist in der Lage, es allen recht zu machen. Doch es kommt vor, dass gerade das zu einem persönlichen Anspruch geworden ist: es allen recht machen zu müssen – obwohl das eine unmögliche Aufgabe ist.

Eine Lehrperson, die meint, es allen Kolleginnen, Schülerinnen und Eltern recht machen zu müssen, gerät zwangsläufig in eine innere Zerrissenheit oder Überforderung. Mit einiger Wahrscheinlichkeit verliert sie sich in einem Aktivismus oder sie manövriert sich sogar in einen Erschöpfungszustand hinein. Letztendlich wird sie damit niemandem gerecht – weder den Schülerinnen und Schülern noch sich selbst.

Doch auch, wenn es nicht zu einer inneren Zerrissenheit oder zu einem Erschöpfungszustand kommt: Die Zwickmühlen sind für Lehrpersonen Bestandteil ihres schulischen Handelns und Kommunizierens. Sie ergeben sich, wenn es z. B. darum geht:

- sowohl dem einzelnen Schüler als auch der gesamten Klasse gerecht zu werden;
- die Schilderungen eines Lehrerkollegen über eine Schülerin nachzuvollziehen und gleichzeitig die komplett andere Sichtweise eines Elternteils der Schülerin zu hören;
- die Leistung eines Lernenden zu bewerten und gleichzeitig seine persönliche Entwicklung zu wertschätzen;
- die Notwendigkeit zu sehen, einige Lernende noch stärker individuell zu unterstützen und gleichzeitig den eigenen Energiehaushalt im Blick zu behalten.

Diese Liste ließe sich fortsetzen. Zwickmühlen gehören zum schulischen Alltag von Lehrpersonen mit dazu. Und manchmal kann aus einer Zwickmühle eine innere Zerrissenheit werden.

Wertorientiertes Entscheiden

Das Finden eines guten Umgangs mit einer Zwickmühle ist in jedem Fall eine persönliche Sache. Daher kann der nähere Blick auf das eigene Werterleben dabei hilfreich sein. Denn Werte sind hochindividuell und immer persönlich empfunden.

> **Praxis:**
>
> Die eigene Zwickmühle verstehen: Werte entdecken und abwiegen
>
> - Inwieweit verstehe ich mich selbst in meiner Zwickmühle?
> - Was sind die beiden Seiten, die zu meiner Zwickmühle bzw. Ambivalenz führen?
> - Welche Werte sind darin enthalten? Was ist der jeweilige Wert, der in den beiden Seiten steckt? Wie würde ich ihn jeweilig benennen?
> - Ich nehme mir Zeit, um die beiden Werte nebeneinander zu stellen und Tuchfühlung mit ihnen aufzunehmen.
> - Wenn ich mir die Bedeutung der beiden Werte klar vor Augen halte und dabei auf die vorliegende Situation schaue: Welchem Wert will ich nun – unter Berücksichtigung der vorliegenden Bedingungen und Gegebenheiten – den Vorzug geben? Wie könnte ich dem anderen Wert an anderer Stelle gerecht werden?

Das Bewusstmachen der eigenen Werte braucht mitunter Zeit, doch es lässt sich auch in einer akuten Situation heranziehen. Auch in diesem Zusammenhang macht Übung die Meisterin bzw. den Meister.

Beispiel:

Eine Lehrperson hat sich in einem Gespräch aufhalten lassen und eilt nun in den Unterricht. Sie hat Zeitdruck. Auf ihrem Weg spricht sie unerwartet ein Schüler aus einer anderen Klasse auf dem Gang an. Er ist in Tränen aufgelöst und bittet um ein kurzes Gespräch.

An dieser Stelle fühlt sich die Lehrperson zum Handeln aufgefordert. Sie fühlt sich in einer Zwickmühle und muss kurzerhand eine Entscheidung treffen: Will sie jetzt mit dem Schüler sprechen oder zieht sie es vor, ihn zu vertrösten und weiter in ihre Klasse eilen?

Während sie noch mit dem Schüler im Gespräch ist, fragt sie sich in Gedanken, was jetzt gerade für sie eine größere Wichtigkeit hat. Innerlich spürt sie: Sie will jetzt für den Schüler da sein. Gleicherzeit ist ihr bewusst, dass sie einen Preis zu zahlen hat: Wenn sie später in ihre Klasse kommt, wird dort noch mehr Unruhe herrschen. Doch die Lehrerin hat sich entschieden und sagt sich: „Es ist gut, dass ich so entschieden habe".

Perspektivität bewusst machen

Jeder Mensch sieht immer nur einen Ausschnitt der Realität. Zudem ist seine Blickweise u. a. durch Vorerfahrungen und Emotionen eingefärbt oder sogar getrübt. Wenn also einer Lehrperson zwei unterschiedliche Beschreibungen einer Situation begegnen, kann sie sich vor Augen führen, dass hochwahrscheinlich weder die Beschreibung von Person A noch die Beschreibung von Person B im Besitz der hundertprozentigen Wahrheit ist.

Auch wenn sich die zwei Personen äußerlich anscheinend in derselben Situation befinden, so werden sie diese Situation dennoch unterschiedlich sehen. Das hängt unter anderem damit zusammen, dass jeder Mensch die Gegebenheiten aus seiner Perspektive beschreibt, erklärt und bewertet. Das ist häufig mit Vorerfahrungen verknüpft.

Beispiel:

Wenn eine Schülerin in einer schriftlichen Arbeit, nicht die Leistung bringt, die ihr Fachlehrer von ihr erwartet hat, lässt sich das sehr unterschiedlich erklären.

Eine Erklärung könnte sein, die Schülerin hat sich zu wenig angestrengt. Eine zweite Erklärung könnte lauten: Die Schülerin hat Prüfungsangst gehabt. Oder eine dritte Erklärung: Die Schülerin ist kognitiv nicht in der Lage, die Fachinhalte gut zu verstehen.

Je nachdem, wie der Lehrer sich die Situation erklärt, wird er wahrscheinlich unterschiedlich auf die Schülerin reagieren.

In möglichen Gesprächen lassen sich diese unterschiedlichen Perspektiven genauer beleuchten, um die Beweggründe der jeweiligen Person besser zu verstehen.

Praxis:

Gespräch über unterschiedliche Perspektiven

Wenn eine Lehrperson mit unterschiedlichen Beschreibungen anderer Akteure und Akteurinnen (Kolleginnen, Schülerinnen, Elternteilen) zu tun hat, kann sie sich zunächst einmal selbst bewusst machen, dass keiner der Beteiligten im Besitz der Wahrheit ist.
Im direkten Gespräch könnte sie ihr Gegenüber fragen:
„Wenn du die Situation so beschreibst:
Worauf schaust du konkret? Was nimmst du dabei in den Blick?
Wie erklärst du dir das Geschehen?
Wie bewertest du es?"

Und anschließend fortfahren:
„Kannst du dir vorstellen, dass das XY die Situation anders sieht?
Ich will beachten, dass wir es hier mit unterschiedlichen Sichtweisen zu tun haben ..."

3.2.3 Handlungsfeld 3
Agieren: Interaktion und Dialog gestalten

Komponente 1 (Handlungsfeld 3): Offenheit einüben

Die Fähigkeit, dem eigenen Erleben wie auch den Mitmenschen in Offenheit zu begegnen, wird in pädagogischen sowie beraterischen Tätigkeitsfeldern als Komponente professionellen Handelns genannt. Nicht selten bleibt es bei einer Aufforderung. Sie ist ein hohes Ideal, dem wir uns nur annähern können. Gewiss ist sie nicht zu 100 Prozent erreichbar.

Offenheit ist notwendig, damit ich mir selbst wie auch meinem Gegenüber begegnen kann. Sie ermöglicht, die Dinge so zu sehen, wie sie sind – und nicht so, wie ich Sie mir wünsche. Das Einüben von Offenheit braucht eine stete Praxis. Grundsätzlich geht es um den Kontakt zur äußeren Situation wie auch zu sich selbst. Das ist leichter gesagt als getan. Es erfordert ein wiederholtes Üben: „Darum sollen wir nun unsere vermeintlich sicheren ‚Gehäuse', in denen wir so selbstverständlich leben, immer wieder offen halten auf Erfahrungen hin, die uns gerade in Grenzsituationen fragwürdig werden." (Dorra 2020, S. 260)

Während ich mich in Offenheit übe, bin ich in einigen Momenten zwangsläufig mit meiner Verschlossenheit konfrontiert. Das ist zutiefst menschlich. Denn fortwährend mischen sich meine Vorannahmen, meine Vorerfahrungen und meine Vorstellungen darüber, wie die Welt sein möge, in meine Wahrnehmung ein. Das Einüben von Offenheit bedeutet also auch, sich der eigenen eingeschliffenen

Muster im Wahrnehmen, Interpretieren und Bewerten teilweise bewusst zu werden. Und es bedeutet, immer wieder die eigenen Scheingewissheiten loszulassen.

Um einen höheren Grad an Offenheit zu erlangen, wäre demnach zu empfehlen, sich zunächst einmal darin auszuprobieren, die eigenen Wahrnehmungen und die damit einhergehenden Gedanken genauer zu betrachten. Erst wenn klar ist, was eigene Sichtweisen sind, die möglicherweise den Kontakt einschränken, kann man sie verändern bzw. eigene Vorannahmen für den Moment so weit wie möglich zur Seite stellen. Dann wird das Selbstverständliche nicht als selbstverständlich genommen.

Die Wahrnehmung öffnen

Wir wissen nie, was ist, sondern nur, was uns erscheint. Also geht es darum, für die Phänomene, die mir begegnen, offen zu werden. Und das wiederum bedeutet, meine gewohnten Muster im Wahrnehmen und Denken einzuklammern oder vorläufig zu suspendieren. Ich konzentriere mich auf meine unmittelbare Sinneswahrnehmung: Was *sehe* ich?, Was *höre* ich? etc.

Beispielsweise vermag eine Lehrperson in einem Gespräch mit einem Schüler diesen Jungen und dessen Lernproblematik niemals zur Gänze erfassen. Über das Erscheinungsbild des Schülers und die Weise, wie er sich mitteilt, kann sich die Lehrperson der Problematik lediglich annähern. Demnach würde die Frage „Was ist?" eine Objektivität vortäuschen, die nicht gegeben ist; vielmehr müsste die Frage lauten: „Wie kommt es mir vor, was da ist?". Anhand solcher Frage ist die Lehrperson eingeladen, genauer hinzuschauen. So lassen sich die Alltagswahrnehmungen entschleunigen und relativieren.

> **Praxis:**
>
> Entschleunigen der Alltagswahrnehmung
>
> Folgende Fragen lassen sich auf einzelne Situationen oder Ereignisse anwenden:
> - Was zeigt sich mir?
> - Was *sehe* und *höre* ich tatsächlich?
> - Was liegt wesentlich vor?
> - Worum geht es in der Situation?
>
> Das Experimentieren mit diesen Fragen lässt sich auf nahezu auf jede alltägliche Situation anwenden. Herausfordernder ist es in der Begegnung mit Menschen, da hier die eigenen Vorerfahrungen und Bewertungen oftmals noch schneller im Spiel sind:
> - Was an meinem Gegenüber nehme ich wahr?
> - *Wie* sehe ich mein Gegenüber? Wie kommt er bzw. sie mir vor?

- Welcher Eindruck vermittelt sich mir?
- Inwieweit gelingt es mir, meine Vorannahmen und meine Meinung zur Seite zur stellen?

Sich eigener Vorannahmen enthalten

Solche Praxis mitsamt der Idee vom Einklammern meiner Vorannahmen und Vorerfahrungen folgt der aus der Phänomenologie stammenden Idee der Epoché: „Wir enthalten uns der üblichen Zuschreibungen, durch die wir sonst auf Dinge, Personen und Situationen reagieren, sie damit in unserem Sinne bewerten und einschätzen, sie geradezu mit unseren Zuschreibungen ‚behängen' und sie dadurch kaum je an sich zu sehen bekommen." (Stölzel, 2015, S. 109)

Daraus lässt sich ein weiterer Praxisimpuls ableiten: sich selbst während eines aktuellen Geschehens in den eigenen gedanklichen und emotionalen Reaktionen, die situativ unwillkürlich auftauchen, zu beobachten.

Praxis:

Mit Blick auf eine konkrete Situation

- Welche Vorannahmen, Bewertungen und voreiligenden Schlüsse kommen mir unwillkürlich in den Sinn?
- Inwieweit versperren sie den frischen und unvoreingenommenen Blick auf das Gegenüber bzw. auf die Situation?
- Mit welcher kleinen körperlichen Aktivität bzw. Bewegung lässt sich die Wahrnehmung wieder „aufsperren"? (Beispielsweise durch ein tiefes Durchatmen)
- Mit welchen Gedanken lässt sich das unwillkürliche Geschehen unterbrechen? (Vielleicht dadurch, dass man sich innerlich sagt: „Das ist nur meine Vorannahme in meinem Kopf – es ist nicht die Wahrheit".)
- Welche unterschiedlichen Perspektiven kann ich einnehmen?

Komponente 2 (Handlungsfeld 3): Dialoge kultivieren

Lehrpersonen führen im schulischen Alltag eine Vielzahl an Gesprächen. Zu den Gesprächssequenzen während des Unterrichts kommen regelmäßig die kleinen Einzelgespräche mit Lernenden, der Austausch mit den Kolleginnen und Kollegen sowie Elterngespräche hinzu. Die Aufzählung ließe sich fortsetzen. Allein dieser fortwährende Kommunikationsbedarf kann anstrengend sein. Durch die digitalen Medien (wie z. B. Schul-Cloud) hat sich dieser Aufwand nochmals erhöht. Dazu kommt, dass so manches Gespräch einiges an Konzentration und Kraft benötigt. Das fällt umso schwerer, wenn der eigene Energielevel bereits nahezu aufgebraucht ist. Unter diesen Umständen ist es nicht verwunderlich, wenn eine Lehrperson an ihre Grenzen oder womöglich sogar aus der Fassung gerät. So anstrengend solche Situationen auch sein mögen – gerade sie bieten ein gutes Übungsfeld zum Entwickeln von Selbstkompetenz.

Gespräche mit anderen Personen dienen nicht nur dem Sammeln von Informationen, sondern auch dem Einbeziehen des fremden Blicks und anderer Perspektiven. Wenn z. B. eine Lehrperson einem Kollegen von einer schulischen Situation erzählen will, kann es gerade interessant und anregend sein, wenn dieser Kollege nicht derselben Meinung ist wie man selbst. Solche Gespräche können mehr sein als ein Meinungsaustausch. Bestenfalls ermöglichen sie ein gemeinsames Eintauchen in einen Dialog. Dies würde ein qualitativ Anderes bereitstellen als die herkömmlichen Alltagsgespräche. Dadurch kann die Lehrperson eine neue Sichtweise, ein Berührt-sein oder sogar einen neuen Handlungsimpuls gewinnen.

Um sich auf solch einen Dialog einzustimmen, kann folgende kleine Übung hilfreich sein:

Praxis:

„Erinnern Sie sich an Momente, Gespräche oder Begegnungen, bei denen Sie sich von einem anderen Menschen sehr gut, ja vielleicht in einer bestimmten Hinsicht zum ersten Mal ‚richtig' oder gar ‚vollständig' verstanden gefühlt haben oder wo im umgekehrten Fall ein anderer Ihnen gesagt oder mitgeteilt hat, er hätte sich in einer ähnlichen Weise von Ihnen verstanden, ja vielleicht geradezu ‚erkannt' gefühlt. Versuchen Sie sich die inneren und äußeren Faktoren ins Gedächtnis zu rufen, die dieses besonders gute und genaue Verstehen oder Verstanden-worden-Sein begünstigt oder überhaupt erst ermöglicht haben. Was war es, das diese wechselseitig übereinstimmende Übersetzung […] mit erzeugt hat?" (Stölzel 2015, S. 69)

Hier lässt sich die Fähigkeit trainieren, sich so ergebnisoffen wie möglich ins Gespräch zu begeben. Das ist leichter gesagt als getan, denn nicht selten stellen sich an diesem Punkt eingeschliffene Muster im Wahrnehmen, Erklären und Bewerten in den Weg.

Qualitäten des Zuhörens

Das Einüben einer offenen Haltung und eine vertiefende Art des Zuhörens fördern sich wechselseitig. Die verschiedenen Qualitäten beim Zuhören hat Otto Scharmer beschrieben. Er spricht von einem vertiefenden Zuhören (Scharmer 2019, S. 58 ff) und unterscheidet zwischen:

- Herunterladen,
- Debatte, faktisches Zuhören,
- reflektiver Dialog, empathisches Zuhören,
- schöpferischer Dialog.

Herunterladen: Mit Herunterladen meint Scharmer, dass das Gehörte dem Bestätigen der eigenen Meinung oder Sichtweise dient. Man hört nur das, was man hören will. Das zeigt sich in Äußerungen wie z. B. „Ja, ja. Das kenne ich. Das war bei mir genauso ...". Auf diese Art verschließt man sich gegenüber neuen Sichtweisen und wiederholt die eigenen Gewohnheiten im Wahrnehmen und Denken.

Debatte: In der Debatte werden unterschiedliche Sichtweisen artikuliert. Im besten Fall regt man sich dadurch im Sinne eines faktischen, offenen Zuhörens gegenseitig an und kann die eigene Meinung überdenken. Häufig jedoch soll das Gegenüber überzeugt werden. Dann wäre die Debatte eher ein Schlagabtausch und weniger ein Gedankenaustausch.

Reflektiver Dialog, empathisches Zuhören: Im reflektiven Dialog wird die Sichtweise des Gegenübers erkundet. Dies kann gegebenenfalls mit einer guten Portion Empathie geschehen. Der Dialog lässt sich dadurch vertiefen. Neben den Fakten und Gedanken spielt jetzt die emotionale Begegnung eine tragende Rolle.

Schöpferischer Dialog: Der schöpferische Dialog folgt jener Richtung, die bereits das empathische Zuhören einschlägt, und intensiviert das Eintauchen ins Gespräch. Das geschieht auch durch Momente gemeinsamen Schweigens. Gemäß Scharmer scheint sich dann die Zeit zu verlangsamen, und der Raum scheint sich zu öffnen. Das kommt wahrscheinlich dem nahe, was Buber die Ich-Du-Beziehung nannte (Buber 1995): Es entsteht ein gemeinsames Feld für neue Ideen und Sichtweisen.

Alle vier Qualitäten des Zuhörens haben ihre Berechtigung. Dennoch wäre situationsbezogen zu berücksichtigen, welche Tiefe des Zuhörens angemessen und sinnvoll ist. Gewiss muss es nicht immer zu einem schöpferischen Zuhören kommen, und auch das empathische Zuhören kann in manchen Gesprächskontexten eher unpassend sein.

Die verschiedenen Qualitäten im Zuhören sind das tragende Element für Gespräche. Daneben kann es wertvoll sein, das Vorbereiten, Durchführen und Nachbereiten im Blick zu haben. Das ist sicherlich nicht für jeden Austausch notwendig, doch es empfiehlt sich für Gespräche, welche von der Lehrperson tendenziell als herausfordernd erlebt werden.

Praxis:

Vorbereitung, Durchführung und Nachbereitung eines Gesprächs

Zur Vorbereitung eines Gesprächs über eine aktuelle Situation

- Um was genau geht es? Wie lässt sich mein Anliegen in einem Satz formulieren?
- Welche Personen sollte ich um ein Gespräch und ihre aufrichtige Sichtweise bitten?
- Was verschafft mir Offenheit für das Gespräch?
- Inwieweit bin ich bereit, fremde oder womöglich befremdliche Sichtweisen, die mir im Dialog begegnen, zuzulassen und sie auf mich wirken zu lassen?
- Wie bereit bin ich, davon zu loszulassen, mich und meine Sichtweise zu rechtfertigen?

Während des Gesprächs

- Schaffen einer einladenden Gesprächsatmosphäre
- Anwenden von Gesprächsbausteinen
- Fragen zum faktischen Zuhören: Was genau ist geschehen? Wie genau ist die Situation? Was liegt darin vor?
- Fragen zum empathischen Zuhören: Wie ist das für Sie? Wie geht es Ihnen damit? Was halten Sie davon?
- Fragen zum schöpferischen Dialog: Was können wir bzw. Sie vielleicht aus der Situation lernen? Vielleicht weist die Situation auf etwas Wichtiges hin? Was könnte vielleicht das Gute in der Herausforderung sein? Worauf läuft die Situation hinaus? Wie wollen Sie damit umgehen?
- Für den Fall, dass ich abwehrend oder andersweitig emotional auf die Mitteilungen des Gesprächspartners reagiere: Was hilft mir, in der Offenheit zu bleiben (– anstatt in ein Urteilen oder in zynische Kommentare zu verfallen)?

Zur Nachbereitung des Gesprächs
Nach einem Gespräch wäre zu empfehlen, sich Zeit zu nehmen, um still zu werden und den Dialog auf sich wirken zu lassen:

- Inwieweit trägt das Gehörte dazu bei, aus einem anderen Blickwinkel auf die Situation zu schauen?
- Was davon hat mich überrascht?
- Was ist das Wesentliche aus den Mitteilungen und Sichtweisen?
- Was davon will ich berücksichtigen?
- Was davon berührt oder bewegt mich?

Eine offene Haltung und eine vertiefende Art des Zuhörens befördert gute Dialoge. Der Protagonist mag dann als ein Anderer aus dem Gespräch herausgehen, als welcher er hineingegangen ist. Es kann gelingen, innezuhalten, den eigenen

Blick umzuwenden und loszulassen. Scharmer (2019) umschreibt dies folgendermaßen:

- Innehalten: Denk- und Urteilsgewohnheiten erkennen und vorläufig außer Kraft setzen;
- Umwenden: das Vorliegende aus einem anderen Blickwinkel betrachten; anderen Menschen mit ihren Erfahrungen zuhören; Blickwinkel sammeln;
- Loslassen: Stillwerden; Lassen-können; mit der Zukunft verbinden; Wesentliches erkennen.

Kommunikationsschleifen gestalten

Der Begriff „Kommunikationsschleife" weist darauf hin, dass Menschen sich in einem Gespräch fortwährend gegenseitig beeinflussen. Damit befinden sie sich in zirkulären Schleifen: Das Verhalten des einen Gesprächspartners lädt den anderen Gesprächspartner zu einer bestimmten Verhaltensweise ein und umgekehrt.

In Kommunikationsschleifen leisten alle Beteiligten ihre Beiträge: sowohl willentlich als auch unwillkürlich – unwillkürlich meint, dass kleine Reaktionen ins Gespräch gelangen, ohne dass man es beabsichtigt hätte. Dies geschieht auf verbaler als auch auf nonverbaler Ebene. Dabei kommt das inhaltlich Gewollte, d. h. das Gutgemeinte, nicht in jedem Fall gut an. So mag es passieren, dass eine Person im Gespräch sehr bemüht ist, ihr Gegenüber zu überzeugen, doch das Gegenüber will nicht überzeugt werden und zieht sich immer mehr zurück: Je bemühter man ist, desto weniger scheint von dem Gutgemeinten anzukommen. Das Gespräch ist dann nicht mehr von den Inhalten bestimmt, sondern von der Dynamik zwischen den beiden Akteuren.

Gesprächsbausteine anwenden

Die nachfolgend skizzierten Bausteine zur Gesprächsführung stammen aus dem Ansatz der Personzentrierten Gesprächsführung (Motschnig/Nykl 2009). Sie dienen dazu, Kommunikation bzw. Interaktion auf der Mikro-Ebene zu gestalten. Mitnichten sollen sie eingesetzt werden, um den Gesprächspartner in eine Richtung zu lenken. Das entspräche nicht dem Prinzip der Offenheit, welche für Selbstkompetenz einen wichtigen Stellenwert einnimmt. Stattdessen dienen die Bausteine dazu, sich besser auf den Gesprächspartner und dessen subjektives Erleben einzulassen. Sie sind die methodischen Hilfsmittel, um sich in Offenheit zu üben. In diesem Zusammenhang lässt sich die eigene Dialogfähigkeit vertiefen.

Nachfolgend finden sich wesentliche Bausteine zur Personzentrierten Gesprächsführung dargestellt.

Aktives Zuhören

Das Aktive Zuhören wird in Fortbildungen, in Seminaren für Lehramtsanwärterinnen oder im Kontext von betrieblichen Ausbildungen häufig erwähnt, doch leider nur wenig vertiefend erprobt. Im Aktiven Zuhören liegt eine praktische Konsequenz, die kaum Beachtung findet: Es bedeutet, sich dem Gesprächspartner in seinem aktuellen Befinden zuzuwenden. In diesem Sinn meint auch die personenzentrierte Kommunikation nach Carl Rogers, „die primäre Aktivität beim aktiven Zuhören darin zu verorten, aktives und echtes Interesse an der sich mitteilenden Person zu erleben und auch spürbar zu vermitteln. Dies bedeutet, den Wunsch wahrzunehmen, den Blickwinkel der anderen Person zu erkunden, Interesse zu haben, Teile ihrer inneren Welt zu erfahren und zu versuchen, sie zu verstehen" (Motschnig/Nykl 2009, S. 60 f).

So zeichnet sich die Qualität des Aktiven Zuhörens aus durch:

- respektvolle nonverbale Zugewandtheit,
- angemessenen Augenkontakt,
- konzentriertes Aufnehmen,
- einfühlendes Nachvollziehen,
- Zurückstellen eigener Annahmen.

Zusammenfassen

Unmittelbar an das Zuhören schließt sich das Wiedergeben des Gehörten an. Dadurch kann die Lehrperson sich vergewissern, inwieweit sie ihr Gegenüber verstanden hat. In wenigen eigenen Sätzen fasst sie zusammen, was sie zu hören gemeint hat. Es geht dabei nicht um eine hundertprozentige Trefferquote, sondern um den Zugang zum Gesprächspartner. Zudem wird signalisiert: „Ich höre dir zu. Was du sagst, interessiert mich".

Es bietet sich an, die Schilderungen des Gesprächspartners bzw. der Gesprächspartnerin in wenigen Sätzen zusammenzufassen. So vergewissert sich die Lehrperson, ob und inwieweit sie ihr Gegenüber tatsächlich verstanden hat oder ob sie vielleicht einen wesentlichen Punkt überhört hat. Eigene Meinungen, Wertungen und Lösungsideen hält die Lehrperson zurück. Beim Gesprächspartner bewirkt das Zusammenfassen oftmals ein Gefühl von Verstanden-werden. Während sie bzw. er die Zusammenfassung hört, hat sie bzw. er die Möglichkeit darüber zu reflektieren, nachzuspüren und gegebenenfalls Details zu ergänzen oder auch zu korrigieren. Gegebenenfalls kann man im Anschluss an das Zusammenfassen das Gegenüber direkt fragen, ob das Zusammengefasste so passend ist oder ob noch etwas zu ergänzen sei.

> **Praxis:**
>
> Mögliche einleitende Worte zum Zusammenfassen
>
> - „Habe ich dich richtig verstanden …?"
> - „Darf ich einmal kurz zusammenfassen, was ich glaube, gehört zu haben? …"
> - „Ich möchte mich kurz vergewissern …"
> - „Kurz noch einmal für mich: Die wesentlichen Punkte, die ich hörte, …"

Spiegeln

Das Spiegeln bietet eine Möglichkeit, auf eine konkrete Äußerung des Gesprächspartners einzugehen, welche auf dessen emotionales Erleben hinweist (Nicolaisen 2019). Doch ist das Spiegeln nicht immer angemessen. Es macht dann Sinn, wenn das Gespräch gut läuft und Gefühle geäußert werden. Dann reicht es bisweilen aus, nur das Wort, welches etwas Emotionales beschreibt, schlicht und einfach wiederzugeben – ohne zusätzliche Fragen.

Weiterhin kommt es vor, dass eine Emotion nicht direkt in Worten benannt wird, sich allerdings auf der nonverbalen Ebene zeigt. In diesem Fall kann die Lehrperson ihre Wahrnehmung der nonverbalen Reaktion benennen und vorsichtig eine entsprechende Deutung anbieten (Verbalisieren). Wenn der Gesprächspartner darauf einsteigt, lässt sich im weiteren Gespräch vertiefen, wie das Gegenüber die eigene Emotion erlebt und welche Gedanken damit einhergehen.

Insbesondere in Gesprächen mit Schülerinnen und Schülern bietet sich das Zusammenfassen und Widerspiegeln an (Nicolaisen 2017). Die Lehrperson zeigt damit, dass sie aufmerksam zuhört. Sie begibt sich in Resonanz und agiert als Spiegel für das Gegenüber und dessen inneres Erleben. So kann sich der Lernende klarer werden, was in ihm vor sich geht. Darüberhinaus ist der „Akt des Spiegelns […] ein beziehungsaktiver Präsenznachweis" (Hergenhan 2014, S. 31). Der Schüler macht die konkrete Erfahrung, mit seinem Erleben nicht allein zu sein.

> **Praxis:**
>
> Beispiele für das Spiegeln
>
> - „Ich meine zu sehen, dass Du deine Stirn runzelst – Du bist unzufrieden? …"
> - „Ich sehe, Sie schütteln Ihren Kopf – Sie sind anderer Meinung?"
> - „Sie wirken nachdenklich auf mich – bin ich da bei Ihnen?"

Pausen zulassen

Bisweilen geschieht es in einem Gespräch, dass ein Moment des Schweigens entsteht. Häufig bedeutet solches Schweigen, dass der Gesprächspartner nachdenkt oder innerlich arbeitet: Gedanken werden sortiert, emotionale Anteile kommen ins Bewusstsein. Es entstehen kleine Momente des Selbstbesinnens. Daher ist es förderlich, wenn solch eine Pause zugelassen wird.

Das Zulassen einer Pause birgt ein Lassen-können (siehe Handlungsfeld 4). Es ist ein aktiver Beitrag in der Gesprächsführung. Denn während der Pause bleibt die Lehrperson dem Gegenüber auf der nonverbalen Ebene zugewandt. Sie kann dessen Mimik auf sich wirken lassen und sich fragen, was einen Eindruck das Gegenüber auf sie macht.

Pausen ermöglichen auch für die Lehrperson ein kurzes Durchatmen oder Selbstbesinnen. So paradox es klingen mag: Pausen können für das Gespräch sehr wertvoll sein (Nicolaisen 2019). Sie bringen Entschleunigung und ermöglichen kleine Erkenntnisse.

Würde man über eine Pause hinweggehen, nimmt man dem Gegenüber die Chance eines kurzen Nachdenkens oder Selbstbesinnens. Das Hinweg-gehen über solche Momente könnte auf eine eigene Ungeduld oder Unsicherheit hinweisen. Der Drang, mit großer Wortproduktion eine Pause zu füllen, wäre damit ein guter Anlass jener Ungeduld oder Unsicherheit genauer auf den Grund zu gehen: Vielleicht liegt hier ein wertvoller Hinweis für die Entwicklung der eigenen Selbstkompetenz.

Praxis:

Pausen zulassen

- Dem Gesprächspartner bzw. der Gesprächspartnerin aktiv Raum geben
- Nonverbal zugewandt bleiben
- Die nonverbalen Reaktionen des Gegenübers wahrnehmen
- Auf eigene emotionale Regungen achten (z. B. Ungeduld)
- Tiefes Durchatmen

Nonverbal kommunizieren

Mit Blick auf die Forschung sowie die Literatur über Kommunikation finden folgende Zahlen eine häufige Erwähnung: Wenn in einem Gespräch eine Unstimmigkeit vorliegt, dann vermittelt sich 55 % über die Körpersprache, 38 % über die Stimme und lediglich 7 % als eigentlicher Inhalt (Mehrabian 1972). Mehrabian weist darauf hin, dass man diese Zahlen nicht auf jegliche Kommunikation übertragen und verallgemeinern kann. Dennoch zeigt sich hierin der Einfluss des Nonverbalen.

Minimale Blicke oder kleine Gesten können eine große Wirkung entfalten. So zeigt auch die Emotionsforschung, dass „die körperlichen Aspekte von Emotionen ein grundlegendes zwischenmenschliches Kommunikationsmittel darstellen" (Ciompi/Endert 2011, S. 19). Dieser Aspekt von Kommunikation findet in der pädagogischen Arbeit erst allmählich Beachtung (Timpner/Eckert 2016).

> **Praxis:**
>
> Nonverbal kommunizieren
>
> - Zu Beginn des Gesprächs: über die Körperhaltung und den Blickkontakt Zugewandtheit signalisieren
> - Auf das Sprechtempo des Gesprächspartners achten und das eigene Sprechtempo für wenige Augenblicke ein Stück weit daran anpassen
> - Mit der Körperhaltung des Gegenübers synchronisieren
> - Die nonverbalen Reaktionen des Gegenübers wahrnehmen

Das Mitgehen auf der nonverbalen Ebene stärkt die Qualität des aktiven Zuhörens. Es sollte in einem stimmigen Maße passieren und nicht übertrieben werden. Denn ein „mittleres Synchronisierungsniveau ist in der Regel optimal" (Storch/Tschacher 2014, S. 63). Dies folgt der grundmenschlichen Tendenz, sich während des Kommunizierens in Resonanz zu begeben. Entsprechende Hinweise liefert u. a. die Spiegelneuronen-Forschung (Zaboura 2009).

Komponente 3 (Handlungsfeld 3): Sich-Abgrenzen, Rolle und Erwartungen klären

Das schulische Arbeitsfeld bringt mit sich, dass eine Vielzahl unterschiedlicher Interessen und Erwartungen aufeinandertreffen. Lehrpersonen in einem Kollegium haben unterschiedliche Haltungen und Ansichten sowie daraus resultierende Intentionen. Schulleitungen haben ebenfalls ihre eigenen Absichten in Richtung Schulentwicklung, woraus sich Erwartungen an einzelne Lehrpersonen sowie an das Lehrerkollegium ergeben. Eltern haben ihre eigenen Sichtweisen und Erwartungen. Und natürlich haben auch die Schülerinnen und Schüler unterschiedliche Erwartungen und Interessen. Mit Blick auf weitere Akteurinnen und Akteure innerhalb oder außerhalb des Schulhauses ließe sich die Aufzählung fortsetzen, z. B. Beratungslehrerinnen (schulintern) oder Schulaufsicht (schulextern). In diesem Feld ist es für die einzelne Lehrperson keine leichte Aufgabe, mit den unterschiedlichen Erwartungen, Interessen und Sichtweisen konstruktiv umzugehen. Wenn eine Lehrperson zudem den Anspruch an sich selbst hat, allen gerecht werden zu wollen, kann dies sehr schnell zu einer Überforderung und unlösbaren Aufgabe werden.

In diesem Zusammenhang vermögen konstruktive Gespräche Orientierung und Klarheit zu bringen. Die Qualität solcher Gespräche hängt von der Art und Weise der Gesprächsführung ab. Entsprechende minimale Bausteine finden sich bereits im vorhergehenden Abschnitt dargestellt. Daneben ist es entscheidend, wie der Lehrperson die Gratwanderung gelingt, sich in Gesprächen gut auf das Gegenüber einzulassen, und gleichzeitig gut bei sich selbst zu bleiben. Hier braucht es ein Sowohl-als-auch.

Situativ kann es notwendig sein, im Gespräch eine Grenze zu setzen – wenn möglich, in angemessener Weise. Denn auch wenn eine Person sich auf den Gesprächspartner einlässt, bedeutet dies keinesfalls zu allem „Ja" sagen zu müssen. Das ist umso entscheidender, wenn Vorwürfe oder andere herausfordernde Aussagen im Spiel sind.

Sicherlich ist in diesem Zusammenhang das Regulieren der eigenen Emotionen hilfreich. Entsprechende Anregungen sind im Handlungsfeld 2 dargestellt.

Sich-Abgrenzen

In Punkt 1 wurde das Einüben von Offenheit beschrieben. Das betrifft in erster Linie das vorurteilsfreie Wahrnehmen und das Loslösen von vorgefassten Meinungen. Für das Interagieren mit anderen Menschen braucht die Offenheit eine komplementäre Ergänzung, nämlich das Setzen der eigenen Grenze. Das Sichabgrenzen-können bezieht sich auf die Meinungen, die Erwartungen und die Ansprüche anderer Personen. Das Setzen einer Grenze soll das Selbst-Sein schützen.

Die Fähigkeit, sich abgrenzen zu können, ist voraussetzungsvoll und nicht selbstverständlich. Mit dem Sich-abgrenzen ist hier ein bewusstes und verantwortetes Handeln gemeint. Wenn die Nerven blank liegen und die Lehrperson aus einer inneren Not heraus, wütend und unwirsch reagiert, wäre dies eher als Ausagieren zu verstehen – was nur menschlich und nachvollziehbar ist. Das Abgrenzen in einem guten Sinne hat eine andere Qualität: Es geht verantwortungsvoll mit den eigenen Gefühlen um und hat den Gesprächspartner respektvoll im Blick. Was also unterstützt die Lehrperson darin, sich gut und verantwortlich abzugrenzen?

Das innere „Ja" zum äußeren „Nein"

Das klare Aussprechen der eigenen Grenze ist besser möglich, wenn eine Person sich bewusst ist, *wofür* sie das tut. Hier geht es um das innere „Ja", welches im geäußerten „Nein" enthalten ist (Längle 2003). Um dieses innere JA zu erfassen, können folgende Leitfragen hilfreich sein:

- Wofür ist es gut, wenn ich mich jetzt abgrenze? (z. B. die eigene Gesundheit oder die eigene Würde)
- Inwieweit helfe ich mir selbst, wenn ich mich in der Situation abgrenze?
- Was ist das Wertvolle daran, wenn ich mich in der vorliegenden Situation abgrenze?

Wenn jemand um den Wert weiß, weshalb er in einer Situation oder zu einem Gegenüber „Nein" sagt, ist bereits viel geholfen. Bisweilen ist es nicht leicht, diesen Wert zu finden.

Jeder Mensch hat einen Eigenwert und ein Selbstwertgefühl. Der Eigenwert bedeutet, dass der Mensch sich nicht auf seinen Nutzwert reduzieren lässt; denn der Mensch ist sehr viel mehr als nur der Nutzen, den er seinen Mitmenschen oder einer Organisation bringt. Vielmehr ist er von seinem Sinnerleben und von seiner Würde her zu verstehen. Der Eigenwert ist jedem Menschen gegeben – allein dadurch, dass es ihn gibt. So kann der Eigenwert als etwas allgemein Menschliches gesehen werden.

Das Selbstwertgefühl hingegen ist nicht allgemein, denn es wird immer persönlich erlebt. Nicht selten ist es von Vorerfahrungen geprägt. So wird es von Person zu Person unterschiedlich empfunden. Zudem kann es – situativ bedingt – minder oder stärker bewusst sein. Eigenwert und Selbstwertgefühl sind im Alltag häufig miteinander verbunden.

Es kommt vor, dass ein Sich-abgrenzen weniger gelingt, weil es nicht an den Eigenwert oder an das Selbstwertgefühl, sondern eher an ein schlechtes Gewissen geknüpft ist. Dann kann es passieren, dass man einem Lehrerkollegen, der um Unterstützung bittet, Hilfe zusagt, obwohl man selbst komplett überlastet ist und keine Kapazitäten mehr hat. In diesem Fall übergeht man die eigene Grenze. Zugleich schwelt es in den eigenen Gedanken und Gefühlen, dass man besser ein „Nein" hätte aussprechen sollen.

Das Abgrenzen kann besser gelingen, wenn es nicht an ein schlechtes Gewissen gekoppelt ist. Stattdessen wäre ein Bewusstmachen des Eigenwerts bzw. des Selbstwerts hilfreich. Konkret bedeutet dies, dass man sich die Erlaubnis gibt, nicht allen und allem gerecht werden zu können. Die Lehrperson in ihrem schulischen Tätig-sein und Leisten hat nur begrenzte Kraft und begrenzte Zeit zur Verfügung. Für den Eigenwert wie auch Selbstwert braucht es keine Leistung. Beide sind dem Menschen gegeben – allerdings wird dies häufig vergessen.

In diesem Zusammenhang kann es bisweilen auch um eine Selbstberechtigung gehen: sich selbst die Erlaubnis geben, eine Grenze zu haben und sich abgrenzen zu dürfen.

Praxis:

Mögliche Fragen zum Auffinden des inneren JA – zum geäußerten NEIN

Führen Sie sich bitte eine konkrete Situation vor Augen, in welcher Sie ein „Nein" aussprechen wollen:

- Um was geht es mir in der vorliegenden Situation? Was liegt mir am Herzen?
- Was in mir ist in dieser Situation schützenswert?
- Welche Emotionen tauchen in mir auf? Auf welches Wertvolles und Schützenswertes weisen sie hin? Was könnte ihre positive Absicht sein?
- Angesichts meiner begrenzten Lebenskraft: Inwieweit kann ich mir selbst gerecht werden?
- Meldet sich womöglich mein schlechtes Gewissen? Was sind seine konkreten Worte?
- Wie gelingt mir ein guter Kontakt zu meinem Eigenwert und meinem Selbstwerterleben? Was hilft mir, um sie zu vergegenwärtigen?
- Jeder Mensch ist einzigartig: Was zeichnet mich aus? Worin spüre ich meine Würde?

Beim Abgrenzen sollte darauf geachtet werden, dass es nicht aus einer Bedürftigkeit oder aus einem Mangelgefühl heraus geschieht. Bedürftigkeiten zeigen sich oftmals, wenn beispielsweise die eigenen Emotionen überkochen oder wenn ein starker Impuls von Sich-zurück-ziehen im Spiel ist. Das hat häufig damit zu tun, dass man in der beschränkten Perspektive des Eigensinns verfangen ist: Wie ein kleines Kind will man unbedingt, dass sofort die eigene Bedürftigkeit befriedigt werden soll – koste es, was es wolle. Beobachtet man an sich solch eine Bedürftigkeit, ließe es sich als ein hervorragender Hinweis zur persönlichen Entwicklung nehmen. Um sich damit eingehender zu beschäftige, bräuchte es jedoch mehr Zeit zur Selbstbesinnung (siehe Handlungsfeld 4).

Rolle und Erwartungen klären

Erwartungen an die Lehrerrolle sind im Berufsleben immerzu mit Spiel – auch wenn sie nicht oder nur unklar formuliert sind. Die soziologische Rollentheorie (siehe Kapitel 2.3) betrachtet die Rolle als ein Bündel von Erwartungen, welches an eine Person und ihre Funktion in der Organisation gerichtet wird. So finden sich im schulischen Alltag eine Vielzahl von Erwartungen an die Lehrperson: vonseiten der Lernenden und ihren Eltern, vonseiten der Kolleginnen und Kollegen, vonseiten der (erweiterten) Schulleitung und vonseiten anderer Akteurinnen.

Die Rolle jedoch ist nichts Feststehendes. Über die Rolle und die an sie geknüpften Erwartungen lässt sich sprechen. Wenn das geschieht, wird die Rolle verhandelbar. Es ist nicht notwendig und auch nicht möglich, alle Erwartungen und Ansprüche zu klären. Doch es macht situativ und punktuell Sinn, sie ins Gespräch zu holen.

Die Rolle ins Gespräch bringen

Wenn die Lehrperson für sich ein Rollenbewusstsein geschaffen hat, bleibt die Frage, wie sich dies gegebenenfalls in einem Gespräch benennen lässt. Dafür geben Formulierungen wie „In meiner Rolle als …" mögliche Impulse. Solche Formulierungen sollten jedoch immer daraufhin geprüft werden, ob sie zur eigenen Persönlichkeit passen und stimmig sind.

> **Praxis:**
>
> Formulierungshilfen zum Thematisieren der Rolle
> - „Was sind Ihre konkreten Erwartungen an mich in meiner Rolle als …?"
> - „Ich bitte Sie, mir Ihre Erwartungen mitzuteilen – so dass wir sie mit meiner Rolle als Lehrperson abgleichen können …"
> - „In meiner Rolle als …"
> - „In meiner Funktion als …"
> - „Sie haben gute Gründe für Ihre Erwartungen – nun können wir schauen, inwieweit ich diesen gerecht werden kann und wo meine Grenze liegt …"
> - „Sie haben Ihre Ansprüche – und in meiner Rolle als Lehrperson bin ich begrenzt. Daher will ich sehr genau schauen, was im Rahmen meiner Möglichkeiten liegt …"

Rollenbewusstsein als Schutz

Ein Bewusstsein für die Rolle im beruflichen Kontext kann nützlich sein, um den Erwartungen anderer Akteure und Akteurinnen konstruktiv zu begegnen. Daneben vermag die Lehrperson mit einem Bezugnehmen auf die Rolle sich selbst zu schützen. Das kann beispielsweise dadurch geschehen, indem die Lehrperson sich vor Augen führt, dass sie innerhalb des schulischen Kontexts nicht als Privatperson agiert. All das, was sie als Person auszeichnet, ist nur teilweise in der Schule im Spiel. Denn die Lehrperson als Mensch ist sehr viel umfassender als die Aufgaben, die sie in der Schule erfüllt. Der Mensch ist mehr als seine Rolle, er lässt sich nicht auf das Funktionale reduzieren.

Ein Bewusstsein für die Rolle im beruflichen Kontext kann helfen:

- Erwartungen zu klären und abzugleichen,
- Verantwortlichkeiten zu klären,
- das eigenen Helfersyndrom zu zügeln,
- sich selbst und das Selbstwertgefühl zu schützen,

- Kritik zu geben und zu nehmen.

Beispiel:

Elterngespräch

Ein Vater bringt eine Beschwerde mit emotionaler Wucht vor:
„Für das Lernen meines Sohnes sind wohl Sie als Lehrer zuständig! Ich verlange, dass Sie Ihren Job machen!"
In solch einer Situation wäre es nur verständlich, wenn die Lehrperson den Vorwurf persönlich nähme. Stattdessen lässt sich jedoch durch das Bezugnehmen auf die Rolle eine erste Distanz herstellen. So könnte eine mögliche Entgegnung der Lehrperson lauten:
„In meiner Rolle als Klassenlehrperson will ich die Bedürfnisse und Lernschritte der Schülerinnen und Schüler im Blick haben – das gelingt mir kaum zu 100 Prozent bei allen Lernenden gleichzeitig. Meine Rolle ist es, das Lernen voranzubringen – und darin habe ich auch meine Grenzen. Vielleicht können Sie das nachvollziehen … Und für das Lernen zuhause braucht es Sie als Elternteil … Daher möchte ich gemeinsam mit ihnen schauen, was für das Lernen ihres Kindes hilfreich sein könnte … Das ist es, worum es auch mir geht".

Somit kann ein angemessenes Rollenbewusstsein auch dazu verhelfen, das Selbstwertgefühl zu schützen: eine Kritik, die sich an die Rolle der Lehrperson richtet (– sei sie berechtigt oder unberechtigt), meint nicht den gesamten Menschen, sondern die Person in ihrer schulischen Rolle und in der Ausübung ihrer Funktionen. Also wäre grundlegend zwischen dem Menschen und seiner Rolle zu unterscheiden. Aus dieser Perspektive ist es eher möglich, z. B. einen Vorwurf etwas weniger persönlich zu nehmen.

Praxis:

Rollenklarheit

- Inwieweit gelingt mir das Unterscheiden von mir als Person und mir in meiner schulischen Rolle? Kann ich ein Bild oder eine Metapher dafür finden?
- Wie lässt sich diese Unterscheidung vielleicht visualisieren?
- Was hilft mir, meine Rolle bewusster zu bekommen?
- Gibt es für das Rollenbewusstsein vielleicht ein Symbol oder ein Objekt, um mich im schulischen Alltag daran zu erinnern?

Komponente 4 (Handlungsfeld 3): Konflikten begegnen

Konflikte gehören zum Leben dazu: sowohl in privaten als auch in beruflichen Bereichen. Es sind viele kluge Gedanken darüber niedergeschrieben worden, die sich mit dem Entstehen, den Formen und Verläufen von Konflikten beschäftigen. Es würde an dieser Stelle den Rahmen sprengen, darauf näher einzugehen. Vielmehr soll ein Blick auf Konflikte dargestellt sein, der pragmatisch auf das Entwicklungspotenzial von Konflikten schaut. Dazu wird vornehmlich die systemtheoretische Perspektive herangezogen.

Fritz Simon weist darauf hin, dass Konflikte gemeinhin einen schlechten Ruf haben: „Sie gelten als etwas Negatives, Destruktives, das man besser vermeidet." (Simon, zitiert in Eidenschink 2023, S. 10). Doch Konflikte lassen sich auch anders betrachten: Sie geben wichtige Hinweise für die persönliche Entwicklung. Auch wenn sie als „unschön" erlebt werden: Man kann an Konflikten wachsen – entscheidend ist nur, wie man ihnen begegnet und mit ihnen umgeht. Also kann es zunächst einmal sinnvoll sein, mit den eigenen Annahmen über Konflikte und der eigenen Einstellung zu Konflikten Bekanntschaft zu schließen.

> **Praxis:**
>
> Persönliche Einstellung zu Konflikten
>
> - Was sind meine Annahmen zu Konflikten?
> - Was ist meine typische emotionale Reaktion in Konfliktsituationen?
> - Wie würde ich den jeweiligen Satz vervollständigen:
>   „Konflikte sind …"
>   „In Konfliktsituationen reagiere ich eher …"

Konflikt als Hinweis

Anhand von Konflikten kommen Unterschiede zum Vorschein. Denn die beteiligten Personen beschreiben, erklären und bewerten die Vorkommnisse aus ihrer Sicht (Simon 2018). In ihrer jeweiligen Perspektive sind sie eingeschränkt, denn verständlicherweise sehen sie nur einen Ausschnitt, der zudem aufgrund ihrer Vorerfahrungen subjektiv gefärbt ist.

Durch einen Konflikt können Unterschiede klarer werden, obwohl etwas noch nicht geklärt oder geregelt ist. So haben Konflikte eine Funktion. Mit ihnen wird deutlich, dass eine Sachlage genauer angeschaut oder ein Bedürfnis gesehen werden will. So wohnt dem Konflikt ein Hinweis inne, z. B. auf ein Missverständnis oder auf einen überholten Arbeitsablauf. Aus diesem Hinweischarakter lässt sich ein Gedanke ableiten, der vielleicht ein wenig gewöhnungsbedürftig scheinen mag: Gegebenenfalls kann es sehr angemessen sein, einen Konflikt vorläufig *nicht* zu befrieden. Denn er hat etwas zu sagen – daher wäre es unklug, ihm den Mund zu verbieten.

> **Praxis:**
>
> Mit Blick auf einen aktuellen Konflikt
>
> *Hinweischarakter des Konflikts*
>
> - Was wird mit dem Konflikt deutlich?
> - Worauf könnte mich der Konflikt hinweisen?
>   ... Hinweis auf persönlicher Ebene: eine Bedürftigkeit, eine emotionale Überreaktion, ein biografisches Muster;
>   ... Hinweis auf der Rollenebene: eine ungeklärte Aufgabenverteilung, eine unausgesprochene Erwartung;
>   ... Hinweis auf der Ebene schulischer Kommunikation und Organisation: Absprachen bzw. Regelungen, die erst noch ausgehandelt und vereinbart werden sollten; Kommunikationsabläufe, die eine Klärung benötigen
> - Wofür könnte der Konflikt sinnvoll sein? Inwieweit könnte ich an dem Konflikt wachsen?
>
> *Konfliktsituation erhellen*
>
> - Wie beschreibe ich die Situation? Wie erkläre ich Sie mir? Welche Bewertungen meinerseits stecken darin?
> - Wenn ich mich in mein Gegenüber hineinversetze: Was vermute ich, wie das Gegenüber die Situation beschreibt? Wie erklärt und bewertet es die Situation?
> - Worin könnten Überschneidungen der jeweiligen Sichtweisen vorliegen?
> - Was wäre vielleicht der kleinste gemeinsame Nenner?
> - Was wäre vielleicht ein höheres Ziel oder ein höheres Gut, welches eine Brücke zwischen den beiden Parteien herstellen könnte? (z. B. Stress minimieren, Schulterschluss herstellen)

Konflikte regulieren

Ein Mensch, der einer konfliktuellen Situation gegenübersteht, hat verständlicherweise erst einmal den Wünsch, der Konflikt möge sich auflösen – am besten wie von allein. Das wird jedoch kaum passieren. Ohnehin bleibt die Frage, ob es in einem Konfliktfall überhaupt möglich ist, alle Beteiligte hundertprozentig zufriedenstellen zu können.

Aus systemischer Perspektive lassen sich Konflikte nicht lösen, jedoch teilweise beeinflussen und regulieren. Diese Sichtweise hat den Zweck, Spielräume zu eröffnen; denn wenn alle involvierten Personen gebannt auf die perfekte Konfliktlösung starren, kann das den Blick auf Vorgehensweisen versperren, die zwar nicht das Optimale bringen, aber doch einen pragmatischen Umgang im Alltag ermöglichen: „Der Verzicht, standardmäßig auf schnelle Verbesserung der Kommunikation in Richtung Verständigung zu setzen, ermöglicht Freiräume im Umgang mit Konflikten." (Eidenschink 2023, S. 157)

Eigenen Zustand beachten

An dieser Stelle wird davon ausgegangen, dass die Lehrperson in irgendeiner Weise vom Konflikt selbst betroffen oder sogar involviert ist. Daher wäre beim Regulieren eines Konflikts zunächst die eigene emotional-körperliche Verfassung zu beachten und gegebenenfalls zu verändern. Denn ein aufgebrachter Zustand ist selten ein guter Ratgeber. Also gilt es, zunächst einmal auf eine hilfreiche Distanz zum Geschehen zu kommen. Für die Entwicklung der eigenen Selbstkompetenz könnten hier wichtige Aspekte enthalten sein.

Wenn eine Person einigermaßen im Lot ist, wird es ihr leichter fallen, konstruktiv gestaltend in den Konflikt zu gehen. Wenn sie hingegen emotional „hochgekocht" ist, wäre zu empfehlen, sich erst einmal selbst zu beruhigen. Die nachfolgenden Hinweise können dafür hilfreich sein.

Praxis:

Zustandsveränderung

- Inwieweit helfen mir innere Vorstellungen (z. B. die bildhafte Vorstellung eines Schutzschilds) oder kleine Veränderungen auf der körperlichen Ebene (z. B. tiefes Durchatmen) dabei, dem Konflikt ins Auge zu schauen? Was gibt mir Halt? (siehe Handlungsfeld 1, Punkt 2)

- Welche meiner Ressourcen kräftigen mich, um den Konflikt anzugehen oder auch auszuhalten? (siehe Handlungsfeld 2, Punkt 2)
- Wie bekomme ich mich auf der emotionalen Ebene aus der Schusslinie?
- Was hilft mir, um auf eine produktive Distanz zu kommen?
- Was hilft mir, den Konflikt weniger persönlich zu nehmen und ihn stattdessen mehr auf die berufliche Rolle zu beziehen?

Weitere Hinweise zur Zustandsveränderung zur finden sich im Handlungsfeld 1. Impulse zur Selbstberuhigung und zum Regulieren der eigenen Emotionen liefert Handlungsfeld 2.

Nachdem die eigene emotional-körperliche Verfassung beachtet und verändert worden ist, können Ideen entwickelt werden, wie sich der Konflikt regulieren lässt. Dabei geht es nicht, um ein „richtig" oder „falsch", sondern eher um hilfreiche kleine Schritte, die das bisherige Konfliktmuster irritieren. Bisweilen lassen sich auf diesem Wege Spielräume finden.

Spielräume auffinden

Um eine Dynamik im Miteinander oder in einem Konflikt genauer zu betrachten, unterscheidet die systemtheoretische Perspektive drei Dimensionen: die sachliche, die soziale und die zeitliche Dimension. Beim Auftreten eines Konflikts bieten sich diese drei Dimensionen als grobe Orientierung an, Spielräume zu finden. Daraus lassen sich die nachfolgenden Fragen und Handlungsideen ableiten.

Praxis:

Entdecken von Spielräumen

... in der sachlichen Dimension:

- Wäre es hilfreich, andere inhaltliche Aspekte einzubeziehen?
- Welche Aspekte sind bisher übersehen worden?
- Was ist das größere Bild?

... in der sozialen Dimension:

- Wer könnte dazu geholt werden? In welcher Rolle? (z. B. als Beobachterin, Vermittlerin)
- Was sind ansonsten für Gesprächskonstellationen denkbar?
- Wäre es möglich, für eine bestimmte Dauer (, die zu verabreden wäre), nicht über das Konfliktthema zu sprechen?

... in der zeitlichen Dimension:

- Gibt es ein günstiges (oder hilfreich-ungewohntes) Zeitfenster, um den Konflikt zu bearbeiten
- Sollten günstigenfalls mehrere Gespräche vorgesehen werden?
- Welche Dauer und welcher zeitliche Abstand zwischen den Treffen wäre hilfreich?

... in der psychischen Dimension:

- Welche Botschaft hat der Konflikt an mich?
- Welches Gefühl (z. B. Gekränkt-sein) oder Bedürfnis (z. B. Sicherheit) treibt mich? Wie kann ich das ins Gespräch bringen, ohne die Verantwortung dafür abzugeben?
- Was hilft mir, meinen Anteil am Konfliktgeschehen anzuschauen?

Kosten in den Blick nehmen

In Konfliktsituationen tauchen häufig emotionale Ladungen wie z. B. Angst oder Ärger auf. Daran knüpfen sich nicht selten Haltungen wie z. B. Sturrheit oder Beleidigt-sein. In solchen Situationen fällt die Suche nach Spielräumen nicht leicht bzw. sie ist kaum möglich. Dann wäre zu empfehlen, auf die Kosten solcher Fixierungen (Eidenschink 2023) zu schauen. Wenn die Kosten hoch sind und klar benannt, erhöht das bisweilen die Bereitschaft der Konfliktparteien, sich doch noch zu bewegen.

Auch hier lässt sich die Unterscheidung von sachlicher, sozialer und zeitlicher Dimension als Anregung nehmen.

> **Praxis:**
>
> Was sind die Folgekosten des Konflikts oder wenn sich nichts verändert?
>
> … *in der sachlichen Dimension:* z. B. Arbeitsabläufe bleiben blockiert
> … *in der sozialen Dimension:* z. B. der Konflikt weitet sich aus, das Miteinander im Kollegium verschlechtert sich
> … *in der zeitlichen Dimension:* z. B. wichtige Entscheidungen werden hinausgezögert
> … *in der psychischen Dimension:* z. B. erhöhtes Stresserleben, man hat keinen freien Kopf für den Arbeitsalltag

Solche Ideen zum Regulieren eines Konflikts haben sicherlich ihre Grenze. Für den Fall, dass sich der Konflikt zugespitzt oder verhärtet hat, wäre zu empfehlen, eine externe Person mit entsprechender Profession (z. B. Mediation) hinzu zu ziehen.

Komponente 5 (Handlungsfeld 3): Bündnisse und Schulterschluss schaffen

Nach wie vor ist in Schulen das Einzelkämpfertum weit verbreitet. Das Unterrichtsgeschehen bleibt vielerorts der einzelnen Lehrperson überlassen. Das hat zum Teil strukturelle Gründe. Daneben hängt es mitunter auch damit zusammen, dass einige Lehrpersonen die Zeit im Referendariat mit den Unterrichtsbesuchen nicht in allerbester Erinnerung haben (Bachmann et al. 2022). Daraus kann sich (mehr oder minder bewusst) eine Einstellung formen, die sich in folgenden Worten ausdrückt: „In meinen Unterricht schaut mir keiner hinein". Solch eine Einstellung entsteht keinesfalls aus einer schlechten Absicht heraus, sondern aufgrund von Bedürfnissen nach Schutz und Selbstwerterhalt. Doch wenn man dieser Einstellung folgt, zahlt man damit auch den Preis, allein zu stehen. Sicherlich gibt es hier Unterschiede, doch mit Blick auf die Forschung lässt sich von einem „Lehrerindividualismus" (Rothland 2013, S. 243) sprechen, der bisweilen in eine selbstgewählte Isolation münden kann.

So sind es Lehrpersonen in der Regel wenig gewohnt, sich beispielsweise kollegiale Unterstützung zu holen oder gemeinsam auf den Unterricht zu schauen. Dementsprechend sind Kollegiale Hospitationen oder Unterrichtsreflexionen wenig verbreitet. Jedoch lässt sich aus der Perspektive von Lehrergesundheit feststellen, dass ein guter Schulterschluss erheblich zum Erhalt der eigenen Gesundheit im Lehrerberuf beitragen kann: „Im Kontext von Beanspruchungen und Belastungen im Lehrerberuf ist die Bedeutung kollegialer Beziehungen als Entlastungs- und Schutzfaktor, als Quelle sozialer Unterstützung mit direkter und indirekter Wirkung auf das Wohlbefinden [...] nicht hoch genug zu veranschlagen." (Rothland 2013, S. 246)

Auch in Konzepten zur Stressbewältigung finden sich eindeutige Hinweise dafür, dass eine Unterstützung aus dem sozialen Umfeld als wichtige Säule zum Umgang mit Stress zu sehen ist (Kaluza 2018, Lauterbach 2013). Dabei kann die soziale Unterstützung zwei Aspekte bedienen: zum einen die emotionale und zum anderen die operative Unterstützung. Im Konkreten bedeutet die emotionale Ebene das Mitteilen persönlicher Fragen und Unsicherheiten. Sie dient der Psychohygiene: Man kann sich den Kummer von der Seele reden. Die operative Ebene hingegen meint eine tatkräftige Unterstützung, indem Kolleginnen und Kollegen auf ihre Hilfe angesprochen werden, mit der Bitte Aufgaben abzunehmen oder sie gemeinsam zu bewältigen.

Das Miteinander als Kraftquelle

Professionelle bzw. persönlich-professionelle Nähe vermag ein unterstützendes Kräftefeld zu erzeugen. Viele Lehrpersonen kennen das durch einen guten kollegialen Austausch. Mit „gut" ist an dieser Stelle ein wohlmeinendes Miteinander und das Erweitern der persönlichen Perspektive gemeint (– das unterscheidet sich von einem gegenseitigen Bestätigen im Defizitmodus). Ein guter kollegialer Austausch wirkt anregend und bringt Energie.

Auf solcher Weise lassen sich Rückenstärkung und soziale Unterstützung entwickeln. Es braucht jedoch einen klaren Blick dafür, mit welchen Kolleginnen und Kollegen ein entsprechender Austausch möglich ist.

Praxis: Unterstützendes Miteinander und Bündnisse schaffen

Unterstützendes Miteinander
- Mit welchen Personen habe ich ein gutes Miteinander? Mit welchen Personen pflege ich einen guten Austausch?

- Mit welchen Personen mag ich Zeit verbringen? Mit wem unterhalte ich mich gerne (z. B. an der Kaffeemaschine oder am Teekocher)?
- Welche Gespräche tun mir gut?
- Wo in meinem aktuellen beruflichen Leben fühle ich mich von einem Kollegen oder einer Kollegin wirklich gesehen?
- Zu welchen Personen empfinde ich eine gute Nähe? Mit wem fühle ich mich verbunden?
- Bei welcher Person weiß ich mich mit meinen Sorgen gut aufgehoben?
- Zu welcher Person will ich den beruflichen Kontakt verstärken?
- Wer dient mir als Vorbild? Wer inspiriert mich?

Kontakte und Bündnisse schaffen

- Wie schaffe ich mir eine gute kollegiale Unterstützung?
- Was bin ich bereit zu geben und zu nehmen?
- Zu welchen Personen oder Personengruppen wünsche ich mir einen besseren Kontakt?
- Wo sehe ich Möglichkeiten für ein Arbeitsbündnis? (– womöglich bezogen auf ein konkretes Vorhaben oder ein schulisches Projekt)
- Welche außerschulischen Kontakte können mir für mein Wirken in der Schule hilfreich sein?
- Gibt es möglicherweise schulische Netzwerke, in denen ich Austausch und Gedankenanregungen erhalten könnte?
- Welche Möglichkeiten zu einer Kollegialen Fallarbeit, einer Supervision oder einem Coaching im Gruppensetting lassen sich entwickeln?

Kollegiale Fallarbeit

Die Zusammensetzung für eine Gruppe zur Kollegialen Fallarbeit ist nicht beliebig. Das gilt ebenso für die Struktur des Ablaufs. Dazu braucht es einen Konsens aller Mitwirkenden: „Die sich so entwickelnden Spielregeln der Kommunikation können *nie* (!) von einem der Teilnehmer allein bestimmt werden. Denn sie entstehen aus dem Zusammenspiel der Beteiligten." (Simon 2018, S. 28)

Es wäre zu empfehlen, sich auf einen respektvollen und wertschätzenden Umgang während der Kollegialen Fallarbeit zu verständigen. Das *Wie* im Miteinander trägt mindestens ebenso zum Gelingen einer Fallarbeit bei wie auch das Klären und Festlegen der äußeren Rahmenbedingungen.

Praxis: Vorbereitung für eine kollegiale Fallarbeit

- Wie sind die Rahmenbedingungen für das Gründen einer Kleingruppe zur kollegialen Fallarbeit?
- Inwieweit braucht es Absprachen mit der Schulleitung oder mit einem Vertreter bzw. einer Vertreterin der Schulleitung?
- Welche Kollegen und Kolleginnen mag ich diesbezüglich ansprechen? Wie genau will ich das Vorhaben und seinen Zweck schildern?
- Inwieweit wäre es möglich, solch eine Fallarbeitsgruppe im Verbund mit Lehrpersonen aus anderen Schulen zu gründen?

Sind die Rahmenbedingungen geklärt, braucht es für die Treffen einer klaren Struktur, nach der sich die Fallarbeit durchführen lässt. Der nachfolgend dargestellte Ablauf hat sich in der Praxis vielfach bewährt.

Praxis: Ablauf einer kollegialen Fallarbeit

0. Gemeinsames Verständigen über Verschwiegenheit: Alles, was in der Fallarbeit besprochen wird, bleibt in der Gruppe und wird nicht nach draußen getragen.

1. Rollen festlegen *(5 min)*:
Welcher der Teilnehmenden übernimmt die Rolle des/der Moderators/Moderatorin? Wer stellt als Protagonist/Protagonistin einen Fall vor?

2. Falldarstellung *(5 min)*:
Der Protagonist bzw. die Protagonistin benennt den Fall und berichtet über bisherige Geschehnisse und persönliches Erleben.

3. Informationsfragen *(5 min)*:
Die Teilnehmenden stellen Informationsfragen zum Fall, um die Situation sowie das Erleben des Protagonisten bzw. der Protagonistin besser nachvollziehen zu können. In dieser Arbeitsphase: Keine Diskussionen! Keine Lösungsvorschläge!

4. Arbeitsauftrag an die Gruppe *(5 min)*:
Der Protagonist bzw. die Protagonistin schildert das Anliegen: Wofür konkret benötigt er bzw. sie Unterstützung? Worüber konkret soll die Gruppe in einem nächsten Schritt Handlungsideen entwickeln?

5. Gruppenarbeit in Kleinstgruppen *(10 min)*:
Günstigenfalls in Zweier- oder Dreiergruppen werden Handlungs- bzw. Lösungsvorschläge entwickelt und auf Moderationskarten formuliert. Währenddessen hat der Fallgeber bzw. die Fallgeberin Pause.

6. Übergabe der Ergebnisse *(5 min)*:
Per Karteikarte bzw. Zuruf stellen die Kleingruppen ihre Ergebnisse vor. Die Protagonistin bzw. der Protagonist hört zu und stellt höchstens Verständnisfragen zu den einzelnen Ideen.

7. Check *(5 min)*:
Hierarchisierung der Ergebnisse. Sind die Ergebnisse zufrieden stellend?
Wenn etwas fehlt, erneuter Durchlauf ab Punkt 4.

8. Feedback und Abschluss:
Wie ist die Fallarbeit verlaufen?
Gibt es Anlässe zur Optimierung?

9. (optional): Ressourcen-Feedback für den Protagonisten bzw. die Protagonistin:
Welche Ressourcen haben die Teilnehmenden bei ihm bzw. ihr wahrgenommen?

3.2.4 Handlungsfeld 4
Erfahrungen integrieren

Die Handlungsfelder 1 bis 3 des Praxismanuals geben Anregungen für Übungen, die unmittelbar im beruflichen Alltag angewandt werden können. So wurde z. B. im Handlungsfeld 1 bereits auf kleine Verweilmomente im Alltag verwiesen. Die Praxisimpulse aus den Handlungsfeldern 1 bis 3 können situativ im Hier-und-Jetzt ausprobiert werden. Sie benötigen in der Regel weniger Zeitaufwand.

Wenn sich das vierte Handlungsfeld nun mit dem Integrieren von Erfahrungen beschäftigt, braucht es erneut den Blick auf die zeitliche Dimension. Denn zur vertieften Auseinandersetzung mit sich selbst wird mehr Zeit benötigt. Sie ist nicht in einer 10minütigen Pause getan, nach der es sofort mit der Hektik des Alltags weitergeht. Und es braucht eine andere Qualität von Zeit, nämlich eine solche, die Selbstbesinnung und Muße ermöglicht.

Insofern bringen die Praxisimpulse im vierten Handlungsfeld sowohl in quantitativer wie auch in qualitativer Hinsicht einen anderen Zeitaufwand mit sich: um etwas zu integrieren, ist quantitativ mehr Zeit nötig; qualitativ kann man sich dies als eine verdichtete Zeit vorstellen, worin eine kontemplative Selbstbesinnung geschieht. In solchen Momenten kann sich mitunter das Zeitgefühl verändern: Es dehnt sich und zugleich scheint die Zeit paradoxerweise zu verfliegen.

Komponente 1 (Handlungsfeld 4): Inneren Kompass entwickeln: Werte und Sinnerleben

Die Tätigkeit als Lehrperson findet in einem mitunter turbulenten Arbeitsumfeld statt. Viele Akteure, viele Sichtweisen, viele Bedürfnisse sind im Spiel. Bisweilen kann das dazu führen, dass die Lehrperson sich selbst aus dem Blick verliert. Doch gerade dieser Blick auf sich selbst und das Bewusstmachen dessen, was persönlich als sinn- und wertvoll erlebt wird, kann ein wichtiger Richtungsgeber für das eigene Handeln sein.

Trainingsprogramme zur Lehrergesundheit setzen darauf, Entlastung zu bringen. Das ist hilfreich und hat daher eine große Berechtigung. Als Leitkriterium dient dabei häufig ein subjektiv gefühltes „Jetzt bin ich erleichtert" oder „Ich fühle mich nun besser". Damit ist jedoch noch nicht ein tieferes Verständnis für das eigene Empfinden von Werten oder dem persönlichen Sinnerleben gegeben.

Ein „innerer Wegweiser", der angesichts herausfordernder Situationen oder sonstigen Ungemachs im (Berufs-)Leben Orientierung spendet, braucht die Wert- und Sinndimension. Deshalb ist es für das Entwickeln eines inneren Kompasses keinesfalls damit getan, Entlastungen zu finden oder zu einem bloßen Empfinden von „es fühlt sich gut an" zu kommen.

Sinn entsteht, wenn ich auf eine Frage, die mir das Leben aktuell mit einer Situation stellt, eine Antwort gebe, zu der ich stehen kann. Das setzt voraus, dass ich sowohl dem Erleben in mir als auch dem Geschehen im Außen mit einem gewissen Grad an Offenheit begegne.

Beispiel:

Eine Lehrperson sitzt in der Lehrerkonferenz. Es wird ein Thema zur Schulentwicklung besprochen, das unmittelbar ihr Interesse anregt. Sie fühlt sich angesprochen, zu diesem Thema einen Beitrag zu leisten. Während die Konferenz weitergeht, kreisen ihre Gedanken darum, dass sie in diesem Schuljahr ein hohes Maß an Korrekturen und weiteren Verpflichtungen vor sich hat. Dennoch spürt sie in sich eine starke Resonanz zu dem Thema, welches weiterhin Gegenstand in der Konferenz ist. Die Lehrperson fühlt sich von dem Schulentwicklungsthema regelrecht angezogen. Trotz ihrer Arbeitsbelastung wird ihr klar, dass sie auf jeden Fall in der Arbeitsgruppe, die zum Thema ausgerufen wird, einen Beitrag leisten will. Sie ist in ihrem Werterleben angesprochen. Innerlich beginnt sie zu überlegen, in welchem Maße ihr Engagement angesichts ihrer Arbeitsbelastung möglich ist. Das Beachten der persönlichen Grenze stärkt ihre innere Zustimmung zu ihrem Vorhaben.

Es erscheint ihr noch sinnvoller als zu Beginn der Lehrerkonferenz: „Ja, ich sollte hier einen Beitrag leisten."

„Sinn verlangt, dass man sich selbst persönlich einbringt. Dazu reicht es aber nicht, einfach nach einem vorgefertigten Plan oder einem Ziel vorzugehen [...]. Es geht [...] um ein Sicheinbringen in die Situation, in die Welt." (Längle/Künz 2016, S. 152)

Gemäß Viktor Frankl entsteht Sinn durch das Verwirklichen von Werten (siehe Kapitel 2.2.3). Das lässt sich weniger im Voraus planen, vielmehr entsteht es aus der Situation heraus. Die Lehrperson kann sich dafür empfänglich machen, wenn ihr situativ etwas begegnet und sie spürt „Oh! Hier könnte ich etwas verwirklichen, das mir am Herzen liegt".

Das Empfinden eines persönlich wichtigen Wertes geht über eine bloße Bedürfnisbefriedigung hinaus. Denn ein Bedürfnis meldet sich dann, wenn ein Mangel vorliegt. Daher kann das ungestilte Bedürfnis etwas Drängendes haben. Während das Bedürfnis auf Befriedigung drängt, übt das Werterleben eine Anziehung aus. Das Wertvolle spricht mich an oder ruft mich – es drängt jedoch nicht. Vielmehr gibt es mir die Freiheit, ihm nachgehen zu wollen oder auch nicht. Das persönliche Werte- und Sinnerleben kann man daran erkennen, dass es frei von Zwang ist.

Zugang zum Wert- und Sinnerleben finden

Der Zugang zum persönlichen Werte- und Sinnerleben ist nicht über logisches Nachdenken möglich. Denn Werte und Sinn sprechen den Menschen auf einer tieferen Ebene seines Daseins an. Beide erschließen sich vielmehr durch ein Empfinden für das, was einem wichtig ist und wo man „ganz dabei" ist (siehe Kapitel 2.2.3). Dabei muss der Kopf keineswegs ausgeschaltet sein, doch er ist nicht die ausschlaggebende Instanz.

Praxis:

Persönliche Werte entdecken

Nehmen Sie sich Zeit, um in Ruhe auf eine Gedankenreise zu gehen. Lassen Sie Geschehnisse der letzten Tage oder Wochen vor ihrem inneren Auge präsent werden, in denen Sie spürten, dass Ihnen etwas am Herzen gelegen hat, also etwas, das für Sie wertvoll gewesen ist. Vielleicht lassen sich solche Momente finden mit Blick auf:

- ein gutes Miteinander während des Unterrichts,
- einen hilfreichen oder guten Austausch mit einem Kollegen oder einer Kollegin,
- die gute Zusammenarbeit mit Kolleginnen oder mit der Schulleitung,
- Gespräche mit einzelnen Schülerinnen und Schülern,
- Gespräche mit Eltern,
- Aktivitäten und Erfahrungen aus dem außerschulischen Kontext.

Wie würden Sie die Werte, die darin enthalten sind, in wenigen Worten beschreiben? Bitte machen Sie sich entsprechende Notizen.

Die Werte zeigen sich im persönlichen Erleben. Sie sind eng mit alltäglichen Erfahrungen verknüpft und zwar mit solchen, in denen man sich berührt fühlt oder wenn man etwas tut, was einem „am Herzen liegt".

Mit solchem Werterleben kann sich bisweilen ein größerer Zusammenhang auftun: nämlich dort, wo eine Person sieht, dass ihr Tun im Hier-und-Jetzt auf etwas Zukünftiges einzahlt oder auf etwas, das größer ist als sie. Dann erscheint das eigene Handeln als sinnvoll – obwohl man keine konkreten Ergebnisse erzielt. Eine Aufgabe zu haben oder das große Ganze im Blick zu haben, ergibt Sinn und übersteigt die eigene Person. Viktor Frankl hat das als Über-Sinn bezeichnet (Frankl 2018).

Praxis:

Persönliches Sinnerleben erhellen

Nehmen Sie sich nun bitte Zeit für eine weitere Gedankenreise. Vielleicht kann Ihnen bewusst werden, inwieweit Sie mit Ihrem Handeln nicht nur etwas für Sie persönlich Wertvolles verwirklichen, sondern damit auch zu etwas beitragen, das größer ist als Sie?
Dann kann beispielsweise sein:

- die Zukunft einer einzelnen Schülerin oder eines einzelnen Schülers,
- das aktuelle wie auch das zukünftige Miteinander im Kollegium,
- ein konkretes Projekt zur Unterrichts- oder Schulentwicklung, das Sie als zutiefst sinnvoll erleben,
- Beiträge für eine wünschenswerte gesellschaftliche Zukunft,
- Handlungen, mit denen sich für Sie ein Gefühl von Sinnhaftigkeit verbindet.

Was kann für Sie eine Art Leuchtturm sein, worauf Sie sich ausrichten? Ein Leuchtturm, der Ihnen vielleicht auch im Dunklen anzeigt, in welcher Richtung Sie sich bewegen wollen?
Bitte machen Sie sich entsprechende Notizen.

Werte und Sinn als integrierende Kräfte

Wenn einer Person bewusst ist, wofür sie etwas tut, vermag es ihr eine erhebliche Kraft zu verleihen. Darin lassen sich nahezu immer persönliche Werte finden. Je klarer empfunden sie sind, desto besser lassen sich dann Belastungen und negative Emotionen aushalten.

Werte und Sinn vermögen nicht nur Orientierung zu geben, sondern sie können auch für das Verarbeiten schwieriger Erfahrungen hilfreich sein. Gerade wenn eine Lehrperson aufgrund eines schulischen Vorkommens mit einer unangenehmen Emotion (z. B. ein Versagensgefühl) zu tun hat, bietet es sich an, die Erfahrung in einen größeren Zusammenhang zu stellen.

> **Praxis:**
>
> Anleitung für ein Selbstgespräch
>
> „Auch wenn diese Erfahrung für mich unangenehm oder sogar schmerzhaft gewesen ist: Ich bin bereit, genauer hinzuschauen, ob darin etwas für mich Wichtiges enthalten sein kann.
>
> Ich halte mir vor Augen, was mir am Herzen liegt – auch wenn es schwer fällt: Trotz meiner negativen Emotionen will ich das Wertvolle nicht aus dem Blick verlieren.
>
> Für was kann diese Erfahrung, die momentan noch mit den negativen Emotionen verknüpft ist, gut gewesen sein?
>   Auch wenn sie im jetzigen Moment als schlecht erscheint, kann ich daran wachsen. Was könnte die Lektion sein, die ich zu lernen habe? Welche Ideen entstehen daraus, um beim nächsten Mal etwas anders zu machen – und sei es auch nur minimal anders? Was werde ich in ein oder zwei Monaten davon halten? Zu wem könnte ich werden, wenn ich mich dieser Erfahrung stelle? Wenn ich sie nicht zur Seite tue, sondern mich angemessen und mit einem guten Selbstmitgefühl damit auseinandersetze?
>   Inwieweit ist es mir vorstellbar, meine Einstellung gegenüber den Vorkommnissen oder gegenüber meiner Emotion zu verändern? Wer oder was könnte mich darin unterstützen, einen konstruktiven Umgang damit zu finden?"

In der vorhergehenden Anleitung zum Selbstgespräch ist davon die Rede, einen verantwortungsvollen Umgang mit einer unliebsamen Erfahrung zu finden. Mit „verantwortungsvoll" ist an dieser Stelle zweierlei gemeint: einerseits der Erfahrung unbeschönigend ins Gesicht zu blicken und andererseits sich für diese Erfahrung nicht selbst abzuwerten.

Komponente 2 (Handlungsfeld 4): Lassen können

Wenn eine äußere Situation als anstrengend oder herausfordernd erlebt wird, hängt dies immer mit inneren Bewertungen oder Ansprüchen zusammen, die in der Regel unbewusst und automatisch ablaufen. Sicherlich tragen die äußeren Gegebenheiten und Bedingungen zur Anstrengung bei. Entscheidend ist jedoch, was sich diesbezüglich in der persönlichen Gedanken- und Gefühlswelt abspielt. Denn diese Ebene wirkt sich entweder stressverstärkend oder stressmindernd aus. Auf diesen Zusammenhang weisen Ergebnisse aus der Stressforschung hin (Kaluza 2018).

Einiges aus der persönlichen Gedanken- und Gefühlswelt hat sich unbewusst über einen längeren Zeitraum eingeschliffen. Dazu gehören auch solche Seiten der Persönlichkeit, die gemeinhin als Perfektionismus oder innere Antreiber bezeichnet werden. In der Regel tragen sie nicht zur Gelassenheit bei, sondern verschärfen das Stresserleben. Daher soll im Folgenden dargestellt sein, inwieweit ein Lassen- und Annehmen-können hilfreich sein mag – insbesondere im Umgang mit inneren Antreibern.

Lassen und Annehmen

Der Theologe Reinhold Niebuhr formuliert 1943 sein „Gelassenheits-Gebet", welches lautet:

> „Gott gib mir die Gelassenheit Dinge hinzunehmen die ich nicht ändern kann, den Mut, Dinge zu ändern, die ich ändern kann, und die Weisheit, das eine vom anderen zu unterscheiden." (Niebuhr, zitiert in Schmid 2015, S. 380).

Nicht selten findet sich in der Ratgeberliteratur der Hinweis, dass es wichtig sei loszulassen. Doch was heißt das konkret? Und inwieweit ist es überhaupt möglich, etwas komplett loszulassen? Vielleicht lässt sich die Idee etwas kleiner denken: Es wäre bisweilen schon geholfen, in einigen Momenten etwas lassen zu können. Und auch das ist mitnichten ein triviales Vorhaben.

Lassen zu können bedeutet aktives Tun und braucht Übung. Es ist nicht leicht getan und unterscheidet sich von einem vulgären Positiv-denken-Ansatz. Denn es sieht offenen Blickes auf die Gegebenheiten: Auch wenn ich mir eine konkrete Situation anders wünsche und meine, es besser zu wissen – es ändert nichts an den Gegebenheiten. Wenn ich also diese Gegebenheiten als solche akzeptiere, dann stärke ich mich selbst; ich reibe mich nicht länger in den immer gleichen Grabenkämpfen auf. Lassen-können ist ein wichtiger pragmatischer Aspekt, um eine Situation besser zu handhaben. (Hier findet sich der Aspekt der *Handhabbarkeit* aus dem Salutogenese-Konzept, siehe Kapitel 2.1.2.)

Mit dem Lassen-können geht ein Annehmen einher:

- ich nehme die Gegebenheiten und Bedingungen an, wie sie aktuell sind;
- ich nehme meine Mitmenschen so an, wie sie sich mir aktuell zeigen, mit ihren Möglichkeiten und ihren Grenzen;
- ich nehme mich an so wie ich aktuell bin, mit meinen Möglichkeiten und mit meinen Grenzen.

Die Existenzanalyse nach Alfred Längle (siehe Kapitel 2.2) bietet einen differenzierten Blick auf das Annehmen- und Lassen-können. Längle nennt zwei Formen des Sein-lassens: Annehmen und Aushalten (Längle 2020, S. 21). Im An-nehmen ist die Fähigkeit enthalten, die Gegebenheiten zu nehmen, wie sie sind. Im Aushalten steckt der Kraftakt des Haltens.

Das Lassen, Annehmen und Aushalten gelingt besser, wenn die Person guten Boden unter den Füßen hat. Damit kann sie – im wahrsten Sinne des Wortes – standhaft bleiben. Daher verbindet sich das Annehmen- und Lassen-können mit dem Aspekt des Halt-findens, wie er bereits in Handlungsfeld 1 beschrieben worden ist. Hierzu können alltägliche Verlässlichkeiten oder das Vertrauen in sich selbst hilfreich sein. Weiterhin wäre zu empfehlen, sich die eigenen Kraftquellen lebhaft vor Augen zu führen.

Wenn es einer Person gelingt, etwas lassen oder annehmen zu können oder sogar etwas auszuhalten, hat dies keineswegs mit Resignation zu tun. Vielmehr geht es darum, sowohl die gegebenen Bedingungen als auch die eigene Grenze im Blick zu haben. Und es gilt, zu den Gegebenheiten eine Stellung zu beziehen. Keinesfalls bedeutet ein Annehmen, alles und jeden einfach hinzunehmen. Annehmen meint, die Realität zu akzeptieren – was nicht bedeutet, sie gutzuheißen.

Lassen, Annehmen und Aushalten sind als energieintensive Aktivitäten zu sehen. Sie haben nichts mit Verdrossenheit, sondern vielmehr mit Entschlossenheit zu tun.

Praxis:

Selbstgespräch: Kraft und Halt finden für Lassen, Annehmen und Aushalten

„In meinem Berufsleben habe ich schon viele Situationen, die sich als schwierig zeigten, bewältigen können. …
Situationen in denen es stürmisch zugegangen ist und in denen ich Unsicherheit gespürt habe. All diese habe ich durchstanden. Ich kann sie mir vor Augen führen und mich aktiv daran erinnern, wie ich die Kraft dafür hatte … All das wird mir dabei helfen, die aktuellen Geschehnisse annehmen und aushalten zu können."

„Ich kann jetzt sensibel darauf schauen, wieviel Kraft mir gerade zur Verfügung steht, um die aktuelle Situation anzunehmen bzw. auszuhalten:
Woran kann ich erkennen, dass ich genügend Energie zur Verfügung habe?
Woran kann ich erkennen, dass ich guten Boden unter den Füßen und meinen Raum habe?
Woraus schöpfe ich Energie und was hilft mir, meinen Boden zu stärken?" (siehe hierzu auch Handlungsfeld 1, Punkt 2)

Innere Antreiber: Perfektionismus und Selbstansprüche

Das Lassen- und Annehmen-können ist auch eine hilfreiche Fähigkeit, wenn es darum geht, einen menschenfreundlichen Umgang mit den eigenen inneren Antreibern zu entwickeln. Als innere Antreiber sind überwertige Ansprüche zu verstehen, wie z. B.:

- jederzeit 100 Prozent geben zu müssen,
- ausschließlich perfekte Arbeitsergebnisse abliefern zu müssen,
- alle Schülerinnen erreichen zu wollen,
- sich für sämtliche Lösungen zuständig zu fühlen,
- einem allzu hohen Selbstideal zu folgen – ohne die eigenen Grenzen und Fehlerhaftigkeiten zu akzeptieren.

Innere Antreiber, zu denen auch der Perfektionismus und andere überhöhte Selbstansprüche gehören, sind im Laufe des Lebens entstanden. Oftmals sind sie an Leistungsansprüche und Anforderungen aus der sozialen Umwelt gekoppelt. Sie sind nicht als feste Eigenschaften zu sehen, sondern eher als eine momentan auftauchende Seite der Persönlichkeit: Eine Person lässt sie niemals auf ihren Perfektionismus reduzieren. Dieser ist lediglich eine Seite von ihr, die hin und wieder auftaucht.

Um einen konstruktiven Umgang mit inneren Antreibern zu erlangen, ist zu empfehlen, nicht gegen sie anzugehen, sondern vielmehr eine Beziehung zu ihnen aufzubauen. Auf dieser Basis können sie Schritt für Schritt in ihrer Macht relativiert werden.

Praxis:

Zur Arbeit mit inneren Antreibern

Schritt 1: Innere Antreiber identifizieren
„Nehmen Sie sich Zeit für einen kurzen Ausflug in ihre Vergangenheit und gehen Sie in Gedanken zurück in Ihre Kindheit und Jugend …
Welche Forderungen, Gebote, Verbote, Verhaltensanweisungen und Erwartungen haben Sie bei Ihren Eltern oder anderen wichtigen Bezugsperson gehört?
Manche davon sind Ihnen vielleicht noch im Ohr, weil es sich um alltägliche Sprüche und prägnante Sätze handelt […], andere wurden vielleicht gar nicht explizit ausgesprochen, sie gingen selbstverständlich ich in Fleisch und Blut über […]: Du bist nur etwas wert, wenn du … etc." (Drexler 2012, S. 227)

Wenn Sie einen oder mehrere Antreiber haben entdecken können, formulieren Sie diese jeweilig in einem Satz.

Anschließend lässt sich betrachten, wie genau Sie diesen Satz erleben, z. B.: Geht von ihm eine Schärfe oder Strenge aus? Kommt er eher laut oder leise daher? Fällt Ihnen ein Name für den Antreiber ein? (Der darf auch gerne etwas humorvoll sein.)
Entlang solcher Fragen lässt sich eine Beziehung zum inneren Antreiber aufbauen. Sobald er ein Gesicht bekommt, kann er sein Spiel nicht mehr im Verborgenen betreiben.

Schritt 2: Positive Absicht ermitteln
Was will der innere Antreiber (z. B. der Perfektionismus) erreichen? Welche Funktion nimmt er ein?

Schritt 3: Den Antreiber relativieren
- Mit Blick auf die positive Absicht des Antreibers: Wie lässt sich darauf teilweise eingehen – ohne ihm das Regiment zu überlassen?
- Selbstgespräch: „Der Antreiber ist lediglich eine Seite von mir – und ich als Person bin so viel mehr als diese eine Seite. In vielen anderen Situationen ist sie nicht da – zu wem werde ich, wenn diese Seite nicht da ist?"
- Welche Selbsterlaubnis lässt sich dem Antreiber zur Seite stellen? (z. B. „Ja, der Perfektionismus ist eine Seite von mir – und manchmal darf ich mich mit 80 Prozent zufriedengeben.")

Andere Menschen lassen können

Gerade in der Schule geht es darum, das Potenzial der Lernenden in den Blick zu nehmen. Dazu gehört auch, an die Entwicklung der einzelnen Schülerinnen und Schüler zu glauben und ihre Fähigkeiten zu erkennen, die noch nicht vollständig ausgebildet sind. Das geschieht nicht blindlings, sondern mit unverstelltem Blick.

Dennoch gibt es auch Situationen, in denen es sehr angemessen ist, den einzelnen Schüler bzw. die einzelne Schülerin in ihrem aktuellen So-sein zu belassen – ganz gleich, wie stark die Lehrperson meint, dass ein Vorankommen noch möglich sei. Das Lassen-können wäre im Sinne des Sprichworts „Gras wächst nicht schneller, wenn man daran zieht" zu verstehen.

Hier wäre es die Aufgabe der Lehrperson, das Eigentempo des Gegenübers zu akzeptieren und die vorläufige Lösungslosigkeit auszuhalten.

Praxis:

Selbstgespräch: Das Eigen-sein des Gegenübers akzeptieren

„Ich sehe den Schüler bzw. die Schülerin in seiner bzw. ihrer Lernsituation. Soweit es mir möglich ist, nehme ich meine Vorannahmen zur Seite und übe mich in Offenheit. Ich kann meine Vorannahmen mit wenigen Worten auf einen Zettel schreiben und diesen symbolisch zur Seite legen. Nachdem ich meine Annahmen so zur Seite gelegt habe, kann ich mich fragen: Wie mag es meinem Gegenüber gehen? Was liegt tatsächlich vor?"

„Jeder Mensch hat sein eigenes Tempo und seine eigene Art und Weise des Vorangehens. Ich sehe mein Gegenüber und lasse ihm sein Eigen-sein – auch wenn ich es nicht verstehe."

„Jeder Mensch ist einzigartig und ich kann niemals sicher sein, was für den Einzelnen der für ihn mögliche nächste hilfreiche Schritt ist. Ich kann Angebote machen – doch wenn mein Gegenüber diese Angebote wiederholt zurückweist, kann ich ihn auch sein lassen."

Die eigene Begrenztheit anerkennen

Der Mensch ist ein endliches Wesen. Nicht zuletzt aufgrund von allzu hohen Selbstansprüchen ist dies in manchen Situationen schwierig anzunehmen. In diesem Zusammenhang mag das Akzeptieren und Würdigen der eigenen Grenze eine Wohltat für die Seele sein.

Das Menschenmögliche in der Rolle als Lehrperson getan zu haben und dennoch das Gewünschte nicht zu erreichen (z. B. dass ein Schüler nicht die nötige Leistung zeigt), gehört zum schulischen Alltag. Doch mitunter wird eine „mangelnde Anstrengungsbereitschaft [...] vom Lehrer tendenziell als Provokation und als Angriff auf sein Selbstwertgefühl interpretiert" (Schnotz 2009, S. 111). An diesem Punkt wäre es hilfreich, als Lernbegleiter bei sich zu bleiben und gnädig mit sich selbst zu sein. Ein Satz wie „Ich habe mein Bestes gegeben und bin nun an meine Grenze gelangt" trainiert den wertschätzenden Umgang mit sich selbst.

Praxis:

Annehmen und wertschätzen der eigenen Grenze

- Wer oder was hilft mir, mich in meiner Begrenztheit zu akzeptieren? Mit all meinen Unzulässigkeiten und meinem Nicht-perfekt-sein? (z. B. ein Gespräch mit einem guten Freund, wohlwollende Selbstgespräche)
- Welche Energiequellen geben mir guten Halt, um mich so zu lassen – ohne mich maßlos zu überfordern oder mich selbst zu kasteien?
- Welche Mitmenschen sind mir darin eine Unterstützung?

Der kritische Blick auf das eigene Tun ist sicherlich als wichtiger Bestandteil professionellen Handelns zu verstehen. Dabei wäre jedoch zu beachten, solch ein Sich-in-Frage-stellen mit einem Unterton von Selbstakzeptanz, nicht aber mit verbissenem Perfektionismus zu unternehmen. Letzterer kann zu einer Geißel werden, mit der man sich das Leben schwer macht. Es geht um ein Entwickeln von Selbstfreundlichkeit – damit ist keinesfalls Selbstgefälligkeit gemeint.

Komponente 3 (Handlungsfeld 4): Eigene Emotionen verstehen

Emotionales Erleben ist veränderbar. Hierzu bieten sich zwei Prinzipien an, die sich grundlegend unterscheiden. Das eine Prinzip folgt der Idee der Musterunterbrechung, wie sie im Handlungsfeld 2 dargestellt worden ist. Das andere Prinzip zielt auf ein besseres Selbstverständnis. Diese zweite Variante hat oftmals eine größere integrierende Kraft als Variante 1.

Das Verstehen der eigenen Emotionen ist keine Selbstverständlichkeit. Viele Menschen haben damit nur wenig Übung. Es braucht Zuwendung, Zeit und Selbstakzeptanz.

Wenn im vorangehenden Punkt 2 von einem Annehmen und Lassen-können die Rede gewesen ist, so lässt sich das ebenso auf die eigenen Person beziehen: Wie gelingt es mir, mich so anzunehmen, wie ich aktuell bin – gerade hinsichtlich meiner emotionalen Reaktion? Der konstruktive Umgang mit den eigenen Emotionen spielt für die Entwicklung von Selbstkompetenz eine besondere Rolle. Dazu kann auch das Verstehen beitragen.

Voraussetzungen zum Verstehen der Emotion schaffen

Das Verstehen der eigenen Gefühlsregungen ist voraussetzungsvoll. Daher wäre zu empfehlen, sich in einen Zustand zu begeben, in dem man sich gehalten oder sicher fühlt. (In den Unterkapiteln zum Handlungsfeld 1 finden sich hierzu einige Ideen genannt.) Halt zu finden kann in diesem Zusammenhang besonders hilfreich sein, denn es geht darum, die Emotion zunächst einmal auszuhalten.

Bei unangenehmen Begegnungen oder unliebsamen Gefühlen taucht nicht selten ein Vermeidungsimpuls auf: Man versucht das Unangenehme zur Seite zu tun oder nicht ernst zu nehmen. Hier zeigt sich Menschliches, allzu Menschliches. Es ist gut nachvollziehbar, dass man an solcher Stelle den Blick lieber abwenden möchte.

Also wäre Ausschau danach zu halten, was darin unterstützt, das Unangenehme auszuhalten und ihm ins Gesicht zu schauen. Dafür können innere kräftigende Vorstellungen, ein konkreter persönlicher Wert, eine bestimmte Körperhaltung oder der Kontakt zu einer wichtigen Bezugsperson hilfreich sein. Um sich selbst Halt zu geben, lässt sich Vertrauen aus der eigenen Lebenswelt schöpfen.

Auf diesem Wege lässt sich der Zustand der Aufgeregtheit und Impulsivität verändern. Dann ist es möglich, erst einmal zu schauen, was vorliegt – anstatt den unwillkürlichen Impulsen primärer Emotion zu erliegen. Denn für ein Verstehen mag es hilfreich sein, sich der eigenen Reaktion gewahr zu werden und ihr gegenüber eine Haltung von Akzeptanz und Neugier einzunehmen.

> **Praxis:**
>
> Ein Verstehen der eigenen Emotionen ist im Zustand akuten Aufgebrachtseins (z. B durch Ärger, Empörung, Enttäuschung) nur schwer möglich. Voraussetzung hierfür ist, dass sich der Zustand etwas abgekühlt hat. Es braucht also eine Zustandsveränderung.
>
> Konkrete Vorgehensweisen hierfür finden sich vornehmlich im Handlungsfeld 1 und 2 dargestellt.

Gefühlsreaktion erkunden und das Wesentliche erhellen

Spontane Äußerungen wie z. B. „Das regt mich auf!", „Ich bin genervt" oder „Das macht mich irgendwie fertig!" haben ihre Berechtigung, denn sie ermöglichen ein erstes Dampf-ablassen; damit ist jedoch noch nicht deutlich, um was es der Person wirklich geht. Mit den Spontanäußerungen ist man noch weit davon entfernt, sich wirklich selbst zu verstehen. Hier wäre zu erhellen, was sich im Erleben konkret mit der Äußerung verbindet. Wie lässt sich der emotionale Gehalt präziser erfassen?

> **Praxis:**
>
> Eigene Gefühle verstehen
>
> *Schritt 1: Erkunden der Gefühlsreaktion*
>
> - Was ist meine erste spontane emotionale Reaktion?
> - Wie kommt sie mir vor? Mit welchen Eigenheiten zeigt sie sich? Wie ist sie beschaffen? (z. B. Hat sie zum Beispiel eher etwas Drängendes oder Ungeduldiges? Hat sie eine Schärfe oder kommt sie eher dumpf daher?)
> - Was geht damit auf der körperlichen Ebene einher?
> - Welche Gedanken gehen mir dabei durch den Kopf?
> - Inwieweit kann ich mich darin akzeptieren oder auch nicht akzeptieren?
> - Was sind eventuell sekundäre Gefühle zu meiner emotionalen Reaktion? (z. B. Angst vor der Angst oder Wut über das eigene Gefühl von Verletzt-sein)
>
> Mit solchen Fragen lässt sich das Phänomen der konkreten Emotion genauer beleuchten.
>
> *Schritt 2: Das Wesentliche der Gefühlsreaktion erhellen*

Wenn das Phänomen der Gefühlsreaktion genauer betrachtet worden ist, wird mitunter bereits klarer, um was es ihr geht. Dieser Spur folgend wäre anschließend zu erhellen, was der Gehalt der Emotion ist:

- Um was geht es ihr?
- Was ist das Wesentliche an dieser emotionalen Reaktion?
- Wieso fühle ich so?
- Was ist der darin enthaltene Wert? (z. B. Was genau schmerzt? Stammt der Schmerz aus einer Kränkung?)

Gefühlsreaktion verstehen

Nachdem die Gefühlsreaktion in ihren Details wie auch in Ihrem Wesentlichen genauer betrachtet worden ist, ist ein Verstehen häufig leichter.

Praxis:

Sich selbst in der Gefühlsreaktion verstehen

- Was sagt mir mein Gefühl über mich in der vorliegenden Situation aus? (z. B. Ich fühle mich bedrängt, Ich fühle mich nicht gesehen)
- Woher kenne ich das?
- Wie lange kenne ich das bereits von mir?
- Lassen sich vielleicht Bezüge zu biografischen Erfahrungen herstellen? Wie bin ich früher damit umgegangen und wie entscheide ich mich, heute damit umzugehen?
- Inwieweit verstehe ich mich nun in meiner Gefühlsreaktion?
- Was ist der in meinem Gefühl verborgene Wert?
- Inwieweit verstehe ich andere Beteiligte in der Situation?

Welche Stellung will ich in der Situation beziehen – trotz oder aufgrund meiner ersten Gefühlsreaktion?
Wie kann ich damit einen verantwortungsvollen Umgang finden?

Komponente 4 (Handlungsfeld 4): Integrieren von verunsichernden und schmerzhaften Erfahrungen

Wie bereits in der Einleitung zum Praxismanual erläutert, soll an dieser Stelle wiederholt darauf hingewiesen sein, dass ein Training zu Selbstkompetenz keine Psychotherapie ersetzt. Gerade wenn es um schmerzhafte Erfahrungen geht, welche stärker als vermutet mit der persönlichen Biografie zusammenhängen, braucht es eine professionelle Begleitung: je nach Grad der Beeinträchtigung wäre an solcher Stelle Supervision, Lebensberatung oder Psychotherapie zu empfehlen.

Grundlegend geht es beim Integrieren darum, die unangenehme Erfahrung zu sich zu nehmen und als kleinen Teil des eigenen Berufslebens zu akzeptieren. Dazu muss man gelegentlich zunächst einmal tief Durchatmen. Einige Praxisideen aus den Handlungsfeldern 1 und 2 liefern dafür bereits entsprechende Anregungen. An dieser Stelle sollen nun Impulse gegeben werden, die sich insbesondere für das emotionale Verarbeiten gut eignen. Sie folgen weitestgehend dem Prinzip eines „Limbisch sprechens" mit sich selbst (Nicolaisen 2019).

Limbisch sprechen

Auf neurophysiologischer Ebene entstehen Emotionen unter maßgeblicher Beteiligung des sogenannten „limbischen Systems" sowie der rechten Hirnhemisphäre. Der Begriff vom limbischen System wäre eine eigene Untersuchung wert, hier soll er eher als Metapher dienen. Die Umschreibung „Limbisch sprechen" meint, die Sprache der Emotionen zu sprechen.

Exkurs: Limbisches System

Grob gesagt, lässt sich das limbische System zwischen dem Stammhirn und dem Kortex lokalisieren (Ledoux 2006). Darin finden sich eine Vielzahl an Arealen, die hochkomplex ineinanderwirken. Sie ermöglichen ein breites Spektrum emotionaler Reaktionen, die von elementaren Affekten (z. B. panische Angst) bis hin zu persönlich empfundenen Gefühlen (z. B. „Ich fühle mich ganz wohl in meiner Haut") reichen (Roth 2011). Das limbische System sorgt dafür, dass der Organismus sehr schnell auf Vorkommnisse in der Umwelt reagieren kann, z. B. mit Aggression oder Zuneigung, Annäherungs- oder Fluchtverhalten.

Es besteht eine enge Vernetzung zwischen dem limbischen System und dem biografisch-emotionalen Erfahrungsgedächtnis, welches sich primär in der rechten Hirnhemisphäre verorten lässt. Aufgrund dieser Vernetzung kann es passieren, dass eine aktuelle Situation eine emotionale Reaktion auslöst, die eher mit einer Erfahrung aus der Vergangenheit zu tun hat als mit der aktuellen Situation.

Sowohl das limbische System als auch die rechte Hirnhemisphäre verarbeiten Informationen u. a. auf bildhafter Weise. Beide sind unmittelbar mit körperlichen und emotionalen Prozessen verknüpft (Damasio 2011). Daraus lässt sich folgender Gedanke ableiten: Wenn eine Person auf ihr emotionales Erleben einwirken oder ein Gefühl verarbeiten will, empfiehlt sich der Einsatz bildhafter Vorstellungen und/oder der körperlichen Ebene.

Der kühle rationale Verstand hat keinen oder einen nur äußerst geringen Einfluss auf das limbische Geschehen: Die „'Sprache der Affekte' ist nicht die der rationalen Logik und formalen Operationen, sondern eher die von Bildern, Metaphern und anderen analogen Repräsentationen und Operationen" (Kriz 2017, S. 45). Daher hat insbesondere die Sprache der Bilder eine starke Wirkung auf das Gefühlsleben. Das wird beispielsweise auch beim Träumen deutlich: Die Bilder im Kopf beeinflussen das emotionale Erleben.

Beispiel:

Träume vollziehen sich in der Bildsprache. Das Erleben während eines Albtraums macht die Verknüpfung von inneren Bildern und Emotionen deutlich. Es sind lediglich innerlich erlebte „Filme", die sich jedoch massiv auf das körperliche Geschehen und damit unmittelbar auf den emotionalen Zustand auswirken: So wacht man schreckhaft aus dem Albtraum auf und ist womöglich schweißgebadet. Die Angst hat sich des Körpers bemächtigt. Erst nach einigen Sekunden, wenn sich die Traumbilder verflüchtigt haben, orientiert man sich und allmählich beruhigt sich der Herzschlag wieder. Es braucht Zeit, bis das leibhaftige Angsterleben von Anspannung und Enge wieder nachlässt.

Mit Bildern, Metaphern, Geschichten und dem Einbeziehen des Körpererlebens ist der psychische Modus des Selbst aktivierbar. Sie erreichen tiefere Schichten der Persönlichkeit. Zudem ermöglichen sie einen wirkungsvollen Zugang zu Ressourcen (siehe Handlungsfeld 2, Punkt 2). Entsprechende Erläuterungen finden sich bei Kuhl (siehe Kapitel 2.4) und bei Schmidt (siehe Kapitel 2.5).

Insbesondere der Kontakt zum Selbst kann sich in solchen Metaphern zeigen wie z. B.: „Ich fühle, wie das Leben mich durchströmt" oder „Mir geht das Herz auf, und alles weitet sich in mir". Oder es lässt sich ein Bild finden, welches in einem guten Sinne den Kontakt zum Selbst repräsentiert wie z. B. die persönliche Erinnerung an eine bestimmte Landschaft oder die Vorstellung, dass im Körper (beispielsweise im Solar plexus oder im Bauchbereich) ein Licht leuchtet. Solche Umschreibungen mögen etwas blumig klingen und sind gewiss nicht jedermanns Sache. Doch gerade das Bildhafte, Blumige und Lyrische spricht die emotionale Ebene an – und das ist in diesem Zusammenhang beabsichtigt. Der Zugang dazu ist individuell und sehr unterschiedlich. Daher wäre darauf zu achten, inwieweit das Bild oder die Metapher persönlich als stimmig erlebt wird.

Stellvertreter-Methode

Die Stellvertreter-Methode arbeitet mit einer bildhaften Vorstellung von sich selbst als Person. Wobei „Bild" hier im wortwörtlichen Sinne gemeint ist: Ich mache mir ein inneres Bild von mir selbst, wie ich mich in der Situation befinde. Auf diese Weise ist es möglich, einerseits eine konstruktive (vielleicht sogar leicht humorvolle) Distanz zu sich selbst aufzubauen; andererseits ergibt sich dadurch eine ungewohnte Perspektive auf sich selbst.

Praxis:

Vorstellung von sich selbst in der Situation

- Wie sehe ich mich vor meinem inneren Auge selbst in meiner Situation?
- Wenn ich mich so betrachte: Wie sehe ich aus? Sehe ich mich z. B. eher kraftvoll aufrechtstehend oder eher gebeugt und zögerlich? Oder in einem Zwischenzustand?
- Wie beladen, gestresst oder wie gut beieinander komme ich mir in dieser Gestalt vor?

Nach diesem Einstieg lässt sich das Bild entlang der vier Grundmotivationen nach Längle (siehe Kapitel 2.2.5) erkunden und konkretisieren:

- Habe ich den Eindruck, dass die Gestalt einen guten Boden hat? Inwieweit hat sie Vertrauen in sich oder in die eigenen Fähigkeiten? – Was würde ihr helfen, mehr Halt und Boden unter die Füße zu bekommen?

- Ist der Figur, als die ich mich dort im Bild sehe, klar, was ihr am Herzen liegt? Braucht sie in diesem Punkt noch Zeit und Klärung? – Was trägt dazu bei, dass die Person sich des Wertvollen in ihrem Leben lebhafter erinnern kann?

- Steht die Gestalt gut für sich ein? Über welches Maß an Selbstwerterleben verfügt sie? Inwieweit hat sie Bedenken? Will sie eher den Erwartungen anderer gerecht werden? – Was hilft ihr, gut für sich einzutreten und sich in angemessener Weise abzugrenzen?

- Hat die Gestalt eine Ahnung, wofür die Situation gut sein könnte? Kann sie das Sinnvolle am Horizont sehen, worauf die Situation hinauslaufen könnte, wenn sie sich zum Guten entwickelt? – Was unterstützt die Person darin, ihren Horizont zu weiten, um sich vom Problemfokus zu lösen?

Gespräch mit dem zukünftigen Ich

Auch diese Vorgehensweise nutzt die menschliche Imaginationsfähigkeit: Kraft seiner Vorstellung kann sich der Mensch gedanklich durch die Zeit bewegen, sei es in die Vergangenheit, sei es in die nahe oder ferne Zukunft.

Hier geht es darum, sich vorzustellen, dem zukünftigen Ich zu begegnen. Zu diesem Zweck braucht es eine Phase der Selbstbesinnung. Allmählich lässt sich eine Gedankenreise in die Zukunft unternehmen. Dort kann man sich selbst als die Person vorstellen, die man z. B. in zwei Jahren sein wird (es lässt sich auch ein noch größerer Zeitabstand wählen). Dann stellt man sich vor, wie man sich behutsam dem zukünftigen Ich nähert und mit ihm in einen Dialog über die aktuelle schwierige Erfahrung tritt. Das zukünftige Ich blickt wohlmeinend und verständnisvoll auf die Erfahrung, um die es geht.

Praxis:

Selbstanleitung zur Begegnung mit dem zukünftigen Selbst

Der nachfolgende Text kann vorgelesen und mit dem SmartPhone aufgenommen werden. Dann dient er als kleine Selbstanleitung zur Gedankenreise.

„… Ich atme tief ein … und ich atme wieder aus. Während ich meinem Atem folge, kann ich mich allmählich auf eine Gedankenreise begeben. Ich stelle mir vor, wie ich meinen zukünftigen Ich begegne, d. h. der Person die ich z. B. in fünf Jahren sein werde.
… Das mag etwas ungewohnt anmuten … Ich kann mir dafür Zeit lassen. …

Wie ist das für mich, mich selbst zu treffen? … Wie läuft die Annäherung? …
Vielleicht stehen wir uns einfach gegenüber … oder vielleicht kommen wir allmählich in ein Gespräch … und da mein Ich aus der Zukunft wirklich etwas zur aktuellen Situation sagen kann – vielleicht kann ich es direkt dazu befragen? …
… und während wir so im Gespräch sind, hat mein zukünftiges Ich vielleicht sogar eine Botschaft für mich, wie z. B. ‚Ich bin froh, dass Du Dich damals so entschieden hast' oder vielleicht ist es sogar stolz auf mich … Oder gibt es eine Aussage wie ‚Ich danke Dir für dein Handeln, denn es hat mir folgendes ermöglicht' … oder sagt mein zukünftiges Ich etwas ganz anderes zu mir? …
… Und wenn ich allmählich den Kontakt mit meinem zukünftigen Ich wieder löse, … kann ich ihm vielleicht meinen Dank für die Begegnung aussprechen … und ich kann langsam wieder ins Hier und Jetzt zurückkehren … und währenddessen in meinen Gedanken noch eine Frage bewegen: Wer werde ich gewesen sein wollen?" …

Geschichten über sich selbst

Das nachfolgend geschilderte Vorgehen bezieht sich auf den narrativen Ansatz aus dem weiten Feld systemischer Beratungsansätze (Schlippe / Schweitzer 2013). Der narrative Ansatz beschäftigt sich damit, welche Geschichten Menschen über sich erzählen und damit ihr Selbstverständnis organisieren.

Beispiel:

Eine Lehrperson erzählt über sich: „Während meiner Schulzeit als Schüler habe ich mich häufig ungerecht behandelt gefühlt. Das hat mir damals sehr zugesetzt. Deswegen will ich heute als Lehrer besonders auf Gerechtigkeit achten. Wenn ich irgendwo im Schulalltag etwas Ungerechtes sehe, geht mich das schnell an."

Geschichten machen deutlich, welche Zusammenhänge jemand in seinem Leben sieht und welche Werte darin eine Rolle spielen. Sie bewegen sich in der Zeit und verknüpfen Vergangenes, Gegenwärtiges und Zukünftiges.

Geschichten bieten Erklärungen, weshalb man an den Punkt gelangt ist, der nun den Anlass zur Auseinandersetzung gibt (bzw., der aktuell eine Herausforderung darstellt). Zugleich reichen sie in eine mögliche Zukunft. Fabuliert eine Person darüber, wo sie herkommt und in welche Zukunft sie sich bewegen möchte, bekommt sie indirekt Zugang zu dem, was ihr am Herzen liegt, was ihre Sehnsüchte sind und was sie als sinnvoll erachtet. So lässt sich auch ein Kontakt zum eigenen Wert- und Sinnerleben herstellen.

Praxis:

Geschichte über mich selbst

Schritt 1: Bestandsaufnahme

- Welche Geschichte(n) erzähle ich über mich und mein Berufsleben in der Schule?
- Inwieweit passt meine aktuelle Erfahrung zu diesen Geschichten?
- Was erzähle ich im Kollegenkreis? Was erzähle ich in der Familie oder im Freundeskreis?
- Wie wirkt sich die Erzählung auf mein Erleben aus? Fühle ich mich in meiner Tatkraft gestärkt oder begebe ich mich eher in eine Opferhaltung?

Schritt 2: Erwünschte Veränderung

- Wie entscheide ich mich, meine Geschichte weiter zu erzählen? Wie könnte ich sie weiterspinnen, so dass etwas Gutes dabei herauskommt?
- Welche Rolle spielt meine aktuelle Erfahrung darin? Will ich ihr überhaupt eine Rolle geben?
- In dieser fortsetzten Erzählung: Welche Hindernisse konnte ich überwinden? Welche Unterstützer standen mir zur Seite?
- Welches Kapitel soll als nächstes geschrieben werden?

Geschichten über sich selbst können das Selbstnarrativ und auf lange Sicht auch das Selbstbild verändern.

Beispiel:

Eine Lehrperson hat über sich folgende Selbsterzählung: „In Elterngesprächen werde ich nie ernst genommen". Das begleitet sie seit Berufsbeginn. Nun liegt eine aktuelle Situation vor:

Vor einem anstehenden Elternabend erinnert sich die Lehrperson daran, dass der Vater eines Kindes aus ihrer Klasse sie beim letzten Gespräch übermäßig scharf kritisiert hat. Unwillkürlich entsteht vor ihrem inneren Auge ein Szenario und eine Annahme: „Bestimmt wird es mit dem Vater wieder so wie beim letzten Mal verlaufen!" Diese Annahme fügt sich in die Selbsterzählung ein, in Elterngesprächen nicht ernst genommen zu werden. Diese Kombination kann zu einer Sich-selbst-erfüllenden-Prophezeiung werden.

Innerhalb des Elterngespräches wird durch solche Annahme (im Zusammenwirken mit der Selbsterzählung) der Fokus unweigerlich darauf gerichtet sein, was genau alles so läuft wie immer. Die Aufmerksamkeit ist dann wie ein Scheinwerfer auf nur einen Ausschnitt der Wirklichkeit gerichtet.

Die Selbsterzählung ist jedoch veränderbar. Statt ihrer können wertschätzende „Selbstinstruktionen" hilfreich sein, die zur Neugier einladen, bevor man in das Elterngespräch geht: Was könnte dieses Mal anders laufen als sonst? „Anders" reicht häufig schon. Das „Anders" wäre wie ein Umschwenken des Scheinwerfers, um die Ecken zu beleuchten, die man bisher noch nicht gesehen hat.

Mit solchem minimalen Aufwand lässt sich die Selbsterzählung erweitern: „Elterngespräche sind nicht mein Liebstes – doch manchmal gelingen sie mir ganz gut".

Anstatt dem bestehenden Puzzlebild in schwarz/weiß eine weiteres Puzzlestück in schwarz/weiß hinzuzufügen, könnte man ein farbiges Teilchen hinzufügen. Das mag zunächst nicht so recht in das alte Bild passen, aber es bereichert es doch mit einem Farbtupfer. Oder man könnte sich fragen, ob man besser an einem anderen Puzzlebild arbeiten möchte.

Lebenspanorama

Ein Panorama kommt einem Gesamtbild gleich, das einen Rund-um-Blick ermöglicht. Wenn man auf einem Berggipfel steht und von dieser Übersicht auf die Umgebung schaut, ist das ein Panoramablick. Mit dieser Idee ist das Betrachten der persönlichen Lebenszusammenhänge möglich: Man blickt sowohl auf die Höhen und Tiefen als auch auf die Wege, die man im Laufe der Jahre hat zurücklegen können.

Das Lebenspanorama lässt sich als Metapher für das Gesamtbild des eigenen Lebens verstehen. Also geht es hier um Zusammenhänge und um größere Bögen. Dabei spielt die persönliche Entwicklung eine wichtige Rolle: Wodurch bin ich zu dem geworden, der oder die ich heute bin? Hier lassen sich Entwicklungslinien genauer betrachten, die im Alltäglichen in der Regel weniger bewusst sind. Daher braucht es hierfür Zeit und Zuwenden.

Um ein Lebenspanorama anzufertigen, lassen sich verschiedene Medien heranziehen. Einzelne Notizen können mit Visualisierungen und Fotos aus einzelnen Lebensabschnitten kombiniert werden. Ist solches getan, lässt sich die Aufmerksamkeit wieder auf eine einzelne unangenehme Erfahrung mit einem aktuellen Ereignis lenken. Sie kann nun in dem Gesamtbild des Panoramas einen Platz bekommen.

Als Variante ist es möglich, das Panorama auf das persönliche Berufsleben zu beschränken.

Praxis:

Selbstgespräch zum Lebenspanorama

„Wenn ich mir das Gesamtbild meines Lebens anschaue, so ist diese Erfahrung nur ein kleines Mosaiksteinchen im großen Bild.

- Welche Höhen und Tiefen habe ich durchschritten?
- Was hat mir dabei geholfen?
- Inwieweit bin ich mir selbst treu geblieben oder wie konnte ich zu meiner Selbsttreue finden?

Ich habe bereits viele schwierige Situationen gemeistert bekommen. Ich bin an vielem gewachsen. Es gibt eine Vielzahl an kleinen Ereignissen, mit denen ich zu der heutigen Person geworden bin.

Ich selbst kann bestimmen wie ich dieses Mosaikteil meiner aktuellen Erfahrung in das Gesamtbild einbaue. Es komplettiert das große Ganze."

Komponente 5 (Handlungsfeld 4): Selbstbesinnung und Muße pflegen

Die Begriffe Selbstbesinnung und Muße mögen heutzutage etwas altmodisch anmuten. Sie beziehen sich auf Kulturtraditionen, die weit in die Vergangenheit reichen. Gerade in unserer beschleunigten und hochkomplexen Gesellschaft sind sie mehr denn je notwendig, damit der bzw. die Einzelne sich nicht von sich entfremdet. Doch die anscheinende Untätigkeit, die damit einhergeht, passt nicht so recht in den Zeitgeist: „Untätigkeiten sind zeitintensiv. Sie erfordern eine *lange Weile*, ein intensives, kontemplatives Verweilen. Sie sind rar in der Epoche der Eile, in der alles so kurzfristig, kurzatmig und kurzsichtig geworden ist. [...] Wir haben keine *Geduld zum Warten*, in dem etwas langsam *reifen* könnte." (Han 2023, S. 19)

Nimmt sich eine Person jedoch Zeit für Selbstbesinnung und Muße, ermöglicht sie, in Resonanz mit sich selbst und der Welt zu kommen. Etwas lyrischer ausgedrückt: auf Tuchfühlung mit sich selbst zu gehen oder in Schwingung mit sich selbst kommen.

Praxis:

Anleitung zur Selbstbesinnung

„Ich nehme mir nun Zeit, um in Gedanken und im Herzen flanieren zu gehen. So nehme ich Kontakt auf:

- zu dem, was mich aktuell beschäftigt;
- zu dem, was mich auszeichnet;
- zu dem, was mich zu der Person hat werden lassen, die ich bin: mit allen Unzulänglichkeiten wie auch mit allen guten Kräften;
- zu all jenem, was ich schon erfahren habe und was mich auch gegenwärtig trägt; all die kleinen und größeren Krisen, die ich bereits bewältigt habe; daraus kann ein Vertrauen entstehen, auch aktuelle sowie zukünftige schwierige Situationen zu durchstehen – oder womöglich sogar daran zu wachsen."

Sich Zeit und Raum geben

Sich Zeit zu geben, ohne durchzuplanen, was genau in dieser Zeit passieren soll, ermöglicht, dass eine Nähe zu sich selbst entstehen kann. Sie entwickelt sich durch Zuwendung und lässt sich nicht auf Knopfdruck herstellen. Sie hat ihre eigene Logik und ihr eigenes Tempo. „Zuwendung ist ‚gelebte Zeit'. Sie bringt die Fülle. Zeit veredelt die Prozesse – was wir mit Zeit machen, wird besser" (Längle 2018, S. 45).

Die Selbst-Zuwendung öffnet einen Raum, in dem sich Ungewohntes zeigen kann. Eine hilfreiche Haltung wäre die der Offenheit gegenüber sich selbst: zu schauen, was sich zeigt; zu lauschen, was im Inneren spricht. Das muss nicht immer sofort gelingen und ist bisweilen nicht leicht auszuhalten. Doch auch hier macht Übung den Meister bzw. die Meisterin.

In seiner Philosophie zur Lebenskunst spricht Wilhelm Schmid davon, Zeit zu gebrauchen: „Die Zeit bewusst zu gebrauchen meint jedenfalls nicht zwangsläufig, die zur Verfügung stehende Zeit auszufüllen, sondern kann bedeuten, Räume der Leere zu schaffen [...]. Es ist die leere Zeit, in der neue Gedanken gedacht und alte Erfahrungen verarbeitet, andere Gedanken aufgenommen und neue Erfahrungen gemacht werden; es ist die Zeit des Selbst, in der es seine Kohärenz wiederherstellen und neu formulieren kann." (Schmid 1999, S. 360)

Dem geht eine bewusste Entscheidung zum Innehalten voraus. Es lässt sich ein guter Rahmen schaffen, um sich eingehender mit den eigenen Emotionen und Erfahrungen auseinanderzusetzen. Man kann sich der eigenen Werte besinnen und prüfen, ob sie noch als zur eigenen Person passend empfunden werden. Darüber hinaus bieten sich solchen Verweilphasen als Inkubationszeit an, wenn z. B. eine wichtige Entscheidung ansteht, diese jedoch noch Zeit zum Reifen braucht.

Die oben genannten Vorschläge geben nur einen Korridor, man muss ihnen nicht folgen. Sollten diese Hinweise weniger passen, besteht darüber hinaus die Möglichkeit, sich müßig zu betätigen.

Der Muße nachgehen

Muße bedeutet, sich nicht verkrampft mit etwas auseinandersetzen zu müssen, sondern etwas zu tun, was man tun möchte. Das „Ich mag" spielt hier eine gewichtige Rolle. Häufig ist es damit verbunden, sich dem Unverzweckten zuzuwenden: Spazieren gehen, Spielen, Gartenarbeit, das Beschäftigen mit Natur und Kunst, etc.

„Die Freiheit vom Um-zu verleiht der menschlichen Existenz Festlichkeit und Glanz." (Han 2023, S. 14) Mit „Festlichkeit und Glanz" sind hier keine rauschenden Feste gemeint, sondern kleine und stille Momente, in denen man Lebendigkeit empfindet oder etwas blumiger ausgedrückt: Momente, in denen das Leben in einem selbst leuchtet.

Der Muße nachgehen, bedeutet, etwas um seiner selbst willen zu tun. Sie vollzieht sich unverzweckt und will kein Ziel erreichen. Das Unverzweckte verspricht keinen unmittelbaren Nutzen. Vielmehr eröffnet es Räume der Selbstbegegnung. Erholung ist dann leichter möglich. Die Gedanken gehen auf Wanderschaft oder sie entstehen erst gar nicht, weil man komplett in einer Tätigkeit aufgeht.

Es mag paradox klingen: Auch der Müßiggang will vorbereitet sein. Ansonsten besteht die Gefahr, dass die Geschäftigkeiten des beruflichen und privaten Alltags der Muße den Raum nehmen.

Praxis:

Den äußeren Rahmen zur Selbstbesinnung vorbereiten

Zeitfenster festlegen und den äußeren Rahmen gestalten

- Mit Blick auf die sieben Wochentage: Wo lässt sich ein Zeitfenster installieren, das ich mir selbst schenke? (Um solche Zeiträume einzurichten, wäre zu empfehlen, auf die Realisierbarkeit zu achten.)
- Welche Absprachen (z. B. mit der Familie, mit dem Partner/der Partnerin) bräuchte es dafür? Wie lässt sich das Sich-Raum-und-Zeit-nehmen gegenüber den anderen begründen?
- Wenn ich mir solche Zeit für mich nehme: Auf was bin ich bereit dafür zu verzichten?
- Was wäre dafür ein geeigneter Ort oder Platz?
- An welchem Platz zuhause?
- Oder eignet sich eine andere Umgebung besser dafür? Beispielsweise ein Spaziergang, ein Aufenthalt in der Natur oder an einem anderen Ort?

Die Vorbereitung nimmt die äußeren Bedingungen in den Blick, um eine Durchführung wahrscheinlicher zu machen. Wenn es dann soweit ist, wäre zu schauen, wie man sich in eine entsprechende Stimmung begibt, die der Selbstbesinnung förderlich ist.

Praxis:

Stimmung zur Selbstbesinnung

Sich in Stimmung bringen

- Was für eine Atmosphäre will ich mir für meine Selbstbesinnung schaffen?
- Was für eine Atmosphäre finde ich passend?
- In welcher Stimmung befinde ich mich?

Während der Besinnungszeit

- körperlich zentrieren,
- dem Atem folgen,
- zur Ruhe kommen,
- innerlich die Aufmerksamkeit weiten,
- Gedanken schweifen lassen.

Mögliche Impulsfragen:

- Über was bin ich im Laufe der Tage gestolpert?
- Gab es bei mir eine starke Reaktion auf ein bestimmtes Ereignis oder auf eine bestimmte Begegnung?
- Was hat mich im Laufe der Tage im guten Sinne berührt?
- Worüber habe ich mich gefreut?
- Wofür bin ich dankbar?

Literatur

Bachmann, Stephanie/Fischer, Michael/Schütz, Kai Oliver (2022): „Bin ich gut genug?" – Ängste im Referendariat. In: Zeitschrift für Pädagogik 11/22, S. 26–29.
Buber, Martin (1995): Ich und Du. Ditzingen: Reclam, 11. Aufl.
Ciompi, Luc (2019): Über die Struktur der Psyche und ihre Entwicklung. Heidelberg: Carl Auer.
Ciompi, Luc/Endert, Elke (2011): Gefühle machen Geschichte. Die Wirkung kollektiver Emotionen – von Hitler bis Obama. Göttingen: Vandenhoeck und Ruprecht.
Damasio, A. (2011): Selbst ist der Mensch. Körper, Geist und die Entstehung des menschlichen Bewusstseins. München: Siedler.
Dana, Deb (2022): Der Vagus-Nerv als innerer Anker. München: Kösel.
Davidson, Richard/Begley, Sharon (2012): Warum wir fühlen, was wir fühlen. Wie die Gehirnstruktur unsere Emotionen bestimmt – und wie wir darauf Einfluss nehmen können. München: Arkana.

Deubner-Böhme, Miriam / Deppe-Schmitz, Uta (2018): Coaching mit Ressourcenaktivierung. Ein Leitfaden für Coaches, Berater und Trainer. Bern: Hogrefe.

Dorra, Helmut (2020): Fragend sich verbunden bleiben. Hermeneutische Haltung im existenziellen Dialog. In: Kolbe, C. / Dorra, H. (Hrsg.): Selbstsein und Mitsein. Existenzanalytische Grundlagen für Psychotherapie und Beratung. Gießen: Psychosozial Verlag.

Drexler, Diana (2012): Das Integrierte Stressbewältigungsprogramm ISP. Manual und Materialien für Therapie und Beratung. Stuttgart: Klett Cotta, 3. Aufl.

Eidenschink, Klaus (2023): Die Kunst des Konflikts. Konflikte schüren und beruhigen lernen. Heidelberg: Carl Auer.

Frankl, Viktor E. (2018) : Ärztliche Seelsorge. Grundlagen der Logotherapie und Existenzanalyse. München : dtv, 8. Aufl.

Gilligan, Stephen (2011): Liebe dich selbst wie deinen Nächsten. Die Psychotherapie der Selbstbeziehungen. Heidelberg: Carl Auer, 3. Aufl.

Han, Byung-Chul (2023): Vita Contemplativa oder von der Untätigkeit. Berlin: Ullstein, 2. Aufl.

Hattie, John (2014): Lernen sichtbar machen für Lehrpersonen. Überarbeitete deutschsprachige Ausgabe von „Visible Learning for Teachers" besorgt von W. Beywl und K. Zierer. Baltmannsweiler: Schneider Hohengehren.

Hergenhan, Anton (2014): Keine Beleidigungen mehr! Respektvolles Miteinander im Unterricht. Heidelberg: Carl Auer.

Hofmann, Franz (2020): Authentisches und kontextsensibles Lehrerinnen- und Lehrerhandeln. Das Selbst als Quelle und Ziel pädagogischen Tuns. Weinheim und Basel: Beltz Juventa.

Kaluza, Gert (2018): Gelassen und sicher im Stress. Das Stresskompetenz-Buch: Stress erkennen, verstehen, bewältigen. Berlin / Heidelberg: Springer, 7. Aufl.

Kriz, Jürgen (2017): Subjekt und Lebenswelt. Personzentrierte Systemtheorie für Psychotherapie, Beratung und Coaching. Göttingen: Vandenhoeck & Ruprecht.

Längle, Alfried (2003): Lernskriptum zur Existenzanalyse. Dritte Grundmotivation. Wien: GLE-Verlag.

Längle, Alfried (2014): Lehrbuch zur Existenzanalyse – Grundlagen. Wien: Facultas, 2. Aufl.

Längle, Alfried (2018): Lernskriptum zur Existenzanalyse. Zweite Grundmotivation. Wien: GLE-Verlag.

Längle, Alfried (2020): Lernskriptum zur Existenzanalyse. Erste Grundmotivation. Wien: GLE-Verlag.

Längle, Alfried / Künz, Ingeborg (2016): Leben in der Arbeit? Existenzielle Zugänge zu Burnout-Prävention und Gesundheitsförderung. Wien: Facultas.

Lauterbach, Matthias (2013): Einführung in das systemische Gesundheitscoaching. Heidelberg: Carl Auer.

Laux, Lothar / Renner, Karl-Heinz (2008): Auf dem Weg zum pluralen Subjekt. In: Laux, L. (Hrsg): Persönlichkeitspsychologie. Stuttgart: Kohlhammer, 2. Aufl., S. 289–299.

Ledoux, Joseph (2006): Das Netz der Gefühle. Wie Emotionen entstehen. München: DTV, 4. Aufl.

Marcia, James (1980): Identity in adolescence. In: Adelson, J. (Ed.): Handbook of adolescent psychology. New York: Wiley, S. 159–187.

Mehrabian, Albert (1972): Silent Messages: Implicit Communication of Emotions and Attitudes. Belmont / California: Wadsworth.

Motschnig, Renate / Nykl, Ladislav (2009): Konstruktive Kommunikation. Sich und andere verstehen durch personenzentrierte Interaktion. Stuttgart: Klett-Cotta.

Nicolaisen, Torsten (2017): Lerncoaching-Praxis: Coaching in pädagogischen Arbeitsfeldern. Weinheim und Basel: Beltz Juventa, 2. Aufl.

Nicolaisen, Torsten (2019): Emotionen in Coaching und Organisationsberatung. Heidelberg: Carl Auer.

Roth, Gerhard (2011): Bildung braucht Persönlichkeit. Wie Lernen gelingt. Stuttgart: Klett-Cotta.

Rothland, Martin (2013): Belastung und Beanspruchung im Lehrerberuf. Modelle, Befunde, Interventionen. Wiesbaden: Springer VS, 2. Aufl.

Rüegg, Johann Caspar (2010): Mind & Body. Wie unser Gehirn die Gesundheit beeinflusst. Stuttgart: Schattauer.

Scharmer, C. Otto (2019): Essentials der Theorie U. Grundprinzipien und Anwendungen. Heidelberg: Carl Auer.

Schlippe, Arist von / Schweitzer, Jochen (2013): Lehrbuch der systemischen Therapie und Beratung. Göttingen (Vandenhoeck und Ruprecht), 2. Aufl.

Schmid, Wilhelm (1999): Philosophie der Lebenskunst. Eine Grundlegung. Frankfurt am Main: Suhrkamp, 5. korr. Aufl.

Schmid, Wilhelm (2015): Mit sich selbst befreundet sich. Von der Lebenskunst im Umgang mit sich selbst. Frankfurt am Main: Suhrkamp, 8. Aufl.

Schmidt, Gunther (2007): Liebesaffären zwischen Problem und Lösung. Hypnosystemisches Arbeiten in schwierigen Kontexten. Heidelberg: Carl Auer, 2. Aufl.

Schmidt, Gunther (2010): Einführung in die hypnosystemische Therapie und Beratung. Heidelberg: Carl Auer, 3. Aufl.

Schnotz, Wolfgang (2009): Pädagogische Psychologie. Weinheim und Basel: Beltz.

Simon, Fritz (2018): Einführung in die Systemtheorie des Konflikts. Heidelberg: Carl Auer, 4. Aufl.

Stölzel, Thomas (2015): Die Welt erkunden. Sprache und Wahrnehmung in Therapie, Beratung und Coaching. Göttingen: Vandenhoeck & Ruprecht.

Storch, Maja / Tschacher, Wolfgang (2014): Embodied communication. Kommunikation beginnt im Körper, nicht im Kopf. Bern: Huber.

Timpner, Claudia / Eckert, Ruth (2016): Körpersprache in der schulischen Kommunikation. Heidelberg: Carl Auer.

Watzlawick, Paul / Weakland, John H. / Fisch, Richard (2009): Lösungen. Zur Theorie und Praxis menschlichen Wandels. Bern: Huber, 7. Aufl.

Zaboura, Nadia (2009): Das empathische Gehirn. Spiegelneurone als Grundlage menschlicher Kommunikation. Wiesbaden: Springer VS.

4. Selbstkompetenz durch erfolgreiche Stressbewältigung

Lara Hahn

Immer wieder werden Menschen im Laufe ihres Lebens mit herausfordernden Situationen und Krisen konfrontiert, die sie nur allzu leicht aus der Balance bringen können. Dazu kommen Alltagsanforderungen, Erledigungen, externer Druck und viele verschiedene Erwartungen und Rollen, die bedient werden wollen, und sollen. Menschen reagieren ganz unterschiedlich auf diese Anhäufung an Anforderungen. Was für manche Person eine enorme Anstrengung und Stress darstellt, meistert eine andere mit einem Wimpernschlag. Der wesentliche Unterschied zwischen den beiden Reaktionsweisen ist nicht einfach zufälliger Frohsinn der letzteren Person, sondern findet sich wahrscheinlich eher darin, dass sie resilient ist. Resilienz wird häufig als „Wunderwaffe gegen Stress" bezeichnet. Sie wird als psychische Widerstandsfähigkeit angesichts von Krisen definiert (siehe Kapitel 2.1.) und ist in diesem Kontext eher als Nebenprodukt der Selbstkompetenz zu verstehen: Wenn eine Person in einer stressigen Situation einen guten Umgang mit sich selbst hat, stellt das die Basis für Resilienz dar. Es stellen sich die folgenden Fragen: Was ist Stress genau? Warum sind wir Menschen eigentlich so gestresst? Und vor allem: Geht das auch anders?

Im Alltag begegnet uns das Wort Stress überall. Viele Menschen verwenden es tagtäglich, ohne sich seiner Bedeutung wirklich bewusst zu sein. Eine klare Abgrenzung zwischen Umgangssprache und der tatsächlichen, empirisch fundierten Definition zu treffen, ist dabei eine Herausforderung. Die Stressforschung hat unterschiedliche Kontexte in den Blick genommen, wie zum Beispiel die Medizin, die Biologie oder auch die Ökonomik, um nur einige zu nennen. Die Definitionen von Stress sind daher divers und haben je nach Kontext verschiedene Bedeutungen und Relevanz (Nitsch, 1981). Eine wesentliche Überschneidung gibt es dennoch: Es ist das Verständnis, dass Stress erlebt wird, wenn Anforderungen oder Druck auftreten und die betroffene Person nicht mehr in der Lage ist, die vom Stress beeinflussten Aufgaben erfolgreich zu bewältigen (Blaug/Kenyon/Lekhi 2007). Mit Blick auf den Kontext schulischer Arbeit nähern wir uns dem Thema mit einer psychologischen Sichtweise.

4.1 Stresserleben als subjektive Erfahrung

Psychischer Stress lässt sich beschreiben als eine Wirkungsbeziehung zwischen Person und Umwelt, die als Belastung, und/oder Überschreitung der eigenen Kapazitäten und Bedrohung des eigenen Wohlbefindens bewertet wird (Blaug/Kenyon/Lekhi 2007). Im Arbeitskontext entsteht Stress, wenn in der Folge dieser individuellen Einschätzung die Anforderungen am Arbeitsplatz nicht mehr erfüllt werden können. Stresserleben ist also eine subjektive und sehr individuelle Erfahrung. Dieselben Situationen und Stressoren führen bei verschiedenen Menschen nicht zu denselben Stressreaktionen; einige zeigen keinerlei Reaktionen, bei anderen zeigt sich der Stress in körperlichen oder auch psychischen Symptomen (Lazarus/Folkman 1984). Um begriffliche Unklarheiten zu vermeiden, ist es essenziell, zwischen Stressoren und Stressreaktionen zu unterscheiden. Oft werden sie alle unter dem uns allen sehr alltäglich genutzten Begriff „Stress" zusammengefasst (Greif 1991). Als Stressoren werden interne und externe psychologische Reize bezeichnet, die mit erhöhter Wahrscheinlichkeit zu Stressreaktionen in Form von psychologischen Zuständen und Verhaltensweisen führen können. Sie sind also teilweise Ursache für das Auftreten von Stress. Stressreaktionen sind in der Folge dann die durch den Stressor ausgelösten Reaktionen (Semmer 1994). In der beispielhaften Betrachtung einer Lehrperson mit hoher Arbeitsbelastung wären ein erhöhter Krankenstand im Kollegium und zusätzliche Unterrichtsstunden die Stressoren. Ihre Stressreaktionen wären die daraus folgenden Verhaltensweisen, mit der sie der erhöhten Belastung begegnet. Das könnten beispielsweise das Leisten von Überstunden und extra Vorbereitungen (Handlungsebene) oder das Grübeln bis in die Schlaflosigkeit (Erlebensebene) sein.

Diese Stressprozesse laufen zunächst einmal weitestgehend automatisiert und unbewusst ab, sowohl die körperlichen Reaktionen als auch die seelischen. Um besser zu verstehen, was genau bei Stress im Körper passiert und warum Menschen eigentlich wie in dem oben genannten Beispiel während einer belastenden negativen Situation in eine Verkettung von stressverstärkenden Verhaltensweisen rutschen, lohnt es sich, etwas genauer hinzuschauen.

4.2 Stress als evolutionäres Erbe

Evolutionsbedingt sind unsere Gehirne darauf trainiert, dass dem Körper in einer bedrohlichen Situation Energie bereitgestellt wird, um sich vor Feinden und Gefahren zu schützen. Wenn wir also Stress rein physiologisch betrachten, sendet das Gehirn im Fall einer wahrgenommenen Bedrohung dem Körper das Signal für einen Energieschub, um die Situation erfolgreich zu bekämpfen oder ihr zu entfliehen. Es werden dann Hormone wie Adrenalin und Cortisol in der Nebenniere freigesetzt, durch die nachweislich der Blutdruck, Blutzucker und die Herzfrequenz ansteigen können. Der Körper bereitet sich auf einen möglichen Kampf oder eine Flucht vor. In der Biologie wird es deshalb auch die Kampf-oder-Flucht-Reaktion genannt.

Um zu verstehen, wie sich dieser Überlebensmodus entwickelt hat, muss man weit zurückschauen, denn der Ursprung liegt ca. 180 Millionen Jahre in der Vergangenheit. Unsere prähominiden Vorfahren waren darauf angewiesen mit einer Art „Negativbrille" durch die Welt zu laufen, denn sobald es im Busch neben ihnen geraschelt hat, mussten sie davon ausgehen, jeden Augenblick von einem Säbelzahntiger attackiert zu werden. Erst seit ca. 200 Jahren leben wir in einer relativ sicheren Welt, in der neben dem Kampf ums pure Überleben auch eine Art Selbstverwirklichung möglich ist. Das menschliche Gehirn hat sich in dieser Zeit zwar evolutionär weiterentwickelt, jedoch nicht grundlegend verändert. Forschung, unter anderem von Rozin und Royzman (2001), zeigt, dass Menschen auch weiterhin schlechten und negativen Aspekten mehr Aufmerksamkeit schenken als den guten und positiven. Negative Ereignisse werden schneller wahrgenommen und verarbeitet als positive. Sie führen zu stärkeren körperlichen wie auch emotionalen Reaktionen. Auch Entscheidungen, Meinungsbildungen und die Bewertung sozialer Beziehungen sowie anderer Menschen werden durch negativ auffallende Aspekte stärker beeinflusst als durch gleichwertige positive. In der Psychologie wird dieses Phänomen auch als *Negativitätsbias* bezeichnet (Rozin/Royzman 2001).

Um dies pointiert zu veranschaulichen: Wenn das Gehirn also ein Signal sendet, sich auf Abwehr eines Feindes einzustellen, kann der Körper kaum unterscheiden, ob es sich dabei um einen gefährlichen und hungrigen Säbelzahntiger handelt oder um einen Gesprächspartner, der einem aggressiv begegnet. Das Gehirn wird in beiden Situationen zunächst erst mal das identische Signal an den Körper senden und mit entsprechenden Stressreaktionen reagieren.

4.3 Stresserleben: Innere Bewertung als Katalysator

Eingangs wurde bereits näher beleuchtet, dass Personen in ähnlichen oder sogar den gleichen Situationen unterschiedlich reagieren. Solche Personen, die resilienter sind, weisen in der Regel eine geringere Stressreaktion auf.

Daher braucht es einen differenzierten Blick darauf, warum Stresserleben so subjektiv ist und wie wir unsere Stressreaktionen aktiver steuern können. Denn die gute Nachricht ist, dass Menschen über die Fähigkeit verfügen (oder sie erlernen können), dem natürlichen Negativitätsbias entgegenzuwirken und auf die Bewertung der erlebten Stressoren aktiv Einfluss zu nehmen. Darin zeigt sich ein wichtiger Aspekt von Selbstkompetenz. Um ein tiefgreifenderes Verständnis dafür zu erlangen, wird das Thema mithilfe eines Stress-Modells näher beleuchtet.

Abb. 1: Stress-Reaktion, in Anlehnung an Kaluza 2018

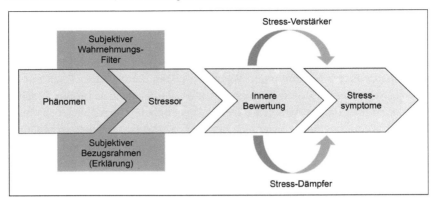

Das abgebildete Stressmodell betrachtet Stressreaktionen als hochkomplexe Wechselprozesse zwischen situativen Anforderungen und dem Erleben der betroffenen Personen. Im Gegensatz zu anderen Stresstheorien geht es davon aus, dass nicht die objektive Realität einer Situation oder eines bestimmten Stressors direkt zu einem spezifischen Stresssymptom führt, sondern stattdessen die subjektive innere Bewertung der Person.

Das Modell postuliert, dass Menschen einen Stress auslösenden Reiz unterschiedlich wahrnehmen und verarbeiten. Diese Reize können verschiedene Ereignisse oder Situationen sein, wie z. B. ein wichtiges anstehendes Gespräch bei der Arbeit, ein überquellendes Postfach, ein verlegter Hausschlüssel oder eine Prüfungssituation. Diese Phänomene werden erst auf Basis des persönlichen Erlebens als Stressoren wahrgenommen. Jegliche vergangenen und biografischen Erfahrungen spielen dabei eine entscheidende Rolle, ob eine erlebte Anforderung als ein potenzieller Stressor wahrgenommen wird. Wurden zum Beispiel in der Vergangenheit schlechte Erfahrungen in Gesprächen mit Vorgesetzten gemacht, ist die Wahrscheinlichkeit hoch, dass anstehende Gespräche mit anderen Vorgesetzten als Stressor wahrgenommen werden. Eine andere Person, die gegebenenfalls nur positive Erfahrungen in herausfordernden Gesprächen gemacht hat, würde ein solch anstehendes Gespräch eventuell nicht als Stressor empfinden. (Kaluza 2018)

Ebenso hat der aktuelle psycho-physische Zustand einer Person Einfluss auf die Wahrnehmung eines Phänomens. Er wirkt sich wie ein subjektiver Wahrnehmungsfilter aus. Der subjektive Erlebenszustand, der allgemeine Gesundheitszustand und persönliche Tendenzen (z. B. eigene Leistungsansprüche) können beeinflussen, ob ein Phänomen als Stressor wahrgenommen wird. Ist die Person übermüdet oder angeschlagen und nimmt sie die Kommunikation zu dem anstehenden Gespräch bereits als verunsichernd oder fordernd wahr, ist die Wahrscheinlichkeit höher, dass das erlebte Phänomen zu einem Stressor wird.

Wenn ein Phänomen dann als Stressor wahrgenommen wird, folgt ein innerer Bewertungsprozess. Hohe Leistungsanforderungen an die eigene Person, falsche Erwartungen an andere oder mangelnder positive Erfolgserfahrungen lassen die Situation zu „Stress" werden. Werden Stressoren als herausfordernd, verunsichernd, bedrohlich und eventuell sogar gesundheitsschädigend bewertet, können sie zu erheblichen körperlichen wie auch seelischen Stressreaktionen führen. Es wird dann von einer stressverstärkenden Bewertung gesprochen, die nicht immer eine hilfreiche Umgangsstrategie mit Stress ist. Da diese Bewertungen oftmals automatische Reaktionsweisen sind, kann es sehr herausfordernd sein, die eigenen Stress-Verstärker zwischen wahrgenommenem Stressor und Stressreaktion zu identifizieren und ihnen rechtzeitig entgegenzuwirken.

Um einen konstruktiven Umgang mit dem eigenen Stresserleben zu entwickeln, ist es hilfreich, die als Stress erlebte Situation kritisch zu prüfen und mit etwas Abstand zu betrachten. Stress-Dämpfer sind innere Bewertungen einer Situation, die trotz wahrgenommenen Stressors zu einer stressmindernden Reaktion führen. Sie können zum Beispiel durch gesunde Abgrenzung, mildem Umgang mit sich selbst und wohlwollenden Zuschreibungen anderer bewirkt werden. Begegnen wir einer Gesprächssituation beispielsweise mit Neugier und Offenheit oder betrachten sie als Lernchance, können wir die Stressreaktionen mildern oder sogar positive Auswirkungen erfahren. Die innere Bewertung entscheidet darüber, ob das Stresserleben verstärkt oder gedämpft wird. Sie dient somit als ein Katalysator unseres Stresserlebens. Ein Zitat von Stephen R. Covey, inspiriert durch Viktor E. Frankl illustriert diese Aussage sehr anschaulich: *„Zwischen Reiz und Reaktion liegt ein Raum. In diesem Raum liegt unsere Macht zur Wahl unserer Reaktion. In unserer Reaktion liegen unsere Entwicklung und unsere Freiheit."* (Covey, 2004). In Bezug auf die Stress-Grafik kann der Reiz als das Phänomen/der Stressor gesehen werden und die Reaktion als die Stressreaktion. Der Raum dazwischen, die innere Bewertung, ist der Schlüssel für die eigene Entwicklung und Freiheit. Wenn es gelingt, diesen Raum zu gestalten und bewusste Entscheidungen zu treffen, wie man die erlebten Stressoren bewerten möchte, bedeutet das die Befreiung aus den eigenen Automatismen.

4.4 Stressbewältigung: Hilfreiche Verhaltensweisen

Mit Blick auf die vorherigen Textpassagen lässt sich bereits etwas besser greifen, was getan werden kann, um einen guten Umgang mit dem eigenen Stress zu finden. Je besser der Umgang mit Stress gelingt, desto höher die Resilienz. Resilienz ist nicht als ein statischer Zustand zu verstehen, sondern viel eher als ein individueller Lernprozess. Sie ist also nicht eine angeborene Gabe, die eine Person eben hat oder nicht, sondern sie kann aktiv gestärkt und entwickelt werden (Cohen 2017).

In der aktiven Gestaltung der eigenen Stressbewältigung wird hier der Fokus auf zwei Herangehensweisen gelegt, die im Ergebnis die eigene Resilienz stärken. Stressbewältigung im Kontext von Selbstkompetenz kann aus zwei Perspektiven betrachtet werden. Zum einen: Mit welchem *Verhalten* begegnen wir dem Stressor? Und zum anderen: Mit welcher inneren *Haltung* begegnen wir dem Stress allgemein?

Auf der Verhaltensebene lassen sich einige Veränderungen im Umgang mit Stress bewirken. Zunächst bedarf es der genaueren Betrachtung und Analyse der eigenen Verhaltensmuster und Stressreaktionen. Bei den rein physiologischen Auswirkungen gibt es Reaktionen wie zum Beispiel die erhöhte Ausschüttung von Stresshormonen oder ein verschlechtertes Immunsystem, die z. B. Tinnitus oder Schlafprobleme zur Folge haben. Schädlicher Umgang mit Stress kann sich in unterschiedlichsten Verhaltensmustern zeigen. Es kann beispielsweise das Annehmen zusätzlicher Aufgaben trotz mangelnder Kapazitäten sein, was zu Überstunden und höherer Arbeitslast führt. Auch reduzierte körperliche Bewegung, sozialer Rückzug oder erhöhter Alkoholkonsum sind weitere solcher Beispiele destruktiven Verhaltens. Diese destruktiven Verhaltensmuster treten je nach Individuum in einer Vielzahl unterschiedlichster Ausprägungen auf. Je nach Vorerfahrungen und Gewohnheiten einer Person sind solche Verhaltensmuster unterschiedlich folgenschwer. Aufgrund der hohen Individualität und Kontextabhängigkeit braucht es die individuelle Reflexion. Es gilt zu erkennen, wie auf die Herausforderungen der Umwelt reagiert wird, um in der Folge eine bewusste Entscheidung treffen zu können, in kommenden Situationen anders zu agieren.

Rein physiologisch hat Stressbewältigung das Ziel, die sich zeigenden körperlichen Reaktionen zu verringern und damit dem Flucht-oder-Kampf Instinkt entgegenzuwirken. Es kann beispielsweise durch Aktivitäten wie Yoga, Sport, Meditation oder auch einer aktiven fünfminütigen Pause zwischen Unterrichtseinheiten der Cortisolspiegel im Blut oder auch ein erhöhter Herzschlag gesenkt werden. Es gibt mittlerweile etliche wissenschaftliche Belege zu diesen Erkenntnissen. Die Studie von Perciavalle et al. (2007) weist signifikante Zusammenhänge zwischen Tiefenatmung und einer wirksamen Verbesserung der Stimmungslage auf. Das zeigt sich psychisch (innere Selbstbewertung) wie auch physiologisch (Herzfrequenz und Cortisolspiegel im Speichel). Bei dem Umgang mit physiologischen Stressreaktionen gilt es, die genauen körperlichen Symptome zu identifizieren, um besser zu verstehen, wie der eigene Körper in Stresssituationen reagiert. Auf der Basis solcher Selbstbeobachtungen wäre dann eine persönliche und auch realistische Strategie zu entwickeln, um die Symptome zu minimieren.

Bei dem Umgang mit schädlichen Verhaltensmustern ist eine hilfreiche Vorgehensweise, sich die bewusste Frage zu stellen, ob das eigene Verhalten den Stress verstärkt oder ihm entgegenwirkt. Beispiel: Die Kollegin einer Lehrperson ist krank, woraus ungeplante Vertretungsstunden resultieren. Als Reaktion darauf investiert die Lehrperson überdurchschnittlich viele Stunden in die Vorbereitung des Vertretungsunterrichts. Die Frage wäre dann: Ist das Verhalten hilfreich oder hinderlich? Wird es als hinderlich bewertet, weil es eventuell zu weiteren destruktiven Verhaltensweisen wie mangelnder Bewegung, erhöhtem Medienkonsum oder Schlafproblemen führt, sollte nach einer attraktiven und realistischen Alternative gesucht werden. Eine hilfreiche Verhaltensweise könnte hier zum Beispiel das Nutzen eines Unterrichtplans aus dem eigenen Repertoire sein.

Es braucht kontinuierliches Hinterfragen der Verhaltensmuster und mutiges Ausprobieren neuer Verhaltensweisen. Denn bereits kleinste Veränderungen im gewohnten Verhaltensmuster, wie zum Beispiel fünf Minuten Pause und bewusstes Atmen, können eine positive Feedbackschleife entstehen lassen. Diese Musterunterbrechung und das daraus folgende neue Erleben können sich so auf andere Situationen übertragen und auch die Resilienz für zukünftige Herausforderungen und Krisen stärken.

4.5 Stressbewältigung: Eine neue Perspektive

Neben der Verhaltensebene kann Stressbewältigung auch auf der Haltungsebene betrachtet werden. Die innere Haltung ist ein wichtiger, wenn nicht sogar essenzieller Hebel für die Stärkung und Entwicklung der eigenen Resilienz. Mit Anlehnung an das Stress-Modell geht es zum einen also darum, den Raum zwischen Reiz und Reaktion bewusst werden zu lassen und die eigenen Stress-Verstärker sowie mögliche Negativitätsverzerrungen zu erkennen und zu verstehen. So können Stress-Dämpfer aktiv in den inneren Bewertungsprozess mit einfließen. Dabei können unterstützende Reflexionsfragen hilfreich sein, wie zum Beispiel: Wie interpretiere ich die aktuelle Situation/Anforderung, die ich erlebe? Und welche Haltung oder Interpretation der Situation könnte mir helfen, resilienter zu sein? Es gilt die eigenen Bewertungsmuster und inneren Antreiber zu erkennen. Beispiel: Eine Lehrperson hat unter Zeitdruck eine Vertretungsstunde durchzuführen. Neigt sie in Vorbereitungen zu Perfektionismus und hat hohe Ansprüche an sich selbst, begünstigt dies ein schnell entstehendes Stressempfinden. Eine ungünstige innere Haltung wäre dann: „Es muss auf jeden Fall perfekt sein, ich muss die ganze Nacht dafür arbeiten". Ein anders Beispiel: Eine Person mit einem großen Bedürfnis, gemocht zu werden, wird in kritischen Gesprächssituationen – aus Sorge abgelehnt zu werden – schnell in ein Stresserleben kommen. Es braucht von den betroffenen Personen eine bewusste Positionierung in der Situation und aktive Konfrontation mit den eigenen Überzeugungen. An solch einer Stelle wäre es mutig zu sich selbst zu sagen: *„Okay, wenn die Vertretungsstunde bereits morgen ist, kann ich nur versuchen, das mir Bestmögliche zu schaffen, 80 % Leistung reicht auch."* Oder

„Kritisches Feedback und offene Kommunikation ist eine Chance zu wachsen und kann Beziehungen stärken, es gefährdet nicht meinen Selbstwert." Alle Menschen haben innere Überzeugungen, die meist bereits als Kinder gelernt und verankert wurden. Wenn sie erkannt werden und ein neuer Umgang mit ihnen gefunden wird, passiert (wie bereits von Covey und Frankl behauptet) Entwicklung.

Im Sinne unserer Selbstkompetenz und Stressbewältigung ist die innere Bewertung ein großer Hebel. Neueste Stress- und Resilienzforschungen in den USA haben in einer Langzeitstudie gezeigt, dass es sich lohnen kann, das Thema innere Haltung und Stresserleben aus noch höherer Flugebene zu betrachten. Es gilt, sich dabei nicht nur zu fragen: „Wie bewerte ich den Stress, den ich erlebe?", sondern auch „Gehe ich eigentlich davon aus, dass mein aktuell erlebter Stress meiner Gesundheit schadet?". Die Studie untersuchte 30.000 Amerikanerinnen und Amerikaner hinsichtlich ihres Stresserlebens während des vorrausgegangenen Jahres. Die Ergebnisse zeigten, dass ein hohes Stressniveau ihr Sterberisiko um 43 % erhöhte. Allerdings traf dieses nur auf diejenigen zu, die in der Studie angaben, dass sie glaubten, dieser Stress würde ihrer Gesundheit schaden. Diejenigen, die ein hohes Stressniveau hatten, aber nicht glaubten, dass dieser Stress sich negativ auf ihre Gesundheit auswirken könne, hatten ein 0 % erhöhtes Sterberisiko (Keller 2011).

Für manche Menschen scheint dies zunächst eine absurde Vorstellung und vielleicht auch eine etwas provokative Aussage, dass die innere Bewertung eine solch drastische Auswirkung haben kann. Die für die Betrachtung von Selbstkompetenz entscheidende Erkenntnis ist: Innere Haltung hat eine große Auswirkung auf unser Stresserleben und dessen gesundheitliche Folgen. Allein die innere Haltung, dass Stress der eigenen Gesundheit nicht schaden kann, sondern sie sogar eher fördert, kann die körperlichen und seelischen Reaktionen auf Stresserleben grundlegend verändern. Diese neuesten Erkenntnisse haben die bisherige Forschung zu Stress maßgeblich verändert.

Unter anderem hat sich durch diese Studie weitere Forschung mit zwei unterschiedlichen inneren Bewertungsmustern in Bezug auf Stress auseinandergesetzt. Sie werden in der Forschung auch als „Mindsets" bezeichnet und gehen einher mit verschiedenen gesundheitlichen Auswirkungen.

- Erstens: Das „Stress-ist-hinderlich-Mindset", bei welchem Stress als etwas Schädliches angenommen wird, zielt darauf ab, Stress aktiv zu reduzieren oder ganz zu vermeiden.
- Zweitens: Bei dem „Stress-ist-förderlich-Mindset", wird Stress als etwas Positives angesehen und infolgedessen akzeptiert und als Wachstumschance gesehen (McGonigal 2015).

Je nachdem, was die Personen als Effekt ihres Stresserlebens erwarten, tritt es tendenziell ein. Wenn sie davon ausgehen, dass sie krank werden, werden sie eher krank. Wenn sie ihren Stress als Lernchance sehen, wachsen sie eher an ihren

Krisen. Sie werden also resilienter für zukünftige Herausforderungen. Eine weitere Studie von Crum und Salovey (2013) hat gezeigt, dass je nach Mindset physiologische Unterschiede nachgewiesen werden konnten. Die Cortisolspiegel der beiden Versuchsgruppen waren zwar identisch, jedoch hat sich das Cortisol aufgrund weiterer ergänzender Hormone (zum Beispiel DHEA) unterschiedlich auf den Körper ausgewirkt. Das Cortisol bei den Personen mit einem Stress-ist-förderlich-Mindset hatte nicht die gleichen Langzeitfolgen wie bei den Personen mit dem Stress-ist-hinderlich-Mindset. Die Studie zeigt also, dass es möglich ist, sich bewusst zum eigenen Stresserleben zu positionieren – mit teilweise enorm positiven Veränderungen. Es erscheint zunächst herausfordernd, die persönlichen Automatismen zu verändern, aber die Forschung zeigt, dass es durch neue Erfahrungen und das damit verbundene innere Erleben möglich ist, die Haltung zu Stress nachhaltig zu verändern.

Die Entwicklung einer starken Selbstkompetenz kann dabei helfen, sich selbst seiner persönlichen, immer wieder kehrenden Stressmuster bewusst zu werden. Ziel ist demnach, sowohl körperliche Beschwerden schneller wahrzunehmen als auch innere Überzeugungen zu hinterfragen und durch hilfreichere zu ersetzen. Es lohnt sich, diesem Ziel nachzugehen, denn mit mehr Resilienz lassen sich die Anforderungen des Alltags besser bewältigen und Körper und Seele erholen sich schneller von herausfordernden Situationen. Erfolgreiche Stressbewältigung macht eine Person nicht nur resilienter, sondern auch selbstkompetenter.

Literatur

Blaug, R. / Kenyon, A. / Lekhi, R. (2007): Stress at work: a report prepared for The Work Foundation's principal partners. London: The Work Foundation.
Cohen, H. (2017): What is Resilience? [Online]. [12/18/18]. Available from: https://psychcentral.com/lib/what-is-resilience/
Covey, S.R. (2004): The 7 Habits of Highly Effective People Personal Workbook. Simon & Schuster.
Crum, A.J. / Salovey, P. / Yale University / Shawn Achor / Good Think / Cambridge (2013): Rethinking Stress: The Role of Mindsets in Determining the Stress Response. In *Journal Of Personality And Social Psychology*, Bde. 104–104, Nummer 4, S. 716–733. http://goodthinkinc.com/wp-content/uploads/CrumSaloveyAchor_RethinkingStress_JPSP2013.pdf
Greif, S. (1991): Stress in der Arbeit. Einführung und Grundbegriffe. In S. Greif / E. Bamberg / N. Semmer: *Psychischer Stress am Arbeitsplatz* (p. 1–28). Göttingen: Hogrefe.
Kaluza, G. (2018): Gelassen und sicher im Stress. Berlin: Springer
Keller, A. / Litzelman, K. / Wisk, L.E. (2011): Does the Perception That Stress Affects Health Matter? The Association with Health and Mortalilty." Health Psychology 31(5), S. 677–684.
Lazarus, R. / Folkman, S. (1984): *Stress: Appraisal and Coping*. New York: Springer.
McGonigal, K. (2015): The Upside of Stress: Why Stress Is Good for You, and How to Get Good at It. Penguin Publishing Group
Nitsch, J.R. (1981): Stress. Theorien, Untersuchungen, Massnahmen. Bern: Hans Huber.
Perciavalle, V. / Blandini, M. / Fecarotta, P. et al. (2017): The role of deep breathing on stress. *Neurol Sci* 38, S. 451–458. https://doi.org/10.1007/s10072-016-2790-8

Rozin, P./Royzman, E.B. (2001): Negativity bias, negativity dominance, and contagion. Personality and Social Psychology Review, 5(4), S. 296–320.

Semmer, N. (1994): Stress. In: R. Asanger/G. Wenninger: Handwörterbuch Psychologie. S. 744–757. Weinheim und Basel: Beltz.

5. Selbstkompetenz in der Ausbildung von Lehrpersonen

Maren Stolte

In der Lehrerausbildung neigen wir oft aufgrund gewünschter Sachlichkeit zu Abstraktionen und Objektivierungen: Wir sprechen von „Sicht- und Tiefenstrukturen von Unterricht", von „Bewertung und Notengebung", von „Lehr-Lern-Prozessen", manchmal auch von „Schüleraktivierung" etc. – und diese Herangehensweise ist auch gar nicht falsch. Allerdings verstellt sie den Blick auf eine zentrale Sache: Darauf, dass Lernen und Lehren und alle Interaktionen „dazwischen und dazu" durch Personen geschieht. Diese sind mit ihren Hoffnungen und Befürchtungen, mit ihren Zu- und Abneigungen, mit ihrem jeweiligen Erfahrungshintergrund und ihrer Weltkonstruktion, mit ihren Gefühls- und Glaubensmustern etc. – kurz: mit ihrer Persönlichkeit an den sozialen und personalen Prozessen im schulischen Kontext beteiligt. Diese Dimension außen vor zu lassen, heißt auf einen elementaren Bestandteil des Wirksamkeitsgefüges von Lernen und Lehren zu verzichten.

Das vorliegende Kapitel soll einen Zugang zu dieser Thematik vorstellen ohne andere Sicht- und Herangehensweisen auszuschließen oder ihnen ihre Relevanz oder Wertigkeit abzusprechen. Wir können dann über diese Thematik sprechen ohne Allgemeinplätze zu bemühen („schöne Lehrerpersönlichkeit"[1]) oder in starren Typisierungen zu verharren („Herr Meyer ist ein Risikotyp A"[2]). Neben diesen beiden zu vermeidenden Irrwegen hinsichtlich der Beratung und Begleitung unerfahrener Lehrpersonen lässt sich eine gewisse Befürchtung bei manchen an der Lehrerausbildung beteiligten Personen dahingehend feststellen, sich zu weit auf das Feld der Persönlichkeit oder des (zu) Persönlichen vorzuwagen und damit übergriffig zu sein. Diese Befürchtung ist dann gerechtfertigt, wenn es um Urteile, Bewertungen und Beurteilungen geht. Ist allerdings Beratung mit dem Ziel der Entwicklung Bestandteil der Ausbildung, kann die Persönlichkeitsebene nicht ausgeklammert werden.

---

1 Eine Äußerung, die man bei Unterrichtsbesprechungen häufig hört, wenn die Lehrperson in Ausbildung souverän und in gutem Kontakt mit der Lerngruppe agiert hat und wenn sie alles in allem ein angenehmer Mensch mit professionellem Auftreten ist.
2 Vgl. „Arbeitsbezogenes Verhaltens- und Erlebensmuster (AVEM)" nach Schaarschmidt und Fischer (2008).

Hier soll nun als Zwischenschritt auf dem Weg zu einer Entwicklungsbegleitung eine hilfreiche Sichtweise eingeführt werden, die viele aus dem Umgang mit Schülerinnen und Schülern kennen, und die wir auf die Arbeit mit Erwachsenen übertragen können: Im pädagogischen Umgang mit Schülerinnen und Schülern bedarf es der unbedingten gedanklichen Unterscheidung von „Person" und „Handlung": Die Person nehmen wir immer als unbedingt wertvoll, „richtig" und erwünscht an und unterbreiten durchgängig ein professionelles Beziehungsangebot – auch bei unerwünschtem Verhalten[3]. Die Persönlichkeitsebene oder einzelne Persönlichkeitsfacetten erhalten keinerlei Festschreibung oder Bewertung durch uns. Die Handlung dagegen kann sehr wohl Gegenstand unserer Bewertung werden und Zustimmung oder Ablehnung erfahren. Ist diese Grundunterscheidung von der Lehrpersonen verinnerlicht, kann der nächste Schritt erfolgen, der den Kern der pädagogischen Arbeit ausmacht: Hinter dem (erwünschten oder unerwünschten) Verhalten verbirgt sich bei der Schülerin oder bei dem Schüler ein ungestilltes Bedürfnis (wir sprechen auch von einem „Bedürfnis im Mangel"), das durch die Handlung gestillt werden soll.[4] Unter Umständen ist die gewählte Strategie zur Bedürfniserfüllung aus unserer Sicht völlig ungeeignet, kontraproduktiv oder sogar destruktiv – sie ist offensichtlich die passendste, die dem betreffenden jungen Menschen gerade zur Verfügung stand, sonst hätte er sie nicht gewählt[5]. Wenn eine Entwicklungsbegleitung stattfinden soll, die dabei unterstützt, produktivere Handlungsstrategien zu finden und einzusetzen, ist ein akzeptierender Blick auf die zugrunde liegenden Bedürfnisse und Motive der Schülerin oder des Schülers durch die Lehrperson eine unabdingbare Voraussetzung. Hierbei handelt es sich aus meiner Sicht um den pädagogischen Auftrag, der in allen Schulformen an die Lehrpersonen gestellt ist. Diese Herangehensweise setzt die Fähigkeit zur Selbststeuerung der beteiligten Lehrkraft voraus; insbesondere dann, wenn es sich um ein als destruktiv empfundenes Verhalten handelt und noch verstärkt dann, wenn die unterliegenden Bedürfnisse als unangemessen empfunden werden oder die Werte und Weltbilder, die auf die Motive einzahlen, mit den eigenen konfligieren.

Hierbei gilt es, die adäquaten Zeitpunkte des Adressierens der drei Aspekte „Person", „Handlung" und „Bedürfnis/Motiv" zu beachten: (1.) Die Akzeptanz und Wertschätzung der Person muss als unterliegende Basis der Beziehungsgestaltung von Beginn an immer mitlaufen und auch durch die Lehrperson ausgedrückt werden. Für junge Lehrkräfte gilt es, hierfür je eigene Kommunikationsmodi und

---

3   Es handelt sich um die Grundhaltung „ich bin okay – du bist okay" aus der Transaktionsanalyse (Eric Berne).
4   Häufig steht hier das Bedürfnis nach Aufmerksamkeit und/oder Sicherheit im Vordergrund.
5   Dies gilt auch und gerade dann, wenn die „Wahl" eine unbewusste, reflexartige und unreflektierte ist und eventuell von der/dem Handelnden selbst nicht einmal als Wahl wahrgenommen wird.

Ausdruckswege zu finden, die zur eigenen Person und zum professionellen Rahmen passen. Erst wenn diese Basis etabliert ist, kann durch die Lehrperson auf entwicklungswirksame Weise unerwünschtes oder unproduktives bzw. destruktives Verhalten adressiert werden. Und auch hierfür müssen je eigene Herangehensweisen (ab wann wird ein Verhalten angesprochen und wie geschieht das) gefunden werden. (2.) Verletzendes, gewalttätiges und/oder gefährdendes Verhalten bedarf natürlich der sofortigen Ansprache und Unterbindung von Gefahr und/oder Verletzung. Es ist ein sofortiges Aktivwerden nötig, das die schädigende Handlung sicher beendet, ohne (!) eine sofortige Sanktionierung anzuschließen. Statt reflexartig auf die Sanktionierungsebene zu gehen, ist für die pädagogische Begleitung der Schülerinnen und Schüler der Blick auf ihre Bedürfnisse und Motive nötig, die zu der unerwünschten Handlung[6] geführt haben. Erst wenn diese fokussiert und mit der betreffenden Person besprochen sind, kann gemeinsam eine Verfahrensweise damit gefunden werden. (3.) Hierzu bedarf es oft eines zeitlichen Aufschubs, der beiden Personen (SchülerIn und Lehrkraft) die Möglichkeit zur Beruhigung und zum Nachdenken über die Situation sowie mögliche Wegen des Umgehens bzw. der Bearbeitung bietet. Bis zu diesem Punkt sprechen wir von einer Unterbindungslogik, die für den Moment unerwünschtes Verhalten stoppen und beispielsweise für einen „reibungsfreien" Unterrichtsverlauf in der aktuellen Stunde sorgen kann, erst ab hier ist der Weg der Entwicklungslogik betreten, der den Fokus auf die pädagogische Begleitung der Kinder und Jugendlichen in ihren jeweiligen Entwicklungsaufgaben setzt. Letzterer ist der nachhaltigere von beiden, der deutlich voraussetzungsreichere, was die Kompetenzen der Lehrkraft angeht, und auch der ressourcenintensivere – denn Entwicklungsarbeit braucht Zeit[7] (Unterbindung kann instantan greifen, muss aber immer drastischer werden, um wirksam zu bleiben und hat in der Regel keinen nachhaltigen, gesteuerten, positiven Einfluss auf die Entwicklung der Person). Diese drei Zeitebenen der Intervention können, ein wenig holzschnittartig betrachtet, den drei zeitlichen pädagogischen Interventionsebenen Prävention (1.), Intervention (2.) und Nachsorge (3.) zugeordnet werden.

Um die angesprochenen Voraussetzungen in den Kompetenzen der Lehrkraft soll im Folgenden gehen. In der Arbeit mit jungen/unerfahrenen Lehrkräften kommt es nun in aller Regel nicht zu drastischem unerwünschten Verhalten, das einer sofortigen Unterbindung bedarf (wir können uns also ein wenig entspannen), aber auch das kann im Einzelfall vorkommen. Gleichwohl wird in der

---

6   Hierbei kann es sich beispielsweise auch um (unter Umständen nicht sichtbar werdendes) selbstschädigendes Verhalten, Ausweichstrategien etc. handeln – nicht „nur" Unterrichtsstörungen oder nicht gemachte Hausaufgaben sind hier gemeint.
7   Hier muss angemerkt werden, dass weder den Lehrkräften in Ausbildung noch denen jenseits davon eine auch nur annähernd hinreichende Zeitressource zur Verfügung steht, um dieser pädagogischen Tätigkeit die notwendige Aufmerksamkeit zu widmen.

Lehrerausbildung sehr oft ein als unpassend oder nicht zielführend oder als zu undifferenziert ausgeführtes Lehrerhandeln besprochen. Folgen wir nun auch in diesem Teil der Ausbildung einer Entwicklungslogik, so kann eine Intervention unsererseits als Ausbilder hinsichtlich der Handlungsebene der jungen Lehrkraft nur dann sinnhaft erfolgen, wenn wir zuvor und mitgeführt die Wertschätzung der Person mitdenken und -kommunizieren (!) und deren (Entwicklungs-) Bedürfnisse und Motive fokussieren sowie diese mit ihr zusammen besprechen, Wege der Bearbeitung und Entwicklung finden und diese begleitet von einem Dialog auf Augenhöhe beschreiten. Kurz gesagt: Es bedarf in der Lehrerausbildung im Prinzip desselben Dreischritts wie in der pädagogischen Arbeit mit Schülerinnen und Schülern – natürlich unter anderen Voraussetzungen und hoffentlich auf weit fortgeschrittenem Niveau. Lediglich der Vollständigkeit halber sei an dieser Stelle angemerkt, dass als Basis für diese Tätigkeit die Selbststeuerungskompetenzen der ausbildenden Person gefragt sind. Letztlich bietet es sich dementsprechend sogar an, die besprochene Dreiteilung reflektierend auf uns selbst anzuwenden. Das führt auf das Feld der Selbstkompetenz: Wie gelingt der Lehrperson ein wertschätzender Umgang mit sich selbst und den verschiedenen Anteilen ihrer Persönlichkeit?

Persönliche Motive und Bedürfnisse

Um welche Ebene der Entwicklungsarbeit es sich auch immer handelt; die Arbeit mit Schülerinnen und Schülern, die Begleitung unerfahrener Lehrkräfte oder auch die reflektierende Arbeit mit uns selbst – es lohnt sich, die Ebene der Motive und Bedürfnisse auf systematischer Ebene in den Blick zu nehmen.

Uns allen sind, in ganz unterschiedlichen Gewichtungen und Ausprägungen die so genannten Basismotive (mit eigener Erweiterung nach Bruggmann 2015, aus Schmid und Müller 2022) zueigen, die sich beliebig weit ausdifferenzieren lassen, bzw. sich denen die Einzelbedürfnisse zuordnen lassen:

- Beziehungsmotiv (oder Anschlussmotiv)
- Leistungsmotiv
- Entwicklungsmotiv
- Machtmotiv/Gestaltungsmotiv
- Freiheitsmotiv

Diese werden häufig zu wenig in der spezifischen Situation der Lehrerausbildung betrachtet: Beispielsweise werden die Handlungen von Lehrkräften vor dem Ablegen der Staatsprüfung stark vom Anschlussmotiv dominiert: Sie möchten unbedingt vom Schulsystem als komplett dazugehörig aufgenommen werden (Examen/Planstelle/Verbeamtung) und lassen sich dadurch häufig in anderen, konfligierenden Motiven (z. B. in ihrem Freiheitsmotiv) korrumpieren. Als gewagte These möchte ich hier in den Raum stellen, dass oft sogar eine tiefgreifende Entwicklung der Lehrerpersönlichkeit zugunsten oberflächlicher Handlungsoptimierung hintenangestellt wird, weil man letztere besser in den Examensstunden „vorzeigen" kann.

Erst wenn es innerhalb des Ausbildungsrahmens möglich wird, über die jeweilige Ausprägung der Motive bewertungsfrei zu sprechen und gemeinsam nach einem produktiven Umgehen mit ihnen sowohl im Hinblick auf ein Reüssieren in der Ausbildungssituation und Beurteilung als auch hinsichtlich der eigenen langfristigen Entwicklung als Lehrperson zu schauen, kann von einer beratend-begleitenden Ausbildung gesprochen werden. Als besonders herausfordernd wird hierbei in meiner Erfahrung immer wieder der Umgang mit dem Machtmotiv angesehen, das besonders bei Pädagogen misstrauisch beäugt wird und eher negativ konnotiert ist. Daher lohnt sich insbesondere hier eine reflektierende Auseinandersetzung. Ähnliches kann über das Leistungsmotiv gesagt werden. Beide Basismotive spielen im System Schule eine herausgehobene Rolle (siehe beispielsweise die Funktionen der Notengebung), sie können dem pädagogischen Arbeiten ungemein schaden und sollten daher nicht unreflektiert bleiben.

Neben diese Basismotive kann in der Reflexion die Bedürfnispyramide nach Maslov treten, deren fünf Stufen sich teilweise mit den Basisbedürfnissen (möglicherweise sich gegenseitig widersprechend) überlagern, teilweise mit diesen wirkungsgleich sind.

Abb. 1: Bedürfnispyramide nach Maslow

Anders als bei diesen ist bei den Bedürfnissen eine immanente Hierarchisierung vorhanden – nur wenn die unteren gesichert oder weitgehend vorhanden sind, können die oberen anvisiert werden (Ausnahmen gibt es aber auch): Zuerst muss auf der Systemebene der Einzelschule und des Ausbildungssystems darüber nachgedacht werden, wie allen Beteiligten und insbesondere den Lehrkräften in Ausbildung eine weitreichende Abdeckungsmöglichkeit ihrer (Grund-)Bedürfnisse im Kontext Schule zukommen kann. Dann kann ein Dialog zwischen dem einzelnen Ausbilder und der Lehrkraft in Ausbildung über die jeweiligen Bedürfnisse in der Ausbildungsbeziehung gesprochen werden.

5.1 Zustände der Persönlichkeit: die PSI-Theorie

Um der oben versprochenen Konkretisierung jenseits von „schöne Lehrerpersönlichkeit" noch näher zu kommen und den Zusammenhang von Person bzw. Persönlichkeit und Selbst und sowie der daraus abgeleiteten Selbstkompetenz darzustellen, bedienen wir uns in der Folge der PSI-Theorie von Julius Kuhl (2001). Es wird jetzt also kurz ein bisschen theoretisch und abstrakt, die Anwendung folgt dann aber gleich und die vermeintliche Komplexität ist am Ende ganz simpel.

Die Buchstaben PSI stehen für **P**ersönlichkeits-**S**ystem-**I**nteraktion. Dahinter verbirgt sich ein wissenschaftlich sauber belegtes Modell der Persönlichkeit, das aus vier „Systemen" besteht, die als Zusammenspiel neuronaler Netzwerke verstanden werden können. Die vier Systeme oder „Zustände der Persönlichkeit" werden nun auf einer praktischen Anwendungsebene (also nicht in wissenschaftlicher Tiefe und Präzision, sondern praxisbezogen vereinfacht) vorgestellt:

Die PSI-Theorie geht, wie andere psychologische Modelle auch, davon aus, dass die linke Gehirnhälfte eher dem sprachlich-logischen Denken gewidmet ist, die rechte Gehirnhälfte dagegen eher für das emotional-kreative Denken zuständig ist. Auf der linken Seite findet sich im vorderen Bereich das sogenannte „Intentionsgedächtnis", das für kognitive Aktionen wie Denken, Planen, Analysieren und Lernen „zuständig" ist. Anders gesagt ist dieses System aktiviert, wenn wir die genannten Tätigkeiten ausführen. Bei Julius Kuhl und auch in der sich ihm anschließenden Literatur sind die Systeme mit einem Farbschema unterlegt, das die sehr abstrakten Systemnamen im Alltagsumgang überflüssig macht. Dieses System ist also das „rote System" und wir können es auch das „Planungs- und Lernsystem" nennen. Nun muss noch gesagt werden, dass jedes der vier Systeme mit einem ihm zugehörigen Affekt, also mit einer dominanten Stimmungslage daherkommt. Ist das rote System aktiviert (beispielsweise, wenn wir unseren Unterricht für morgen planen oder versuchen, eine schwierige Theorie zu verstehen), dann ist auch gleich die zugehörige Stimmung aktiviert. Im roten System ist die Stimmung sachlich und nüchtern oder auch ernst(haft) und fokussiert. Wir kennen diesen Zustand alle gut, weil unsere Ausbildung und auch später unsere berufliche Tätigkeit diesen Zustand oftmals nahelegt.

Abb. 2: Darstellung der psychischen Systeme (PSI-Theorie nach Kuhl)

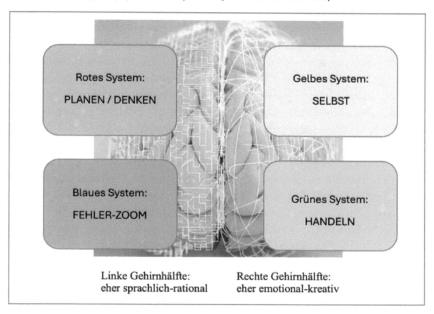

Kommen wir also zum zweiten System, das der logisch-rationalen linken Gehirnhälfte zugeordnet ist – das ist das sogenannte „Objekterkennungssystem", oder auch das „blaue System". In der populärwissenschaftlichen Literatur wird dieses System auch der „Fehler-Zoom" genannt und dieser Begriff veranschaulicht das, was bei Aktivierung dieses Systems passiert, sehr genau: Es ist für die Erkennung von Musterabweichungen sowohl in der äußeren Welt („Da ist ein Rechtschreibfehler!") als auch in der Innenwelt des Körpers („Der Zahn tut weh!") und der Psyche („Ich wurde geärgert und bin unglücklich!") zuständig. Wie aus den Beispielen leicht ableitbar ist, bringt das blaue System einen negativen Affekt mit sich: Wir fühlen uns ängstlich oder frustriert, deprimiert, unzufrieden etc. – kurz: unsere Laune ist mies. Die schlechte Nachricht für uns Lehrkräfte ist dabei die: Wenn wir mehr auf Negativkorrektur als auf Positivkorrektur setzen und auch im Unterricht ständig den Fehler-Zoom aktiviert haben, dann trainieren wir unser Gehirn quasi darin, immer wieder dieses System – und auch den zugehörigen Affektzustand – zu aktivieren. Wir üben uns in Übellaunigkeit. Wir neigen dann dazu, den Fehler-Zoom auch in Kontexten „an" zu haben, wo er gar nicht erwünscht ist und wundern uns vielleicht selbst über die sich breit machende Fruststimmung. Das ist eventuell ein wenig stark formuliert, aber aus pädagogisch-ausbildnerischer Verantwortungsübernahme der Autorin muss das an dieser Stelle benannt werden. Denn es gibt Auswege aus diesem Dilemma, die beispielsweise in einem stärkenorientierten Unterricht mit Fokus auf Schülerselbstständigkeit und Verantwortungsübernahme für das eigene Lernen sowie weitgehender Positivkorrektur unsererseits bestehen.

Zurück zur Grafik und den noch fehlenden Systemen: Auf der rechten Seite des Gehirns befindet sich gegenüber vom Fehler-Zoom die intuitive Verhaltenssteuerung oder auch das „grüne System". Dieses ist aktiviert, wenn wir automatisierte Handlungen ausführen, die wir gut können – Fahrrad fahren zum Beispiel, Gehen oder Laufen, Klettern, Balancieren, Schwimmen und so weiter. Wenn wir das machen, geht es uns richtig gut und unsere Stimmung ist freudig. In gesteigerter Form dieser Stimmungslage findet hier auch der Flowzustand statt, das Runners-High, und auch Glück oder gar Extase beim Singen, Tanzen oder beim Sex. Dieser Zustand entsteht jedoch nur, wenn wir das schon ein paar Mal gemacht haben und es zumindest ein wenig intuitives Verhalten geworden ist. Sind wir beispielsweise beim Schwimmen oder Radfahren noch unsicher, dann ist auf jeden Fall auch das rote Lernsystem aktiviert, das herbuchstabiert und analysiert, wie diese Tätigkeit geht, und höchstwahrscheinlich auch der blaue Fehler-Zoom, der registriert, wie wir beim Schwimmen Wasser in die Nase bekommen oder beim Radfahren mehr und mehr Schräglage entwickeln.

Der Genauigkeit halber sei hier angemerkt, dass immer nur <u>ein</u> System aktiviert sein kann, nicht mehrere gleichzeitig. Aber wir können blitzschnell zwischen den Systemen hin und her wechseln, bzw. es können rasend schnell hintereinander die unterschiedlichen Systeme aktiviert sein.

Last but absolutely not least bleibt noch das Extensionsgedächtnis oder auch das "gelbe System" übrig, das wir mit Fug und Recht das „Selbst" nennen dürfen. Es hat seinen Sitz rechts vorne in unserem Gehirn und „beherbergt" die Wahrnehmung unserer Bedürfnisse und Gefühle, den Zugang zu unseren Erfahrungen, unseren Werten, Empathie, Kongruenz, Intuition und Kreativität. Auch wenn alle Systeme wichtig und prinzipiell gleichwertig sind (obwohl wir die zugehörigen Stimmungslagen unterschiedlich gerne mögen), ist dieses gelbe System des „Selbst" für die Persönlichkeitsentwicklung von ganz und gar herausgehobener Bedeutung. Es ist assoziiert mit einer gelassen-entspannten Gemütslage, in der wir uns sicher und mit uns selbst, mit den Menschen um uns herum und mit „der Welt" verbunden fühlen. Es ist das System, das die Integration von Erfolgen und Fehlschlägen ermöglicht und mit dem wir unser Selbstbild formen. Je häufiger dieses System bei uns aktiviert ist, um so mehr werden wir von unserer Umgebung als authentische Person, die im Einklang mit sich und ihren Werten handelt und lebt, wahrgenommen. Das führt dazu, das wir als vertrauenswürdig angesehen werden und, bezogen auf unsere Profession, unsere Schüler sich bei uns sicher fühlen – und so viel besser lernen und sich entwickeln können. Dazu kommt, dass dieses System ungleich potenter ist als die übrigen Systeme, weil es zur Parallelverarbeitung fähig ist. Es kann damit beispielsweise viel größere Datenmengen bewältigen als das „rote System", das diese sequenziell (also nacheinander) verarbeitet und deshalb in seinem Arbeitsspeicher auf etwa fünf Items beschränkt ist.

Allerdings – das muss der Fairness halber gesagt werden – lässt uns das gelbe System nicht an all seinen Berechnungen und der Parallelverarbeitung bewusst teilhaben. Anders ausgedrückt: Viele seiner Operationen bleiben unbewusst und wir haben nur auf eine etwas eingeschränkte Weise Zugriff auf die Ergebnisse, die dabei herauskommen. Diese nennen wir dann „Bauchgefühl" oder „Intuition". Wenn wir beispielsweise eine neue Person kennenlernen, dann haben wir oft sehr schnell (innerhalb von Sekunden) ein Gefühlserleben zu dieser Person und wir fühlen uns in ihrer Gegenwart wohl oder eher unwohl und haben ein bestimmtes Maß an Vertrauen etc. Der Urheber dieser Gefühlslage (Zu- oder Abneigung in abgestuften Ausmaßen mit einigen Zusatzinformationen) ist unser Selbst, das blitzschnell die unterschiedlichen Eindrücke zu dieser Person wahrnimmt und mit unserem bisherigen Personenerfahrungsschatz abgleicht. Je nachdem ob diese Person mit ihrer Körperhaltung, der Sprechweise, dem Geruch, der Mimik etc. eher Menschen aus unserer Vergangenheit ähnelt, mit denen wir gute Erfahrungen gemacht haben, ist unser Bauchgefühl gut und vertrauensvoll, oder, wenn die Person eher Menschen ähnelt, mit denen wir schlechte Erfahrungen gemacht haben, empfinden wir (milde) Abneigung oder gar Aversion.

Diese Funktionsweise das „gelben Systems" bezieht sich nicht nur auf Personen, sondern auch auf Situationen (man kommt ins Lehrerzimmer merkt sofort, was los ist), Tätigkeiten (Klassenarbeiten korrigieren), Institutionen (Schulaufsicht) etc.

Das Wissen um diese vier Systeme mit ihren Spezifika und Affektzuordnungen stellt bereits ein potentes Analysewerkzeug dar. Sowohl bei sich selbst als auch bei anderen Personen kann man die jeweilige Systemaktivität und auch Systempräferenzen recht gut erkennen. Die meisten Menschen tendieren in alltäglichen Situationen zu einem oder zwei der Systeme[8], die im Alltagmodus bevorzugt aktiviert sind. Hierbei handelt es sich um eine Mischung aus angeborenen Präferenzen und Systemaktivierungen, die letztlich Gewohnheiten unseres Gehirns sind, die sich im Laufe unseres bisherigen Lebens herausgebildet haben. Diese Herausbildung der Gewohnheitspräferenzen geschieht auf der Basis unserer angeborenen Muster und hängt ganz erheblich davon ab, welchen Lebenssituationen wir (insbesondere in den frühen und für die Entwicklung maßgeblichen Jahren) begegnen und auch davon, welche Systemvorlieben bei unseren Bezugs- und Orientierungspersonen vorhanden sind. Diese „gucken wir uns ab" – ganz analog zu Verhaltens- und Sprechweisen, die wir ja auch von unseren Bezugspersonen übernehmen, und zwar in aller Regel unbewusst. Allerdings sind frühe Prägungen nicht „in Beton gegossen". Wir wissen heute um die große Formbarkeit unseres Gehirns und auch unserer Gewohnheiten, die bis ins hohe Alter vorhanden

---

8   Hier sei noch einmal daran erinnert, dass immer nur ein System zur Zeit aktiviert sein kann. Wenn wir zwei Systeme präferieren, dann sind diese beiden bevorzugt aktiviert, allerdings niemals gleichzeitig.

ist. Allerdings bedarf es eines Aufwands, wenn wir uns umgewöhnen wollen, und es braucht dazu auch Zeit. Aber wenn jemand beispielsweise eine wissenschaftliche Laufbahn einschlägt und dieser entsprechend sehr viel das „rote System" aktiviert, wird sich mehr und mehr diese „rote" Gewohnheit herausbilden und die Person agiert aus diesem neuronalen Aktivitätsmuster heraus – inklusive der entsprechenden Affektlage, nämlich eher ernst und fokussiert. Wir erleben diese Personen (Ausnahmen bestätigen die Regel) nicht als die ganz großen Stimmungskanonen oder Party-animals.[9] Schenken wir, um im Beispiel zu bleiben, dieser akademischen Person zum Geburtstag einen Flamencokurs und die Person geht auch tatsächlich hin und übersteht die erste, eher blau gefärbte Phase (siehe die oben gennannten Beispiele vom Schwimmen und Fahrradfahren), findet dann Gefallen an der sich immer „grüner" gestaltenden Flamencoerfahrung und findet sich gut in seine Flamencogruppe ein, bucht auch noch die Anschlusskurse und wird schließlich (die akademische Welt hinter sich lassend) selbst professioneller Flamencolehrer, dann erleben wir eine starke Persönlichkeits- und Grundstimmungsänderung bei dieser Person – die natürlich Zeit und Übung braucht. Für die Persönlichkeitsänderung bedarf es allerdings auch noch die Beteiligung des gelben Systems. Dies ist aktiviert, wenn unser Noch-Akademiker irgendwann im oder nach dem Flamencotermin feststellt, wie sehr er dieses Tanzen mag und wie wohl er sich dabei fühlt (wir nennen das Selbstzugang bzw. Selbstreflexion). Vielleicht erzählt er anderen, für ihn relevanten Personen in seinem Umfeld davon und wird dabei nicht ausgebremst, sondern erfährt Verständnis und Wertschätzung. Dann kann er diese Flamencoerfahrung in sein Selbstbild integrieren und sich in der Entwicklung weiter vor wagen.[10]

---

9   Hier sei angemerkt, dass unsere Gehirne hier auch gar nicht selten selbst „für sich sorgen" und nach einem sehr „rot" oder gar „blau" gefärbtem Tag zu Feierabend die Tendenz zu einem Systemwechsel haben: Wir sehnen uns dann nach Bewegung (grün), Austausch mit Freunden oder Familie (gelb) etc.
10 Hier wird deutlich, dass das gelbe System des Selbst zutiefst sozial verankert ist und in ständiger Wechselwirkung mit unseren Bezugs- und Orientierungspersonen steht. Wir können also sagen, dass unser Selbst „über uns hinaus" reicht. Wer wir sind, was wir sind und auch unsere Selbstbewertungen (wie wir sind), hängt intensiv von den Rückmeldungen an uns aus unserer sozialen Umgebung ab. Dieses Faktum hat bisher in die Aus- und Weiterbildung von Lehrkräften nur sehr wenig (wenn überhaupt) Eingang gefunden. Es sei an dieser Stelle einmal gesagt: Zum nachhaltigen <u>fachlichen</u> Lernen von Schülerinnen und Schülern gehört es unhintergehbar dazu, Anregungen durch Orientierungspersonen (Lehrkräfte) dahingehend zu erhalten, ein erfolgreiches oder (noch!) nicht erfolgreiches Lernen in das Selbst zu integrieren und sich selbst als zunehmend kompetenter Lerner zu erleben. Diese Anregungen heißen: Interessiertes Nachfragen zum Lernprozess, aktives Zuhören, Verständnis und ernst gemeinte Ermutigung. Wer glaubt, guter Fachunterricht sei dauerhaft ohne Integration des Selbst der jeweiligen Schülerpersönlichkeit möglich, irrt.
    Insbesondere wenn wir über Bildungsgerechtigkeit sprechen, müssen die großen Unterschiede bei Lernenden hinsichtlich des (akademischen) Selbstkonzepts mitgedacht und adressiert werden.

Wir können also feststellen, dass unsere Systemvorlieben und auch die ständig stattfindenden Systemwechsel zunächst unbewusst und ungesteuert sind. Es handelt sich um weitgehend automatisierte Vorgänge. Sobald wir mittels der PSI-Theorie ein Wissen systematischer Art von diesen Vorgängen haben, können wir uns selbst und andere in den Systemwechseln beobachten und auch ziemlich gut die Systemvorlieben erkennen. Ich spreche in diesem Fall von der „analytischen PSI-Kompetenz", deren Erlangung einen wichtigen Schritt in der Entwicklung der Selbstkompetenz darstellt.[11] Von hier aus ist der Schritt zu einer „operativen PSI-Kompetenz", bei der ich willentlich ein bestimmtes System ansteuern oder aktivieren kann, aus dem heraus ich selbst dann agiere und „bin", gar nicht mehr weit.

Wie Selbststeuerung qua willentlich vorgenommenem Systemwechsel vorgenommen werden kann, soll nun an einem gängigen Beispiel aus dem schulischen Kontext veranschaulicht werden:

Stellen wir uns die Situation vor, dass eine junge und unerfahrene Lehrkraft im eigenverantwortlichen Unterricht von einem Schüler bloßgestellt wird, beispielsweise mit dem Satz: „Sie haben ja gar keine Ahnung, Sie sind ja noch nicht mal eine echte Lehrerin – die Hausaufgaben von Ihnen mache ich sowieso nicht." Wir können davon ausgehen, dass bei der Lehrkraft automatisch und mühelos ein Systemwechsel nach „blau" erfolgt. Sie wird sofort ziemlich angespannt sein und einen deutlichen negativen Affekt verspüren. Eine Person in dieser Lage (ohne PSI-Kenntnis und -Kompetenz) wird die Tendenz haben, ihrer Affektfärbung entsprechend und mit den Mitteln des aktivierten Systems zu agieren. Die Folge wäre Abwehr- oder Dominanzverhalten dem Schüler gegenüber und wir können uns gut vorstellen, wie die Situation sich weiterentwickelt: Die beiden Beteiligten schaukeln sich bis ins „Dunkelblaue" hoch, bis eine(r) „gewinnt" (in aller Regel ist das die Lehrkraft, aber nicht immer) und eine(r) mit Rachegelüsten zurückbleibt (in aller Regel ist das der Schüler, aber nicht immer). Letzterer hat dann noch eine „blaue Rechnung" offen, die er bei nächster Gelegenheit (die sich auch in der Person einer anderen Lehrkraft, eines anderen Schülers, eines Erziehungsberechtigten, einer unbekannten Person im Straßenverkehr etc. bieten kann) einzulösen versucht und das Spiel geht von vorne los.

Erhält nun die hier dargestellte junge Lehrkraft die Möglichkeit, über die Situation inklusive der eigenen Gefühlslagen (z. B. Wut, Scham, Hilflosigkeit, dann wieder Wut – wahrscheinlich in Umschreibungen und mit viel, viel mehr Worten) zu berichten und dabei Verständnis und unterstützendes Interesse zu erhalten, sind bei ihr die Systemübergänge zu „rot" (analytisch-kognitiver Umgang

---

11 Natürlich kann man Selbstkompetenz auch ganz ohne Kenntnis der PSI-Theorie entwickeln. Ein Beispiel für einen alternativen Zugang wird am Ende dieses Kapitels kurz vorgestellt. Die PSI-Theorie ist aber ein einfaches und universalisierbares Werkzeug, das sich deshalb zum Zweck der Selbstkompetenzschulung besonders gut eignet.

mit der Situation) sowie „gelb" (kreative Lösungssuche und Selbstintegration) wahrscheinlich. Eine solche Herangehensweise ermöglicht Selbstentwicklung und ist deutlich nachhaltiger und tiefgehender als der (herkömmlich oft anzutreffende) Verweis auf pädagogische Modelle oder Ratschläge aus dem eigenen Handlungsrepertoire. Allerdings ist sie auch zeitintensiver und setzt wiederum Selbststeuerungsfähigkeiten bei der betreuenden Lehrkraft voraus.[12] Wenn diese in pädagogischer Gesprächsführung geschult ist, kann sie gezielt die Selbstentwicklung unterstützen, indem sie zum Beispiel einfühlsam danach fragt, welche Grundannahmen und/oder Werte der jungen Lehrperson hier angegriffen wurden, und damit die Selbstexploration vertiefen. Und sie kann die Lösungsexploration (die ebenfalls zur Selbstentwicklung gehört) anregen, indem sie beispielsweise fragt, welchen Umgang die junge Lehrperson mit dieser Situation wohl in 10 Jahren haben könnte oder welchen Umgang damit Mr. Keating aus dem Club der toten Dichter wählen würde.

Die hier besprochene Herangehensweise bedarf, so viel dürfte klar geworden sein, einer stabilen und verantwortungsvoll gestalteten Beziehungsebene (Künne/Kuhl 2014). Diese ist in aller Regel zur Ausbildungslehrkraft an der eigenen Schule eine engere als zu den Studien- bzw. Seminar- und Fachleitern oder den Ausbildungskoordinatoren. Daher können die Erstgenannten eine nachhaltigere und tiefergehende Arbeit bezüglich der Selbstkompetenz anstreben, als es den nur punktuell beteiligten und eher bewertend tätigen Ausbildungspersonen möglich ist. Aber auch diesen ist die Arbeit auf dieser tiefgehenden Ebene nicht vollends verbaut.

Wird in (formaleren) Unterrichtsnachbesprechungen auch in Ausbildungsgruppen eine vertiefte Ebene angestrebt, kann man auf die Unterscheidung zwischen „automatisierter Erstreaktion" und „professioneller(er) Zweitreaktion" zurückgreifen[13]: Die erste ist die, die sich aus der „ungesteuerten" (meist blauen) Systemaktivierung ergibt und häufig eine Eskalation darstellt – und die uns allen hin und wieder unterläuft. Mit etwas Abstand kann man über eine produktivere und dem gemeinsamen Lernen zuträglichere „Zweitreaktion" nachdenken und dafür auch die Schwarmintelligenz der Ausbildungsgruppe nutzen.[14] Der Satz

---

12 Der Verweis auf pädagogische Modelle oder das Einbringen eigener Erfahrungen sind deshalb nicht verboten. Ganz im Gegenteil, sie sind hilfreich und unterstützend – wenn sie an die Selbstexploration und -Integration anschließen und diese unterfüttern, abrunden und/oder erweitern.
13 In Anlehnung an Kuhl/Solzbacher 2017
14 Dazu ist es notwendig, dass die Gruppe gewohnt ist, auf diese Weise miteinander zu arbeiten und es nicht darum geht, mit Expertenwissen den Fach-, Seminar- oder Studienleiter zu beeindrucken bzw. „um dessen Gunst zu buhlen" – immer im Hinblick auf das eigene Examen. Mit anderen Worten: Eine Konkurrenzsituation innerhalb der Ausbildungsgruppe behindert diese Arbeit immens und die jeweilig Leitungsperson muss Augenmerk und Steuerungshandeln darauf aufwenden, diese Konkurrenz zu minimieren.

„Es ist nie zu spät für eine professionelle(re) Zweitreaktion." wirkt ungemein entlastend und oft auch erheiternd auf die betroffene Einzelperson wie auch auf die gesamte Gruppe. Hierdurch wird zunächst die Fehlvorstellung aufgelöst, man habe als professionelle Lehrkraft immer ad hoc die richtige Reaktion bzw. den richtigen Impuls parat zu haben und danach sei „die Chance vertan". Stattdessen wird ein gnädigerer Umgang mit dem eigenen Entwicklungsstand und auch der jeweiligen Tagesform eröffnet. Dieser ist sowohl in seiner sofortigen positiven Wirkung auf Anspannung und Defizitorientierung (beide werden geringer) bei sich selbst wünschenswert als auch in seiner Sekundärwirkung auf die Lernenden: Wer mit sich selbst nachsichtig und fehlertolerant ist, kann dies normalerweise auch besser bei den Schülerinnen und Schülern sein. Die Erfahrung, dass mit ein wenig Abstand und eventuell unter Einbeziehung vertrauter Kollegen oft erstaunlich produktive und zur eigenen Person passende Handlungsmuster gefunden werden können, führt dazu, dass immer häufiger das Weglassen der Erstreaktion gelingt und ein aktiver Handlungsaufschub gewählt wird.[15] Dieser kann, um auf den Anfang dieses Kapitels zurückzukommen, zusätzlich genutzt werden, um einen pädagogisch-diagnostischen Blick inklusive Unterscheidung von Person, Handlung und dahinterliegendem Motiv auf den Lerner zu entwickeln und so einen größeren Kontext für das weitere Vorgehen zur Verfügung zu haben.

Der Vollständigkeit halber sei hier erwähnt, dass gesteuerte Systemwechsel prinzipiell aus jedem der Systeme und in jedes andere der Systeme angestrebt und auch von Begleitpersonen unterstützt werden können. Sie alle vorzustellen und zu exemplifizieren würde allerdings den Rahmen dieses Kapitels bei weitem überschreiten. Das Prinzip sollte deutlich geworden sein und jeder mag sich eingeladen fühlen, damit ein wenig (zuerst bei sich selbst!) zu experimentieren. (Eine vertiefende Darstellung der PSI-Theorie als Persönlichkeitsmodell liefert der Beitrag von Volkmar Husfeld in diesem Band.)

5.2 Präsenz der Lehrperson

Fühlt man sich mit der PSI-Theorie (noch) nicht ganz wohl oder möchte einen Schritt zwischenschalten, kann man sich gut die Präsenzarbeit nach Lemme und

---

15 Lehrkräfte gewöhnen sich dann eine Sprechweise an, die etwa so gehen könnte: „Das, was du gerade gesagt/getan hast, ist für mich gar nicht okay (- und ich glaube für dich auch nicht). Ich möchte mit ein bisschen Abstand nochmal mit dir darüber reden. (Denk bitte auch darüber nach, was du beisteuern möchtest.)" Je nach Intensität des vorausgegangenen Schülerhandelns bietet sich eine deutlichere Sprachebene an. Auch diese verschiedenen Formulierungsmodi lassen sich in der Ausbildungsgruppe überlegen und üben. In der Regel ist das neben dem Professionalisierungseffekt sehr unterhaltsam.

Körner (2019) bedienen. Diese haben innerhalb des Konzepts der systemischen Autorität für den schulischen Kontext folgende Facetten der Präsenz ausdifferenziert:

Physische Präsenz (Körperlichkeit):

Ich bin körperlich und geistig anwesend, achtsam und wachsam. Ich bleibe, auch wenn es schwierig ist, dabei und harre aus. Ich bin bereit, mich auseinanderzusetzen. Killer in diesem Bereich: Übermüdung, Überlastung, hoher Stresspegel, Schmerz etc.

Intentionale Präsenz (Absicht):

Ich habe ein klares Ziel in meinem didaktischen und pädagogischen Handeln. Ich bleibe in der fachlichen Verantwortung und auch in der Beziehungsverantwortung. Ich nehme immer wieder Kontakt auf und zeige mein Interesse am Fach, am Verstehensprozess der Schülerinnen und Schüler und an der Beziehung, auch in schwierigen Zeiten.

Pragmatische Präsenz (Handlungsmöglichkeit):

Ich kann handeln und verfüge über eine große Vielfalt an didaktischen und pädagogischen Handlungsmaßnahmen. Ich erlebe mein Handeln als wirksam.

Soziale Präsenz (Eingebundenheit):

Ich bin nicht allein. Ich weiß, wen ich ansprechen kann. Ich kann mich auf meine Ausbildungslehrkräfte, meine Kollegen und das schulische Netzwerk verlassen.

Internale Präsenz (Selbstführung):

Erleben von Selbstkontrolle: Ich kann mich bei Eskalationen selbst kontrollieren und steige nicht mit ein. Meinen Erwartungen an mich selbst entsprechen auch in schwierigen Situationen meinen Handlungen. Ich gerate nicht in Panik oder andere emotionale Not.

Moralische Präsenz (Selbstwirksamkeit/Authentizität):

Mein pädagogisches Handeln stimmt mit meinen Werten und Überzeugungen sowie mit meinem Menschenbild überein. Meine wertschätzende und standhafte Haltung ist erlebbar. Ich drücke mein Selbstwertgefühl durch Klarheit und Eindeutigkeit aus.

Diese sechs Präsenzdimensionen eignen sich gut dazu, Unterrichtsstunden nachzubesprechen und dabei 1) nicht bei den nur mittelbar lernwirksamen Sichtstrukturen von Unterricht zu verbleiben, 2) auch die noch recht „selbstfernen" Tiefenstrukturen von Unterricht zu überschreiten und 3) die Entwicklungsautonomie der jungen Lehrkraft zu stärken: Diese schätzt sich anhand einer skalierenden Grafik bezogen auf die sechs Präsenzdimensionen in der zu besprechenden Unterrichtsstunde selbst ein und kann dann entscheiden, über welche der Präsenzdimensionen sie weiter sprechen möchte.

5.3 Fazit

Die PSI-Theorie wie auch das Präsenzmodell geben Impulse für Lehrpersonen und angehende Lehrpersonen, sich mit sich selbst und der eigenen Lehrerpersönlichkeit auseinanderzusetzen. Grundlegend geht es dabei um einen konstruktiven Umgang mit sich selbst und insbesondere mit den eigenen emotionalen Reaktionen im pädagogischen Alltag. Beide Modelle schauen recht funktional auf die Person, was zur persönlichen Entwicklung nicht nur hilfreich, sondern auch notwendig ist. Damit tragen sie zur Entwicklung von Selbstkompetenz bei. Abschließend soll jedoch erwähnt sein, dass Selbstkompetenz sich nicht auf das Funktionale reduzieren lässt, denn neben der Selbststeuerung hat sie die Selbstsorge im Blick (siehe Kapitel 1.1). Im Grunde geht es um ein sinnvolles Handeln als Lehrperson und um ein erfülltes Berufsleben.

Literatur

Schmid, Stefan/Müller, Erwin (2022): Gelbe Schule. Gelassenheit und Präsenz durch sichere persönliche Verbindungen. Heidelberg: Carl Auer.

Lemme, Martin/Körner, Bruno (2019): Neue Autorität in Haltung und Handlung. Ein Leitfaden für Pädagogik und Beratung. Heidelberg: Carl Auer.

Kuhl, Julius (2001): Motivation und Persönlichkeit. Interaktionen psychischer Systeme. Göttingen: Hogrefe.

Kuhl, Julius/Solzbacher, Claudia (2017): WERT: Wissen, Erleben, Reflexion, Transfer. Einführung in einen neuen Ansatz zur Persönlichkeitsbildung von pädagogischen Fach- und Lehrkräften. In: J. Kuhl/C. Solzbacher/R. Zimmer (Hrsg.): WERT: Wissen, Erleben, Reflexion, Transfer. Einführung in einen neuen Ansatz zur Persönlichkeitsbildung von pädagogischen Fach- und Lehrkräften. Baltmannsweiler: Schneider Hohengehren.

Künne, Thomas / Kuhl, Julius (2014): Warum die Beziehung so wichtig ist. Selbstkompetenz aus Sicht einer integrativen Persönlichkeitstheorie. In: C. Solzbacher / M. Lotze / M. Sauerhering (Hrsg.): Selbst – Lernen – Können. Selbstkompetenzförderung in Theorie und Praxis. Baltmannsweiler: Schneider Verlag Hohengehren, S. 21–34.

6. Das persönliche Entwicklungsfeld bestimmen – eine zweifache Annäherung an Kompetenzen

Volkmar Husfeld

Der vorliegende Beitrag widmet sich der PSI-Theorie, wie sie von Julius Kuhl entwickelt worden ist. Die Persönlichkeits-System-Interaktionen-Theorie (PSI) beschreibt dezidiert das Zusammenwirken psychisch-kognitiver Erkenntnissysteme. In Kapitel 2.4 wurde bereits auf die PSI-Theorie Bezug genommen. Hier soll sie ausführlicher dargestellt sein, indem ihre erklärende Kraft für persönliches Verhalten entfaltet wird. Dazu folgen wir darstellend dem Ansatz von Kuhl. Um das Potenzial des Kuhl'schen Ansatzes in Richtung von praktischen Handreichungen für Lehrkräfte zu erweitern, wählen wir ergänzend einen phänomenologisch orientierten Ansatz. Mit ihm wird die analytische und funktionalistische Sichtweise der PSI-Theorie durch eine subjektive erweitert.

Wenn Personen sich ihrer gestaltenden Möglichkeiten beraubt sehen und sich in Situationen ausgeliefert empfinden, sprechen wir von Stress. Wir werden geradezu eins mit der Situation, fühlen uns ohnmächtig und wie gebunden an die durch sie ausgelösten Affekte. Uns gelingt es dann nicht mehr eine beruhigende Distanz aufzubauen, uns neu zu orientieren, uns auf unsere Kräfte und Ressourcen zu stützen, um uns wieder gestalterisch und Einfluss nehmend erleben zu können. Vielmehr erkennen und kennen wir uns mitunter selbst nicht mehr und suchen nach Möglichkeiten, der Situation zu entkommen. Oder wir suchen nach Verantwortlichen für die Situation und stellen Forderungen nach Abhilfe auf oder reagieren mit sarkastischen Stellungnahmen. Erscheint die Situation noch auswegloser, ist gar mit manifesten psychischen Verstimmungen bis hin zu Suchtverhalten zu rechnen.

Wir möchten derartige Situationen zum Anlass nehmen, Wege aufzuzeigen, wie durch die Entwicklung der eigenen Persönlichkeit – nicht nur – Lehrkräfte ihre kreativen und gestalterischen Kräfte wieder erlangen, sondern auch neu entwickeln.

In thesenartiger Form werfen wir zunächst einen kurzen Blick auf die situativen Bedingungen pädagogischen Handelns, um darzulegen, dass Persönlichkeit auf vielfältige Weise gefordert ist.

Im Folgenden dient ein Überblick über die PSI-Theorie von Julius Kuhl einem perspektivisch weitenden Blick. Kuhl hat eine umfassende Theorie der Persönlichkeit entwickelt, die das Augenmerk für persönliches Handeln und Erleben auf die intrapersönliche Interaktion von vier Erkenntnissystemen legt. Um zu einem souveränen Handeln zu gelangen und einer mit sich und der Umwelt im Einklang lebenden Persönlichkeit zu werden, bedarf es einer zu entwickelnden Selbststeuerungskompetenz, mit deren Hilfe die Erkenntnissysteme auf eine die Persönlichkeit fördernde Art zu interagieren lernen. Mit der PSI-Theorie können wir beschreiben und erklären, wie durch stressinduziertes affektgebundenes Agieren unser Handlungs- und Entwicklungspotenzial gebremst wird. Erst durch die Regulierung gereizter Affekte sind wir in der Lage, uns situativ zu distanzieren und die Voraussetzung zu schaffen, um vorhandene Ressourcen des Handelns und des eigenen Erlebens im Sinne einer Selbststeuerung zu erschließen.

Zusätzlich spielen in der Theorie von Kuhl unsere Motive und die Art und Weise ihrer Umsetzung auf bewusster wie unbewusster Ebene eine entscheidende Rolle für das Erleben von Kongruenz. In testgestützten empirischen Studien von ausgebildeten und in Ausbildung befindlichen Lehrkräften konnten Hofmann und Kuhl dissonante Motivlagen beider Ebenen feststellen. Die Ergebnisse der Studien werden wir in kurzer Form präsentieren.

Als Ergänzung zur PSI-Theorie wenden wir uns ausgewählten Aspekten eines existenzanalytischen und phänomenologisch orientierten Ansatzes zur Beschreibung von Persönlichkeit zu. Dieser Schritt ist verbunden mit der Hoffnung, Hinweise für die praktische Arbeit in Beratung, Schulung oder Coaching von Lehrkräften entwickeln zu können. Die Gestaltung innerer Dialoge und der Dialoge mit anderen erlaubt die Entwicklung mit sich kongruenter Persönlichkeiten. Die Qualität der Selbstbeziehung ist der Qualität der Beziehungen im Unterrichtskontext vorgängig.

Wenn Training, so die These, allein nicht hilft, taucht berechtigterweise die Frage nach Handlungsmöglichkeiten auf. Abschließend wollen wir uns in ersten Schritten der Entwicklung eines Beratungs- und Unterstützungsmodells nähern.

6.1 Kontexte und Herausforderungen pädagogischen Handelns

Im Unterricht fließen wie unter einem Brennglas gebündelt diverse gesellschaftliche Themen zusammen, die sich mit steigendem Aufwand, steigender Last, vermehrten Optimierungsanstrengungen beschreiben lassen. Diese Herausforderungen stellen erhöhte Anforderungen an das lehrende Personal bezüglich ihrer Persönlichkeiten und ihrer Fähigkeit an Führung und Autorität (vgl. Kuhl et al. 2023). Ja mehr noch: Unterricht wird zu einer existenziellen Situation, die die oft anzutreffende Rollenausprägung als Einzelkämpfer und Wissensvermittler nicht nur an Grenzen bringt, sondern zugleich die Persönlichkeit oder das Selbst der Lehrperson fordert.

Im Einzelnen:

Unterricht als sozialer Kontext wird – so unser Eindruck – komplexer, do dass wir von einem steigenden pädagogischen Aufwand sprechen können, durch:

- eine wachsende Zahl von Kindern, die nicht ausreichend mit Grundkompetenzen versehen sind, so dass Lehrkräfte in stärkerem Maße pädagogisch herausgefordert sind;
- gesellschaftlich wachsende Ansprüche durch allgemeine Themen wie Digitalisierung, Inklusion und Migration, so dass differentieller Unterricht unter Druck gerät;
- wachsende bürokratisch-politische Vorgaben, die mit dem Anspruch verbunden sind, konzeptionelle Lücken mit individuellem oder schulischem Engagement mit Leben zu erfüllen;
- Rechtfertigungsdruck für Leistungsbeurteilungen bei steigendem Risiko der Auseinandersetzung mit Eltern.

Zu diesem Aufwand kommt eine steigende Last hinzu, da gewachsene Anforderungen zu einem labilen, stressanfälligen System führen. Vor dem Hintergrund der fulminanten Anforderungen können die nötigen Spielräume aber eher als Last denn als Privileg wahrgenommen werden.

Auf individueller Ebene bemühen sich Lehrkräfte durch fachlichen, methodischen, sozialen Kompetenzerwerb um die Aneignung des nötigen Handwerkszeuges, um Unterricht für alle Kinder lernadäquat zu gestalten. Dieser Weg über individuelle Optimierungsversuche, sicher auch notwendig, verbleibt unseres Erachtens im Modus des Gewohnten, auch unter erschwerten Lernbedingungen optimale Entwicklungsmöglichkeiten zu offerieren. Im Anschluss an die bisherigen Annahmen und Thesen lässt sich der Bildungsauftrag und sein Vollzug in Anlehnung an Hartmut Rosa (Rosa 2020) vielmehr als Unverfügbarkeit thematisieren: Unterricht entspricht einer komplexen Situation mit vielfältigen Herausforderungen, die sich einem schnellen und kontrollierendem Zugriff verweigern und ist damit als eine existentielle Situation zu begreifen. Einfache Lösungsangebote erhöhen in komplexen Situationen die Wahrscheinlichkeit zu vermehrten Enttäuschungen, Frust und im Gefolge auch zu Schuldgefühlen, da die gut gemeinten und wohlklingenden Ratschläge nicht umgesetzt werden können.

Unsere grundlegende These: es bedarf des Mutes zur Offenheit, sich den belastenden, verletzenden, stressenden Situationen ohne Vorannahmen zu stellen, um nicht im situativen Sog mit mehr vom Gleichen zu reagieren. Noch bevor die Beziehungsqualität zu Schülerinnen und Schülern als wesentlicher Faktor von Bildungserfolg wirken kann, braucht es die Entwicklung einer guten Selbstbeziehung aufseiten der Lehrkräfte. Sie wäre die Basis, um Handlungsalternativen zu finden und sich als selbstwirksam zu erleben. (vgl. dazu Ritz-Schulte 2008, S. 102) Damit ist die Lehrkraft als Führungskraft angesprochen, die für lernbereite Gemeinschaften sorgt, sowohl in Vier-Augen-Gesprächen, aber angesichts der oben beschriebenen Trends vor allem in Bezug auf gruppale Situationen. (vgl. dazu Hofmann 2020)

6.2 Die PSI-Theorie – ein einführender Überblick[1]

Wir verbinden mit der folgenden Einführung in das begriffliche Gewebe der PSI-Theorie die Hoffnung, dass die Beschreibung des Modells von Kuhl ergiebige Anknüpfungspunkte einer fundierten Reflexion und damit einer Distanz zu eigener geläufiger Praxis eröffnet. Es kommt der PSI das Verdienst zu, sämtliche theoretische Aspekte in validierte Tests übersetzt zu haben. Sie liefern mitsamt den auswertenden Materialien und erläuternden Berichten reichhaltige Anknüpfungspunkte für eine vertiefte individuelle Bearbeitung der Themen, die durch Beratungs- und Coachingprozesse begleitet werden können.

Der basale Kern der PSI-Theorie ist ihr funktionsanalytischer Ansatz als Metatheorie: Sie sucht den Zugang über ein begriffliches und gedankliches Instrumentarium, welches die Entwicklung des Selbst funktionsanalytisch zu verstehen erlaubt. Die PSI-Theorie hat den Anspruch, die Dynamik persönlichen Verhaltens und Erlebens ohne eine einseitige Betonung und Betrachtung von persönlichkeits- oder temperamentsbezogenen Variablen zu beschreiben. Nicht die Ausrichtung an Inhalten, Emotionen, oder Absichten einer Person sind die erklärenden Ursachen für sichtbares Verhalten, sondern die PSI-Theorie fragt nach dem Beitrag, den die Erkenntnissysteme und ihre Kommunikation untereinander für das Beschreiben persönlichen Verhaltens liefern. Die Interaktion vier basaler psychischer Systeme ist ein zentraler Angelpunkt der Theorie, den eine Person mit dem Wechsel zwischen grundlegenden Affekten steuert. (Kuhl/Alsleben 2012, S. 151) Die kognitiv-psychischen Systeme sorgen für eine Informationsverarbeitung und organisieren grundlegend eine antagonistische Struktur aus Handeln – im Sinne des rational gesteuerten Ziele Setzens und Umsetzens – und des Erlebens, verstanden als facettenreiches und assoziativ verknüpftes Lernen aus der Erfahrung: „Eine funktionalistische Persönlichkeitstheorie soll beschreiben, welche Systeme und Funktionen für die Erklärung des Verhaltens und Erlebens (also auch die Inhalte des Denkens und Fühlens) und welche Funktionen für die Unterschiede zwischen verschiedenen Persönlichkeitstypen relevant sind und wie diese Systeme und Funktionen zusammenwirken." (Kuhl/Alsleben 2012, S. 138) Dafür integriert die PSI-Theorie in einem umfassenden Sinne Modelle und Ansätze unterschiedlicher therapeutischer Schulen, z. B. persönlichkeitspsychologische Theorien wie Ansätze und Ergebnisse der Motivations-, Entwicklungs- oder Kognitionspsychologie bis hin zu neurobiologischen Ansätzen. Betrachtet wer-

---

[1] Wir beschränken uns hier auf die Darstellung einiger wesentlicher Aspekte aus der umfangreich angelegten PSI-Theorie.

den das Zusammenwirken und die Interaktion von persönlichen Stilen, von Motiven, von Emotionen und Affekten und der Art und Weise der Verarbeitung von Informationen in den Erkenntnissystemen einer Person. Das bietet den Vorteil, die Handlungen und Erfahrungsäußerungen nicht vorschnell auf Faktoren wie Persönlichkeit und mit ihr verbundene Attributionen, Ziele oder den Willen mitsamt den dahinterstehenden Motiven zurückführen oder diese gar normativ betrachten zu müssen. Verhaltensweisen sind nicht die Ursache, sondern die Folgen des Wirkens der psychischen Systeme (vgl. Martens/Kuhl 2013, S. 21). Die Dynamik des persönlichen Erlebens und Verhaltens und die Genese der grundlegenden Kompetenz zur Selbststeuerung geraten in den Fokus des Interesses. Situatives Verhalten und das Erleben einer Person finden einen differenzierteren Zugang, persönliche Unterschiede können kontextabhängig erklärt werden.

Die PSI-Theorie

Wir wollen im Folgenden jene Aspekte der Theorie herausstellen, die uns für unseren thematischen Zusammenhang der Entwicklung des Selbst ergiebig erscheinen. Zunächst verschaffen wir uns einen Überblick über den Aufbau der Persönlichkeit in sieben Stufen (vgl. Abb. 1). Die Frage nach dem Kern von Persönlichkeit wird in der PSI-Theorie durch die Interaktion von intrapersonellen Systemen oder Erkenntnissystemen erklärt. Dabei spielen Kontrolle und Regulation von Affekten einen entscheidenden Part, auch um ge- und misslingende Transaktionsmuster beschreiben und erklären zu können. (vgl. dazu Ritz-Schulte 2008) Die Entwicklung der Selbststeuerung einer Person bedeutet vor allem die Entwicklung der handlungssteuernden Kompetenzen der Selbstkontrolle und Selbstregulation. (vgl. dazu verschiedene Ansätze zu PSI und Unterricht: Kuhl et al. 2023).

6.3 Die sieben Ebenen der Persönlichkeit bei Kuhl

Kuhl integriert in der PSI-Theorie bisherige Forschungsschwerpunkte in ein umfassendes Modell von Persönlichkeit. Hier sollen die verschiedenen Ebenen nachgezeichnet werden, um die Dynamiken der Persönlichkeit in ihrer Komplexität zu verdeutlichen. (vgl. Kuhl 2010, 135)

Elementare Erkenntnissysteme: Intuitive Verhaltenssteuerung IVS und Objekterkennung OES (vgl. Abb. 2)
  Auf der Ebene 1 der Persönlichkeit finden wir elementare, entwicklungsgeschichtlich „alte" kognitive Abläufe, zu verorten im limbischen System:

- das Objekterkennungssystem (OES), mit der Fähigkeit, Einzelheiten und Unstimmigkeiten wahrzunehmen;
- die Intuitive Verhaltenssteuerung (IVS) mit der Fähigkeit, sich reizorientiert an der Umwelt auszurichten.

Abb. 1: Sieben Ebenen der Persönlichkeit nach Kuhl

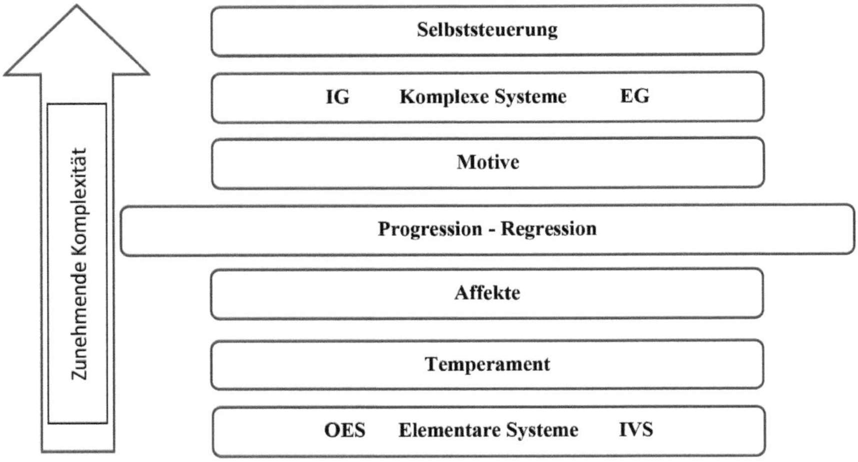

```
Zunehmende Komplexität →

                    Selbststeuerung
            IG    Komplexe Systeme    EG
                        Motive
                Progression - Regression
                        Affekte
                      Temperament
            OES   Elementare Systeme   IVS
```

Nach Kuhl 2001: OES=Objekterkennungssystem; IVS=Intuitives Verhaltenssystem; IG=Intentionsgedächtnis; EG=Extensionsgedächtnis

Die Funktion des Objekterkennungssystems OES ist in unsicheren oder gefährlichen Umwelten sehr nützlich, weil sie die Person mit einem diskrepanzsensitiven Blick zu einer Fokussierung auf Bedrohungen und Gefahren lenkt, so dass weitere Details wahrgenommen werden.

In ruhigeren Bedingungen lassen sich mit der Intuitiven Verhaltenssteuerung IVS erlebnisorientiert Anreize der Umwelt für das eigene Wohlbefinden nutzen und die angenehmeren Seiten des Lebens genießen. Während das OES verknüpft ist mit Affekten von Angst oder auch Trauer, ist das IVS affektuell verknüpft mit denen der Freude und Lust. Beide einfachen Systeme begründen Gewohnheiten und Rituale, die uns im Alltag entlasten.

Die Intuitive Verhaltenssteuerung IVS speist sich aus parallel organisierten Netzwerken, so dass die Wahrnehmung von lückenhaften Informationen besser gelingen kann und gleichzeitig periphere Dinge wahrgenommen werden können. Kuhl spricht bildlich von „Ungefährlösungen" und einer „impressionistischen" Integration von kontextuellen Informationen für den Handlungsvollzug. Handlungen, Handelnde und Gegenstände sind eher intuitiv innerlich repräsentiert. (vgl. Kuhl 2015, S. 178)

Das Objekterkennungssystem OES fokussiert isolierte Einzelaspekte, Neuartiges, Fehler, Unerwartetes und sucht nach Signalen, die auf Gefahren und Bedrohungen hinweisen. Die Operation des Herauslösens aus Zusammenhängen ist dabei von funktionaler Relevanz und gibt einen Hinweis auf die inhärenten Lernerfahrungen, die wir auf der siebten Ebene betrachten: Das OES abstrahiert vom Kontext, das Selbst schafft den Überblick und ordnet die Einzelheiten im Sinne von individuellen Wünschen, Bedürfnissen und Erfahrungen. (vgl. Kuhl 2015, S. 187f.)

Wichtig für das Verständnisses der PSI-Theorie ist die Anlage der grundlegenden Affekte „Angst/Trauer" und „Freude/Lust" auf zwei unterschiedlichen Skalen: Sie bilden keine Dichotomie, sondern können gleichzeitig auftreten bzw. ein schneller Wechsel zwischen ihnen ist möglich. So dürfen wir uns das Gegenteil von Angst nicht als Freude vorstellen, sondern mit Gelassenheit; das Gegenteil von Freude ist Nüchternheit.

In beiden Formen der elementaren Systeme IVS und OES sind kognitive und affektuelle Funktionen abgespeichert, die für verschiedene Umwelterfahrungen eine Basisausstattung unmittelbaren und routinierten Verhaltens bieten.

Das Temperament

Die zweite Ebene der Persönlichkeit ist das Temperament im Sinne einer motorischen und sensorischen Erregbarkeit oder auch Energie einer Person: Wie leicht bzw. schwer ist eine Person in Bezug auf ihr Handeln oder ihr Erleben erregbar oder aktivierbar? Ist jemand vom Temperament eher ruhig oder lebendig? Diese Energie speist sämtliche emotionalen und kognitiven Prozesse. Eher „lebhafte" Personen sind in der Regel ausgestattet mit einer erhöhten Erregbarkeit durch motorische oder sensorische Anreize und entsprechend mit einer größeren Portion Handlungsenergie, wohingegen eher „ruhigere" Personen nichts überstürzen und weniger zu impulsiven Handlungen neigen.

Die Affekte

Die Ebene 3 beschreibt die Affekte. Sie richten in positiver oder negativer Ausprägung Handlungen, Erleben und Interaktionen aus, indem z. B. Belohnungen gesucht und/oder Bestrafungen vermieden werden. Hier sei Bezug genommen auf die beiden ersten Ebenen der Persönlichkeit: die beiden Affekte sind nicht dichotomisch angelegt und können entsprechend gleichzeitig auftreten. Sie gehen einher mit der Aktivierung der elementaren emotionalen und kognitiven Funktionen der Intuitiven Verhaltenssteuerung und der unstimmigkeitssensiblen Objekterkennung.

Copingmuster

Auf der Ebene 4 sind Bewältigungsmuster und emotionales Coping gefasst. Damit gemeint ist das emotionale Lernen als zentrales Element im Denken (Sachlichkeit), im Fühlen (verstanden als eine Gelassenheit, die entsteht, wenn wir Dinge aus dem Überblick betrachten), im Empfinden (verstanden als Angst, wenn wir bedrohlich erscheinende Unstimmigkeiten entdecken), im spontanen Handeln (verstanden als die empfundene Freude beim Aufgehen im eigenen Tun). Hinter allem steht die Frage, ob Personen in belastenden Situationen eher zu regressiven oder progressiven Reaktionen neigen und wie und ob sie in der Lage sind, beide Richtungen so zu integrieren, dass adaptive Handlungen und Erfahrungen die Folge sind. Diese Ebene wird als „Schnittstelle" zwischen den elementaren und den hochinferenten Systemen auf den Ebenen 5 bis 7 Persönlichkeitsebenen beschrieben (Kuhl 2012, S. 41), oder auch als „Dreh- und Angelpunkt der Selbstregulation". (Ritz-Schulte et al. 2012, S. 127).

Sie moderiert und reguliert situationsabhängig zwischen den „älteren" Ebenen der Persönlichkeit und den entwickelten Ebenen in Richtung Progression oder Regression. Bei sehr hohem Stresslevel treten z. B. rigidere und impulsivere Verhaltensweisen auf, die bei längerem Anhalten zu routinierten Affekten und oder auch Zwängen mutieren können (Kuhl et al. 2010, S. 36). Die konträr anmutenden Begriffe „Progression" und „Regression" sind nicht mit bewertenden Konnotationen verbunden: Es kann für eine Person sehr nützlich sein, sich ihren Gefühlen hinzugeben, die Kontrolle abzugeben, sei es sich trauriger Gefühle gewahr zu werden oder sich in ausgelassener Stimmung mit Freunden zu treffen. In belastenden Situationen sind auf der Handlungsebene Selbsthemmung und -motivierung und auf der Erlebnisebene Selbstberuhigung und -konfrontation thematisch relevant. (vgl. zum PSI-Modell Abb. 2)

Die Motive

Ebene 5 erfasst Motive und die Art ihrer Umsetzung (vgl. dazu Abb. 3). Motive werden in der PSI-Theorie als „intelligente Bedürfnisse" eingeführt: Bedürfnisse können Verhalten ohne die Beteiligung kognitiver Strukturen auslösen, das menschliche Anpassungspotenzial wird aber erst durch die Nutzung von kognitiven Strukturen und dem bedürfnisrelevanten Erfahrungswissen erzielt. Mit diesem Motivbegriff lässt sich Verhalten daher adäquater erklären als durch die naturgegebenen Bedürfnisse. (vgl. Kuhl 2010, S. 307) Als bewusste Selbstbilder sind Motive motivierend, als unbewusste affektive Präferenzen sind sie eher bildhaft repräsentiert und entsprechend schwer zu benennen, sorgen aber dafür, dass wir auch ohne bewusste Einmischung unser Verhalten im Alltag steuern können: „Mit Motiven bezeichnen wir (...) komplexe implizite Strukturen, die sich im Verhalten und Erleben einer Person zeigen und die in ihrem Zentrum

Abb. 2: Grafische Darstellung der PSI-Theorie (Martens/Kuhl 2013, S. 78)

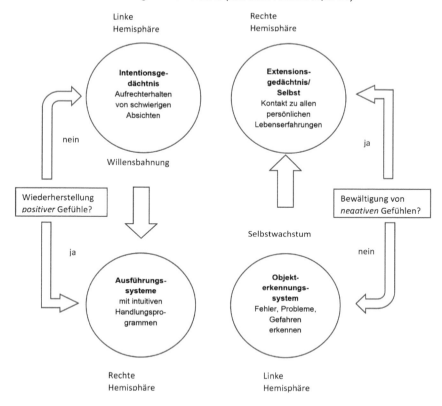

Erläuterung mit Martens/Kuhl 2013: „Die Ausführung bewusster Absichten aus dem Intentionsgedächtnis *(Willensbahnung)* erfordert die Wiederherstellung positiver Gefühle (Selbstmotivierung), die bei schwierigen Aufgaben verloren gehen können *Willensbahnung)*, während die Integration von Einzelerfahrungen (Objekte) in das persönliche Gedächtnis *(Selbstwachstum)* das abwechselnde Aushalten und Bewältigen von negativen Gefühlen erfordert (Selbstberuhigung)." (ebda., S. 78) (vgl. weiter unten die Ausführungen zu den sogenannten „Modulationsannahmen")

geprägt sind von einem grundlegenden, angeborenen Bedürfnis." (Kuhl/Alsleben 2012, S. 167) Bedürfnisse entstehen auf neuronaler Ebene aus emotionalen wie auch kognitiven Netzwerken, es fließen biografisch geprägte Erfahrungswerte, Vorstellungen, Wünsche und Bedürfnisse ein; Motive sind Melder von Ist-Soll-Diskrepanzen. Die Motivstruktur entsteht in den ersten Lebensjahren körpernah und nicht-sprachlich, während die benennbaren und durch Sozialisation geprägten Motive erst im Laufe des Lebens hinzukommen. Motive speisen grundsätzlich unsere Intentionen und Ziele mit Energie und Kraft und drücken im idealen Falle die Bedürfnisse des Selbst aus: Sie aktivieren uns und führen zu einem erfüllten Selbst. Sie können jedoch auch auseinanderstreben, indem die bewussten Motive zwar unsere Präferenzen ausdrücken, die uns im Alltag als Kompass dienen, aber nicht die breiter gefassten unbewussten und damit schwer explizierbaren Motive repräsentieren. Im ungünstigsten Falle verfolgen wir energiereich subjektiv idealisierte Ziele, die gar nicht zu uns passen. Müdigkeit und Energielosigkeit sind untrügliche Zeichen, dass sich bewusste und unbewusste Motive stark voneinander entfernt haben.

Die PSI unterscheidet vier grundlegende Motive: die wirkungs- oder handlungsorientierten Motive nach Leistung und Macht, und die erfahrungs- oder erlebnisorientierten Motive nach Anschluss und Freiheit. Das Leistungsmotiv speist sich aus ehrgeiziger Neugier und orientiert sich am Maßstab des Gelingens; das Machtmotiv befriedigt das Bedürfnis von Kontrolle und Einflussnahme auf andere, beschreibbar mit Alsleben als „Selbstbehauptung" und „Selbstpositionierung" (Kuhl/Alsleben 2012, S. 168). Das Anschlussmotiv ist begründet durch das Bedürfnis nach Nähe und Kontakt zu anderen, den Wunsch, Beziehungen aufzubauen; das Freiheitsmotiv bringt den Wunsch nach einem authentischen Selbstsein im Handeln und Erleben als Folge einer selbstbestimmten Integration unterschiedlicher Anteile zum Ausdruck und richtet sich auf ein inneres Erleben der Person. Gleichzeitig ist für ein kongruentes und authentisches Selbsterleben die Abgrenzung von „fremden" Inhalten essentiell. (vgl. Alsleben in Kuhl/Alsleben 2012, S. 168 f.)

Differenzieren lassen sich die Motive hinsichtlich ihrer Umsetzungsformen oder Modi der Bedürfnisbefriedigung. (vgl. dazu Abb. 3)

In Modus 1 ist die Ausführung oder Umsetzung des Motivs intrinsisch in sich selbst motivierend und selbstverständlich, in Modus 2 bedarf es eines außengeleiteten Anreizes. Bei ersterem ist das Selbst auf eine intuitive Weise beteiligt, die Integration ist von einer guten Stimmungslage begleitet, während bei zweitem eine intuitiv-handlungsorientierte Motivation vorliegt, die auf Anreize reagiert und mögliche Schwierigkeiten eher ausblendet. Eine weitere Differenzierung ergibt sich durch die Bezugnahme auf die oben beschriebene Ebene 4 (Copingmuster) in Modus 3: Bin ich bei der Motivaktualisierung eher in einem progressiven oder regressiven Modus? D.h., bin ich in der Lage, mich den auftretenden und durchaus frustrierenden Schwierigkeiten zu stellen und mich ihnen in progressiver oder regressiver Weise, also eher bewältigend oder trauernd, zu konfrontieren, um zu einem integrierten Selbst zu kommen? Gerade diese erlebnisorientierte Achse ist bedeutsam für die Selbstentwicklung.

In Modus 4, eines aktiv vermeidenden Stils, wird oft durch Aktionismus Frustrationsängste zu meiden gesucht. Die Angst vor der Frustration des Motivs führt in diesem Modus zur Verengung der Handlungs- und Erlebnisfähigkeit und folglich zu einem geringeren Maß der Selbststeuerung.

Im fünften Modus führt das Aufeinandertreffen eines negativen Affekts und eines gebremsten positiven Affekts zu einer passiven Vermeidung. Die Person fühlt sich hilflos und der Situation ausgeliefert. (vgl. Kuhl/Alsleben 2012, S. 60)

Ebene 6 fokussiert die beiden höheren kognitiven Möglichkeiten „Denken" und „Fühlen". Das Intentionsgedächtnis (IG) speichert schwierige Absichten, die wir planen und uns vornehmen. Es arbeitet analytisch, sequentiell, im linearen Modus gemäß der Alternative entweder – oder. Im IG wird rational-logisch geplant und konzeptioniert, Handlungen gedanklich in aufeinanderfolgende Schritte eingeteilt. In der PSI wird es mit „denken" beschrieben und ist Sitz des „Ich". Das IG wird dann aktiv, wenn das IVS in seinen Routinen gestört wird, weil z. B.

Schwierigkeiten auftreten, die auf routinierte Weise nicht befriedigend zu lösen sind. Für den Einsatz des Ich benötigen wir ein ausgeprägtes Maß an Selbstkontrolle, mit der wir störende Anteile ausblenden, um uns voll und ganz einer Aufgabe widmen können. Kuhl belegt es pointiert mit dem Begriff der „inneren Diktatur" und zieht die Fähigkeit zur Frustrationstoleranz nach sich. Für die Umsetzung der Intentionen benötigen wir dann eine Portion Selbstmotivierung, um ins Handeln zu kommen und die gefassten und elaborierten Pläne auch umzusetzen (Willensbahnung). Das Auftreten zu vieler gespeicherter Ziele verstärkt die Handlungshemmung, so dass gar nichts mehr umgesetzt werden kann.

Das Extensionsgedächtnis (EG) verarbeitet Informationen parallel im Sowohlals-auch-Modus, geht dabei bildhaft-intuitiv vor und ist in der Lage, komplexe Entscheidungen in Einklang mit unseren persönlichen Wertvorstellungen zu treffen. Das EG ist ein ausgedehntes Netzwerk sämtlicher persönlicher Erfahrungen. Es steht für das „Fühlen" und kann mit Kuhl als intelligente Form einer ganzheitlich orientierten Intuition aufgefasst werden, welches das komplette Kontextwissen einer Person repräsentiert. Es verhilft zu kreativen oder neuartigen Lösungen.

Das Selbst als Teil des EG hat den kompletten Überblick über alles, was für die Person relevant ist, ohne dass sämtliche Facetten vollständig bewusst werden müssen. Es integriert autobiografisch subjektive Bedürfnisse, Ängste, Vorlieben, Werte und Erfahrungen. Es verarbeitet all jenes zu einem Selbstbild. Die essentielle Fähigkeit zur Integration von widersprüchlichen und komplexen Gefühlen sowie das über Lebensjahre gewachsene Erfahrungsnetzwerk liefern zugleich die Voraussetzung, um andere Personen in ihrer Komplexität und Geschichte zu verstehen und ihnen als Person begegnen zu können (vgl. Kuhl 2015, S. 182 ff.): „Das Selbst als das Gedächtnissystem, das alle persönlichen Erfahrungen zu ganzheitlichen Bildern integriert, die in vielen Situationen rasches Entscheiden und Handeln ermöglichen, das mit den eigenen Zielen und Bedürfnissen und den Gegebenheiten der Umwelt, in der man sich befindet, übereinstimmt." (Kuhl/Alsleben 2012, S. 149) Um es zu betonen: Das Selbst kann seine integrative Funktion nur durch eine Verbindung mit den Bedürfnissen zugrundeliegenden Gefühlen erfüllen, ja, die Tiefe der persönlichen inneren Dialoge korrespondiert mit den berührten Erfahrungsnetzwerken und den mit ihnen verbundenen Bedürfnissen. (vgl. dazu Ritz-Schulte 2008, S. 41 f.)

Zusätzlich sorgt das EG für eine freischwebende Aufmerksamkeit, die wachsam für möglicherweise relevante Dinge ist. Das vollzieht sich auf der Ebene des Fühlens. (vgl. Kuhl 2015, S. 185)

Spielen Selbst und Ich auf eine gelingende Weise zusammen, lassen sich Ziele, Bedürfnisse und persönliche Erfahrungen stimmig miteinander integrieren, es findet ein „Abgleich" statt. Wird die strikte Zielorientierung ohne Beteiligung des Selbst vollzogen, besteht nicht nur die Gefahr, dass bei auftretenden Diskrepanzen von Soll und Ist eine Grübelspirale in Gang gesetzt wird, sondern dass die Ziele des Ich infiltrierend sind, also als nicht zum Selbst passend erlebt werden. (vgl. Kuhl/Alsleben 2012, S. 150)

Andersherum zeigt sich ein starkes Selbst in Kombination mit einer belohnungsorientierten Tendenz immun gegenüber negativen Erfahrungen, wenn nicht auch zumindest von Zeit zu Zeit eine Verbindung zur kontextsensiblen linken Hemisphäre geknüpft wird. Zur Selbstwahrnehmung ist daher ein Wechsel zur Objekterkennung nötig, eine Konfrontation des Selbst mit missliebigen Details. Selbstkonfrontation ist die Voraussetzung für Selbstwachstum und begründet eine Offenheit für Anforderungen der Umwelt.

Die Selbststeuerung

Die Ebene 7 fokussiert die Kompetenz zur Selbststeuerung. Sie behandelt also die Frage, wie eine Person in der Lage ist, ihre spontanen Handlungsimpulse zu hemmen, sich gedanklich zu konzentrieren, neue Absichten und Ziele zu fassen, die dann mit Energie umgesetzt werden (die Achse Selbstkontrolle und Selbstmotivation bzw. Willensbahnung); und wie sich eine Person in stressigen und beunruhigenden Situationen insoweit beruhigen kann, so dass ein Zugang zum Selbst mit seinen umfassenden Erfahrungen möglich ist (die Achse Selbstregulation und Selbstkonfrontation). Durch Selbststeuerung wird es möglich, fremde und eigene Bedürfnisse miteinander abzustimmen und zu integrieren.

Bei hohem Stress wird der Austausch zwischen den Ebenen verhindert, was evolutionär funktional erscheint: In Bedrohungssituationen ist es wenig sinnvoll, sich der Umsetzung eigener intrinsisch verankerter Impulse nachzugehen. Stress führt durch stete Wiederholungen zu regressiven Mustern und damit zum Verlust von Selbststeuerungsfähigkeiten.

Abb. 3: Auswertungstabelle der Motiv-Komponenten des Operanten Motiv-Test (implizite Motive)

5 Ebenen: Umsetzungsformen	Anschluss (Beziehung) Kontakt (meist dyadisch): Horizontal, ohne Zweck, absichtslos, erlebnisorientiert	Leistung (Fähigkeit) Gütemaßstab: Etwas kann gelingen oder misslingen (besser oder schlechter), Schwieriges selber meistern	Macht (Durchsetzen) Einfluss auf andere ausüben: Vertikaler Kontakt (stärker, schwächer), zweckorientiert	Freiheit (Selbstsein) Selbstentwicklung: Absichtsloses Sein, Selbstwert, Selbstintegration, erlebnisorientiert
S+: positive Stimmung (implizit) aus dem Selbst: • Gestaltungskraft, Kreativität • Selbstverständlichkeit	A1: Begegnung • Freudig-intuitiver Austausch - intimacy • Persönlich werden, sich verstehen, austauschen	L1: Flow • Aufgehen in einer herausfordernden Tätigkeit • Neugier und Interesse • Spaß an der Herausforderung, spielerisches Lernen	M1: prosoziale Führung • Prosoziale Macht • Rat geben, helfen, Wissen weitergeben, andere schützen, verstehen	F1: Selbstvertrauen • erlebte Selbstverständlichkeit • sich öffnen, offenbaren • Freude an neuer Erfahrung
A+: positiver Anreiz Aufmerksamkeit ist nach außen auf ein Objekt gerichtet	A2: Spaß mit anderen • Extravertierter kontakt • Unterhaltung, gute Stimmung, Erotik	L2: Etwas gut machen • Schwieriges schaffen – individuell • auf ein Ziel fokussiert sein	M2: andere begeistern Objektbezogener Einfluss • helfen, pflegen aus der Situation heraus, andere begeistern, mitreißen	F2: Status (bedingtes Selbstvertrauen) • Aufmerksamkeit, Anerkennung bekommen • im Mittelpunkt stehen
S(-): Selbstständige Bewältigung • Nennen von Schwierigkeiten, von Angst vor einem negativen Ausgang etc. und kreatives Problemlösen, Flexibilität, Weitblick	A3: Beziehung wiederherstellen • Beziehungsschwierigkeiten (z.B. Zurückweisung) meistern, Verständnis für Leid und Schwäche	L3: Bewältigung von Misserfolg • Herausforderung: positive Sicht von Schwierigkeiten • Fehler machen oder befürchten, aber aus ihnen lernen	M3: verantwortliche Führung • trotz „Gegenwind": Einfluss nehmen, helfen, integrieren, entscheiden	F3: Selbstwachstum • Sicherheit wiedergewinnen • Selbstakzeptanz, Integration von Unangenehmem, Mut zur Wahrheit
A(-): Aktives Vermeiden • Angst vor der Frustration des Motivs wird nicht genannt, ist aber an der Enge, des Kontrollierens oder Befolgens, Zielfixierung erkennbar	A4: Vertrautheit (Affiliation) • Geborgenheit suchen, Nähe finden, geliebt werden • Beziehung kontrollieren	L4: Leistungsdruck • Soziale Bezugsnorm: besser sein als andere • Wettkampf, Konkurrenz • Anstrengung, nichts falsch machen, Verbissenheit	M4: Dominanz • befehlen, strenge Führung • Pflicht tun, konflikthafte Macht • Rechtfertigung von Macht durch Pflicht	F4: Selbstschutz (Selbstkontrolle) • rigide Ich-Grenzen aufbauen, sich rechtfertigen • Selbstbild durch Vergleich mit anderen oder lästern
A-& A(+): Passive Vermeidung • Nennen eines negativen Ausgangs und negativer Gefühle ohne aktive Bewältigung	A5: Alleinsein • Verlassen werden, nicht gemocht werden • einsam sein	L5: Misserfolgsfurcht • Wegen eines Misserfolgs hilflos, ratlos, enttäuscht sein	M5: Ohnmacht • keinen Einfluss haben, sich schuldig fühlen	F5: Selbstentwertung • (Selbst-)Unsicherheit, Misstrauen, Scham, angeklagt werden, Angst vor Unbekanntem

Nach Kuhl/Alsleben 2012, S. 173.

Die Unterscheidung von Erst- und Zweitreaktionen und die Modulationsannahmen

Unter Erstreaktionen verstehen wir mit Kuhl die unwillkürlichen Reaktionen auf eine Situation. Das ist die unmittelbare Art und Weise wie sich eine Person emotional und kognitiv auf ein aktuelles Geschehen bezieht. Das ist in der Regel über die Lebensspanne konstant und zeigt sich unbeeindruckt von Trainings oder auch therapeutischen Prozessen. (Ritz-Schulte 2008, S. 54) Bei den sogenannten „Zweitreaktionen" handelt es sich um eine Regulation der Reaktion: Die Erstreaktionen sind beeinflussbar. D.h., während die Erstreaktionen konstant sind, lassen sich die Zweitreaktionen sehr wohl durch Reflexion und Beratung beeinflussen.

Sind diese regulatorischen Kompetenzen beeinträchtigt, kann es leicht zu kognitiven oder affektiven Fixierungen kommen. Das Regulieren der eigenen Affekte bzw. Emotionen ist dann gestört.

Für eine funktionsfähige Selbststeuerung muss das Selbstsystem die Affekte regulieren können. Die Basis der Selbststeuerung ist der Affektwechsel, d. h. ein kompetenter Umgang mit Affekten ist der wesentliche Faktor für ein situativ angemessenes Gleichgewicht der Funktionen aller vier Erkenntnissysteme der Ebenen 1 und 6, beschrieben mit dem Begriff des Selbstgespürs. Wie lässt sich das Selbstgespür entwickeln? Was ist für mich im Sinne meiner Selbstbestimmung gerade wichtig? Was will ich, was wollen andere (von mir)? Steht die Selbstkontrolle und damit die Kontrolle des Handlungsimpulses, die Willensbahnung oder der Selbstzugang mit der Regulation negativer Affekte oder eine Selbstkonfrontation mit schwierigen Ereignissen im Zentrum? (Kuhl/Alsleben, S. 152)

Mit den sogenannten „Modulationsannahmen" (vgl. Abb. 2) erklärt Kuhl, wie sich mit modulierten Affekten die Makrosysteme (IG, EG, IVS und OES) ansteuern lassen. Der Umgang mit den eigenen Emotionen, die Fähigkeiten einen Affektwechsel zu steuern, wird zum wesentlichen Faktor, um die beschriebenen kognitiven Verarbeitungssysteme anzusteuern und führt letztlich zur Selbststeuerung (Kuhl/Alsleben 2012, S. 151). D.h.: Überzeugungen und Absichten sind mitnichten hinreichende Bedingungen für einen Handlungsvollzug, sondern mithilfe der beiden Modulationsannahmen zeigt Kuhl, wie die Steuerung positiver und negativer Affekte die Makrosysteme aktivieren und die Interaktion zwischen ihnen modulieren. Persönlichkeiten werden nicht typologisiert, vielmehr werden persönliche Ausprägungen hinsichtlich ihrer funktionalen Bedeutung auf zwei Achsen beschrieben. Die Dimensionalität der Achsen resultiert dabei aus der Tatsache, dass das Gegenteil von positiven Affekten nicht etwa negative Affekte, sondern gehemmte positive Affekt sind; und dass das Gegenteil von einem negativen Affekt nicht ein positiver Affekt ist, sondern eine gelassene Stimmung ausdrückt.

Die erste Modulationsannahme

Das IVS als intuitives rechtshemisphärisches Verarbeitungssystem ist bei positiven Affekten aktiv und ruft vor allem bewährte Verhaltensroutinen auf. Beim Auftauchen von Schwierigkeiten in den Handlungsabläufen wird der positive Affekt gehemmt (A (+) = gehemmte Belohnung), so dass eine eher als sachlich zu bezeichnende Affektlage resultiert und das IG im Sinne einer Selbstkontrolle auf den Plan ruft. Die Hemmung positiver Affekte bedeutet zunächst einmal ein Aushalten von gehemmten positiven Affekten und einen Belohnungsaufschub, um Lösungen für die aufgetretenen Probleme zu finden. Dazu gehört auch, neue Absichten zu planen. Um diesen Wechsel vollziehen zu können, bedarf es eines gewissen Maßes an Frustrationstoleranz. Gleichzeitig wird durch die aufrecht erhaltene Hemmung die Bahnung des Willens zur Umsetzung der Ziele erschwert. Das Ansteuern des Intentionsgedächtnisses bedeutet eine Dämpfung der Handlungsenergie, schließlich soll den auftauchenden Schwierigkeiten ja nicht mit gesteigerter Aktivität begegnet werden, sondern neue Lösungen wollen gut überdacht sein, bevor an eine Umsetzung zu denken ist. Die Handlungshemmung hat also einen funktionalen Sinn und führt zur Aufschiebung der subjektiven Intentionen, bis der Prozess der logischen Analyse, des Pläneschmiedens abgeschlossen ist. Sind mehrere Ziele gleichzeitig im Fokus des IG, kann diese Affektlage einer sachlich-analytischen Stimmungslage zur Neigung des Aufschiebens führen. Um in die Ausführung der Intention zu kommen, ins Handeln zu kommen, ist allein der Wille oder auch ein gutes oder attraktives Ziel nicht ausreichend. Insbesondere „große" Ziele wie die Verfolgung von Idealen haben stark handlungshemmende Wirkung und lassen den nächstliegenden Schritt der Umsetzung in weite Ferne rücken. Den Willen zu bahnen bedeutet also ihn affektuell so aufzuladen und zu energetisieren, dass die Handlungshemmung überwunden werden kann. Dazu ist eine Aktivierung des rechtshemisphärischen präfrontalen Cortex nötig, der Aufgaben der Selbstwahrnehmung übernimmt und positiven Affekt erleichtert und damit Belohnungen verspricht (vgl. auch Kuhl 2015 192). Eine wirksame Strategie zur Willensbahnung ist nach Kuhl z. B. das in zahlreichen Experimenten validierte Pendeln zwischen dem Fokussieren auf weitere auch unangenehme Schritte hin zum Ziel und die vorgestellten positiven Anreize nach erfolgter Ausführung der jeweiligen Intention. (Kuhl et al. 2010, S. 87)

Die zweite Modulationsannahme

Negativer Affekt (A -) wird ausgelöst durch das Fokussieren auf Unstimmigkeiten, Fehlern, Angst auslösenden Begebenheiten, Ärger. Damit wird das Objekterkennungssystem an (OES). Solch ein „Fehlerzoom" ist funktional, führt er doch zu hoher Konzentration und Aufmerksamkeit, um jene Details, welche die Unstimmigkeit auslösen, exakt wahrzunehmen. Es ist ein Zustand erhöhter Vorsicht, in dem eine gelassene Haltung wenig hilfreich, wenn nicht sogar gefährlich wäre. Die Konfrontation mit den bedrohenden Aspekten der mich umgebenden Situation bewahrt mich vor einer Entspannung, die angesichts des aktuellen Geschehens unangemessen wäre. Insbesondere bei viel Stress und Hektik ist der Selbstzugang gehemmt. Das hat zur Folge, dass übergreifende Zusammenhänge wie auch kreative Zugänge zu Situationen schwer erkannt werden können und das dazu nötige Erfahrungswissen nicht abgerufen wird. Die Hemmung des Selbstzuganges erhöht dabei das Risiko zur Selbstentfremdung: das Bilden von Zielen, die zu meiner Person passen, ist eingeschränkt. (vgl. Martens/Kuhl 2013, S. 194)

Durch ein Aushalten schmerzhafter Erfahrungen, also durch Schmerztoleranz, lassen sich neue Dinge in das Selbst integrieren. Dazu ist es notwendig, die negativen Affekte herab zu regulieren und den Zugang zum Selbst zu finden, um damit die Übersicht zu gewinnen und störende Dinge einordnen zu können. Die Integration braucht das Aushalten von schmerzhaften Erfahrungen und die Konfrontation mit ihnen. Das Leugnen, Beschönigen oder Herunterspielen, führt in der Regel nicht zur Bewältigung negativer Erfahrungen, sondern prolongiert die Neigung, sich an Fehlern zu orientieren. Die Konfrontation mit schmerzhaften Erfahrungen bereichert das Selbst. Sollte der Stress oder die Unstimmigkeitserfahrungen andauern ohne herabreguliert zu werden, steigt die Wahrscheinlichkeit der sogenannten „Selbstinfiltration" (Selbstentfremdung). Die Unterscheidung zwischen eigenen und fremden Zielen verwischt und wird unklar, so dass externe Erwartungen für eigene gehalten werden: „Wer nicht zwischen den eigenen und fremden Wünschen und Erwartungen unterscheiden kann, der kann möglicherweise auch die Stimmen *innerhalb* der eigenen Person nicht gut unterscheiden." (Kuhl 2015, S. 195) Das steigert folgsames und konformes Verhalten bei Gefahr der Lageorientierung, also der Neigung, in Erstreaktionen zu verharren und passiv zu verbleiben. Sollte ein Individuum zu viel negative Erfahrungen und Erlebnisse in sich gespeichert haben, die innere Bilanz also eindeutig negativ ist, kann es oft die negativen Affekte nicht mehr herabregulieren, so dass der Zugang zum Selbst erschwert ist. Da eine Selbstberuhigung nicht ausreichend funktionsfähig ist, müsste zunächst das Selbst mit positiven Erfahrungen solange aufgebaut werden, bevor eine Konfrontation mit weiteren Herausforderungen überhaupt möglich ist (vgl. Kuhl 2015, S. 198).[2]

Förderlich für eine Strategie des Selbstwachstums ist die eingehende emotionale und mentale Unterstützung von anderen Personen, die einen vertrauensvollen Raum schaffen, in dem die Auseinandersetzung mit schmerzhaften Erfahrungen möglich ist. Ermutigung und vor allem auch Trost sind wesentliche Faktoren, damit das Gegenüber sich verstanden und in seinem So-Sein akzeptiert fühlt. Kuhl spricht hier von „Systemkonditionierung": „Je häufiger eine Person Bezie-

---

2 An dieser Stelle kann das Überschreiten einer als pathologisch zu bezeichnenden Schwelle nicht erörtert werden.

hungen, in denen ein anderer Mensch Trost, Gesehenwerden, liebevolles Aufgehobensein oder auch positive Deutungen leidvoller Erfahrungen vermittelt hat, desto mehr wächst ihre Fähigkeit sich selbst zu beruhigen." Und: „Das Selbst einer Person ist solange aktiviert, wie ein Mensch sich als Person ernst genommen und verstanden fühlt (sonst wird das Selbst abgeschaltet und kann folglich auch nicht mit noch so beruhigenden, sinnstiftenden und positiven Gefühlen, die jemand auslöst, verknüpft werden." (Kuhl 2015, S. 198)

Selbstwachstum

Kuhl spricht von einer „emotionalen Dialektik", die eine „kognitive Dialektik" vermittelt, wenn er zusammenfassend die beiden Systeme in ihrer Kooperation betrachtet: „Die Integration neuer Erfahrungen in ein kohärentes Erfahrungssystem (Selbstentwicklung) und die Umsetzung selbst gewollter Absichten (Willensbahnung), sind abhängig von einem ausgewogenen Wechsel zwischen negativen bzw. positiven Affektlagen und ihrer Herabregulierung (emotionale Dialektik)." (Kuhl et al. 2010, S. 89) Die „Kommunikation" zwischen den Systemen ist die Wirkung einer gelungenen und situationsadäquaten Selbregulation von Affekten. Sollte der Wechsel zwischen den Erkenntnissystemen misslingen, spricht Kuhl von 'epistemischem Chauvinismus' und „epistemischer Apartheid'. Kuhl benennt eine verarmte oder stark eingeschränkte Interaktion zwischen den Erkenntnissystemen, sogenannte „affektive Fixierungen", ursächlich für eine verhinderte Kommunikation und Integration der Erkenntnissysteme: „Wenn Gefühle den Einsatz von und die Kommunikation (Interaktion) zwischen verschiedenen Erkenntnisfunktionen (d. h. die Aktivierung und Interaktion der vier kognitiven Systeme) vermitteln, dann müssen Fixierungen auf einzelne Gefühle oder Störungen, wie sich bei einseitigen emotionalen Erfahrungen in der Kindheit entstehen können, auch zu Einseitigkeiten der individuellen Erkenntnismöglichkeiten führen (epistemischer Chauvinismus und epistemische Apartheid)." (Kuhl 2015, S. 203) Denn: „Erst durch die Separierung von Ich und Selbst wird es möglich, sich buchstäblich ‚von sich selbst zu distanzieren', dem eigenen dem eigenen Selbstbild nicht völlig ausgeliefert zu sein (ein Effekt, der dadurch, dass das Ich weit weniger stark mit Emotionen vernetzt ist als das Selbst, unterstützt wird). Selbstwachstum ist jedoch erst dann möglich, wenn die Trennung wieder aufgehoben und Informationen aus einem selbstfremden System ins Selbstbild integriert wird." (Kuhl 2015, S. 166) Die Integration des zielorientierten Systems und des intuitiv-erlebenden Systems und deren Steuerung sind wichtig für eine Ausgewogenheit von „Ergebnis- und Erlebnisorientierung" (Ritz-Schulte 2008, S. 46): Das Ich verfolgt Ziele, die das Selbst auf innere und äußere Stimmigkeit geprüft hat. Ein Misslingen der Integration durch eine schwaches Selbst, ausgelöst durch eine affektive und Fixierung, führt zur Abnahme der Akzeptanz persönlicher Autoritäten und erhöht das Risiko, „in einseitigen Affektlagen stecken zu bleiben" (Kuhl 2015, S. 170). Eine gesellschaftlich verbreitete skeptische Haltung gegenüber den Begriffen Macht und Autorität kann, so Kuhl, eine orientierende, beruhigende, Sicherheit ausstrahlende Selbstentwicklung zusehends verhindern. In der Folge verlieren Bezugspersonen ihre mögliche Rolle als Katalysator gedeihlicher Selbstentwicklungen. (vgl. Kuhl 2015, S. 137 f.) Dafür bedürfe es vielmehr „kraftvoller Personen", die in persönlichen Beziehungen neben Trost, Schutz auch Ermutigung anbieten können und andere verstehend ernst zu nehmen in der Lage sind. (vgl. ebda., S. 169)

Ein Blick in Ergebnisse der empirischen Forschung

Mit dem dargelegten begrifflichen Instrumentarium haben Hofmann (2020)[3] und Kuhl/Hofmann (2019) Motivumsetzungen bei Lehrkräften analysiert. In Untersuchungen mit Lehrpersonal und Schülerinnen haben die Autoren die Umsetzungsmodi von Motiven einbezogen. Die vier Motive nach Beziehung, Leistung, Macht und Freiheit lassen sich durch die Art ihrer situationsabhängigen Befriedigung differenzieren, je nachdem, welches der oben erläuterten Erkenntnissysteme bevorzugt eingesetzt wird. (Kuhl/Hofmann 2019, S. 45; vgl. dazu insbesondere Abb. 3) Zusätzlich lassen sich die vier Motive durch Fragebögen oder durch operante Verfahren erschließen, z. B. durch das spontane Erzählen von Geschichten auf Vorlage von bildhaften Sequenzen. So ergibt sich eine testbasierte Diagnose, welche die Stärke des jeweiligen Motivs ausweist, Auskunft über die expliziten und impliziten Motive sowie den Grad ihrer Übereinstimmung und deren bevorzugten Umsetzungsmodi darlegt. Hofmann kam nach der Analyse von Motivprofilen von Lehrpersonen zu dem Ergebnis, dass implizit das Machtmotiv dominiert, explizit hingegen das Anschlussmotiv, so dass von einer Motivdiskrepanz auszugehen ist. (Hofmann 2020, S. 73) Grundsätzlich beinhaltet das Machtmotiv die Einflussnahme auf andere, wie z. B. im Unterricht, in der Beratung, hat also nicht zwingend die Konnotationen von Dominanz oder gar Unterdrückung. (Kuhl/Hofmann 2019, S. 45). Ein weiteres problematisches Feld ist das geleugnete Machtmotiv von Lehrpersonen, was empirisch unterstützt wird: sie agieren machtmotiviert mit den Makrosystemen IG oder OES – also dominanzgetrieben oder aber aus einer Position gefühlter Ohnmacht.

Wie wird nun dieses Machtmotiv umgesetzt? Wir blicken auf die Ergebnisse von Hofmann (Hofmann 2020, S. 80 ff.) und Kuhl/Hofmann (Kuhl/Hofmann 2019, S. 46 ff.). Darin finden sich unterschiedliche Muster:

---

3   Hofmann (2020) wendet die PSI-Theorie weitreichend auf pädagogische Themen an und ist aus unserer Sicht als Einführung empfehlenswert. Wir nutzen die Ergebnisse von Hofmann hier nur punktuell.

- angstabwehrend-zielfixiert-produktorientiert,
- Rückzug als Strukturmuster,
- prosoziales Muster,
- anreizbezogen-integrativ-prozessorientiertes Strukturmuster,
- kontextsensibel-selbstbehauptendes Strukturmuster.

„Angstabwehrend-zielfixiert-produktorientiert"

Mit 35 Prozent am stärksten ausgeprägt war die Umsetzung des Machtmotivs über das Objekterkennungssystems OES, welches vor allem auf Unstimmigkeiten reagiert und mit negativem Affekt einhergeht. Gleichzeitig wird das intuitive Erfahrungswissen des Extensionsgedächtnisses EG und somit der Zugang zum Selbst hemmt, so dass die Kompetenz zur Selbstberuhigung eingeschränkt zur Verfügung steht. Dieser Modus zeigt sich, wenn die Lehrperson versucht mittels straffer Führung durch Befehle, Strenge oder Drohungen die Kontrolle über das Unterrichtsgeschehen wiederherzustellen oder aufrecht zu erhalten. Mit diesem zielfixierten Handeln nimmt gleichzeitig die Fähigkeit ab, auf Unsicherheit auslösende Situationen mit Kreativität und Übersicht zu begegnen, um Leistungen eher prozessorientiert und durch eine Freude am Lernen zu lenken. Der betonte Fehlerfokus erhöht den Stress, von außen erwartete Leistungsergebnisse zu erzielen. Die entfalteten Aktivitäten sind meist weder selbstkongruent noch auf den Kontext abgestimmt. Betroffene Lehrpersonen geben mit frustrierten Anschlussmotiven bindungsbezogene Gründe für ihr Verhalten an. (Hofmann 2020, S. 81) Der Unterricht wird oft im Fluss unterbrochen, die folgenden Direktiven provozieren reaktante Verhaltensweisen, so dass es zur Gefahr einer sich aufschaukelnden Spirale aus Störungen und disziplinarischen und sanktionierenden Interventionen kommt.

„Rückzug als Strukturmuster"

Der Stil der „passiven Vermeidung" ist mit 24 Prozent bei Lehrpersonen am zweithäufigsten vertreten: Diese Umsetzungsform entsteht, wenn zugleich der positive Affekt gebremst ist und negativer Affekt ausgelöst wird. Damit sind beide zentralen Selbstkompetenzen, die der Handlungsfähigkeit und die der Selbstberuhigung, unter Stress, so dass Ressourcen nicht abgerufen werden können. Dieser Zustand entspricht der Lageorientierung bei Kuhl. Lehrpersonen mit dieser Kombination fühlen sich machtlos ausgeliefert, fühlen sich von anderen verlassen oder von der Situation in die Enge getrieben, neigen zu Versagensängsten. Dieses Strukturmuster kann als Prädiktor für einen laissez-faire-Stil im Unterricht angesehen werden: aktive Einflussnahme wird vermieden, resigniert wird der Unterricht nur ertragen.

„Prosoziales Muster"

Mit 17 Prozent und am dritthäufigsten findet sich eine Gruppe von Lehrpersonen, die ein rechtshemisphärisches Muster der Umsetzung bevorzugt, was als „intuitiv-intrinsisch" bezeichnet wird. Kennzeichen sind eine Steuerung über das Extensionsgedächtnis EG und das Selbst, am Kontext orientiert, intuitiv-feinfühlig. Typisch für diesen Modus ist es, mit Rat und Tat zur Seite zu stehen, Wissen weiter zu geben, für eine Entwicklungsumgebung zu sorgen, auf die Selbstständigkeit von Schülerinnen setzend. Dieser Modus eignet sich vor allem für Zweierbegegnungen und für harmonisch verlaufende Gruppenprozesse. Bei auftretenden Schwierigkeiten reicht dieser Modus nicht aus, um Konflikte zu lösen und es ergibt sich die Frage, auf welches Strukturmuster unter Stressbedingungen gewechselt wird.

„Anreizbezogen-integrativ-prozessorientiertes Strukturmuster"

War das „prosoziale Muster" durch eine intrinsische Motivation bei der Motivumsetzung beschrieben, ist die viertstärkste Gruppe mit 14 Prozent durch eine extrinsische Kombination charakterisiert: Ähnlich stark wie in der vorigen Gruppe sind die Aktivitäten des Helfens, des Rat gebens, des Vermittelns ausgeprägt, hier durch das Zusammenwirken von IVS und IG. Die Steuerung über das IVS lässt ein anreizorientiertes Muster erwarten, das situationsspezifisch auf Anforderungen des Umfeldes reagiert. In diesem Muster spielt das EG eine untergeordnete Rolle, so dass die vollzogenen Aktivitätsmuster nicht geprüft sind, ob sie mit dem Selbst kongruent sind. Diese Umsetzungsform verbindet also die expliziten pädagogischen Ziele und das eigene Rollenverständnis, um Schülerinnen vom Unterrichtsstoff zu begeistern. Machtansprüche werden nicht fordernd, sondern lenkend übersetzt. Das Muster hat also durchaus eine integrierende Wirkung, solange ein bestimmtes Maß an Störungen unterbleibt.

„Kontextsensibel-selbstbehauptendes Strukturmuster"

Die letzte Gruppe von Lehrpersonen mit einem 10-prozentigen Anteil pflegt einen Umsetzungsmodus, der durch eine Kombination von Objekterkennungssystem OES und Extensionsgedächtnis EG geprägt ist. Anders als der intuitiv-intrinsische Modus rechnet dieser mit dem Auftauchen von Konflikten und Widrigkeiten in der Gruppendynamik im Klassenraum: Es wird auf Einzelheiten fokussiert, die Selbstberuhigung sorgt dann allerdings für eine Beteiligung des Selbstsystems, um Lösungen zu finden. Unstimmigkeiten werden also nicht mit dominantem Verhalten überwunden, sondern führen zu einer Konfrontation der Lehrkraft mit sich selbst. Hofmann: „Lehrkräfte können dann, weil sie die Dramatik der Situation einschätzen können, auch im Hinblick das Ausmaß der Selbstbehauptung dosieren, etwa nach dem Motto: ‚Wieviel energisches Auftreten in Abgleich mit den eigenen Idealen, Werten, Zielen und Bedürfnissen ist angezeigt?'." (Hofmann 2020, S. 94)

Zusammenfassend lässt sich mit den Autoren feststellen: „Noch so positive, kindzentrierte Überzeugungen und Vorsätze reichen nicht aus, wenn sie nicht über die jeweils relevante Umsetzungsform des Machtmotivs verfügen, also etwa über den intuitiv-intrinsischen Modus, wenn in dyadischen Interaktionen die notwendige ‚Harmonie' oder Resonanz herstellbar ist, oder den selbstkonfrontativ-integrativen Modus, wenn es in einer schwierigen Klassensituation einige unwillige oder störende Schülerinnen und Schüler zu integrieren gilt." (Kuhl/Hofmann 2019, S. 55) (vgl. differenzierter Hofmann 2020, S. 77–97)

Hofmann pointiert mit der PSI-Theorie den zentralen Punkt: Wie lässt sich eine Balance zwischen „Produkt- und Prozessorientierung" hinbekommen? Hinter dieser Frage verbirgt sich die Herausforderung für Lehrkräfte, neben vielen Rollen auch als Persönlichkeit vorbildhaft und sozial-integrativ aufzutreten. Aus PSI-theoretischer Sicht scheint vor allem ein mit negativ konnotierten Begriffen besetzter Macht- bzw. Führungsbegriff bei vielen Lehrkräften hinderlich zu sein. Da Macht und Führung vor allem mit dominantem Verhalten assoziiert und dieses tatsächlich oft im Unterricht praktiziert wird – sei es, um in unruhigen oder konflikthaften Phasen über entsprechenden Druck oder Drohungen einen vom Umfeld erwarteten resultatorientierten Unterricht zu gestalten -, führt dies leicht zu dem bekannten Zirkel aus Druck und Reaktanz seitens der Schülerinnen und Schüler, wirkt also mindestens problemstabilisierend. (Hofmann 2020, S. 154)

6.4 Zwischenbemerkung

Gerade in stressigen Situationen gilt es für Lehrkräfte, sich ihrem Selbstwerterleben zu widmen. Das hilft, um nicht reaktiv in die beschriebenen Muster zu geraten, sondern um vielmehr sowohl eigene Ziele und Bedürfnisse als auch jene der Schülerinnen und Schüler im Blick zu halten. Dabei ist ein Gespür für auftretende Unstimmigkeiten bei gleichzeitiger „engagierter Gelassenheit" hilfreich (Hofmann 2020, S. 155). Es unterstützt darin, einen verantwortlichen und sozialintegrativen Führungsstil zu etablieren und zu pflegen. (ebda.; S. 158)

Diese Anforderungen kontrastieren mit der durch die Untersuchung entstandenen Ergebniskulisse: Bei zwei von drei Lehrkräften funktioniert die Umsetzung des impliziten Machtmotivs über die Modi des Kontrollierens und einer empfindenden Ohnmacht. Diese Arten der Motivumsetzungen machen nur vor dem Hintergrund beherrschbarer Situationen einen Sinn. In ihnen können entscheidende, ziel- und resultatorientierte Akteure den Einsatz ihrer Regeln mittels Sanktions- und Drohmacht kontrollieren und durchsetzen, also für einen reibungslosen Ablauf des Unterrichts sorgen und garantieren. Regeln reduzieren die Komplexität der Situation, indem sie den Raum des Erlaubten begrenzen. Lehrkräfte sorgen sowohl für eine Ordnungsstruktur als auch für Chancengleichheit hinsichtlich Beteiligung und Belohnung. Konsequenterweise müssen Abweichungen oder Störungen von einer derartigen Struktur als Gefahr oder Bedrohung des eigenen fragilen Systems wahrgenommen werden. Unterricht wird in diesem Modell zu einem Kampf: Lernende und Lehrende nehmen sich nicht ernst, fühlen sich nicht gesehen. Dieses Modell funktioniert durch individuelle Energieleistungen, sein Kern bleibt störanfällig. Hinter dem Kipppunkt droht das bloße „Durchziehen" des Unterrichts, das permanente Funktionieren und Optimieren der eigenen Methoden – ein ermüdendes sich verbeißendes „mehr vom Gleichen".

PSI-theoretisch erkennen wir das Muster eines gebremsten positiven Affektes A (+) und ein Handeln aus dem Intentionsgedächtnis heraus, angewendet auf ein soziales Gefüge, welches geprägt ist durch eine stete und facettenreiche Dynamik der Interaktionen aller im Raum anwesenden Akteure – einschließlich Lehrkraft. Angesprochen ist damit die Führungsfähigkeit, die als Voraussetzung der parallel arbeitenden Netzwerke des Extensionsgedächtnisses bedarf. Schülerinnen und Schüler jeglichen Alters warten nicht auf lernförderliche Impulse einer Lehrkraft, um diese zu verarbeiten, sondern orientieren sich in ihrem Erleben und Handeln auf vielfältige Weise an ihresgleichen. Führung heißt somit, dieses soziale Gefüge wahrzunehmen, zu erkennen und zu versuchen es zu verstehen. Erst diese Perspektive erlaubt es, einer Gruppe in ihrer Dynamik zur beggnen und eine angemessene Antwort auf das Geschehen zu geben. Dabei wird Führung verstanden als die Kompetenz, aus Lernenden eine Gruppe zu gestalten, in der die Entwicklung von grundlegenden Kompetenzen und die Zugehörigkeit zu einer Gemeinschaft erlebt werden kann. In einem solchen Verständnis von Führung fehlen die fordernden Elemente eines vor allem negativ konnotierten Machtbegriffs, stattdessen kommen seine verstehenden und gestaltenden Elemente zum Vorschein. Pointiert: Macht ohne personale Führungsfähigkeit im Sinne der Gestaltung eines gemeinsamen und Gemeinschaften ermöglichenden sozialen Raumes kann nur hilflos erscheinen.

Aus Sicht der PSI-Theorie besteht die Herausforderung darin, eigene Ideale und Bedürfnisse und äußere Anforderungen und Erwartungen durch ein Zusammenspiel von Intentionsgedächtnis IG und Extensionsgedächtnis EG zu vermitteln, ja die expliziten und impliziten Anteile eigener Verhaltensweisen aufzuspüren, um eigene und fremde Bedürfnisse situationsbezogen im Sinne einer Entwicklung des Selbst zu integrieren.[4] Nun ist der Zugang zu den im Selbst aufgehobenen Erfahrungen nicht unmittelbar gegeben. Ein grundlegendes und selbstschützendes Attribut des OES ist es, insbesondere dann aktiv zu sein, wenn es

---

4   Das haben wir weiter oben als erfahrungsabhängige, von der Kompetenz zur Selbststeuerungsfähigkeit bedingte Zweitrektion kennengelernt.

Gefahr, Missstimmungen, Unsicherheit, Ängste, Trauer wahrnimmt. Der Zugang zum Selbst ist damit gerade dann schwierig, wenn er benötigt wird. Oft bedarf es eines Impulses von außen, um sich aus der Fokussierung auf Negatives zu lösen. Was sind die Quellen möglichen Selbstwachstums und wie erhalten wir Zugang zu ihnen? Wie können wir uns eine Öffnung in diese Richtung des Lernens vorstellen, obwohl doch der Zugang zum Selbst aufgrund einer starken Aktivierung des OES durchaus als kontraintuitiv beschrieben werden kann?

Eine rein funktionsanalytische Sichtweise kommt aus unserer Sicht an dieser Stelle an ihre Grenzen. Eine funktionalistisch erklärende und explorierende Theorie aus einer betrachtenden Perspektive vermag wertvolle und wesentliche Hilfestellungen generieren, indem sie irritierende und bereichernde Blicke auf die eigene Situation freilegt und Impulse für eine veränderte Alltagspraxis eröffnet (vgl. Storch/Kuhl 2013). Das Verständnis des Zusammenwirkens der vier Erkenntnissysteme eröffnet einen veränderten Blick auf sich selbst, auf subjektive Wahrnehmungen und auf die Entscheidungen für einen Handlungsvollzug. Der Zugang zum Extensionsgedächtnis ist „für das Erleben von Sinn und Bedeutung, von persönlicher Identität, von Selbstbestimmung, Selbsterleben und generell für die Persönlichkeitsentwicklung" zentral (Ritz-Schulte 2008, S. 45). Die PSI-Theorie bildet aus unserer Sicht eine belastbare Basis, um das eigene Selbst zu entwickeln. Fraglich bleibt für uns jedoch, ob sie hinreichend ist, um die Macht- und Führungsproblematik in pädagogischen Situationen für die Beteiligten erlebens- und handlungswirksam zu klären.

Persönlichkeitsentwicklung als Teil der Führungsfähigkeit der Lehrperson vollzieht sich als allmählicher Prozess. Aus unserer Sicht ist eine Erweiterung der PSI-Theorie um eine phänomenologische Perspektive lohnenswert, als eine funktionsanalytische Sicht um eine praxeologische Sicht der ersten Person bereichert wird und für Beratung und Selbstbeobachtung fruchtbar sein kann. (vgl. Kuhl 2012, 41 ff.)

6.5 Den Zugang zu Kompetenzen bahnen

Das Aktivieren vorhandener oder „schlummernder" Ressourcen wird nicht immer ausreichen, um herausfordernde oder schwierige Situationen zu bewältigen. Mit einem phänomenologischen Ansatz ist ein tieferes Verständnis der Person möglich. Das wäre eine entscheidende Komponente für die Entwicklung des Selbst. Die Fragestellung wird dabei erweitert: Nicht nur die Frage nach dem „Wie" der Steuerung von Affekten, sondern die Frage nach dem „Woher" und „Wozu" der Affekte gerät dadurch ergänzend in den Fokus. Bezogen auf Lehr- und Unterrichtssituationen stärkt diese klärende Perspektive neben einem handlungsorientierten Ansatz einen prozesshaften und erlebnisorientierten Ansatz. Dabei sind die beiden Ansätze nicht alternierend zu betrachten, sondern sie bereichern sich wechselseitig. Persönlichkeit kann als entscheidender Faktor für Führungs- und damit Handlungsfähigkeit gesehen werden. Diesen Aspekt gilt es nun näher zu umreißen.

Auf Basis der PSI-theoretischen Erkenntnisse geht es um die Gestaltung eines umfassenden Klärungsprozesses, initiiert durch den Mut zur Offenheit. Der Begriff Klärung bedeutet, dass es nicht um das Finden einer Wahrheit geht, sondern um eine durch Selbstverständigung erreichte persönliche Wahrhaftigkeit. Offenheit und Distanz sind dann die Bedingungen, um phänomenologisch zu schauen, was in einer Situation im subjektiven Erleben gegeben ist und wie sie sich verstehen lässt: Innere und äußere Dialoge erschließen die Werte einer Person. Zum Ende widmen wir uns der personalen Anteile in Bezug auf die Gruppendynamik und damit auf die Führungsfähigkeit im Sinne eines authentischen und präsenten Seins vor Gruppen.

Mut zur Offenheit[5]

Für einen Klärungsprozess ist eine Öffnung der Wahrnehmung nötig: um sich dem eigenen subjektiven Erleben der Situation zuzuwenden, und um sich über Wesentliches und Unwesentliches, über Wichtiges und Unwichtiges klar zu werden im Sinne einer „intrasubjektiven Selbstverständigung" (Schmid 2015, S. 82). Mit Jaspers betonen wir die Bedeutung eines basalen Mutes eines Menschen, wenn dieser sich, ergänzend zu den rationalen Prinzipien des Wissens und Könnens (homo faber, homo laborans, homo oeconomicus), in seiner Freiheit bewusst wird: „Wenn die Besinnung begonnen hat, dann wird der Mensch sich in seiner Ungewißheit, seinem Preisgegebensein, bewußt. Mut brauchen wir Menschen, wenn wir ohne Verschleierungen denken." (Jaspers 2020, S. 63)

Dieser Mut zur Offenheit benötigt Ruhe, Geduld und Langsamkeit. Und es braucht ein vertrauenswürdiges Gegenüber als Gesprächspartner. Schließlich setzen wir uns der Schutzlosigkeit aus, zeigen uns in unserer Ratlosigkeit oder Hilflosigkeit angesichts von Aufgaben, zu deren Bewältigung wir noch keine rechte Position gefunden haben. Es ist alles andere als einfach, die Hürde zu überspringen und anderen und sich selbst zu beschreiben, was man selbst eigentlich nicht gänzlich versteht. Sofern man sich geschützt weiß und ein vertrauenswürdiges Gegenüber hat, aktiviert der Versuch, anderen von dem eigenen

---

5 Vgl. ergänzend bei Längle (2016 a) die „Personale Existenzanalyse PEA" (S. 199 ff.), auf die wir hier nicht eingehen können.

Erleben zu berichten, das Selbstsystem. Beim Erzählen werden negative Affekte soweit herab reguliert, dass ein Wachstum des Selbst überhaupt möglich wird.[6] [7]

Hilfreich ist es, sich tastend vorwärts zu bewegen: anhand von Gedankensplittern, ausgedrückt in bildreicher Sprache; von Sprichwörtern, die in den Sinn kommen; von Selbstäußerungen, die beiläufig und oft bewertend eingestreut werden – kurz: anhand sogenannter „Narrationen". Mit jedem Schritt wird das gezeichnete Bild bunter, vielfältiger und größer, so dass wir es uns anschauen können und beim Schauen Distanz aufbauen. Diese Distanz kann bereits entlastend sein, indem das kreative Potenzial des Selbst das Bild zum Teil neu zusammensetzt, „alte" und „vergessene" Ideen wieder ins Bewusstsein holt, Dinge relativiert, vom Finden schneller Lösungen entlastet. Entlastend wirken kann auch eine Ansteuerung der Intuitiven Verhaltenssteuerung IVS: wir folgen einem Bewegungsimpuls, spüren die Natur bei einem Spaziergang, geben uns einer Musik hin, betätigen uns künstlerisch, treffen uns in entspannter Atmosphäre mit anderen. Vielen ist dieser Schritt am Anfang schwer, doch bahnt er einen leichteren Zugang zum Selbst.

Worum geht es? Das Verstehen der Situation

Wir sind situativ stets angefragt durch das Leben und seine Begebenheiten selbst. Diese gilt es verstehend zu durchdringen, um zu begründeten Entscheidungen zu kommen, mit denen man sich identifizieren kann (vgl. Längle 2009, S. 79). Vor jeder Entscheidung steht, bewusst oder nicht bewusst, das Verstehen-wollen ausgedrückt in einem „Worum geht es?" Indem der Mensch für sich einen verstehbaren und für sich selbst vertretbaren, zustimmungsfähigen, Zusammenhang erkennt, vermag er sich gemäß seinen eigenen Werten seine Existenz auszufüllen (vgl. Längle 2009, S. 81). Die Existenzanalyse verfährt dabei explizit in phänomenologischer Tradition.[8] Wesentlich ist das situative „mir erscheint", nicht „das ist", als Ausgangspunkt für das Entdecken des Wesentlichen in einer Situation. Dazu braucht es: Auszusteigen aus einem Getrieben-Sein, gegenwärtig bei sich sein, ohne sich in Annahmen oder Erklärungen zu verlieren, sich selbst gegenüber der Welt zu öffnen, um überhaupt zu spüren, zu erleben, was einem wichtig und wesentlich ist. Selbsterfahrung geht nicht in Selbsterkenntnis auf, sondern es geht darum, gewahr zu werden, wie wir uns der Welt öffnen, sie wahrnehmen und

---

6 Wir erkennen hier die Qualität der sogenannte „regressiven" Verarbeitung auf der vierten Ebene der Kuhl'schen Stufen wieder.
7 Eine ermutigende und anregende Beratung kann ebenso entlastend und tröstend sein wie auch als Stimulanz für eigene Expressionen und als Beginn eines inneren Gespräches wirken.
8 Phänomenologisch orientierten Ansätzen ist alles objektiv Gegebene wie normative oder theoretische Vorgaben fremd. Vielmehr sind die jeweiligen subjektiven Erfahrungen, das Erleben, welches sich an allem Möglichen entzünden kann, zentral.

wie wir mit uns umgehen: Nicht Selbsterkenntnis, sondern Selbstkenntnis ist der Fokus (vgl. Schmid 2015, S. 96). Da es keine feststellbare Substanz oder Kern einer Person gibt, die wir mittels Theorien und Erklärungsmodellen decodieren können, bleibt das Verstehen in der persönlichen Begegnung oder in der Resonanz auf sich selbst. (Längle 2016, S. 17) Es bedeutet, nicht komplett über sich selbst verfügen zu können, da ich mich nicht in Gänze in analytischer Absicht durchleuchten kann. Ich bestätige die mir eigene Freiheit, indem mir bewusst ist, dass ich immer mehr und anderes bin und sein kann, als ich von mir denkend zu erfassen vermag. Das lenkt den Blick auf ein Spüren und Klären dessen, was ist. In diesem Prozess bringen wir das Erlebte in Verbindung mit dem, was uns als Person auszeichnet (vgl. Längle 2014, S. 19). Wir können nicht über uns reden, uns analysieren, objektivieren, aber wir können uns antreffen: Wir sind nicht festgeschrieben, sondern erfahren uns im offenen, neugierigen und freien Vollzug unsere Existenz. Dieser phänomenologische Ansatz ist fruchtbar einzusetzen bei fehlender oder brüchiger Selbstklärung, beim Verständnis unserer selbst hinsichtlich des Fühlens, der Orientierung, der Klarheit, ja des Unverwechselbaren und Einmaligen: „Es soll sich zeigen können, was diesen Menschen bewegt, was ihm wichtig ist, wie er fühlt, wie es ihm mit ihm und in der Welt geht. Kurz: wir schauen auf das, was ihn zu dem macht, der er ist." (Längle 2007, S. 18)

Wahrnehmungen ernst zu nehmen, erweist sich oft als voraussetzungsvoll. Gerade ritualisierte Wahrnehmungen mit ihren Vorannahmen, Intellektualisierungen, Erklärungs- und Rechtfertigungsmodellen, Attribuierungen haben eine massive Auswirkung auf die Art und Weise des Umgangs mit anderen und uns selbst.[9] Für ein tieferes Verstehen der Situation ist daher eine Fokussierung auf das Hier und Jetzt nötig, die das Freie und Einzigartige der Person in ihrem jeweiligen Kontext aktiviert: „Erst durch diesen Kontext: *was er wie* zu *wem* sagt und warum er es so sagt, wird verständlich, was er meint und was es für ihn *bedeuten* könnte." (Längle 2007, S. 20; Hervorhebungen im Original) Im Hervorheben dessen, wie Wahrgenommenes auf die Person wirkt, verstehen wir uns und andere durch eine spürbare „personale (d. i. geistige) innere Berührung" (Längle 2016, S. 118): Wir beginnen uns selbst wahrzunehmen und uns selbst in Beziehung zu setzen, wenden uns einer Situation zu und spüren das Wirken auf unsere Gedanken, auf unsere Erinnerungen, auf unseren Körper. Es ist in einem doppelten Sinne ein Ernstnehmen: wir wenden uns dem anderen zu und hören, was er sagt und wir erleben selbst, was es in uns als Zuhörendem sagt und in uns auslöst.[10]

---

9   Wahrnehmungen sind oft mit Gebilden des Verstandes präformiert, so dass Gunther Schmidt konstruktivistisch konsequent von „Wahrgebungen" spricht.
10 Wir finden hier erläutert, was bei Kuhl im Begriff der Zweitreaktion enthalten ist, wenn man ihn existenzanalytisch begreift: Ich verstehe mich oder gebe mich zu verstehen, indem ich die mich umgebenden Ereignisse als Erlebnisse ausdrücke, in denen neben Informationen auch die inneren Kräfte, Beweggründe etc. eine Rolle spielen und so eine wahrnehmende Resonanz erzeugen.

Über diese Resonanz erfassen wir, was für uns bedeutsam, wesentlich ist und einen Wert darstellt. Emotionen spielen die entscheidende Rolle, um existentielle Werte zu entdecken und diese als zur Person gehörig zu erleben: „Werte werden nicht vom Subjekt erzeugt, sondern zeugen im Subjekt. Werte – und das ist ihre tiefere Bedeutung für den Menschen – *bewirken* im Menschen eine Veränderung: ein Stück Welt ist in sein Leben getreten, ist Wirklichkeit seiner Welt geworden." (Längle 2016, S. 120; Hervorhebung im Original) und: „Nur das ist ein Wert für eine Person, was einen Zugriff auf sie hat und sie erreicht. Werte entfalten eine Wirkung auf das Sein, das durch sie anders wird. (ebda. 120)[11]

Mir selbst und anderen begegnen in Dialogen

Der Fokus in Selbstgesprächen und in Gesprächen mit anderen ist das situative Erfassen von Wesentlichem aus der jeweiligen subjektiven Sicht der Person: Was ist hier und jetzt wesentlich für mich? Daraus erschließen sich dem Selbst die leitenden, vielleicht bislang verborgenen Werte. Die phänomenologische Sicht betrachtet die Art und Weise der Kommunikation mit sich selbst oder mit anderen in persönlich verstehender Absicht: Der Prozess des Verstehen-wollens entfaltet sich in einer personalen Präsenz in der jeweiligen Situation. Sie legt besonderen Wert auf die konkrete sprachlich vermittelte Aktualisierung von Begebenheiten. Die Quelle von Informationen über eine andere Person oder auch über mich selbst ist das ‚subjektive Erleben': Im Erleben wird der Kontakt hergestellt mit dem, was mich umgibt, die Art und Weise wie es mich angeht, was es aus mir macht. In meinem Berührtsein von einer Situation erlebe ich meine Resonanz auf dieselbe und lässt mich spüren, was für mich von Bedeutung ist, von Wert ist, für mich wesentlich ist. (vgl. Längle 2016, S. 116 f.) Über das Erleben in der Selbstwahrnehmung gestalten wir eine Selbstbeziehung: Ich setze mich in Beziehung, indem ich mich einer Situation, einer Sache, einer Person oder auch mir selbst zuwende und diese Beziehung auf mich wirken lasse. Da dieser Bezug emotional gespeist ist, getragen ist von einer „affektiven Resonanz" (Längle 2016, S. 114), erfassen wir das jeweils Bedeutungsvolle für uns, spüren und entdecken es in unseren Gedanken, in unseren Erinnerungen etc. Das Leben beginnt auf uns zu wirken, wir erleben unser Berührtsein mit allen förderlichen und hinderlichen Begebenheiten. In Folge dieser Öffnung erleben wir die für uns existenziell relevanten Werte. (vgl. Längle 2016, S. 119)

Um zu einer inneren Resonanzfähigkeit und damit einen Zugang zur Person zu erhalten, bedarf es für das Ich einer teilnehmenden Präsenz des Achtens, Ver-

---

11 Emotionen sind die wertbezogenen Empfindungen eines Subjekts auf Inhalte und zeigen die persönlichen Werte – sie sind personal. Affekte sind unpersönlich, da sie Reaktionen auf Reize darstellen, die dem Lebenserhalt dienen. (Längle 2016, S. 119)

stehens und des Begegnens. In einer Begegnung vollzieht sich die Aktivierung der Person: „Wenn der andere aus seinem eigenen, persönlichen Empfinden ehrlich sagt, was seine Resonanz ist in Bezug auf den anderen, wenn er offen sagt, was er spürt, sagt, was für ihn stimmig ist, was ihn berührt, oder was für ihn nicht stimmt, wenn er einem so begegnet, dann trifft das den eigenen Wesenskern." (Längle 2014, S. 22) Durch Resonanzerfahrung wird so eine Begegnung wesentlich, bedeutsam, sie erhält einen Wert und kann sinngebende Werte ko-kreativ hervorbringen. In einer mitschwingenden Resonanz und echten Präsenz in der Situation verstehen wir den anderen in seinem Wesen, und damit er sich selbst.[12]

Das für ein Selbstwachstum grundlegende Werterleben im Berührtsein, im Bewegenden einer Situation, gründet auf einer durch Konstrukte, Konzepte und Theorien unverstellten Offenheit der Person in der Begegnung mit sich selbst oder anderen: „Nichts wirkt aktivierender auf die Person, als das Gesehen- oder Angesprochen-Werden durch eine andere Person." (Längle 2014, S. 15) Durch die innere und äußere Dialogfähigkeit als Indikator für den hermeneutischen Prozess des Verstehens kann ein Austausch entstehen, der für eine Entwicklung essentiell ist (vgl. Längle 2016, S. 124). Erlebtes kann so neuartig verarbeitet werden und die Potenziale der Kreativität aus dem Selbst können sich wieder entfalten. Längle spricht von einer „Restrukturierung des Ichs": es kommt „zur Freisetzung und Stützung jener Kräfte im Menschen, durch die der Mensch zur authentischen Lebensgestaltung gelangen und sich als ‚entscheidenden' Faktor in seiner Existenz wahrnehmen, erleben und realisieren kann." (Längle 2014, S. 19) Durch diesen Wertbezug werden wir authentisch: die Person geht in vertieften Beziehungen zu sich und der Welt, vermag sich abzugrenzen, Leidvolles an sich heran zu lassen und im Selbst zu wachsen. „Nur das ist ein Wert für eine Person, was einen Zugriff auf sie hat und sie erreicht. Werte entfalten eine Wirkung auf das Sein, das durch sie anders wird." (Längle 2016, S. 120) Dialogischer Austausch mit sich und anderen ermöglicht die Entwicklung der Innerlichkeit: „In einem kontinuierlichen inneren Gespräch kann das Erlebte verarbeitet und die eigene Kreativität dazu geschaltet werden." (Längle 2016, S. 124)

Existenzanalytisch öffnet sich die Person durch Stellungnahmen ihrem Eigenen, ihren Werten: In der Stellungnahme nehmen wir Bezug auf uns selbst in einer Welt, wie sie uns erscheint, in Bezug auf andere, wie sie uns erscheinen: „Stellung nehmend geht der Mensch sich selber voran, ist er sich selbst voraus. Jedoch bleibt er sich zeitlebens Geheimnis und unbewußt. Dennoch hindert Unbewußtheit nicht, Stellung zu beziehen (z. B. spontan, oder emotional oder soma-

---

12 Längle verweist zu Recht auf die Parallelen zur teilnehmenden Präsenz in Carl Rogers Gesprächspsychotherapie: einer Person Beachtung schenken durch ein offenes Interesse, ohne sie in Frage zu stellen. Verstanden werden, indem das eigene ernst genommen wird und mir Gerechtigkeit widerfährt. In der Stellungnahme des anderen erhalte ich Wertschätzung, indem er persönlich ausdrückt, was ihm stimmig erscheint. (Längle 2014, S. 22)

tisch). Im Gegenteil – ohne diese Stellungnahme könnte sich die Person nicht gegen manche ihrer Bewußtheiten (Regeln, Normen, Gewohnheiten, usw.) wehren. Ohne Stellungnahme würde sich der Mensch selbst verlieren." (Längle 1993, S. 142) Gleichzeitig erlauben Stellungnahmen den hilfreichen Aufbau einer Distanz zu sich und dem eigenen Tun mit all seinen Unsicherheiten, ohne diese zu relativieren.[13]

Das Personale und die Gruppendynamik

Das Extensionsgedächtnis kann, so Kuhl, „an alles denken, ohne an alles denken zu müssen" (Kuhl 2012, S. 44). Damit umschreibt er sehr eindrücklich die Vigilanz als Fähigkeit, gleichermaßen einen Überblick über eine Situation zu bekommen und parallel fremde und eigene Ziele zu integrieren. Damit ist die Basis gelegt, um, in der Sprache Kuhls, die entscheidende Kooperation von Ich und Selbst zu ermöglichen: die Integration eigener und fremder Ziele hängt dabei am Formulieren von subjektiv bedeutsamen Absichten, die bejaht werden und somit emotional unterstützt sind (vgl. ebda., S. 47).

Dieser Aspekt berührt die Führungsfähigkeit von Lehrpersonen: Wie gehe ich resonant und antwortend mit Unvorgesehenem und einer grundlegenden Unsicherheit in Gruppen um? Die Frage berührt die authentische Präsenz vor Gruppen. Das Ziel besteht im klärenden Hervorbringen von Antworten, die situativ und personal angemessen erscheinen, indem sie einen förderlichen sozialen Raum für Lernerfolge erschaffen. Dabei ist eine Gruppe immer mehr als die Summe seiner Teile. Nach Kolbe (Kolbe 2010 a, S. 5) geht es darum „eine Gruppe nicht nur ‚von vorn', sondern ‚von verschiedenen Seiten' zu betrachten, um die Vielschichtigkeit und Dynamik des aktuellen Geschehens hinsichtlich interpersoneller, intrapsychischer und intellektueller Faktoren zu verstehen." In Lernsituationen repräsentiert eine Gruppe situativ die personalen Anliegen der Beteiligten, deren Verkennung zu Störungen führt (ebda., S. 6). Neben dem inhaltlichen und an Zielen orientiertem Lernen geht es ebenso um den prozess- und erlebnisorientierten Anteil des Lernens. Dieser Anteil ist häufig entscheidend dafür, ob die Lernenden etwas mit den Unterrichtsinhalten anfangen können. Dieser Prozess kann nur subjektiv nachvollzogen werden und macht den Kern einer individuellen Motivation aus, für deren Finden die Lehrkraft nicht verantwortlich sein kann, weil Motivation nicht von außen gestiftet werden kann. Vielmehr besteht die Aufgabe, „Möglichkeitsräume" zu schaffen, in denen bedeutsame Fragestellungen sichtbar gemacht werden und auf individuelles

---

13   Längle spricht von einer „Restrukturierung des Ich", um die veränderte Einbettung des Handlungszentrums „Ich" in eine dialogisch generierte „Persönlichkeit", die sich an innerer Zustimmung durch subjektiven Wertbezug orientiert, zu beschreiben.

Erleben Bezug genommen wird. Wertbezüge werden dabei nicht produziert, sondern von den Lernenden gefunden (Kolbe 2010 b, S. 27).

Für Lehrkräfte ergeben sich eine Reihe von Fragestellungen: Wie ist der situative Rahmen der Situation einschließlich gruppendynamischer und individueller Einflussgrößen? Wie ist die Aufgabenstellung, vor allem auch vor dem Hintergrund des Erlebens und der Fähigkeiten der Lernenden? Wie kann ein Möglichkeitsraum gestaltet werden, in dem Lernende individuelle und werthaltige Bezüge finden können? (vgl. Kolbe 2010 b, S. 28)

Solche Fragestellungen angemessen in den Blick zu nehmen, ist die herausfordernde Aufgabe für Lehrende, um sich als Führungskraft erleben zu können: Eine Führungskraft, die zugleich über Fähigkeiten des Selbst und über den Willen eines handlungssteuernden und starken Ich verfügt. In ihrem Person-Sein zeigte sie sich im situativen Vollzug der beiden Kompetenzen (vgl. Kolbe 2019, S. 6 ff.).

6.6 Methodischer Ausblick

Anlässlich der Veröffentlichung der PISA-Studie 2023 fasst Kaube (Kaube 2023) seine Gedanken zu notwendigen Kompetenzen für Lehrkräfte zusammen: „Die ausschlaggebende Fähigkeit zum einleuchtenden Vortrag und zur Einschätzung dessen, was den Schülern durch den Kopf gehen mag, sowie die Bereitschaft, zur Teilnahme am Unterricht aufzufordern, zum Dialog, kann nur am Stoff entwickelt werden. Insbesondere die Fähigkeit, mit Fehlern der Schüler etwas anfangen zu können und sie nicht bloß als Irrtümer abzuhaken, erscheint zentral. Ein Unterricht ohne beidseitiges Vergnügen an Schwierigkeiten ist sinnlos." (Kaube 2023, S. 9)

Schließen wollen wir mit einem skizzenhaft formulierten Ausblick auf eine mögliche Ergänzung von Ausbildungs-Curricula oder auch spezifischer Fort- und Weiterbildungen, die sich gezielt der Entwicklung der Lehrenden-Persönlichkeit widmen. Leitend sind folgende Aspekte: Affekte regulieren – Mut zur Offenheit – Distanz gewinnen – Verstehen der Situation – über Emotionen zu Werten gelangen – Führungsfähigkeit entwickeln.

Ein Baustein ist erstens die Darstellung des PSI-Modells als eine einleitende und inspirierende Quelle, um sich unterschiedlichen persönlichen Themen in verstehender Grundhaltung zu nähern.

Daran anknüpfen lassen sich zweitens Aufgaben einer intensivierten Selbstbeobachtung. Wichtig bei einer stellungnehmenden Auswertung ist die sprachliche Verarbeitung der Beobachtungen, da sich in narrativen Wendungen persönliche Bezüge und Werte zeigen. Diese können Gegenstand von Selbstreflexionen oder Beratungen werden (vgl. Hofmann und Gruber 2019).

Eine intensivierte Arbeit kommt drittens durch die Nutzung des durch Kuhl entwickelten und sehr umfangreichen Testmaterials zustande. Die professionelle Auswertung in schriftlicher Form bietet eine Materialfülle samt erläuternden und erklärenden Begleittexten, die für eine Selbstklärung und damit ein tieferes Verstehen der eigenen Person als außerordentlich wertvoll einzuschätzen sind. Hilfreich für einen gelingenden Klärungsprozess erscheint uns die Auseinandersetzung mit den bewussten und unbewussten Motiven wie deren Umsetzungsmodi bei Kuhl. Die Testergebnisse liefern thematische Hintergrundfolien, zeigen sich in ihnen die in Narrationen inhärenten Gedankenmuster zur Realitätsbewältigung.

Da viertens eine Aktivierung vorhandener Ressourcen für eine Selbstentwicklung allein nicht ausreicht, ist eine ergänzende persönlichkeitsorientierte Gesprächsführung zu entwickeln. Längle hat mit der von ihm so benannten „Personalen Positionsfindung" (vgl. zum Folgenden Längle 2016 a, S. 201 f.) eine phänomenologische Methode entwickelt, die sich als hilfreich in schwierigen Situationen eignet. Die erste von drei Positionen führt auf ein „Außen", um allumfassende Befürchtungen oder Ansprüche an sich durch eine konkrete Betrachtung der Gegebenheiten eine „realistische" Sicht entgegen zu setzen. „Stimmt es und woran erkennen Sie es? Was kann alles in der Realität passieren?" können mögliche Fragestellungen sein. Dadurch setzt in der Regel eine Beruhigung ein, mit Kuhl gesprochen werden die Affekte reguliert. In einer zweiten Position werden die subjektiven Kräfte aktualisiert: „Wieviel Befürchtungen oder Ängste sind zu ertragen? Was wären die Konsequenzen, wenn Sie einmal ohne Ihre hohen Ansprüche an sich in den Unterricht gehen? Würden Sie das aushalten können?" Mittels dieser oder ähnlicher Fragen wird eine „Position nach innen" erworben. Ziel dieses Schrittes ist die Konzentration auf die eigenen Fähigkeiten in der „inneren Realität". Dem Befreienden aus den ersten beiden Schritten folgt nun im dritten Schritt die „Position zum Positiven": „Was ist das für mich wertstiftende, das Orientierung schaffende, das für mich wichtige in einer konkreten Situation?" Auf diese Weise entsteht ein realistischer und mit Sinn behafteter Orientierungspunkt für das konkrete Handeln.

Ein ergänzender fünfter Baustein scheint uns ebenso wesentlich zu sein. Er nimmt die Kontexte der jeweiligen Situation in den Blick, indem er auf entwicklungspsychologische und gruppendynamische Kenntnisse Bezug nimmt. Erst indem es einer lehrenden Person gelingt, die konkrete gruppale Situation zu verstehen und zusätzlich gemeinsame Aufgaben vor dem Hintergrund eigener Möglichkeiten und Werte im Blick behält, kann sie sich in der Führungsrolle kompetent erleben (vgl. Kolbe 2010b).

Literatur

Hofmann, Franz/Gruber, Daniela (2019): selbst.steuern.lernen. Booklet zur PSI-Theorie unter https://www.selbststeuernlernen.net, Universität Salzburg.

Hofmann, Franz (2020): Authentisches und kontextsensibles Lehrerinnen- und Lehrerhandeln. Das Selbst als Quelle und Ziel pädagogischen Tuns. Weinheim und Basel: Beltz.

Jaspers, Karl (2020): Kleine Schule des philosophischen Denkens. München: Piper.

Kaube, Jürgen (2023): Kompetenz setzt Kenntnis voraus. In: Frankfurter Allgemeine Zeitung Nr. 269 vom 12. Dezember 2023, S. 9.

Kolbe, Christoph (2010a, unter Mitarbeit von Cerstin Raabe und Andreas Stumm): Wie wirken Gruppen? Ängstliche, depressive, histrinische sowie narzisstische Gruppen und ihre Rückwirkung auf den Leiter – ein Beitrag auf der Basis der existenzanalytischen Strukturtheorie. In: Existenzanalyse 27/1/2010, S. 4–10.

Kolbe, Christoph (2010b): Sinn im Unterricht – Authentisch lehren. In: Existenzanalyse 27/1/2010, S. 25–28.

Kolbe, Christoph (2019): Person – Ich – Selbst. Klärungen sowie existenzanalytische Anmerkungen zur Ich-Struktur. In: Existenzanalyse 36/2/2019, S. 4–11.

Kuhl, Julius (2010). Individuelle Unterschiede in der Selbststeuerung. In: Heckhausen, J., Heckhausen, H. (2010): Motivation und Handeln. Berlin, Heidelberg: Springer.

Kuhl, Julius/Alsleben, Philipp (2012): Manual für die Trainingsbegleitende Osnabrücker Persönlichkeitsdiagnostik TOP. Münster: Sonderpunkt.

Kuhl, Julius (2012): Der Wille, die Emotion und das Selbst, in: Existenzanalyse 29/2/2012, S. 39–49.

Kuhl, Julius/Scheffer, David/Mikoleit, Bernhard/Strehlau, Alexandra (2010): Persönlichkeit und Motivation im Unternehmen. Anwendung der PSI-Theorie in Personalauswahl und -entwicklung. Stuttgart: Kohlhammer.

Kuhl, Julius (2015): Spirituelle Intelligenz: Glaube zwischen Ich und Selbst. Freiburg Herder.

Kuhl, Julius/Hofman, Franz (2019): Diversität und Persönlichkeit: Begabungsentfaltung im Kontext der pädagogischen Beziehung. In: Reintjes, Christian/Kunze, Ingrid/Ossowski, Ekkehard (Hrsg.): Begabungsförderung und Professionalisierung. Befunde, Perspektiven, Herausforderungen. Bad Heilbrunn: Julius Klinkhardt.

Kuhl, Julius/Solzbacher, Claudia/Zimmer, Renate (2023): WERT: Wissen, Erleben, Reflexion, Transfer. Ein Konzept zur Stärkung der professionellen Haltung von pädagogischen Fach- und Lehrkräften. (Selbst-)kompetent bilden – Kinder nachhaltig stärken. Baltmannsweiler: Schneider Hohengehren.

Martens, Jens-Uwe/Kuhl Julius (2013): Die Kunst der Selbstmotivierung. Neue Erkenntnisse der Motivationsforschung praktisch nutzen. Stuttgart: Kohlhammer.

Längle, Alfried (1993): Personale Existenzanalyse. In: Längle, A. (1993): Wertbegegnung. Phänomene und methodische Zugänge. Tagungsbericht der Gesellschaft für Logotherapie und Existenzanalyse. Wien.

Längle, Alfried (1996): Kritik, Bedeutung und Stellenwert der Selbsterfahrung in Logotherapie und Existenzanalyse. In: Psychotherapie Forum 4/1996, S. 194–202.

Längle, Alfried (2003): Kann ich mich auf mein Gefühl verlassen? In: ders.: Emotion und Existenz. Wien: Universitätsverlag.

Längle, Alfried (2007): Das Bewegende spüren. Phänomenologie in der (existenzanalytischen) Praxis, in: Existenzanalyse 24/2/2007, S. 17–29.

Längle, Alfried (2009): Sinn – Bedürfnis, Notwendigkeit oder Auftrag? Eine existenzanalytische Fundierung der Logotherapie. In: Existenzanalyse 26/1/2009, S. 76–90.

Längle, Alfried (2014): Die Aktualisierung der Person. Existenzanalytische Beiträge zur Personierung der Existenz. In: Existenzanalyse 31/2/2014, S. 16–26.

Längle, Alfried (2016): Sich-berühren lassen. Vom Zusammenspiel von Werten und Gefühlen in der existentiellen Psychotherapie. In: Persönlichkeitsstörungen 2016; 20:2, S. 115–126.

Längle, Alfried (2016a): Existenzanalyse. Existentielle Zugänge der Psychotherapie. Wien: Facultas.

Martens, Jens-Uwe/Kuhl, Julius (2013): Die Kunst der Selbstmotivierung. Neue Erkenntnisse der Motivationsforschung praktisch nutzen. Stuttgart: Kohlhammer.

Rosa, Hartmut (2020): Unverfügbarkeit. Wien: Salzburg Residenz Verlag.

Ritz-Schulte, Gundula / Schmidt, Pamela / Kuhl, Julius (2008): Persönlichkeitsorientierte Psychotherapie. Göttingen: Hogrefe.
Ritz-Schulte, Gundula / Huckebrink, Alfons (2012): Autor des eigenen Lebens werden. Anleitung zur Selbstentwicklung. Stuttgart: Kohlhammer.
Schmid, Wilhelm (2015): Mit sich selbst befreundet sein. Von der Lebenskunst im Umgang mit sich selbst. Frankfurt am Main: Suhrkamp.
Storch, Maja / Kuhl, Julius (2013): Die Kraft aus dem Selbst. Sieben PsychoGyms für das Unbewusste. Bern: Hans Huber.

7. Selbstkompetenz aus der Sicht von Schulleitung

Matthias Vogel-Engeli und Timo Off

7.1 Selbstkompetenz der Lehrpersonen aus Sicht der Schulleitung. Ein Praxisbericht

Matthias Vogel-Engeli

7.1.1 Impulswelt: Maitlisek Gossau

Die Maitlisek Gossau, eine Mädchenschule in der Schweiz, ist eine typengemischte Oberstufe (Mischung der Real- und Sekundarstufe), die dem Lehrplan des Kantons St. Gallen folgt und personalisiertes Lernen praktiziert. Dabei werden mit angepassten sowie kooperativen Lernarrangements und differenzierten Lernwegen die unterschiedlichen Bedürfnisse der Schülerinnen berücksichtigt. Agiles, kompetenzorientiertes Lernen steht dabei im Zentrum. Neben dem Impulsunterricht findet die Arbeit in Lernateliers statt. Durch Coaching werden die Schülerinnen auf ihrem Weg hin zur Anschlusslösung begleitet. Das Konzept der Maitlisek betrachtet Impulse als maßgeblich zum Einleiten und Begleiten von Lernprozessen. Impulse aktivieren, treiben an, verändern die Sichtweise und führen zu Austausch und Erfahrung.

Der Fokus in der Maitlisek liegt auf einer sorgfältigen Beziehungs- und Lerngestaltung, mit der Überzeugung, dass nachhaltiges Lernen durch die Abstimmung zwischen Mensch, Raum und Zeit erreicht wird. Dieses Umfeld bietet den Schülerinnen und Lehrpersonen vielfältige Möglichkeiten, sich sowohl individuell als auch gemeinschaftlich zu entwickeln, wobei eigenverantwortliches Handeln und Entscheiden im Mittelpunkt stehen. Die Schulkultur ist geprägt von gegenseitigem Respekt und Toleranz, was das Lernen als Beziehungsarbeit definiert und Vertrauen voraussetzt. Ein wesentlicher Bestandteil dieses Konzepts ist unter anderem die Förderung der Selbstkompetenz der Lehrpersonen, die im Geiste einer positiven Haltung und mit einem tiefen Vertrauen in das eigene Tun und dessen Gelingen verankert ist.

Die Stärkung der Selbstkompetenz der Lehrpersonen umfasst die Fähigkeit, mit eigenen Emotionen umzugehen, sich selbst zu reflektieren und eine ausgeglichene Work-Life-Balance zu pflegen. Durch Fortbildungen, einen offenen Austausch im Kollegium und gezielte Unterstützung seitens der Schulleitung wird ein

Rahmen geschaffen, in dem Lehrpersonen ihre eigene Entwicklung vorantreiben und gleichzeitig als Vorbilder für die Schülerinnen agieren können. Für die Maitlisek ist Bildung mehr als die Vermittlung von Wissen – Bildung ist ein Prozess, der auf dem Fundament von Beziehungen, gemeinsamen Werten und der persönlichen Entfaltung jedes Einzelnen aufbaut. Der Schulleitung kommt darin eine besondere Bedeutung zu. Durch die Förderung der Selbstkompetenz der Lehrpersonen kann die Schulleitung nicht nur zum Wohlbefinden der Lehrpersonen beitragen, sondern auch die Qualität des Impulsunterrichts, des Coachings, der Lernbegleitung und das Lernklima an der Schule positiv beeinflussen.

7.1.2 Fokus Selbstkompetenz der Lehrpersonen

Eine der Aufgaben von Lehrpersonen besteht darin, Lernumgebungen zu gestalten, dass diese für die Schülerinnen lernförderlich sind und individuelle Gespräche ermöglichen.

Dazu sind folgende Fähigkeiten aufseiten der Lehrpersonen wichtig:

- Die Kompetenz, Lernprozesse individuell anzupassen und zu begleiten.
- Die Fähigkeit, kreative und innovative Lernangebote zu schaffen, die sowohl analog als auch digital begleitet und unterstützt werden.
- Die Selbstreflexion, um die eigenen pädagogischen Methoden stetig zu verbessern und an die Bedürfnisse der Schülerinnen anzupassen.

Zusätzlich müssen Lehrpersonen der Maitlisek in der Lage sein, eine ganzheitliche Beurteilung der Schülerinnen vorzunehmen, die über traditionelle Leistungskontrollen hinausgeht. Dies erfordert von den Lehrpersonen ein tiefes Verständnis für die individuellen Lernwege ihrer Schülerinnen und die Fähigkeit, diese effektiv zu unterstützen und zu fördern. Um diesen Ansprüchen gerecht zu werden, müssen Lehrpersonen sich ständig selbst reflektieren und weiterentwickeln. In diesem Zusammenhang ist die Selbstkompetenz der Lehrpersonen zentral für die Umsetzung der schulischen Vision basierend auf dem pädagogischen Konzept. Für Lehrpersonen bedeutet dies konkret, dass sie in einem anspruchsvollen und dynamischen schulischen Umfeld wie dem der Maitlisek bestimmte Strategien und Fähigkeiten entwickeln müssen, um im Gleichgewicht zu bleiben und einen gesunden Umgang mit ihren eigenen Emotionen zu pflegen. Dies ist besonders wichtig, da die Lehrpersonen nicht nur Wissensvermittler, sondern auch Begleiter und Förderer der individuellen Entwicklung jeder Schülerin sind. Die Lehrpersonen agieren auch in ihrer Rolle als Vorbild. Daraus ergeben sich folgende konkrete Anforderungen und Handlungsfelder:

- Selbstreflexion,
- Emotionale Kompetenz,

- Work-Life-Balance,
- Professionelle Entwicklung,
- Austausch und Unterstützung im Kollegium,
- Achtsamkeits- und Entspannungstechniken,
- Positive Beziehungen zu den Schülerinnen.

7.1.3 Einschätzung und Förderung der Selbstkompetenz von Lehrpersonen durch die Schulleitung

Eine Aufgabe von Schulleitung besteht darin ein achtsames Auge auf die Zeichen zu haben, die auf die Selbstkompetenz und das Wohlbefinden der Lehrpersonen hinweisen. Dabei wäre auf eine Reihe von möglichen Indikatoren zu achten:

- Abwesenheitsmuster: Häufung von Fehltagen, die Überlastung signalisieren könnten.
- Verhaltensänderungen: Rückzug oder veränderte Interaktionen, die Stress anzeigen können.
- Kommunikationsstil: Negative Ausdrücke oder Reizbarkeit, die psychische Belastungen nahelegen.
- Feedback: Aussagen von Schülerinnen sowie von Kollegen und Kolleginnen, die wichtige Hinweise geben können.
- Körperliche Zeichen: Erscheinungsbild und Müdigkeit als Indikatoren für Erschöpfung.
- Unterrichtsqualität: Veränderungen in der Unterrichtsgestaltung oder Begleitung der Schülerinnen, die auf Herausforderungen hinweisen.

Die Begleitung von Lehrpersonen durch die Schulleitung zielt darauf ab, persönliche und professionelle Herausforderungen zu meistern. Dazu zählen z. B. ein massiver Selbstzweifel oder eine starke Überforderung. Es ist wichtig, dass Lehrpersonen ihre eigenen Lebensgeschichten und systemischen Einflüsse reflektieren und Möglichkeiten haben, sich gegebenenfalls damit konstruktiv auseinanderzusetzen. Unter Umständen kann es angemessen sein, wenn die Schulleitung für ein entsprechendes Gespräch zur Verfügung steht. Die Förderung solcher Selbstreflexion im schulischen Rahmen kann zu größerer Zufriedenheit und Freude an der eigenen Lehrtätigkeit führen. Es liegt an der Schulleitung, ein unterstützendes Umfeld zu gestalten, das die Bindung untereinander stärkt, die Selbstkompetenz der Lehrer fördert, und dadurch erfolgreiche Lernprozesse und ein Gefühl der Zugehörigkeit ermöglicht. Im Kern steht das Vertrauen in die eigene Arbeit und die Wertschätzung aller Lehrpersonen als essenzielle Teile der Schule. Das Ziel besteht darin, eine Kultur des Respekts und gegenseitigen Vertrauens zu schaffen, in der jeder und jede das Beste gibt.

Folgende Aspekte sind für die Stärkung der Lehrpersonen hilfreich:

- Selbstkompetenz und Selbstführung: Lehrpersonen sollen lernen, im Schulalltag stabil zu bleiben und einen konstruktiven Umgang mit ihren Emotionen zu finden.
- Grundlegendes Vertrauen: Ein gutes Vertrauen in die eigenen Fähigkeiten ist entscheidend, um den Herausforderungen des Lehrberufs zu begegnen.
- Biografische Integration: Die Reflexion der eigenen Lebensgeschichte hilft dabei, die Auswirkungen persönlicher Erfahrungen auf das professionelle Handeln zu verstehen.
- Achtsamkeit und Resilienz: Diese Fähigkeiten sind wichtig, um die Selbstkompetenz zu stärken und mit beruflichen Herausforderungen gesund umzugehen.
- Selbstverantwortung und Autonomie: Es ist notwendig, den Lehrpersonen Freiräume zu schaffen, in denen sie eigenverantwortlich handeln können.

7.1.4 Die Handlungsfelder als Schulleitung

Das Schaffen eines gesunden Arbeitsumfeldes liegt maßgeblich in der Verantwortung der Schulleitung. Dieses stärkt die Lehrpersonen und fördert ein kooperatives Arbeiten. Das Ziel ist es, optimale Rahmenbedingungen zu schaffen, die es den Lehrpersonen erlauben, neben ihrer Arbeit mit den Schülerinnen auch auf ihre persönliche Weiterentwicklung und Regeneration zu achten.
Dazu gehören:

- *Strukturelle Unterstützung und Ressourcenbereitstellung:* Die Schulleitung setzt sich für eine solide Basis durch ausreichende Ressourcen ein, die einen effektiven Unterricht ermöglichen und gleichzeitig persönliches sowie berufliches Wachstum durch Fortbildungen fördern.
- *Kommunikation und Feedback:* Eine Kultur des offenen Austauschs und der Wertschätzung ist für ein gutes Miteinander wichtig. Lehrpersonen sollen ermutigt werden, konstruktive Rückmeldungen zu geben und zu empfangen, wodurch das gegenseitige Vertrauen und das Wertschätzungsempfinden gestärkt werden.
- *Gesundheitsförderung und Prävention:* Es wären Programme zu etablieren, die auf Gesundheitsvorsorge abzielen und Lehrpersonen dabei unterstützen, stressbedingten Belastungen vorzubeugen und ihre gesamte Gesundheit zu festigen.

7.1.5 Maßnahmen zur Unterstützung der Lehrpersonen

Die Schulleitung der Maitlisek legt den Fokus auf die Förderung der Selbstkompetenz der Lehrpersonen. Das steht im Einklang mit dem pädagogischen Konzept. Es werden gezielte Weiterbildungsmaßnahmen in Bereichen wie Zeitmanagement und Achtsamkeit durchgeführt. Das Lehrpersonal erhält Coaching-Angebote, um sowohl neuen als auch erfahrenen Lehrpersonen Raum für ihre Entwicklung zu bieten. Ein gemeinschaftliches Arbeitsklima wird durch Teamarbeit und kollegialen Austausch geschaffen.

Die Wirksamkeit dieser Ansätze zeigt sich in vielfältigen positiven Auswirkungen im Schulalltag, etwa durch das Teilen von Erfolgserlebnissen und eine Kultur des wertschätzenden Feedbacks, welche die Anerkennung individueller Beiträge und die Schulgemeinschaft stärken. Durch regelmäßige Reflexionsgespräche und Beratungsangebote unterstützen wir die Lehrpersonen in ihrer beruflichen Entwicklung und beim Setzen klarer Ziele. Die Förderung des lebenslangen Lernens durch fortlaufende Weiterbildung und die Feier gemeinsamer Erfolge stärken zudem das Gemeinschaftsgefühl und die Schulidentität.

Emotionale Resilienz ist für uns ein Ergebnis aus individueller Selbstkompetenz, institutioneller Unterstützung und einer starken Schulgemeinschaft, die das Wohlbefinden fördert. Durch eine wertschätzende Führung, Raum für Austausch und das Bereitstellen von Ressourcen, wollen wir die Lehrpersonen in ihrer Selbstkompetenz bestärken und sie in ihrer pädagogischen Rolle unterstützen. Regelmäßige Reflexion, Achtsamkeitsübungen und das Setzen von professionellen Grenzen sind dabei zentral, um Burnout vorzubeugen und eine nachhaltige Lehrpraxis zu sichern. In schwierigen Zeiten ist es besonders wichtig, die Resilienz der Lehrpersonen zu stärken und ihnen bewusst zu machen, dass Selbstfürsorge ein wichtiger Teil der strukturellen und gemeinschaftlichen Verantwortung ist. So betrachten wir Selbstfürsorge nicht nur als persönliche, sondern auch als institutionelle Aufgabe innerhalb unseres Kollegiums und der gesamten Organisation.

7.1.6 Eigenverantwortung und Selbstkompetenz der Lehrpersonen

An der Maitlisek ist es das Anliegen der Schulleitung die Selbstkompetenz der Lehrpersonen zu stärken. Ein wesentlicher Punkt in der Entwicklung von Selbstkompetenz liegt in der Auseinandersetzung mit den eigenen Emotionen. Dazu ist es nötig, dass den Lehrpersonen entsprechende Formate zur Reflexion angeboten werden. Wir sind überzeugt, dass das Überwinden von Ängsten und persönlichen Widerständen essentiell für die Lehrerentwicklung ist. Durch die Förderung von Selbstreflexion, professioneller Weiterbildung und kollegialem Austausch unterstützen wir unsere Lehrpersonen dabei, widerstandsfähiger und selbstbestimmter zu handeln. Es ist die Aufgabe der Schulleitung, ihnen die nötigen Freiräume für Verantwortung und Entwicklung zu bieten und eine positive Schulkultur zu fördern.

Lehrpersonen müssen ihre Wirksamkeit durch Selbstreflexion erkennen und stärken, die sich in Fortschritten der Schülerinnen, positivem Feedback und Klassenengagement zeigt. Das pädagogische Konzept der Maitlisek unterstützt sie dabei durch:

- Raum für Retrospektive: Teamveranstaltungen ermöglichen das Teilen von Erfolgen und fördern das Lernen aus Erfahrungen.
- Individuelle Entwicklung: Durch persönliche Gespräche und Coaching werden die Reflexionsfähigkeit und das pädagogische Handeln weiterentwickelt.
- Kollegialer Austausch: Coachinggruppen bieten eine Plattform für stetige Verbesserungen und fördern ein gemeinschaftliches Lernumfeld.

Die Selbstführung und Selbstfürsorge sind dabei wesentlich, unterstützt durch Bewusstsein für eigene Prägungen. Dies wird erreicht durch:

- Selbstwahrnehmung: Bewusstsein für Gedanken, Gefühle und Körper.
- Emotionsregulation: Angemessener Umgang mit eigenen Emotionen.
- Selbstreflexion: Überdenken von Zielen, Werten und Handlungen.
- Zielorientierung: Setzen und Verfolgen von klaren Zielen.
- Achtsamkeitspraxis: Anwendung von Meditation und bewusstem Atmen zur Konzentration und Stressbewältigung.

7.1.7 Stärke durch Zusammenspiel

Die Maitlisek pflegt eine werteorientierte Schulkultur. Die Lehrpersonen sind aktiv in die Entwicklung des pädagogischen Konzepts involviert. Die Schulleitung achtet darauf, dass ein starkes Zugehörigkeitsgefühl entsteht. Vertrauensaufbau und Teilhabe verstärken den Zusammenhalt sowie die Sinnhaftigkeit des gemeinsamen Tuns.

Unsere pädagogische Praxis bereichern wir durch Teamteaching und kollegiale Hospitationen, die den fachlichen und persönlichen Austausch intensivieren. Regelmässige Meetings bieten Raum für den Austausch von Erfahrungen und die Entwicklung von Lösungsstrategien, was die Gemeinschaft und die Wirkungserfahrung der Lehrpersonen stärkt.

Ein professionelles Entwicklungsklima entsteht durch gegenseitiges Coaching und Peer-Feedback. Wir fördern eine Kultur der Offenheit, in der Lehrpersonen ermutigt werden, Unterstützung zu suchen und sich Herausforderungen zu stellen, um ihr persönliches Wachstum zu fördern. Die Überwindung von Selbstzweifeln und die Bereitschaft, Hilfe anzunehmen, sind wesentliche Schritte auf diesem Weg. Der Dialog über solche Herausforderungen und das Teilen von Erfahrungen schaffen Mehrwert und tragen zur Stärkung des individuellen Selbstbewusstseins bei. Lehrpersonen stärken ihre persönliche Selbstkompetenz gemeinsam durch:

- Teamarbeit: Die Zusammenarbeit in Teams verstärkt die Selbstwirksamkeit und fördert das gemeinsame pädagogische Engagement.
- Fortbildung: Kontinuierlicher Austausch und Weiterbildung ermöglichen die Weiterentwicklung der Selbstkompetenz und pädagogischen Fähigkeiten.
- Netzwerkbildung: Ein unterstützendes Netzwerk, bestehend aus Mentoring und kollegialer Hilfe, fördert gegenseitige Unterstützung und persönliches Wachstum.
- Schulklima: Die Mitgestaltung eines positiven Schulklimas und die Entwicklung von Wohlbefinden fördernden Strategien liegen in der gemeinsamen Verantwortung von Lehrpersonen und Schulleitung.

7.1.8 Sinn und Identifikation im Lehrerberuf durch aktive Beteiligung

Die Stärkung der Selbstkompetenz der Lehrpersonen in der Maitlisek beruht auf einer tiefen Identifikation mit dem Lehrerberuf und einem ausgeprägten Verständnis für die vielfältigen Bedürfnisse, die im Schulalltag aufeinandertreffen. Eine Kultur der Selbsthilfe ist hierbei zentral.

Herzklopfen beim Lehren und Lernen ist für uns mehr als eine Metapher; es ist ein Indikator für tiefe emotionale Beteiligung und steht für jene Momente, in denen Bildung lebendig wird – durch Begeisterung, Inspiration und geteilte Erlebnisse. Es ist das Ziel der Schulleitung eine Umgebung zu schaffen, in der Passion und Begeisterung im Bildungsprozess sich zeigen soll.

Die Rolle als Schulleitung geht weit über die Verwaltung hinaus; sie schafft strukturelle Rahmenbedingungen, die Teamarbeit und kollegialen Austausch erleichtern, sie organisiert Fortbildungen zu relevanten pädagogischen Themen an und fördert eine offene, wertschätzende und partizipative Führungskultur. Diese Aspekte tragen maßgeblich zur Stärkung der Selbstkompetenz und des Wohlbefindens unserer Lehrpersonen bei.

Durch Entwicklungsteams und den Aufbau einer Schulkultur, die auf echten Beziehungen, Respekt und gegenseitiger Wertschätzung fußt, gewährleistet Schulleitung, dass jede Lehrkraft sich voll einbringen und entwickeln kann. Indem sie auf Augenhöhe agiert und eine horizontale Führungskultur praktiziert, stärkt sie die Selbstkompetenz jedes Einzelnen. Damit kann ein Umfeld von Wertschätzung und Motiviertheit entstehen.

7.1.9 Instrumente zur Förderung der Selbstkompetenz

In der vielschichtigen Welt der Pädagogik dient der Kompass nicht nur als Symbol der Orientierung; er ist ebenso ein nützliches Werkzeug für Lehrpersonen bei der Selbstführung. Die Schulleitungen unterstützt er in der Begleitung von Lehrpersonen auf dem Weg zur Förderung ihrer Selbstkompetenzen.

Orientierung durch Navigation: Ähnlich wie ein Navigator die Richtung auf hoher See bestimmt, nutzen Lehrpersonen und die Schulleitung den Kompass, um den Weg durch die dynamische Landschaft der Bildung zu weisen. Er dient als konstante Erinnerung daran, dass der Kurs jederzeit angepasst werden kann, um auf Veränderungen zu reagieren und die individuelle sowie kollektive Reise der Selbstentfaltung zu unterstützen. Dabei agiert die Schulleitung nicht nur als Navigator, sondern auch als Coach und Unterstützer.

Der Kompass als Instrument: Der Kompass als Modell bedient verschiedene thematische Schwerpunkte und spezifische Aspekte der Schulentwicklung:

- Führungskompass für Schulleitungen: Dieser Kompass leitet die Schulleitung selbst in ihrem Führungsstil und -ansatz. Er unterstützt sie dabei, Visionen klar zu kommunizieren, den Lehrpersonen Orientierung zu bieten und ein Umfeld zu schaffen, das autonomes und zielgerichtetes Arbeiten fördert.
- Kompass der Selbstkompetenz für Lehrpersonen: Dieser Kompass richtet sich an die Lehrpersonen und hilft ihnen, ihre eigenen beruflichen Wege zu definieren, selbstregulierend zu agieren und ihre eigenen Bildungsphilosophien zu schärfen.
- Kompass der Selbstreflexion: Ein Instrument, das Lehrpersonen ermöglicht, innezuhalten, ihre Praxis zu reflektieren und daraus abgeleitet zu handeln. Es ist ein Werkzeug der persönlichen und beruflichen Weiterentwicklung und des lebenslangen Lernens.

Diese Kompassarten bieten in ihrer Gesamtheit eine 360-Grad-Sicht auf die persönliche und professionelle Entwicklung und schaffen ein kohärentes System, das Lehrpersonen und Schulleitungen dazu ermächtigt, den Kurs immer wieder neu zu bestimmen. Sie unterstützen eine konstruktive Selbstführung und fördern die Fähigkeit, mit Veränderungen proaktiv umzugehen und das eigene Handeln stets an den Kernwerten der Bildung auszurichten. Die Kompassarten werden in der Maitlisek situativ und gezielt in Personalgesprächen eingesetzt.[MV1]

[MV1]Neuer Text

7.1.10 Führungskompass für Schulleitungen

Der Führungskompass für die Schulleitung, der darauf abzielt, die Selbstkompetenz der Lehrpersonen zu fördern, weist vier Schlüsselbereiche auf, die für die

Entwicklung und Unterstützung eines leistungsfähigen und zufriedenen Lehrkörpers wesentlich sind. Jede Himmelsrichtung dieses Kompasses repräsentiert einen Bereich, in dem Schulleitungen gezielt Maßnahmen ergreifen können, um ein positives und förderliches Arbeitsumfeld zu schaffen. Der Führungskompass für Schulleitungen unterstützt nicht nur die Selbstkompetenz der Lehrpersonen, sondern trägt auch zur Schaffung einer dynamischen, unterstützenden und zielorientierten Schulkultur bei.

Abb. 1: Führungskompass für die Schulleitung

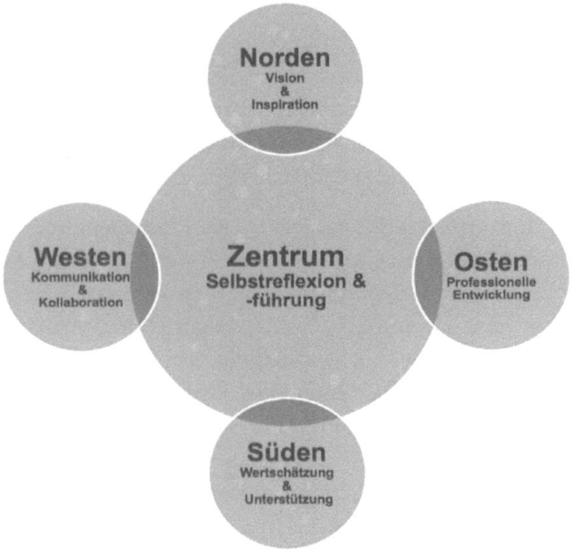

Norden: Vision und Inspiration

- **Handlungen:** Klar definierte, inspirierende Visionen und Ziele für die Schule kommunizieren. Lehrpersonen in den Prozess der Visionserstellung einbeziehen, um ein gemeinsames Verständnis und Engagement für die schulischen Ziele zu fördern.
- **Ziel:** Lehrpersonen fühlen sich inspiriert, ihre Rolle im grösseren Bild der Schulentwicklung zu sehen und tragen aktiv zur Erreichung gemeinsamer Ziele bei.

Osten: Professionelle Entwicklung

- **Handlungen:** Kontinuierliche Fortbildung und professionelles Wachstum unterstützen. Möglichkeiten für Lehrpersonen schaffen, neue Fähigkeiten zu erlernen und sich in Bereichen, die ihnen wichtig sind, weiterzuentwickeln.
- **Ziel:** Lehrpersonen erkennen und nutzen Möglichkeiten zur beruflichen Weiterentwicklung, was ihre Selbstkompetenz und Selbstwirksamkeit steigert.

Süden: Wertschätzung und Unterstützung

- **Handlungen:** Eine Kultur der Wertschätzung etablieren, in der Erfolge anerkannt und Herausforderungen empathisch und unterstützend angegangen werden. Ressourcen und Hilfen bereitstellen, um Lehrpersonen in ihrer Arbeit zu unterstützen.
- **Ziel:** Lehrpersonen fühlen sich geschätzt und unterstützt, was zu einer höheren Arbeitszufriedenheit und Motivation führt.

Westen: Kommunikation und Kollaboration

- **Handlungen:** Offene und effektive Kommunikationskanäle etablieren. Teamarbeit und kollegialen Austausch fördern, um ein Umfeld der Zusammenarbeit und des gegenseitigen Lernens zu schaffen.
- **Ziel:** Lehrpersonen engagieren sich aktiv in professionellen Netzwerken und Arbeitsgruppen, was zu einer stärkeren Gemeinschaft und einem verbesserten pädagogischen Ansatz führt.

Zentrum: Selbstreflexion und -führung

Im Zentrum des Führungskompasses steht die Förderung der Selbstreflexion und -führung unter den Lehrpersonen. Schulleitungen sollten Lehrpersonen ermutigen, ihre eigene Praxis regelmässig zu reflektieren, persönliche Ziele zu setzen und Strategien für ihre eigene Entwicklung zu entwickeln.

- **Handlungen:** Werkzeuge und Zeiten für persönliche Reflexion bereitstellen; Coaching und Mentoring anbieten.
- **Ziel:** Lehrpersonen entwickeln ein tiefes Verständnis ihrer Stärken und Bereiche für Wachstum, was zu einer kontinuierlichen persönlichen und professionellen Entwicklung führt.

Kompass der Selbstkompetenz für Lehrpersonen

Der Kompass der Selbstkompetenz für Lehrpersonen weist vier Schlüsselbereiche auf, die für die persönliche und berufliche Entwicklung essentiell sind. Jede Himmelsrichtung symbolisiert einen Aspekt der Selbstkompetenz, der gezielt gefördert werden kann, um Lehrpersonen in ihrem Alltag und in ihrer Rolle als Pädagogen zu stärken.

Abb. 2: Kompass der Selbstkompetenz für Lehrpersonen

Norden: Pädagogische Kompetenz

- **Handlungen:** Fortlaufende fachliche und didaktische Weiterbildung, Einsatz innovativer Lehrmethoden, Reflexion und Anpassung der Unterrichtspraxis.
- **Ziel:** Sicherheit in der Vermittlung des Lehrstoffs und in der Gestaltung eines lernfördernden Umfelds.

Osten: Emotionale Intelligenz

- **Handlungen:** Entwicklung der Fähigkeit, die eigenen Emotionen und die der Schülerinnen und Schüler zu verstehen und angemessen darauf zu reagieren; Aufbau starker Beziehungen zu den Schülerinnen und Schülern.

- **Ziel:** Schaffung einer positiven Lernatmosphäre, die das Wohlbefinden und die Motivation der Schülerinnen und Schüler fördert.

Süden: Selbstreflexion

- **Handlungen:** Regelmässige Selbstreflexion über die eigene Lehrpraxis, Setzen persönlicher Entwicklungsziele, Einholung und Umsetzung von Feedback.
- **Ziel:** Kontinuierliche persönliche und berufliche Weiterentwicklung, Anpassungsfähigkeit und Offenheit für Veränderung.

Westen: Work-Life-Balance

- **Handlungen:** Entwicklung von Strategien für ein gesundes Gleichgewicht zwischen Berufs- und Privatleben, Einsatz von Stressmanagement-Techniken, Pflege sozialer Kontakte ausserhalb der Schule.
- **Ziel:** Erhaltung der eigenen Gesundheit und Leistungsfähigkeit, Vermeidung von Burnout.

Zentrum: Kernidentität und Werte

Im Zentrum des Kompasses steht die Kernidentität und die persönlichen Werte der Lehrkraft. Diese innere Kompassnadel leitet Lehrpersonen in ihrer Entwicklung und hilft ihnen, Entscheidungen im Einklang mit ihren grundlegenden Überzeugungen und Zielen zu treffen.

- **Handlungen:** Klärung der eigenen pädagogischen Werte, Verbindung des beruflichen Handelns mit diesen Werten, Stärkung des beruflichen Selbstverständnisses.
- **Ziel:** Eine starke, selbstbewusste Lehrerpersönlichkeit, die authentisch handelt und ihre pädagogische Arbeit sinnstiftend gestaltet.

Durch die Fokussierung auf diese Bereiche können Lehrpersonen eine umfassende Selbstkompetenz entwickeln, die nicht nur ihre Effektivität im Klassenzimmer steigert, sondern auch ihr persönliches Wohlbefinden und ihre berufliche Zufriedenheit erhöht.

7.1.11 Kompass der Selbstreflexion für Lehrpersonen

Der Kompass der Selbstreflexion ist ein kraftvolles Werkzeug, das Lehrpersonen und Schulleitungen helfen kann, ihre persönlichen und beruflichen Pfade bewusst zu navigieren. Dieser metaphorische Kompass besteht aus vier Himmelsrichtungen, die jeweils unterschiedliche Aspekte der Selbstreflexion und persönlichen Entwicklung repräsentieren. Jede Richtung fordert zur Auseinandersetzung mit spezifischen Fragen und Handlungen auf, die zur Stärkung des Selbstbewusstseins, der Selbstkompetenz und der Selbstwirksamkeit beitragen.

Abb. 3: Kompass der Selbstreflexion für Lehrpersonen

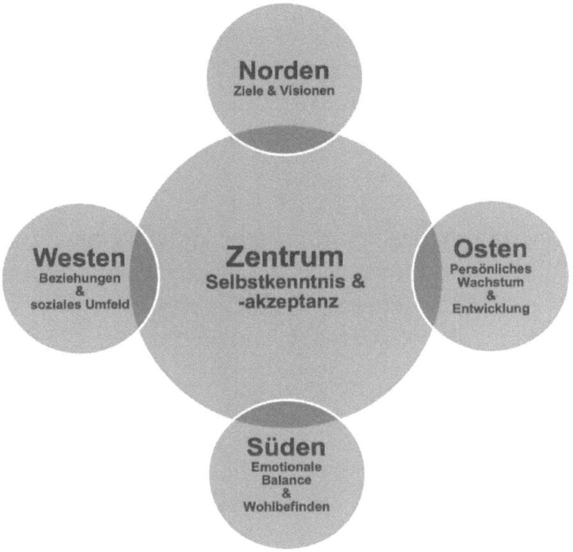

```
                    Norden
                 Ziele & Visionen

    Westen         Zentrum          Osten
  Beziehungen   Selbstkenntnis &  Persönliches
      &            -akzeptanz      Wachstum
 soziales Umfeld                      &
                                  Entwicklung

                    Süden
                  Emotionale
                    Balance
                      &
                 Wohlbefinden
```

Norden: Ziele und Visionen

- **Fragen:** Wo möchte ich hin? Welche langfristigen Ziele und Visionen habe ich für mein Leben und meine Karriere?
- **Handlungen:** Definition klarer, messbarer Ziele; Erstellung eines Aktionsplans zur Zielerreichung; regelmäßige Überprüfung und Anpassung der Ziele.

Osten: Persönliches Wachstum und Entwicklung

- **Fragen:** Welche neuen Fähigkeiten möchte ich erlernen? Welche Bereiche meiner Persönlichkeit möchte ich weiterentwickeln?
- **Handlungen:** Teilnahme an Fortbildungen und Workshops; Selbststudium; Einholung von Feedback; praktische Anwendung neuer Kenntnisse und Fähigkeiten.

Süden: Emotionale Balance und Wohlbefinden

- **Fragen:** Wie geht es mir emotional? Wie manage ich Stress und Herausforderungen? Wie sorge ich für mein emotionales Wohlbefinden?
- **Handlungen:** Praktizieren von Achtsamkeit und Selbstfürsorge; Etablieren eines unterstützenden sozialen Netzes; Inanspruchnahme professioneller Unterstützung bei Bedarf.

Westen: Beziehungen und soziales Umfeld

- **Fragen:** Wie gestalte ich meine Beziehungen zu Kolleg:innen, Schüler:innen und meinem sozialen Umfeld? Wie trage ich zu einem positiven Umfeld bei?
- **Handlungen:** Aktives Zuhören und empathische Kommunikation; Aufbau und Pflege positiver Beziehungen; Engagement in der Gemeinschaft und im Team.

Zentrum: Selbstkenntnis und -akzeptanz

Im Zentrum des Kompasses steht die Selbstkenntnis – ein tiefes Verständnis der eigenen Stärken, Schwächen, Werte und Überzeugungen. Die Selbstakzeptanz ist die Grundlage für die persönliche Entwicklung und das Wachstum in den anderen vier Richtungen.

- **Fragen:** Wer bin ich? Was sind meine Werte und Überzeugungen? Wie akzeptiere ich mich selbst?
- **Handlungen:** Reflexion über persönliche Erfahrungen und Glaubenssätze; Tagebuchführung; Meditation und Selbstreflexionsübungen.

Die Anwendung des Kompasses der Selbstreflexion erfordert regelmäßige, bewusste Momente der Reflexion. Lehrpersonen und Führungskräfte können dafür feste Zeiten in ihrem Alltag einplanen, um sich mit den verschiedenen Aspekten ihres Lebens und ihrer Arbeit auseinanderzusetzen. Der Schlüssel liegt darin, sich selbst offene Fragen zu stellen, ehrlich zu sich selbst zu sein und proaktive Schritte zur persönlichen Entwicklung zu unternehmen.

Durch die Arbeit mit dem Kompass der Selbstreflexion können Lehrpersonen und Führungskräfte ein tiefes Verständnis für sich selbst entwickeln, ihre Handlungen und Entscheidungen bewusster gestalten und ein erfüllteres, ausgewogeneres Leben führen.

7.1.12 Zusammenfassung: Stärkung der Selbstkompetenz von Lehrpersonen an der Maitlisek – Ein gemeinschaftliches Engagement

Die Maitlisek verfolgt einen ganzheitlichen Ansatz zur Stärkung der Selbstkompetenz ihrer Lehrpersonen, der sich in einem systemischen, auf Unterstützung und Entwicklung ausgerichteten Schulkonzept widerspiegelt. Durch die Schaffung eines unterstützenden Umfelds, das individuelle Entwicklung, Teamarbeit und offenen Austausch fördert, zielt die Schulleitung darauf ab, Lehrpersonen bei der Bewältigung von Leistungsansprüchen und perfektionistischen Tendenzen zu helfen und ein positives Selbstbild zu fördern. Kern der Bemühungen ist die Förderung einer positiven Schulkultur, geprägt von Respekt und Wertschätzung, welche das Wohlbefinden der Lehrpersonen in den Mittelpunkt stellt. Die Bemühungen umfassen individuelle Anstrengungen und kollektive Unterstützung durch das gesamte Lehrerteam, angeleitet durch einen systemischen Ansatz, der praktische Methoden zur Effektivierung dieses Prozesses bereitstellt. Dieser mehrdimensionale Zugang ist in den Werten und dem pädagogischen Konzept der Maitlisek verwurzelt.

7.2 Salutogenese von Lehrpersonen: Was kann Schulleitung dazu beitragen?

Timo Off

7.2.1 Hinführung

Im Herzen einer jeden Schule schlägt nicht nur das pädagogische Konzept, sondern vor allem auch das Engagement der Schulleitung, die Gesundheit und das Wohlbefinden ihrer Lehrkräfte zu fördern. Die Salutogenese rückt dabei in den Fokus der schulischen Gesundheitsförderung.

Wenn eine Schulleiterin bemerkt, dass während einer Pausenaufsicht eine Lehrkraft sichtlich unaufmerksam, erschöpft, gestresst durch die Schule schleicht, kann die Schulleiterin zur Ordnung rufen – oder grundsätzlicher auf dahinterliegende Strukturen schauen. Dieses alltägliche Bild nimmt die Schulleiterin vielleicht zum Anlass, nicht nur das individuelle Gespräch zu suchen, sondern auch strukturelle Veränderungen zu durchdenken und anzustoßen, die das Wohlergehen des Kollegiums insgesamt in den Vordergrund stellen. Schulleitung kann durch bewusste Gestaltung schulischer Strukturen und Abläufe, durch empathisches Vorleben und gezielte Unterstützungsangebote einen gesundheitsfördernden Rahmen schaffen, der Lehrkräfte dabei unterstützt, trotz der Herausforderungen im Schulalltag ihre Gesundheit zu bewahren und zu stärken.

7.2.2 Salutogenese in der Schule

Salutogenese bezieht sich auf den Ursprung und die Erhaltung von Gesundheit (siehe Kapitel 2.1 in diesem Band). Im Kern steht die Frage, was Menschen gesund hält, anstatt darauf zu schauen, was sie krank macht. Aaron Antonovsky identifizierte das „Kohärenzgefühl" (Sense of Coherence, SoC) als zentralen Faktor, der erklärt, wie Menschen Stressoren erfolgreich bewältigen und somit ihre Gesundheit fördern können. Das Kohärenzgefühl setzt sich aus drei Komponenten zusammen:

- Verstehbarkeit
- Handhabbarkeit und
- Sinnhaftigkeit.

Übertragen auf Schule fokussiert die Salutogenese hier nun auf die Entwicklung und Stärkung dieser Komponenten bei der Schulleitung und bei den Lehrkräften, um deren Wohlbefinden und Gesundheit zu fördern (Bruun Jensen/Dür/Buijs 2019).

Lehrpersonen stehen häufig unter hohem psychosozialem Stress, bedingt durch komplexe Anforderungen und den hohen Druck, der in Bildungseinrichtungen vorherrscht (Rothland 2013). Uwe Schaarschmidts Studien in diesem Bereich haben gezeigt, dass Lehrkräfte verschiedenen Risikomustern der Gesundheit unterliegen. Die Erlebens- und Verhaltensmuster von Lehrpersonen reichen von resilienten bis zu erschöpften Zuständen. Schaarschmidt (2005) identifizierte dabei, dass ein signifikanter Anteil von Lehrkräften Muster aufweist, die auf eine mangelnde Distanzierungsfähigkeit von der Arbeit, geringe Widerstandskraft gegenüber Belastungen und eine Tendenz zur Resignation hinweisen. Diese Erkenntnisse verdeutlichen die Notwendigkeit, salutogene Ansätze in Schulen zu integrieren, um Lehrkräfte in ihrem beruflichen Wohlbefinden zu stärken und Burnout vorzubeugen. Das Entwickeln von Selbstkompetenz, wie sie im vorliegenden Band konzipiert ist, kann dafür hilfreiche Impulse liefern.

Die Rolle der Schulleitung: Die Schulleitung spielt eine entscheidende Rolle bei der Förderung der Salutogenese unter Lehrkräften. Sie kann dies tun, indem sie förderliche Strukturen schafft (siehe Punkt 3), den Berufseinstieg (siehe Punkt 4) begleitet, selbst als Vorbild agiert (siehe Punkt 5) und schließlich auch auf sich selbst achtet (siehe Punkt 6). Jedoch hat die Schulleitung auch Grenzen in ihrem Einflussbereich. Strukturelle Probleme des Bildungssystems oder gesellschaftliche Erwartungen können über den Handlungsspielraum einer einzelnen Schule hinausgehen. Zudem ist die individuelle Verantwortung der Lehrkräfte für ihre eigene Gesundheit und deren persönliche Grenzen zu respektieren (siehe Punkt 7). Eine Schulleitung kann gute und auch viele Rahmenbedingungen und Anreize schaffen, zugleich gilt es anzuerkennen, dass die individuelle Umsetzung des salutogenen Ansatzes letztlich auch in der Hand der einzelnen Person selbst liegt.

7.2.3 Die Bedeutung förderlicher Strukturen

Unterricht und Lernen findet nie frei, sondern immer in bestimmten Strukturen statt. Sie geben dem schulischen Alltag den notwendigen Rahmen. Zugleich stellen sie Vorgaben und Bedingtheiten. Im Folgenden soll es um die Strukturen gehen, zu denen sich Schulleitung verhalten kann.

Wesentliche Strukturen sind:

- rechtlich
- materiell
- innerschulisch-organisatorisch
- pädagogisch-didaktisch und
- interpersonell.

Diese Strukturen wiederum unterliegen dem gesellschaftlichen Rahmen.

Abb. 1: Strukturen, in denen Schule stattfindet.

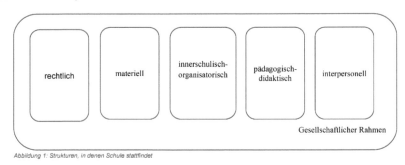

Abbildung 1: Strukturen, in denen Schule stattfindet

Unter den *rechtlichen* Strukturen verstehen wir Gesetze, Verordnungen, Lehrpläne oder ministerielle Vorgaben. Sie sind von außen gegeben und durch politisches oder gewerkschaftliches Engagement nur sehr schwerfällig und langsam zu ändern. Sie werden politisch entschieden, denn das „gesamte Schulwesen steht unter der Aufsicht des Staates" (Grundgesetz, Artikel 7).

Die *materielle* Struktur besteht aus allem, was in der Schule physisch vorhanden ist, also z. B. Schulgebäude, Parkplätze, Tische, Räume mit ihrem Aufbau, der

Anzahl an Lehrerarbeitsplätzen, die digitale Infrastruktur (z. B. WLAN, digitale Tafeln), der Anzahl an Türen zum Schulleiterbüro, usw.

Die *innerschulisch-organisatorischen* Strukturen sind die Abläufe und Organisationsformen, die sich jede Schule im Wesentlichen selbst gibt. Manches davon ist über so viele Jahre angelegt und so stark traditionell, dass es für viele Menschen in der Schule und im Schulsystem „undenkbar" erscheint, diese Abläufe anders zu gestalten. Hierzu zählen z. B. Stundentaktung, Konferenzen, Schulbeginn, Wissensmanagement, das Einarbeiten neuer Mitarbeiter und Mitarbeiterinnen, die Regeln für den Kopierer und wirklich sehr viel mehr.

Die *pädagogisch-didaktische* Struktur setzt sich zusammen aus den offiziell festgelegten und den impliziten Konzepten, die Lehrkräfte anwenden, um Lerninhalte zu vermitteln. Dazu gehören z. B. auch die pädagogischen Ansätze, die die Schulkultur und das Lernklima prägen oder die gesamtschulische Haltung zur individuellen Förderung von Schülerinnen und Schülern.

Die *interpersonelle* Struktur umfasst die ausgesprochenen (also festgelegten) und unausgesprochen (also informellen) Kommunikationswege in der Schule. Hierunter verstehen wir beispielsweise den Geschäftsverteilungsplan, den Ablauf bei der Zeugnisverleihung, die tägliche Kommunikationswege zwischen Sekretariat und Lehrkräften, oder die Zusammenarbeit zwischen Personalrat und Schulleitung.

Durch den *gesellschaftlichen Rahmen* ist der umfassende Zusammenhang gegeben, in dem sich Schule befindet und der auf Schule wirkt. Hierin sind zum Beispiel globale Herausforderungen (wie die Corona-Pandemie, Naturkatastrophen) oder gesellschaftspolitische Ereignisse und Entwicklungen (wie z. B. eine wirtschaftliche Rezession, Terroranschläge oder auch eine Fußball-Weltmeisterschaft, über die alle reden) zu nennen.

Mit allen diesen fünf Strukturen und auch dem gesellschaftlichen Rahmen kann Schulleitung nun aktiv und für die Schulgemeinschaft förderlich umgehen, so dass die Tätigkeiten und Aufgaben im schulischen Alltag verstehbar und handhabbar sind und als sinnvoll erlebt werden können.

Die rechtliche Struktur

Die rechtliche Struktur scheint fest und vorgegeben. Die Direktiven aus dem Ministerium unumstößlich. Die Sprache der Vorschriften, Erlasse und Gesetze kann in ihrer Eindeutigkeit, aber auch mit ihren Eigenheiten auf einen Pädagogen oder eine Pädagogin abschreckend wirken. Es mag sogar sein, dass diese Vorgaben nur schlecht vom Kollegium verstanden werden. Treten also neue Rechtsvorschriften in Kraft, hilft es einem Kollegium, wenn die Schulleitung diese Vorschriften zusammenfasst, in einen größeren Rahmen setzt und sie erklärt. Denn neben der oft unverständlichen Rechtssprache kann es unterstützend wirken, auch die Hintergründe und möglicherweise die politische Zielrichtung zu verstehen, um mit neuen Regeln umzugehen. Dies ist auch dann möglich, wenn Schulleitung auf persönlicher Ebene dieses Vorgehen nicht für gut befindet. Eine äußerliche Distanzierung hilft an dieser Stelle nicht. („…wir machen das halt für das Ministerium, auch wenn das Quatsch ist.") Denn der Kollege oder die Kollegin erlebt diesen kommunikativen Moment als inkongruent. Er muss es machen, aber seine Schulleitung sagt, es sei nicht sinnvoll. Um also ministerielle Entscheidungen verstehbar zu machen, ist es wichtig, dass das Kollegium erklärt bekommt, wie und vor allem warum, d. h. also auch mit welcher aktuellen landespolitischen Ausrichtung, zum Beispiel eine neue Versetzungsregel gilt. Damit schafft die Leitung zwar auch Distanz, aber sie ist verständnisorientiert und auf den Alltag bezogen. Eine Abwertung (z. B. „Quatsch") ist dann nicht mehr notwendig.

Ebenso ist die Operationalisierung hilfreich. Ministerielle Texte, die oft auf das juristisch Notwendige gekürzt sind, müssen auf die Praxis angewendet werden. Wie geht man also ganz praktisch mit diesem Gesetz um? Das Kollegium fragt sich wahrscheinlich: Welche Auswirkungen hat das für uns im Alltag, wo ändert sich ein Ablauf, ein Formular oder gar die Zeugniskonferenz? Weil das oftmals als überfordernd erlebt wird gibt es Schulleitungen, die das Kollegium zwar nicht von der Pflichtlektüre der monatlichen Rechtsvorschriften entbinden, aber eine Synopse der wesentlichen Neuerungen bereitstellen. Auch eine regelmäßige Rubrik „Aktuelle Rechtsfragen" in Konferenzen ist möglich. Dies wird ganz sicher keine Begeisterung hervorrufen, doch ist der klare Umgang mit Rechtsvorschriften entlastend für den Alltag.

Befragt man Schulleitungen, die in überregionalen Schulpreisen ausgezeichnet wurden, nach einem „Erfolgsrezept", so fällt oft der Hinweis auf den Spielraum, den es innerhalb der Vorschriften gibt. Zudem hilft es, wenn man nicht alle Fragen mit der nächsthöheren Ebene erörtert. So kann mehr Freiraum entstehen, der im Sinne der gesundheitsförderlichen Schulgestaltung genutzt werden kann.

Die materielle Struktur

Das Jammern über den allgemeinen baulichen Zustand gehört (oft zurecht) zum Standardinhalt in Artikeln über Schulen. Eine gute materielle Struktur einer Schule ist in Zeiten von selten gut gefüllten öffentlichen Kassen der Schulträger eine große Herausforderung. Dabei ist es jeder und jedem offensichtlich, dass eine gute, zuverlässig funktionierende Ausstattung einer Schule das Wohlbefinden der Lehrpersonen und Lernenden deutlich erhöhen kann. Andersherum führen die kleinen alltäglichen Dinge, die nicht funktionieren, häufig zu Genervtheiten, die wiederum den Grad an Arbeitszufriedenheit senken.

Im Sinne einer salutogenen Ausrichtung sollte Schulleitung aufmerksam für die Nöte der Lehrkräfte in diesem Bereich bleiben und diese aktiv angehen. Auch an dieser Stelle ist eine sinnstiftende, klare Kommunikation hilfreich. Beispielsweise sollten in diesem Bereich alle Lehrkräfte, insbesondere die neu eingestellten, erst einmal nachvollziehen können, dass Haushaltsjahr und Schuljahr nicht identisch sind. Das bedeutet, dass Anschaffungen nur getätigt werden können, wenn diese mittelfristig eingeplant wurden. Es ist in Schulen kaum möglich, spontan einige Sitzmöbel oder ein Regal zu kaufen. Werden auch diese Strukturen verstehbar und die hierdurch entstehenden Fristen „quer zum Schuljahr" klar vermittelt, verringert dies das Stresserleben. Dadurch gibt die Schulleitung Orientierung.

Sinnvolle materielle Lösungen müssen nicht immer viel Geld kosten oder sind manchmal (mutig) auch einfach zu tun: Die Mehrfach-Steckdosen im Lehrerzimmer für die digitalen Endgeräte oder die durch kleine Wände abgetrennte Sitzecke, die ungenutzte Kammer, die mit ein wenig „Do-it-yourself"-Ansatz zu einem Ruheraum umfunktioniert wird oder der verwaiste Tisch in der Bücherei, der zu einem Lehrerarbeitsplatz wird.

Öffentliche Kassen sind selten prall gefüllt, daher lohnt sich ein Blick auf andere Quellen. Neben der regionalen Wirtschaft bietet es sich auch an, auf Stiftungen zu schauen, die passend zum jeweiligen Stiftungszweck Mittel ausschütten. Lungershausen (2023) stellt dar, wie man als Schulleitung aus momentan ca. 28.000 Stiftungen nach Stichwörtern und Bundesländern aussuchen und Stiftungen von Schulprojekten überzeugen kann.

Die innerschulisch-organisatorische Struktur

Auch innerschulisch-organisatorisch kann Schulleitung einiges tun, um die Verstehbarkeit und Handhabbarkeit des Lehreralltags zu verbessern. Wenn Lehrkräfte gefragt werden, welche Aspekte ihres Berufs ihnen missfallen, nennen sie häufig Verwaltungsaufgaben und als unnötig empfundene Konferenzen. In beiden Bereichen kann Schulleitung salutogen handeln. Gegen die im Verwaltungsbereich oft herrschende Unübersichtlichkeit und für eine strukturierte, gesundheitsfördernde Gestaltung des Schulalltags haben Schulleitungen durchaus Handlungsspielraum. Konkrete Bereiche, in denen Verbesserungen möglich sind, umfassen beispielsweise die Organisation der Dateiablage und die Gestaltung von Formularen. In einer gut organisierten Schule greifen Kollegium, Schulleitung und Verwaltung (mit unterschiedlichen Rechten) auf eine gemeinsame Dateiablage zu. So können die Lehrkräfte weitgehend auf aktuelle Klassen- und Kurslisten zugreifen oder für bestimmte Vorgänge die aktuellen Dateien nutzen. Um dies zu tun, ist die Dateiablage gut und verständlich strukturiert. In der Schule gibt es eine verantwortliche Person, die sich um die Pflege diese Dateistruktur kümmert, also beispielsweise veraltete Dateien in Archiv-Ordner umspeichert oder falsch einsortierte Dateien an passende Orte speichert. In dem also bestimmte (hier digitale) Wege erleichtert werden, reduziert sich das Stresserleben der Lehrkräfte.

Als ein weiteres Beispiel kann die Formulargestaltung dienen: Welche Formulare werden nicht (mehr) benötigt? Für welchen Vorgang lässt sich eine Vorlage erstellen? Wie können notwendige Formulare kürzer und einfacher gestaltet werden? Können Formulare digital so vorbereitet zur Verfügung gestellt werden, so dass beispielshalber ein Schreiben, in dem ein unerwünschtes Verhalten missbilligt wird, unkompliziert erstellt werden kann, oder dass ein Ablaufplan der Klassenfahrt schnell entworfen ist?

Auch Konferenzen werden (nicht nur in Schulen) selten als Entlastung oder Orte des Erkenntniszugewinns wahrgenommen. Schulleitung kann hier für massive Entlastung sorgen, indem sie ganz wesentlich zu Beginn des Schuljahres die Funktion der Konferenzen erläutert. Wenn eine Lehrkraft weiß, wofür die unterschiedlichen Konferenzen nötig sind (nicht nur rechtlich!), dann versteht sie besser, dass diese Zeit gut investierte Zeit sein kann. Darüber hinaus ist die Vorgabe einer klaren und einfachen Struktur hilfreich. Dies spart allen Beteiligten Zeit in Vorbereitung, Durchführung und Nachhalten der Beschlüsse.

Wenn die in diesem Bereich potenziell zur Verfügung stehenden Stellschrauben gut genutzt werden, läuft der Alltag geschmeidiger. Interessant ist dabei, dass dies einem Kollegium häufig gar nicht auffällt. (Kolleginnen und Kollegen, die neu in eine Schule kommen, nehmen die entlasteten Abläufe im Kontrast zur ehemaligen Schule oft im Vergleich wahr.) Es ist daher hilfreich, zum Beispiel über den örtlichen Personalrat, aktiv im Kollegium über die umgesetzten Maßnahmen zu sprechen, um dort ein Bewusstsein für die förderliche Haltung der Schule und der Schulleitung zu schaffen.

Die pädagogisch-didaktische Struktur

Auch die pädagogisch-didaktische Struktur der Schule kann im Sinne einer salutogenen Betrachtungsweise gestaltet werden, um die Gesundheiterhaltung und das Wohlbefinden aller Beteiligten zu fördern. Um die pädagogisch-didaktische Struktur verstehbar, handhabbar und für alle an der Schule als sinnvoll erlebbar zu gestalten, ist es wichtig Transparenz, Klarheit und Partizipation in den Fokus zu nehmen.

Wenn eine Schule für ihre pädagogische Arbeit Schwerpunkte formuliert, unterstützt das die innere Ausrichtung der Lehrkräfte. Eine geteilte Vision, die durch eine Schulentwicklungsgruppe oder den Schulleiter offengelegt wird, bietet einen Rahmen, in dem man sich aufhalten oder an dem man sich abarbeiten kann. Hat die Schule ein gelebtes Leitbild, das nicht nur im Dokumentenordner schmort, vermittelt es allen ein Gefühl von Kohärenz: „So sind wir. So machen wir das hier." Für die Vermittlung des Leitbildes bieten sich unterschiedliche Wege an. Dies kann die Auftaktkonferenz zum neuen Schuljahr sein, festgelegte Mottos für jeden Monat (orientiert am Leitbild) oder schön gestaltete Aushänge in mehreren Bereichen der Schule. Zu wissen, wofür die eigene Schule steht, gibt Orientierung und unterstützt das Kollegium: von der einzelnen Stunde über Elterngespräche bis hin zum Tag der offenen Tür. Dies stellt auch eine Brücke in die externe Kommunikation und damit zur Außendarstellung der Schule dar.

An der Diskussion über die pädagogisch-didaktische Struktur sollten sich alle Akteurinnen und Akteure beteiligen können (Schülerinnen, Schüler, Lehrkräfte, Eltern). Durch deren inhaltliche Beteiligung kann ein Gemeinschaftsgefühl hergestellt werden. Indem sich also diese Struktur durch Partizipation offen zeigt für Veränderung und Weiterentwicklung, kann sich damit die gesamte Schule an die Bedürfnisse der Schülerinnen, Schüler und Lehrkräfte immer wieder neu anpassen.

Um in der pädagogisch-didaktischen Struktur die Gesundheiterhaltung speziell auf der Ebene des Lehrerkollegiums zu verbessern, lassen sich die Themen Fortbildungen und Feedback nennen. Schulentwicklung, d. h. im Kern auch die Veränderung der pädagogisch-didaktischen Struktur, findet beständig statt, da sich Schule mit gesellschaftlichen oder schulpolitisch entschiedenen Veränderungen auseinandersetzt und hierauf reagiert. Gerade wenn eine Schule in der Transformation ist und sich neu ausrichtet, sind Fortbildungen für das Lehrerkollegium wichtig. Sie sollten niedrigschwellig, übersichtlich und einfach sein, so dass die individuellen Bedürfnisse der Lehrkräfte berücksichtigt werden können und die Teilnahme angstfrei möglich ist. Dies trägt dazu bei, dass Lehrkräfte die anstehenden Herausforderungen verstehen und leisten können. Fortbildungsformate, die sich vom klassischen Nachmittagsseminar im Landesinstitut unterscheiden, setzen sich vor Ort in Schulen immer mehr durch. Genannt seien hier beispielsweise schulinterne Mikrofortbildungen, Video-Tutorials von Kolleginnen und Kollegen, Online- oder Hybrid-Treffen. Ziel ist dabei, dass bedarfsgerechte Angebote unkompliziert und auch kurzfristig angeboten und ohne großen Aufwand durchgeführt werden können.

In der täglichen Arbeit sollten Lehrkräfte regelmäßig eine Rückmeldung zu ihrer Arbeit und ihrer Beschäftigung in und mit der pädagogisch-didaktischen Struktur erhalten. So gewinnen die guten Kräfte in der Ausrichtung der Schule immer mehr Energie. Dabei ist es in größeren Systemen für Schulleitungen oft eine zeitliche Frage, direkten Kontakt zu halten und die Rückmeldung unmittelbar geben zu können. Eine grundsätzlich wertschätzende Haltung gegenüber den Lehrkräften (Buhrow 2016) und gegebenenfalls eine Aufteilung der Zuständigkeit für einzelne Lehrergruppen innerhalb der Schulleitung könnten hierfür ein praktikables Vorgehen sein.

Die Eltern und auch die Schülerinnen und Schüler sollten gerade in diesem Bereich als inhaltliche Partner der Schule ernst genommen und in die Gestaltung einbezogen werden. Sie können zum Beispiel durch die Mitarbeit in Elternbeiräten, einer Schulentwicklungsgruppe oder die Unterstützung bei Schulprojekten einen wichtigen Beitrag leisten und so die pädagogische Struktur mitgestalten.

Die interpersonelle Struktur

Die interpersonelle Struktur einer Schule ist das Schmiermittel, welches das Schulleben fluide und beweglich macht, aber auch immer wieder für Zusammenhalt sorgt. Sie ist in vielen Bereichen nicht leicht zu greifen und doch so wesentlich. In der interpersonellen Struktur finden wir ausgesprochene, d. h. festgelegte und unausgesprochene, also informelle Kommunikationswege in der Schule wieder. Die festgelegten Kommunikationswege betreffen die bekannte Alltagsorganisation. Wo und wie werden Stundentafeln und Vertretungspläne kommuniziert? Wie findet eine Lehrkraft tägliche Aktualisierungen oder Handlungsaufforderungen? Eine klare Absprache bzw. Erwartungshaltung hilft, Stress zu reduzieren (siehe Praxismanual Handlungsfeld 3, Punkt 3). So könnte zum Beispiel geklärt sein, dass der Vertretungsplan zweimal pro Tag, das E-Mail-Postfach werktäglich und das „Weiße Brett" mit Mitteilungen wöchentlich gelesen wird. Auch die regelmäßigen Treffen von Fachschaften und/oder Jahrgangsteams fallen hierunter. Die Schulleitung kann den langfristigen Blick aufmachen, wenn zentrale Treffen zu Beginn des Schuljahres bekannt gemacht werden.

Die formal nicht festgelegten interpersonellen Strukturen beginnen „an der Kaffeemaschine" und enden an der Türschwelle des Schulleiters. Die Pausengespräche unter Lehrkräften können für das soziale Klima und die Informationsweitergabe wichtig sein. Zugleich prägen sie die Schule. Worüber wird geredet? Wird im Wesentlichen über den letzten und den nächsten Urlaub gesprochen? Wie wird übereinander und auch über die Schülerinnen und Schüler gesprochen? Auch der Umgang mit Flurgesprächen und Gerüchten ist es wert, betrachtet zu werden. Schulleitung sollte in diesem Bereich klare Standards setzen und als Vorbild (siehe unten Abschnitt 5) agieren. Dazu gehört es, nicht schlecht über abwesende Dritte reden – damit sind auch die Schülerinnen und Schüler gemeint – und immer stärker die Lösung als die Probleme zu betrachten. Hier geht es um ein Lenken der Aufmerksamkeit (siehe Praxismanual Handlungsfeld 1, Punkt 3).

Die gesamte Schulleitung tut gut daran, hinzuhören, was im Lehrerzimmer los ist, auch wenn sich in vielen Schulen trotz flacher Hierarchien durch das gegenseitige Rollenverständnis eine kleine bis mittlere Kluft zwischen Schulleitung und Lehrerschaft etabliert hat. Für die informellen Wege bietet sich für neue oder junge Lehrkräfte ein Patensystem an. Die gut ausgewählten Paten helfen den neuen Lehrkräften, die schulhausinternen Werte und Kommunikationswege kennenzulernen.

Schließlich lässt sich dieser informelle Aspekt z. B. auf Gesamtkonferenzen auch meta-kommunikativ aufschließen. Schulleitung kann auf den Aspekt der „Gestaltung des Schmiermittels" immer wieder eingehen und auch selbst als Sprecher in Konferenzen diesen Bereich ansprechen und vorleben. Es ist beispielsweise möglich, auf einer Konferenz, ohne übergriffig zu sein, über die Kommunikation mit Schülerinnen und Schülern zu sprechen oder das Miteinander in der Pause zu thematisieren. Hiermit vermag die Schulleitung auf die Art und Weise des gemeinsamen Kommunizierens Einfluss zu nehmen. Das kann auch dazu beitragen, dass im Kollegium eine gute Gesprächskultur entsteht (siehe Praxismanual Handlungsfeld 3).

Schulen sind komplexe Gebilde, die wie im obigen Modell dargestellt aus bestimmten Strukturen bestehen. All diese Strukturen sind nicht unabhängig, sondern miteinander verbunden und beeinflussen sich gegenseitig. Die Schulleitung spielt eine wichtige Rolle dabei, mit diesen Strukturen aktiv und förderlich umzugehen, so dass Schule verstehbar, handhabbar und als sinnvoll erlebt wird.

7.2.4 Einstiege in den Lehrerberuf als Chance zum nachhaltigen Aufbau von Selbstkompetenz nutzen

Der Einstieg in den Lehrerberuf ist ein wichtiger Schritt in die langjährige Laufbahn eines jeden Pädagogen. Da Lehrkräfte zu einem großen Teil selten ihren Beruf wechseln und in ihrer Lehrertätigkeit bis zur Pension bleiben, ist der langfristige Blick schon gleich im Start bedeutsam.

Denn in dieser Phase werden die Grundlagen für die weiteren Berufsjahre gelegt und Routinen etabliert, die sich förderlich oder schädlich auf die Gesundheit und das Wohlbefinden der Lehrerin, des Lehrers und ihrer Lernenden auswirken können (– siehe dazu auch den Beitrag von Maren Stolte in diesem Band, Kapitel 6.1).

Dieser Einstieg wird oft die dritte Phase genannt, wo die erste Phase das Studium und die zweite Phase die Lehramtsausbildung ist, so ist dann die dritte Phase eben der Einstieg in eine vielleicht unbefristete Anstellung mit einer deutlich höheren Stundenzahl pro Woche als noch im Referendariat.

Diese dritte Phase ist besonders wichtig für die Entwicklung eines salutogenen Unterrichts. In dieser Zeit lernen die Lehrpersonen, ihre eigenen Stärken und Schwächen zu erkennen, ihren Unterricht unabhängig von Ausbildern zu reflektieren und neue Methoden dauerhaft anzuwenden. Zudem bilden sich täglich und wöchentlich Routinen aus, wie das Arbeitspensum geschafft wird. Diese Routinen sollten so gestaltet sein, dass sie die Gesundheit und das Wohlbefinden fördern. Dazu gehören zuvorderst natürlich die zuverlässige Unterrichtsplanung, die, wenn sie gut gemacht ist, einen besser planbaren Alltag schafft. Junge Lehrkräfte werden für gewöhnlich nicht darauf vorbereitet, von vielleicht 10 Unterrichtsstunden pro Woche im Referendariat (mit Beratung und Betreuung) auf über 20 Stunden pro Woche zu wechseln. Wie auch in der Ausbildung gilt es hier, dauerhafte Überarbeitung zu vermeiden und auf ausreichend Freizeit zu achten.

Schule kann hier unterstützen, indem sie Fortbildungen speziell für diese Gruppe anbietet oder auf geeignete Formate des Landesinstituts verweist. Die mögliche Themenpalette ist vielfältig:

- Zeitmanagement und Aufgabenpriorisierung
- Routinen schaffen, die entlasten: stündlich, täglich, wöchentlich, monatlich, jährlich
- Möglichkeiten, die eigene Arbeit zu reflektieren
- Überlastungsanzeichen erkennen und darauf reagieren
- Eigene Emotionen regulieren
- Hilfsangebote kennen: Coaching, Beratung, Supervision, Psychologen, …
- Lebensrhythmen von Berufsleben, Freizeit, Familie kennen

Ein kompetenter Umgang mit den eigenen Grenzen und Emotionen sowie ein klares Rollenbewusstsein sind Elemente von Selbstkompetenz. Wenn es der Lehrperson gelingt, in der dritten Phase zwischen ihrem Selbst-sein und den beruflichen Anforderungen eine gute Balance zu finden, wird es ihr für die weiteren Berufsjahre eine gute Basis geben.

Die langfristige Gesundheiterhaltung der Lehrkräfte in der Schule ist wesentlich. Lehrkräfte, die sich gesund und wohl fühlen, sind in der Lage, ihren Unterricht effektiver zu gestalten und ihren Schülern ein besseres Lernumfeld zu bieten.

7.2.5 Die Rolle der Schulleitung als Vorbild

„Wenn der Schulleiter niest, hat die ganze Schule Schnupfen." – mit diesem kurzen Sprichwort wird die Bedeutung der Schulleitung als Stimmungsgeber, als Vorbild in der Schule kurz dargestellt. Hierzu gibt es mittlerweile zahlreiche empirische Studien (z. B. Bloom et al. 2014), die den Zusammenhang zwischen dem Führungsstil und dem Wohlbefinden der Schulgemeinschaft untersuchen. Schauen wir zur Beleuchtung dieses Themenbereichs zunächst auf das Führungsverhalten der Schulleitung und die Vorbildfunktion allgemein.

Das *Führungsverhalten* ist die Ausübung von Leitungsaufgaben mit dem Ziel, die Schulgemeinschaft zu organisieren, zu motivieren und auf gemeinsame Ziele auszurichten. In der Fachliteratur findet oft ein Vergleich zwischen einem transaktionalen und transformationalen Führungsstil statt. Obwohl beide Ansätze darauf abzielen, organisationale Ziele zu realisieren, unterscheiden sie sich hinsichtlich der Methoden und der Haltung, mit denen Führungskräfte diese Ziele erreichen. Dabei geht es unabhängig vom jeweiligen Führungsstil darum, in der Kommunikation mit allen Beteiligten möglichst klar zu sein und in der Entscheidungsfindung transparent.

Empirische Studien deuten darauf hin, dass der Führungsstil der Schulleitung einen signifikanten Einfluss auf das Wohlbefinden der Schulgemeinschaft hat. Während der transformationale Führungsstil darauf abzielt, Lehrkräfte und Schüler/innen zu inspirieren und zu motivieren und sich persönlich weiterzuentwickeln, versucht der transaktionale Führungsstil hingegen nach einem Austauschprinzip zwischen Schulleitung und Lehrkräften vorzugehen: Es werden klare Ziele, Aufgaben und Erwartungen definiert und die Schulleitung kontrolliert die erbrachte Leistung, honoriert diese mit materiellen oder immateriellen Anreizen und ahndet unerwünschtes Verhalten mit Kritik sowie Rückmeldungen. Es handelt sich um eine eher nüchterne Austauschbeziehung (Transaktion), in der die erbrachte Leistung der Mitarbeitenden auf die Reaktion der Führungskraft trifft, die in Form von Vergütung, Anerkennung und Kritik erfolgt.

Der transformationale Führungsstil kann besonders in Zeiten des Wandels und der Entwicklung einer Schulkultur effektiv sein, während die transaktionale Schulleitung für das Tagesgeschäft und die Aufrechterhaltung von Standards nützlich sein kann. In der Praxis vermischen oder ergänzen sich diese Stile oft, um den Anforderungen und Zielen der Schule gerecht zu werden. Studien zeigen jedoch, dass eine Betonung der transformationalen Führungspraktiken oft mit einem positiven Schulklima und dem Wohlbefinden der Lehrkräfte und Lernenden in Verbindung steht. (Für einen guten Überblick hierzu vbw, 2021.)

Die *Vorbildfunktion* bezieht sich auf dasjenige Verhalten (inklusive Haltung), das von anderen innerhalb der Schulgemeinschaft beobachtet und nachgeahmt werden kann. Die Leitung wird als konsistent wahrgenommen, wenn sie nach bestimmten, klaren und im Wesentlichen von der Schulgemeinschaft erwartbaren ethischen und pädagogischen Grundsätzen und Werten handelt. Dies kann zum Beispiel respektvolles Verhalten gegenüber allen Mitgliedern der Schulgemeinschaft sein. Bezogen auf ein gesundheitsförderndes Verhalten kann dies nun ein aktives Vorleben von Gesundheit und Wohlbefinden sein.

Die Vorbildfunktion der Schulleitung spielt nun eine nicht geringe Rolle für die Gesunderhaltung eines Kollegiums. Denn in der Schule spiegelt sich die Art und Weise, wie die Schulleitung ihre Aufgaben wahrnimmt und sich verhält. Dies betrifft nicht nur die Werte und Überzeugungen, sondern auch maßgeblich das Arbeitsklima, die Arbeitsbelastung und letztlich die Gesundheit des gesamten Kollegiums. Wie kann Schulleitung dies konkret tun?

1. Förderung eines gesunden Arbeitsklimas: Eine Schulleitung, die offen kommuniziert und insgesamt Wert auf offene Kommunikation legt, Konflikte konstruktiv angeht und eine positive Arbeitsatmosphäre schafft, fördert das Wohlbefinden und die Zufriedenheit im Kollegium. Das hierdurch geförderte Arbeitsklima kann Stress reduzieren und psychische Belastungen verringern. Hilfreiche Fragen hierfür könnten sein:

- Wie offen und zugänglich bin ich als Schulleitung für das Kollegium?
- Wie offen ist meine Tür?
- Wie erkenne und würdige ich die Leistungen und Beiträge meiner Kolleginnen und Kollegen?
- Welche Rolle spielen Empathie und menschliche Werte in meiner Führungsarbeit?

2. Work-Life-Balance vorleben: Schulleitungen, die selbst eine ausgewogene Work-Life-Balance praktizieren und vorleben, senden ein deutliches Signal an das Kollegium, dass auch deren persönliches Wohlbefinden wichtig ist. Dies kann Lehrkräfte ermutigen, auf ihre eigene Gesundheit zu achten und Überarbeitung zu vermeiden. Hilfreiche Fragen könnten hierfür sein:
   - Kann ich Lehrkräfte überzeugend nach Hause schicken, wenn sie deutlich erkrankt in der Schule erscheinen?
   - Zu welcher Zeit und an welchen Wochentagen schreibt Schulleitung E-Mails?
   - Wie und wann korrigiert Schulleitung eigene Klassenarbeiten?

3. Vorleben von Umgang mit Stress: Schulleitungen, die resilient sind und effektive Strategien im Umgang mit Stress und Herausforderungen vorleben, können Lehrkräfte inspirieren und befähigen, ähnliche Fähigkeiten zu entwickeln. (Das Praxismanual im vorliegenden Band gibt dafür konkrete Anregungen.) Beispielhafte Fragen können hier sein:
   - Kann Schulleitung brisante Konflikte ruhig und sachlich mit Blick auf die einzelnen Menschen und die sachlichen Fakten lösen?
   - Schafft es die Schulleiterin oder der Schulleiter auch nach einem stressigen Telefonat mit einem neutralen oder gar lächelnden Gesichtsausdruck ins Lehrerzimmer zu gehen?
   - Kann Schulleitung auch ohne Larmoyanz über eigene Gefühle und Belastung sprechen?

4. Partizipative Führung, Arbeit im Schulleitungsteam: Eine partizipative Führungsweise, die Lehrkräften und dem Schulleitungsteam Mitsprache und Mitgestaltung ermöglicht, kann das Gefühl der Selbstwirksamkeit stärken und damit das Stresserleben reduzieren. Dies geschieht durch den Aufbau einer transparenten Kommunikationskultur, die allen Beteiligten auch auf Leitungsebene Klarheit und Sicherheit gibt. Wesentlich ist dabei, dass das Schulleitungsteam nach außen gemeinsame Werte und Ziele vertritt und konstruktiv an ihrer Umsetzung arbeitet. Klarheit ist hier eine (kommunikative) Haltung (Borbonus 2015). So wird nicht nur der Einzelne gestärkt, sondern das Leitungsteam insgesamt wird zu einem resilienten Team, das auch in herausfordernden Zeiten zusammenhält. Fragen, die in diesem Kontext relevant sein könnten, sind:
   - Wie werden Entscheidungsprozesse gestaltet, um einen breiten Konsens auch hier zu gewährleisten?

- Welche Strukturen gibt es für ein regelmäßiges Feedback und für die professionelle Entwicklung des Einzelnen innerhalb der Schulleitung?
- Wie wird mit Fehlern umgegangen, nach innen und nach außen?

7.2.6 Salutogener Umgang der Schulleitung mit sich selbst

„Im Spannungsfeld unterschiedlicher Interessen und Erwartungen müssen Schulleiter/innen auch im Rahmen des salutogenen Leitungshandelns einen Weg finden, wie sie gegensätzliche Ansprüche ausgleichen, aber dennoch zielgerichtet und ergebnisorientiert sowie situationsgerecht handeln. Sie sind gezwungen Prioritäten zu setzen und Abstriche zu machen. Und je nach Situation sind sie Initiator, Motivator, Moderator, Innovator, Verhandler, Vermittler, Steuermann, Stratege, Change Agent, Gestalter oder Vorbild." (Hundeloh 2012, S. 67)

Die Rolle der Schulleitung ist vielschichtig und erfordert eine robuste Gesundheit, sowohl physisch als auch psychisch. Um den Beruf langfristig und mit Freude ausüben zu können, ist auch ein salutogener Umgang mit sich selbst von immenser Bedeutung. Dieser beinhaltet verschiedene Aspekte, die das Wohlbefinden unterstützen und die Arbeitsfähigkeit erhalten.

Beginnen wir mit dem Umgang mit Verantwortungsdruck. Als Schulleitung gibt es verschiedenste Zuständigkeitsbereiche, die als herausfordernde, sinnvolle Aufgaben, aber auch als Last und sogar erdrückend wirken können. Es ist daher unerlässlich, Kompetenzen und Methoden aufzubauen, die es ermöglichen, diesen Druck gesund zu managen. Dazu gehört die Organisation des eigenen Arbeitstages, die bewusste gestaltete Arbeit mit anderen, die Anerkennung, dass nicht alle Aufgaben sofort abgeschlossen werden können, und das bewusste Einplanen von Reflexionszeiten, um eigene Erfolge wertzuschätzen und daraus Kraft zu schöpfen.

Das Aufgaben- und Zeitmanagement spielt eine entscheidende Rolle dabei, den Alltag zu strukturieren und sich nicht in der Flut der zu bewältigenden Aufgaben zu verlieren. Werkzeuge wie eine funktionierende To-Do-Liste, Bewusstsein für dringende oder wichtige Aufgaben („Eisenhower-Matrix") oder auch klare Postfach-Regeln können dabei unterstützen, die täglichen Herausforderungen zu sortieren und eine effiziente Herangehensweise zu ermöglichen. Für wichtige Termine und Gesprächspartner braucht es wiederkehrende Zeitblöcke, die man natürlich vorab reserviert. Oft übersehen wird dabei, dass man auch Zeit mit sich selbst einbuchen kann. Mit einer kurzen Information an das Sekretariat und einem umgeleiteten Telefon ist es möglich, eine festgelegte Arbeitsphase oder einen kurzen Moment allein für sich festzulegen. Auch der Umgang mit klaren Pausen, der Atmung und der Ernährung sollte nicht unterschätzt werden. Regelmäßige Pausen sind essenziell, um die geistige Frische zu bewahren. Atemübungen können als schnelle Intervention dienen, um Stress zu reduzieren. Hierfür finden sich bewusst gesetzt oder eben zwischendurch kleine Zeitfenster, in denen in Ruhe geatmet werden kann. (Es wäre ja geradezu amüsant, wenn man keine Zeit „zum Atmen" finden würde!)

Eine bewusste und gesunde Ernährung bildet zudem die physische Grundlage für anhaltende Energie und Konzentration. Schulleitungsarbeitstage können lang sein und daher sind vorbereitete Mahlzeiten oder Snacks und ausreichend Flüssigkeitszufuhr ein Beitrag zur Gesunderhaltung. (Es muss ja nicht immer der anregende Kaffee sein.)

Die Bedeutung eines Entlastungsnetzwerkes kann nicht hoch genug eingeschätzt werden. Der Austausch mit anderen Schulleitungen bietet nicht nur die Möglichkeit, Sorgen zu teilen und aus den Erfahrungen anderer zu lernen, sondern stärkt auch das Gefühl, Teil einer Gemeinschaft zu sein, die ähnliche Herausforderungen bewältigt. Dieses Netzwerk kann bewusst aufgebaut werden und muss nicht regional sein. Vielleicht ist gerade eine räumliche Distanz hilfreich, um möglichen Konkurrenzsituationen aus dem Weg gehen zu können. Auch der Aufbau einer privaten Supervisionsgruppe kann helfen, Arbeitsstress zu reduzieren. Supervision bietet Raum für Reflexion und professionelles Wachstum und hilft, die eigene Rolle und das Handeln kritisch zu hinterfragen und weiterzuentwickeln.

Ein reflektierter Umgang mit Beginn und Ende der Arbeitszeit ist ebenso unerlässlich. Es gilt, sich bewusst zu machen, wann es wichtig ist, die Schule zu betreten und wann es an der Zeit ist, die Schule zu verlassen und der Erholung Raum zu geben. Nur so kann ein Ausgleich geschaffen werden, der vor Erschöpfung schützt und es ermöglicht, am nächsten Tag wieder voller Energie zu sein. Der Schulleiter oder die Schulleiterin muss nicht die Erste und der Letzte in der Schule sein. Im Rahmen der Delegationsmöglichkeiten kann es zudem Absprachen im Schulleitungsteam geben, so dass man zum Beispiel an einem Nachmittag bewusst ganz früh die Schule verlässt, um mit der Familie zusammen zu sein oder Zeit für ein Hobby zu haben.

Ganz allgemein ist das Teilen von Aufgaben und Verantwortlichkeiten innerhalb der Schulleitung wesentlich, um die Last zu verteilen und sich gegenseitig zu unterstützen. Ein gut funktionierendes Leitungsteam ist nicht nur die Grundlage für eine erfolgreiche Schule, sondern bietet auch einen sozialen Rückhalt.

Das "Nein"-Sagen ist auch als Schulleiter eine Kunst, die gelernt sein will. Es gibt eine immens hohe Zahl an Anfragen von außerhalb und innerhalb der Schule. Firmen möchten kooperieren, Verbände möchten sich austauschen – und in der Schule könnte im Prinzip jede Arbeitsgruppe auch die Schulleitung als Mitglied einladen. Hinzukommen kommunikative „Spieleinladungen", in denen geschaut wird, wohin man das aufgetretene Problem bewegen kann. („Vielleicht ist die Schulleiter oder der Schulleiter ja so hilfsbereit, mein Problem für mich zu lösen.") Das innere „Ja" zum äußeren „Nein" und die Fähigkeit sich abgrenzen zu können sind Kompetenzen, die aufgebaut und auch immer wieder reflektiert werden sollten. (siehe hierzu im Praxismanual das Handlungsfeld 3, Punkt 3 „Sichabgrenzen, Rolle und Erwartungen klären".) Es ist ein Zeichen von Stärke und Selbstkenntnis, nicht jeder Anforderung nachzugeben, um die eigene Gesundheit und das Wohlbefinden zu schützen.

Strategien der Stressbewältigung und die Wahrung der Work-Private-Balance sind von entscheidender Bedeutung für einen salutogenen Umgang mit sich selbst. Es gilt, Techniken zu erlernen und anzuwenden, die helfen, Stress abzubauen und ein gesundes Gleichgewicht zwischen Berufs- und Privatleben herzustellen. Die Fähigkeit, abschalten zu können und Zeit für persönliche Interessen und Erholung zu finden, ist unverzichtbar, um den Herausforderungen des Schulleitungsalltags langfristig standhalten zu können.

7.2.7 Schlussfolgerung

Zusammenfassend lässt sich festhalten, dass die Schulleitung durch ihr Engagement und ihre Vorbildfunktion eine zentrale Säule der innerschulischen Gesundheitsförderung darstellt. Das Konzept der Salutogenese erweist sich dabei als richtungsweisend für eine Schulleitung, die nicht nur auf kurzfristige Problemlösungen oder gar Regelungen und Druck setzt, sondern auf die nachhaltige Stärkung des Wohlbefindens und der Gesundheit des Lehrkörpers abzielt. Wichtige Erkenntnisse aus Studien und der Praxis untermauern die Bedeutung der Etablierung einer verstehbaren, handhabbaren und sinnhaften Schulstruktur, die Lehrkräfte darin unterstützt, trotz aller Herausforderungen gesund zu bleiben (Bruun Jensen/Dür/Buijs 2019). Die permanente Weiterbildung der Schulleitung in diesem Bereich und die bewusste Ausrichtung ihrer Führungsarbeit auf salutogene Prinzipien sind somit unerlässlich. Ebenso ist es entscheidend, dass Schulleitungen immer wieder Strukturen schaffen, die nicht nur das Wohlbefinden fördern, sondern auch die individuelle Verantwortung jedes Einzelnen in diesem Bereich stärken. Dies umfasst das Verstehen von Gesetzen und Vorschriften ebenso wie die Handhabbarkeit der materiellen und organisatorischen Gegebenheiten und das sinnhafte Erleben pädagogischer Konzepte.

Die Thematik der Salutogenese ist in der Schule keineswegs eine vorübergehende Erscheinung, sondern stellt eine dauerhafte Aufgabe und zugleich Chance dar. Sie lässt sich als wesentlicher Bestandteil von Selbstkompetenz verstehen. In einer Welt, die von raschem Wandel und steigenden Anforderungen für alle Schulmitglieder geprägt ist, wird die salutogene Schulleitung zu einem unverzichtbaren Bestandteil der Schulentwicklung. Ihr Beitrag zur Gestaltung einer gesundheitsfördernden Umgebung wird daher auch in Zukunft von entscheidender Bedeutung sein, um Lehrkräften und Lernenden ein resilientes und produktives Lern- und Arbeitsumfeld zu bieten.

Literatur

Borbonus, René (2015): Klarheit – Der Schlüssel zu besserer Kommunikation. Berlin: Econ.

Bloom, Nicholas/Lemos, Renata/Sadun, Raffaella/Van Reenen, John (2014): Economic Journal, Royal Economic Society, vol. 0(584), pages 647–674, 05 oder: als working paper Download: https://www.nber.org/system/files/working_papers/w20667/w20667.pdf (Abruf: 17.03.2024).

Bruun Jensen, Bjarne/Dür, Wolfgang/Buijs, Goof (2019): Salutogenese in Schulen In: Meier Magistretti, Claudia (Hrsg.): Salutogenese kennen und verstehen. Konzept Stellenwert, Forschung und praktische Anwendung. Bern: Hogrefe, S. 245–256.

Buhrow, Olaf-Axel (2016): Wertschätzende Schulleitung. Weinheim und Basel: Beltz.

Hundeloh, Heinz (2012): Gesundheitsmanagement an Schulen. Prävention und Gesundheitsförderung als Aufgaben der Schulleitung. Weinheim und Basel: Beltz.

Lungershausen, Helmut (2023): Stiftungen als Finanzquellen. Wie Sie außerplanmäßig Finanzmittel generieren können. In: Schule leiten 31/2023, S. 39–41. ISSN 2365-2195.

Rothland, Martin (2013): Belastung und Beanspruchung im Lehrerberuf. Modelle, Befunde, Interventionen. Wiesbaden: Springer VS, 2. Aufl.

Schaarschmidt, Uwe (2005): Halbtagsjobber? Psychische Gesundheit im Lehrerberuf – Analyse eines veränderungsbedürftigen Zustandes. Weinheim und Basel: Beltz.

vbw – Vereinigung der Bayerischen Wirtschaft e.V. [Hrsg.] (2021): Führung, Leitung, Governance: Verantwortung im Bildungssystem. Gutachten. Münster: Waxmann. Oder: als Download: https://www.pedocs.de/volltexte/2021/22413/pdf/vbw_2021_Fuehrung_Leitung_Governance.pdf (Abruf 17.03.2024).

Autor:innenverzeichnis

Lara Hahn: Studium der Wirtschaftspsychologie, Masterarbeit über psychologische Sicherheit am Arbeitsplatz. Langjährige Tätigkeit in Wirtschaftsunternehmen, Zertifikat Business Coaching, Systemische Organisationsberaterin.

Volkmar Husfeld: langjährige Tätigkeit für Kommunen und öffentliche Verwaltung, im Gesundheits- und Sozialbereich, im Feld von Arbeitsmarkt- und Sozialdienstleistungen – Coaching-Ausbildung (Advanced Studies, Universität Kiel) – universitär zertifizierter Prozessmanager – PSI-Kompetenzberater © nach Julius Kuhl – Zertifikat Existential Coaching und Leadership – Personalentwickler in einem Industrieunternehmen.

Torsten Nicolaisen: universitär zertifizierter Coach (Christian Albrechts Universität, Kiel) – universitär zertifizierter Trainer für Coaching und pädagogisches Coaching (Christian Albrechts Universität, Kiel), zertifizierter systemischer Organisationsberater (IOS Schley und Partner, Hamburg). Zertifikat: Kompetenzaktivierende hypno-systemische Konzepte für Coaching, Persönlichkeits-, Team- und Organisationsentwicklung (Milton-Erickson-Institut, Heidelberg), Diplom für Logotherapie und existenzanalytische Beratung (GLE International), Buchautor, https://www.selbstkompetenz.info, https://www.nicolaisen-partner.de

Timo Off: Schulleiter an der Humboldt-Schule in Kiel, Lehrer für Mathematik und Philosophie, Mitarbeiter im Landesinstitut IQSH, Referent im Bildungsministerium, Autor, Fortbildner, Coaching-Ausbildung (Advanced Studies, Universität Kiel), Mitgründer der Agentur für Menschlichkeits-Angelegenheiten. https://www.timo-off.de, https://www.nexus-m.de

Maren Stolte: Gymnasiallehrerin mit den Fächern Deutsch und Philosophie (Studiendirektorin). Seit 2009 in der Aus- und Fortbildung von Lehrerinnen und Lehrern tätig, seit 2014 hauptamtlich am Landesinstitut in Schleswig-Holstein (IQSH). Coaching-Ausbildung (Gesellschaft für Personzentrierte Psychotherapie und Beratung e. V., Köln), Ausbildung zur Supervisorin (Advanced Studies, Kiel), Autorin. https://www.paedagogik.coach

Matthias Vogel-Engeli: Co-Schulleiter Maitlisek Gossau, Schweiz, Primarlehrer, Sekundarlehrer Phil. II, Lernhausleiter, Lernbegleiter, Coach SBW Haus des Lernens, Schulentwickler.

Torsten Nicolaisen
Lerncoaching-Praxis
Coaching in pädagogischen Arbeitsfeldern
2017, 2. Auflage, 224 Seiten, broschiert
ISBN: 978-3-7799-3206-2
Auch als E-BOOK erhältlich

Lerncoaching eröffnet neue Handlungsoptionen für den pädagogischen Alltag. Es professionalisiert die Interaktion und Kommunikation aufseiten der Lehrenden. Lernprozesse werden aus systemischer Sicht betrachtet und unterstützt. Die Praxis im Lerncoaching zeichnet sich durch ressourcen- und lösungsorientierte Interventionen aus. Mit ihnen werden Lernstrategien entwickelt, Lernblockaden gelöst und die Motivation der Lernenden gestärkt. Das Buch bietet einen praxisorientierten Überblick.

www.beltz.de
Beltz Juventa · Werderstraße 10 · 69469 Weinheim

Simon Wilhelm Kolbe | Jean-Pol Martin (Hrsg.)
Praxishandbuch Lernen durch Lehren
Kompendium eines didaktischen Prinzips
2024, 240 Seiten, broschiert
ISBN: 978-3-7799-7596-0
Auch als E-BOOK erhältlich

Lernen durch Lehren (LdL) ist ein in den 1980ern von Jean-Pol Martin entwickeltes Lern-Lehr-Konzept, bei dem Lernende schrittweise die Rolle der Lehrkraft einnehmen. LdL-Anwender*innen berichten von mehr Lernerfolgen, einem Anstieg sozialer Kompetenzen, Flow-Erlebnissen und hohen Partizipationsdynamiken. Ursprünglich für den Fremdsprachenerwerb genutzt und von unterschiedlichsten Schul-Didaktiken aufgegriffen, inspiriert LdL bis heute Lernende und Lehrende weltweit. Das Praxishandbuch bietet praktisches und theoretisches Material zur Implementierung von LdL in unterschiedlichen Lern- und Lehrgebieten.

Robert Wunsch | Irmgard Monecke
Pädagogischer Populismus
2022, 276 Seiten, broschiert
ISBN: 978-3-7799-6869-6
Auch als E-BOOK erhältlich

Die Behauptung, dass wir alle verdummen und daran unser Bildungssystem schuld sei, ruft als Reaktionen hervor: Resignierte Zustimmung derjenigen, die lange genug gekämpft haben und nicht Schuld sein wollen, Empörung derjenigen, die noch kämpfen – aber keine öffentlich wirksame Reaktion der Erziehungswissenschaft?
Der vorliegende Band begibt sich auf Spurensuche im pädagogischen Alltag einer Disziplin, in der lärmende Misstöne von den Theoretikern ignoriert oder ironisiert und von den Praktikern erlitten oder sogar begrüßt werden. Unsere Warnung: Populismus braucht geduldige, fachkundige Antworten, wenn er nicht weiter zur Grundlage politischen Handelns aufsteigen soll.

www.beltz.de
Beltz Juventa · Werderstraße 10 · 69469 Weinheim

Georg Vobruba
Das Verschwörungsweltbild
Denken gegen die Moderne
2024, 135 Seiten, broschiert
ISBN: 978-3-7799-7800-8
Auch als E-BOOK erhältlich

Die Logik des Verschwörungsweltbildes ist einfach: Alles lässt sich auf die Absichten einer Gesellschaftsspitze zurückführen. Die Supermächtigen sind böse und für den üblen Zustand der Gesellschaft verantwortlich. Sie haben sich gegen uns verschworen. Das Verschwörungsweltbild liefert zugleich eine Universalerklärung und Fundamentalkritik der Gesellschaft. Alles muss anders werden.
Woher kommt dieses Weltbild? Welche Gesellschaftsbeschreibung bietet es an? Warum ist seine Logik so zwingend, und welche Folgen hat sie? Der Band widmet sich der Welt des Verschwörungsdenkens mit einer eingehenden wissenssoziologischen Analyse.

www.beltz.de
Beltz Juventa · Werderstraße 10 · 69469 Weinheim